本书获安徽大学“211工程三期徽学与地域文化”资助
教育部人文社会科学重点研究基地安徽大学徽学研究中心
重大项目《徽州望族的个案调查与研究》
（项目批准号：07JJD0113）成果
安徽大学历史系资助

赵华富 ◎著

徽州宗族調查研究

人民出版社

歙县棠樾鲍氏宗族牌坊群

歙县棠樾鲍氏宗族敦本堂仪门

歙县棠樾鲍氏宗族清懿堂外景

歙县棠樾鲍氏宗族清懿堂神主

绩溪龙川胡氏宗祠仪门

绩溪龙川胡氏宗祠神主

绩溪龙川胡氏宗族奕世尚书坊

作者在绩溪龙川胡氏宗祠抄录碑刻

黟县南屏叶氏宗族叙秩堂仪门

黟县南屏叶氏宗族奎光堂仪门

黟县南屏村

黟县南屏武溪

休宁月潭村

休宁月潭村村口

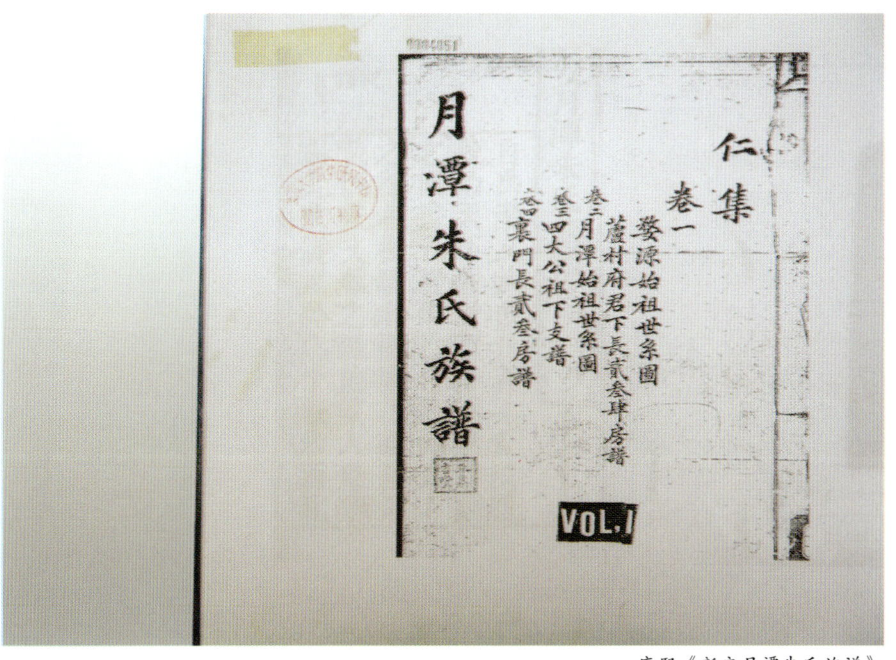

月潭朱氏族譜

仁集

卷一 婺源始祖世系圖

廬村府君下長貳叁肆房譜

卷二 月潭始祖世系圖

卷三 四大公祖下支譜

卷四 衷門長貳叁房譜

VOL.I

康熙《新安月潭朱氏族谱》

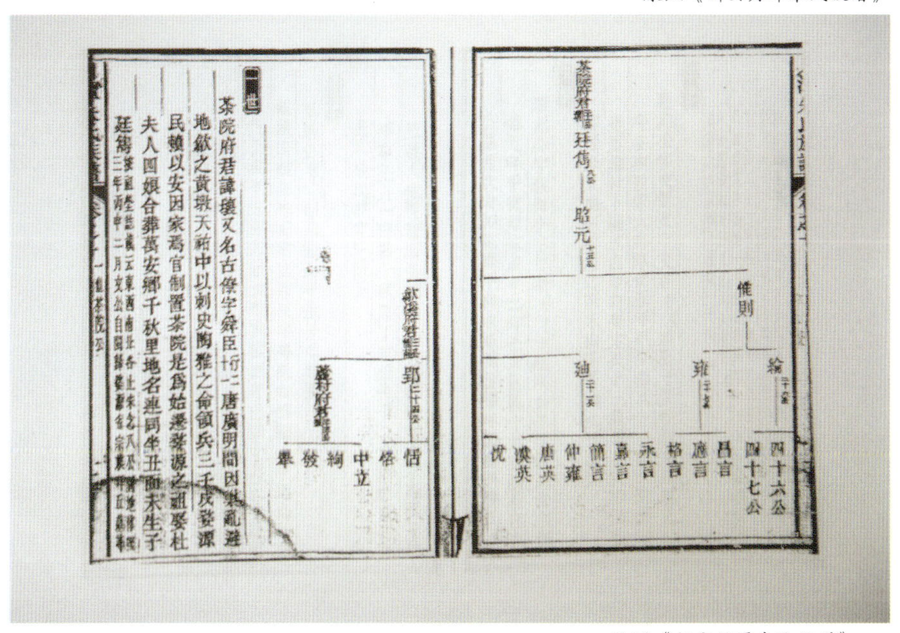

一世

茶院府君諱瓌又名古僚字舜臣 行一 唐廣明間因巢亂避地歙之黄墩天祐中以刺史陶雅之命領兵三千戍婺源民賴以安因家焉官制置茶院是爲始遷婺源之祖娶杜夫人四娘合葬萬安鄉千秋里地名連同坐丑向未生子

廷雋

民国《新安月潭朱氏族谱》

歙县呈坎前罗氏宗族贞靖罗东舒先生祠仪门

歙县呈坎前罗氏宗族贞靖罗东舒先生祠宝纶阁

歙县呈坎后罗氏宗族罗氏文献家庙寝室

歙县呈坎潨川

祁门渚口、伊坑、滩下、花城里倪氏宗族建本堂仪门

祁门渚口、伊坑、滩下、花城里倪氏宗族贞一堂仪门

祁门渚口、伊坑、滩下、花城里倪氏宗族贞一堂享堂

作者在滩下阅读碑刻

黟县西递明经胡氏宗族敬爱堂仪门

黟县西递明经胡氏宗族追慕堂仪门

黟县西递明经胡氏宗族荆藩首相坊

黟县西递明经胡氏宗族民居观景台

婺源游山董氏宗族嘉会堂仪门

婺源游山沿河街

婺源游山廊桥

婺源游山村头亭

目　　录

绪　论

——十年徽州宗族调查研究的理论总结

笔者从事徽州宗族研究采用的方法是，历史学研究法与社会学研究法相结合。一方面，在图书馆、博物馆、档案馆查阅有关历史文献，搜集历史文献资料；另一方面，到原徽州农村进行宗族调查研究，搜集口碑资料和历史文献资料。

从1990年至2000年，笔者每年都到徽州农村住一二个月。十年期间，足迹遍及原徽州一府六县——歙县、休宁、婺源、祁门、黟县、绩溪。重点调查研究的宗族有：歙县棠樾鲍氏宗族，绩溪龙川胡氏宗族，黟县南屏叶氏宗族，歙县呈坎前、后罗氏宗族，休宁月潭朱氏宗族，祁门渚口、伊坑、滩下、花城里倪氏宗族，黟县西递明经胡氏宗族，婺源游山董氏宗族。

一、为什么要对徽州宗族进行调查研究

众所周知，谱牒是"家史"，是宗族"大典"。在徽州宗族研究过程中，主要是运用谱牒资料。但是，仅仅依靠谱牒资料是不够的，有时甚至因资料严重匮乏导致研究工作无法进行。造成这种情况，有很多原因。

（一）谱牒遗亡

根据徽州宗族的规定，谱牒都由极少数族人保管，仅供族人查阅和参考，不得外传。宋元以来，每部谱牒的印刷数量多者一二百部，一般都是几十部，少者只印几部。虽然徽州宗族组织对谱牒的保管都十分重视，均有非常严格的保管措施，但是，谱牒的遗亡还是相当严重的。据许国《龙川尚书

公派胡氏支谱》序(传抄本)记载,绩溪龙川胡氏宗族的谱牒,一修于东晋胡思谦,二修于南北朝胡仕仪,三修于唐代胡子荣,四修于宋代胡念五,五修于宋代胡允年,六修于元代胡竹州,七修于明代胡富和胡光,八修于明代胡宗明和胡宗宪。现在,除了湖村分支胡绢熙等纂修的《龙川胡氏宗谱》(以记载湖村分支为主)以外,龙川胡氏宗族纂修的上述谱牒全部遗亡。据我们了解,徽州宗族——包括许多名宗右族——与龙川胡氏宗族类似者很多。他们虽然纂修了许多谱牒,但是,大都遗亡,甚至一部也没有保存下来。

造成谱牒遗亡的主要原因是什么?一言以蔽之,战争和动乱。歙县《潭渡孝里黄氏族谱》记载:“惜经兵火之后,谱牒无存。”休宁《古林黄氏重修族谱》说:“兵燹之后,旧谱废尽。”绩溪《明经胡氏龙井派宗谱》记载:“自来谱牒之遗佚,每沦于兵燹之劫灰。”《新安吴氏族谱》曰:“历年多而经兵燹,即大姓谱牒什不一。”

一个宗族的谱牒全部遗亡,或大部遗亡,研究这个宗族就必须进行调查研究。主要依靠调查研究资料,这是不言而喻的。

(二)谱牒失修

自古以来,徽州宗族虽然有“三世不修谱,便为小人”之戒,但是,许多宗族谱牒长期失修还是一种相当严重的现象。因为修谱不是一件轻而易举的事。纂修一部谱牒,特别是纂修部头较大的谱牒,要花费很大的人力和财力。例如,明隆庆年间,婺源武口王氏宗族纂修统宗世谱,肩事者“济济多人,经营十载有余”①。天启年间,武口王氏宗族又修统宗世谱,“修者三十余人,历十二载而后成”。仅“各派往返食用工费重至数千金”②。清乾隆年间,歙县棠樾、蜀源、岩镇鲍氏三族纂修《重编歙邑棠樾鲍氏三族宗谱》,组织了一个庞大的工作班子,其中,校阅者有33人,襄刊谱牒者多达36人。纂修这部谱牒共计耗银3,564两③。道光六年(公元1826年),黟县西递明

---

① 《新安武口王氏统宗世谱》卷首《续修希翔公支下统宗谱序》,清雍正四年刻本。

② 《新安武口王氏统宗世谱·凡例》,清雍正四年刻本。

③ 《重编歙邑棠樾鲍氏三族宗谱》卷二〇〇《刊谱输金》,清乾隆二十五年一本堂刻本。

经胡氏宗族纂修《西递明经胡氏壬派宗谱》,共计耗银5,344.77两①。因修谱费用巨大,徽州许多宗族谱牒——包括一些名宗右族的谱牒——长期失修是一种相当普遍的现象。例如,歙县呈坎前罗氏宗族于明正德二年(公元1507年)纂修《罗氏宗谱》之后,歙县棠樾鲍氏宗族于清嘉庆十年(公元1805年)纂修《棠樾鲍氏宣忠堂支谱》之后,黟县南屏叶氏宗族于嘉庆十七年(公元1812年)纂修《黟县南屏叶氏族谱》之后,都没有再继续修谱。因此,我们研究这些宗族修谱以后各方面的发展变化和重要历史事件,必须进行宗族调查研究,依靠调查研究资料。

(三)要目缺载

众所周知,宗族纂修谱牒的宗旨都是:"奠世系,序昭穆。"因此,谱牒的纂修和内容都是以"世系图"(或曰"世系表")为主体,为重点。许多谱牒的世系图都占绝大部分篇幅,甚至全部都是世系图,而宗族的组织结构、祠堂建设、族田族山、祭祖礼仪、族规家法、家庭经济、文化教育、风俗习惯等重要内容大都不载。例如,歙县呈坎前罗氏宗族的《罗氏宗谱》,10卷,6册,除了序文和传记,其他全是世系图。黟县西递明经胡氏宗族的《西递明经胡氏壬派宗谱》,12卷,12册,除了卷1记载的谱语、谱序、六甲图、水口图、村图、八景图、墓图以外,其他11卷全部都是世系图。民国二十年(公元1931年)休宁月潭朱氏宗族纂修的《新安月潭朱氏族谱》,22卷,首1卷,14册,除了卷首序文、凡例、村图、墓图,卷21补遗,卷22文翰以外,其他20卷全部都是世系图。因此,我们要研究这些宗族的组织结构、祠堂建设、族田族山、祭祖礼仪、族规家法、家庭经济、文化教育、风俗习惯等重要课题,必须进行宗族调查研究,搜集调查研究资料。

(四)简略太甚

有的谱牒虽然对有些重要项目有所记载,但是语焉不详。由于过分简略,许多重要问题无法说明。例如,清嘉庆十七年(公元1812年)黟县南屏

① 黟县西递明经胡氏宗族《道光五年修族(?谱)账录》,抄本。

叶氏宗族纂修的《黟县南屏叶氏族谱》虽然记有《祠堂》这一项目，但是内容极端简略。类似皇家宫殿的宗祠叙秩堂和支祠奎光堂，仅记有名称、建筑年代、朝向、维修年代、始祖姓名和支祖姓名。此外，还有8座支祠，每座内容只记有寥寥数语，几十个字。关于这些祠堂的建设、规模、规制、功能等重要内容，只字未提。由于内容过于简略，我们研究这些重要问题，只能进行调查研究，依靠调查研究资料。民国十四年（公元1925年）祁门倪氏宗族子弟倪望隆纂修的《祁门倪氏族谱》之中，提到渚口倪氏宗族子弟倪尚荣曾修建一座“庶母祠”，这是徽州地区仅有的一座独特女祠。但是，这部谱牒对这座女祠建造的原因、位置、规模、规制、朝向、功能等问题，只字未提。我们研究这座祠堂，只能进行调查研究，依靠调查研究资料。

二、徽州宗族调查研究的方法

为了调查研究工作顺利进行，获得比较丰富的调查研究资料，取得调查研究工作的成功，必须实行行之有效的科学调查研究方法。

（一）撰写详细调查研究提纲

调查研究工作开始之前，要写好详细的调查研究提纲。进村之后，首先将调查研究提纲交给调查对象，让他们根据提纲中列举的项目和内容，回忆宗族制度、宗族历史和宗族文化。除了谱牒之中具有的宗族的来源、形成、世次、繁衍、支派等以外，一般来讲，提纲应该包括的项目和内容有：

1. 宗族组织：族长、房长、司年（或日值年）、文会、祀会等。
2. 祠堂建设：类别、名称、年代、规模、朝向、规制、功能、现状等。
3. 祭祀活动：类别、祭仪、主祭、陪祭、礼生、执事、祭品、颁胙、合食等。
4. 族田族山：来源、类别、分布、数量、管理、租谷、力坌等。
5. 家庭经济：户口、职业、经济状况等。
6. 族规家法：道德行为规范、生活行为规范、对违法者的惩治。
7. 文化教育：私塾、学校、中学生、大学生、留学生、文人、文化活动等。
8. 风俗民情：四时节庆、阴阳风水、婚嫁丧葬、迎神赛会等。

（二）个别采访与调查研究会议相结合

做宗族调查研究工作，首先要进行个别采访。为什么首先要进行个别采访呢？第一，有些现象和事件调查对象不能在公开场合讲。因为，这类现象和事件涉及人际关系，特别是在众多族人面前讲述别人祖上不光彩的事，会破坏宗族团结，甚至引起族人之间的矛盾和仇恨。第二，许多历史文献资料，特别是一些大部头的历史文献资料和一些文物资料，调查对象不可能拿到会议上，必须到农民家里看。除了这两点之外，个别采访最重要的目的是与农民建立友谊，与农民交朋友。据笔者的经验，不与农民建立友谊，不与农民交朋友，有些历史文献资料，特别是一些珍贵的历史文献资料，即看不到。例如，笔者在调查研究文章之中列举的歙县棠樾鲍氏宗族的“体源户”领粮“经折”，歙县呈坎后罗氏宗族的“传家命脉图”，祁门渚口倪氏宗族的文书契约，黟县南屏叶氏宗族的《南屏叶叙秩堂值年规则（附奎光）》，黟县西递明经胡氏宗族的《五世传知录》，绩溪龙川胡氏宗族的《明封承德郎户部主事澹庵胡公墓志铭》碑刻等珍贵历史文献资料，还有许多刻本、抄本、传抄本谱牒，都是通过个别采访，在农民家中见到的。不进行个别采访，就不能获得这些珍贵的历史文献资料。

为什么还要召开宗族调查研究会呢？第一，通过共同讨论，互相启发，可以提出一些在个别采访时个人没有想到的新问题，发现一些个人没有提到的新资料；第二，个别采访时谈到的一些比较模糊的、不够全面的问题，通过大家议论，可以得到清楚的认识和全面的了解；第三，个别采访时不同的认识，甚至完全相左的意见，通过交流辩论，可以取得一致的看法。

（三）入住农村，与农民交朋友

笔者认为，进行宗族调查研究工作，不能采用早出晚归、走马观花式的调查研究方法。有些调查研究报告、文章和著作之中，作者道听途说、捕风捉影、张冠李戴、胡编乱造，大都与这种早出晚归、蜻蜓点水式的不科学调查研究方法有关。

笔者进行徽州宗族调查研究，都是入住聚族而居的农村。绝大多数情况下都是与农民同吃同住。笔者认为，只有与农民交朋友，才能获得比较丰富的调查研究资料。

1992年秋，笔者入住黟县西递村，对明经胡氏宗族进行调查研究。在村里住了半个多月，与胡福基老人几乎天天相见，谈论西递明经胡氏宗族的历史和文化，因而与他建立了友谊。他收藏一本西递明经胡氏宗族的历史文献——《五世传知录》，不但不给外人看，就连本族的子弟也看不到。但是，他对我说："研究西递明经胡氏宗族，应该是我们胡氏子弟的任务。现在，你来西递为我们胡氏宗族工作，我收藏这本书怎么能不给你看呢？"

1993年秋，笔者入住歙县呈坎村，对前、后罗氏宗族进行调查研究。一位宗族子弟家藏罗氏《祖训》，我到他家采访过多次，但是他都未给我看。1994年秋，笔者又去呈坎，并到他家采访。他被我锲而不舍的精神所感动，将收藏多年的《祖训》誊抄一份给我。

1996年秋，笔者入住祁门渚口村，对倪氏宗族进行调查研究。当天下午，在县、乡两级政府领导和村委会干部陪同下，到一户农民家中看《祁门倪氏族谱》。老太太说："早就卖了。"陪同的人知道她在撒谎。但是，动员了半天，她还是一口咬定："卖了。"事后，老太太与我天天见面，谈论倪氏宗族的历史和文化，对我要查阅倪氏宗族谱牒的目的有了了解。有一天，她把我叫到家中，说："族谱没卖，我哄他们。你关上门，我拿给你看。"

在渚口期间，笔者与倪氏宗族一位老年支丁倪伟亨结识，我们几乎天天在一起谈论倪氏宗族的历史和文化，因而成了朋友。他收藏倪氏宗族一批文书契约传抄件，家人不同意给我看。但是，他不但拿给我看，让我誊抄，而且还让我复印。

十年徽州宗族调查研究经验证明，要想获得比较多的珍贵历史文献资料，必须入住聚族而居的农村，与农民同吃同住，与农民交朋友。

三、徽州宗族调查研究的原则

在宗族调查研究工作中，为了获得原始的、第一手的可信口碑资料，必须遵循两条重要的基本原则。

（一）选择亲闻目睹者和亲身经历者作为主要调查对象

中华人民共和国建国之后，政府废除了宗族制度，禁止宗族活动。许多中青年人所知道的宗族现象，大都来源于老年人的口述。因此，我们不能选择中青年人作为重点调查对象。据我所了解，民国时期徽州宗族虽然举行冠礼者已极为少见，但是，绝大多数的宗族都规定，15 岁（或 16 岁）的子弟为“成丁”。成丁之后，即可以参加宗族的一些活动。所以，20 世纪 30 年代初期以前出生的老人，只要没有长期外出不归，不但都亲闻目睹宗族组织、宗族祠堂、族田族山、族规家法、家庭经济、文化教育、风俗习惯等宗族制度和宗族现象，而且都是宗族活动的亲身参与者和亲身经历者。我们必须以这些老人作为主要的调查对象。这里要特别指出的是，在这些老人之中最理想的调查对象是有文化的老人。因为，他们不但能提供口碑资料，而且还有可能提供书面文字资料。这是徽州宗族调查研究工作最有利、最便捷的条件。当年作为笔者主要调查对象的老人，现在绝大多数已经作古。今天如果想到徽州进行宗族调查研究，想找一批 20 世纪 30 年代初期以前出生的老人，作为主要调查对象，就非常困难了。

（二）口碑资料，必须考证

笔者所做的徽州宗族调查研究是历史调查，是调查研究民国时期徽州一些宗族的历史和文化。许多老人凭借自己的记忆提供的口碑资料，不可能条条都与历史事实完全一致。因此，对这些口碑资料进行考证，是必须要做的工作。例如，黟县西递明经胡氏宗族许多支丁都说，二十四世祖胡学梓为迎接宰相亲家曹振镛来西递造访，大兴土木，建造气势恢宏的凌云阁和迪吉堂。而据《西递明经胡氏壬派宗谱》记载，胡学梓于乾隆五十九年（公元 1794 年）作古。《清史稿·曹振镛传》记载，这时曹振镛是河南学政，升任宰相，是以后的事。历史文献记载证明，老人们提供的胡学梓的口碑资料与历史事实不完全相符。祁门渚口倪氏宗族许多子弟都说，清末贞一堂被大火焚毁，富商大贾倪尚荣倡议并带头捐资重修，未竟而终。侧室金、王二氏继承夫志，完成未竟之业。因中国有庶母不能祔祠堂之规，二氏死后还得作野鬼。倪氏宗族为了表彰金、王二氏之功，建造庶母祠供奉二氏神主。但是，倪望隆纂修的《祁门倪氏族谱》记载，渚口倪氏宗族庶母祠为倪尚荣“倡议建筑”。历史文献记载证明,调查对象提供的庶母祠建造的口碑资料,与历史事实不符。

为了避免口碑资料讹误,所有重点调查研究宗族聚居的村庄,笔者都去过两次以上,全部口碑资料都反复核对,多方考证。最后,撰写的徽州宗族调查研究文章,不但交给调查对象审阅,而且到重点调查研究宗族聚居的村庄召开调查对象座谈会,请他们集体讨论,提出修改意见。凡是只有一个人提供、得不到他人证实的资料,一概删去。凡是大家有分歧的看法,一律将不同看法都公布于世。

四、徽州宗族调查研究的意义

唐宋以来,特别是明清时期,徽州宗族非常繁荣,徽州成为中国宗族制度十分典型的一个地区。刘晓在《新安名族志序》中说:

> 新安……山峭水厉,燹火弗惊,巨室名族,或晋唐封勋,或宦游宣化,览形胜而居者恒多也。其故家遗俗,流风善政,宛然具在。以言乎派,则如江淮河汉,汪汪千顷,会于海而不乱;以言乎宗,则如泰华之松,枝叶繁茂,归一本而无二;言乎世次,则尊卑有定,族居则闾阎辐辏,商贾则云合通津;言乎才德,则或信义征于乡闾,或友爱达于中外,或恬退著述,或忠孝赫烈。至于州里之镇定,六州之保障,诸儒之大成,宗庙血食,千年不磨,又名族之杰出者。①

刘晓在这篇序文中,对徽州宗族作了淋漓尽致的描绘和阐述。他认为,天下“求族之不紊者,盖寥寥矣”,但是“新安则异是矣”。② 这里的名族派系分而“不乱”,宗一本而“无二”。康熙《徽州府志·风俗》说:“吾徽有千年祖坟,千人祠宇,千丁乡村,他处无有也。”

唐宋以来,特别是明清时期,徽州社会的各个方面——经济、政治、文化、思想、科技、风俗——都与宗族有千丝万缕的联系,各种社会现象无不打上宗族的烙印。进行宗族调查研究,是了解徽州社会的关键和钥匙。

---

① 程尚宽:《新安名族志》,明嘉靖三十年刻本。
② 程尚宽:《新安名族志》,明嘉靖三十年刻本。

众所周知,中国自古以来就是一个宗族社会。周代建立了典型的宗法制度。秦汉以来,虽然“封建之制不行,大小宗之法废”,但是,宗族制度不仅没有退出历史舞台,而且延续了两千多年,成为中国社会制度的基础。普遍性寓于特殊性之中。通过徽州宗族的调查研究,不但可以阐明徽州宗族的发展和特点,而且可以揭示中国宗族制度的基本特征。

笔者从事徽州宗族调查研究有一个从个别到一般和从一般到个别的过程。从1990年开始,先后对歙县棠樾鲍氏宗族、黟县西递明经胡氏宗族、黟县南屏叶氏宗族进行调查研究,获得大量第一手原始资料。运用这些资料,撰写《歙县棠樾鲍氏宗族个案报告》①、《黟县南屏叶氏宗族调查研究报告》②、《明清徽州西递明经胡氏的繁盛》③、《民国时期黟县西递明经胡氏宗族调查报告》④。然后,对这三个宗族调查研究的成果进行分析、研究,并结合一百多部徽州谱牒资料,撰写《从徽州宗族资料看宗族的基本特征》(载《谱牒学研究》第4辑,《新华文摘》1995年第12期)。这篇文章实际上是对徽州一百多个宗族研究成果的理论总结和理论抽象。文章指出,宗族是历史上形成的以父系血缘关系为纽带的社会人群共同体,它有八个基本特征:1. 有共同的始祖;2. 以血缘关系为纽带;3. 有明确的昭穆世次;4. 有一定的聚居地点;5. 有一定的组织管理形式;6. 开展一定的集体活动;7. 有宗族的族规家法;8. 有宗族的公有财产。后来,笔者又以这篇文章提出的理论观点作指导,先后对歙县呈坎前、后罗氏宗族,绩溪龙川胡氏宗族,祁门渚口、伊坑、滩下、花城里倪氏宗族,休宁月潭朱氏宗族,婺源游山董氏宗族进行调查研究,撰写了《歙县呈坎前后罗氏宗族调查研究报告》⑤、《祁门渚口、伊坑、滩下、花城里倪氏宗族调查研究报告》⑥、《婺源游山董氏宗族调查

---

① 《江淮论坛》1993年第2期。

② 《徽州社会科学》1994年第2期。

③ 《安徽史学》1994年第4期。

④ 《安徽大学学报》1995年第4期。

⑤ 《首届国际徽学学术讨论会文集》,黄山书社1996年版。

⑥ 《徽学》2000年卷,安徽大学出版社2001年版。

研究》[1]、《休宁月潭朱氏宗族调查研究报告》[2]、《绩溪龙川胡氏宗族调查研究报告》[3]。

中国疆域辽阔,唐宋以来各个地区的宗族千差万别,都有自己不同的特点。从徽州宗族个案调查研究之中抽象出来的宗族基本特征,具有典型性,或曰共同性。具体地说就是,虽然各个地区的宗族不完全相同,但是,任何地区的宗族都有自己共同的始祖,都是以血缘关系为纽带,聚族而居,都有明确的昭穆世次,组织管理,族规家法,族有财产,都开展宗族的集体活动。因此,对徽州宗族个案调查研究成果进行理论抽象,不仅对徽州宗族研究有重要意义,而且对中国宗族社会研究也具有一定的参考价值。

---

① 《徽学》第二卷,安徽大学出版社 2002 年版。
② 《徽学》第三卷,安徽大学出版社 2004 年版。
③ 《谱牒学论丛》第三辑,三晋出版社 2008 年版。

歙县棠樾鲍氏宗族调查研究

歙县棠樾鲍氏宗族，“其先青州人”。晋太康中，鲍伸官拜护军中尉，“镇守新安”。永嘉末年，“青州大乱，子孙避兵江南”。东晋咸和年间（公元326~334年），鲍弘任新安郡守，“因占籍郡城西门，继于郡西十五里牌营建别墅”。①

北宋中叶，鲍荣“始开书园于棠樾”②。荣第四代孙鲍居美谓，“棠樾山川之胜，原田之宽，足以立子孙百世”，遂同其三弟鲍居安，“自西门挈家居焉”。③

棠樾，古称唐越，又名棠川、棠村，龙山，慈孝里。地处歙县西乡，距城十五里。清代，属二十二都九图。这里“山水明秀，川原沃衍”。“山西北来自灵金山，水循山脉直过软桥，出西沙溪。元至正间，伯源公倡宗人截流，筑石堨，引水入村，环绕如带。村居背山，其南平旷，为田凡六百亩，得堨水以时宣泄，旱涝不饥。田以南有山如屏，是为富亭山”。④

在棠樾村东的大路上有七座牌坊，按东西走向排列，巍巍壮观，令人瞩目。牌坊的排列别具匠心，从东向西，第一座是“忠”字坊，第二座是“孝”字

① 程尚宽：《新安名族志》前卷，（日本）东洋文库藏明嘉靖三十年刻本。

② 歙县《棠樾鲍氏宣忠堂支谱》序，清嘉庆十年家刻本。

③ 《重编歙邑棠樾鲍氏三族宗谱》卷五《始祖代传》，清乾隆二十五年一本堂刻本。

④ 歙县《棠樾鲍氏宣忠堂支谱》卷十八《棠樾邨图》，清嘉庆十年家刻本。《新安棠樾鲍氏宗谱·大母堨记》（明成化元年刻本）记载：“灵山之下，飞流喷薄，蓄而为堨者非一，而大母堨为最钜，上距灵山十有五里，下溉田者六百余亩。然当横波怒折之冲，里人虽岁斩草筑石为堰，而往往荡射殆尽，随而葺之，所蓄无几，岁用大侵，而民致勤恤者旧矣。乃庚子冬，里鲍君伯源慨然新之，而揭己为倡，率夫田之受溉者，庸粟有差。”

坊,第三座是“节”字坊,第四座是“义”字坊(即“乐善好施”坊),构成忠、孝、节、义序列;从西向东,同样第一座也是“忠”字坊,第二座是“孝”字坊,第三座是“节”字坊,第四座是“义”字坊(即“乐善好施”坊),也构成忠、孝、节、义序列。

清代中叶以来,棠樾鲍氏宗族忠、孝、节、义牌坊群成为闻名遐迩的人文景观。

明清时期,徽州许多名宗右族子弟,有的追求科第仕宦,荣宗耀祖;有的追求经商发财,富埒王侯。据我们调查研究,有的宗族前者的成就比较突出,有的宗族后者的成就比较辉煌。棠樾鲍氏宗族与这些宗族不完全相同,它在科第仕宦和经商致富两个方面都取得巨大成就。对这样一个典型的名宗右族进行调查研究,具有重要意义。

一、宗族的形成

棠樾鲍氏宗族为什么立鲍荣为始祖呢?南宋开庆元年(公元1259年),棠樾鲍氏宗族七世祖鲍衎说:“吾宗晋太康间始自青州来新安者伸公也,至我朝又自城西而迁棠樾者二公也(按:二公即鲍荣——引者)。二公而上,前谱所书多无纪述,故不敢妄有增改;二公以下,世次分明,茔域有考,今列为的派之祖,以传诸后。”①《重编歙邑棠樾鲍氏三族宗谱·始祖事实》曰:“荣,失字,行二。祖居郡城西门,以文学起家,能任大事,恢拓产业多在西乡,遂营别墅于今居之棠樾,是为棠樾祖派子孙宗焉。”

宗族的形成是一个较长的历史发展过程。从《重编歙邑棠樾鲍氏三族宗谱》世系来看,棠樾鲍氏宗族从一世祖鲍荣下传至第八世才正式形成。请看下列世系图:

① 《重编歙邑棠樾鲍氏三族宗谱》卷四《本宗》,清乾隆二十五年一本堂刻本。

棠樾鲍氏宗族一世至八世世系表

一世	鲍荣																		
二世	一公止	二公止	鲍铸																鲍仲止
三世			鲍玠													鲍瓘止	鲍璿止	鲍璘迁	
四世			鲍居纯	鲍居美							鲍居安				鲍居仁迁				
五世			鲍洪止	鲍汉					鲍泳		鲍渊								
六世				鲍闻诗		鲍闻一	鲍闻言	鲍闻政绍	鲍闻政		鲍闻义	鲍闻喜止	鲍闻礼止	鲍闻厚					
七世				鲍衎	鲍衡绍	鲍衍	鲍衜		鲍衡		鲍卫			鲍伏					
八世				鲍山		鲍岳	鲍六一		鲍宗岩	鲍庆云	鲍丞			鲍余					

资料来源：《重编歙邑棠樾鲍氏三族宗谱》卷五《世系》。

如果按三十年一世计,棠樾鲍氏宗族形成经过了二百四十年左右,大约是形成于宋元之际。棠樾鲍氏宗族形成过程为什么需要这样长的时间呢?这个问题得从宗族制度谈起。

《春秋左传集解》卷十五襄公十二年秋记载:

吴子寿梦卒。临于周庙,礼也。凡诸侯之丧,异姓临于外,同姓于宗庙,同宗于祖庙,同族于祢庙。是故鲁为诸姬,临于周庙。为邢、凡、蒋、茅、胙、祭临于周公之庙。

什么是"同宗"?杜预曰,邢、凡、蒋、茅、胙、祭"六国,皆周公之支子,别封为国,共祖周公",是为"同宗"。[①] 什么是"同族"?杜预曰:"同族,谓高祖以下。"[②]换句话说,所谓"同族"就是五服以内的血缘亲属。

什么是宗族呢?依据传统的宗法制度,所谓宗族就是由"同宗"和"同族"两部分亲属构成的以父系血缘关系为纽带的社会人群共同体。始祖以下的亲属为"同宗",高祖之下的子孙为"同族",合称宗族。

从《棠樾鲍氏宗族一世至八世》世系表来看,棠樾鲍氏自四世祖鲍居美、鲍居安迁居棠樾起,开始"雁序分行",至八世祖形成一个以鲍居美为高祖的"五服圈"和一个以鲍居安为高祖的"五服圈"。五服圈内的亲属为"同族",五服圈外的亲属为"同宗"。这时棠樾鲍氏宗族组织方才形成。

棠樾鲍氏宗族形成的原因是什么呢?

(一)人丁繁衍。宗族是一个以父系血缘关系为纽带的社会人群共同体,它是在人丁繁衍成一个群体,并分裂为两个以上"五服圈"时方才形成。棠樾鲍氏宗族一世祖鲍荣有 4 个儿子,但是,3 个儿子无后,因此变为单传。二世祖鲍铸也有 4 个儿子,但是,2 人无后,1 人外迁,守祖业者只有 1 人。三世祖鲍玠也生有 4 个儿子,长子传一世即绝后,次子鲍居美和三子鲍居安从郡城西门迁棠樾,四子外迁蜀源。居棠樾四世祖有 2 人,五世祖 3 人,六世祖 8 人,七世祖 6 人,初步形成一个群体。但是,他们未出"五服",都是

① 《春秋左传集解》卷十五襄公十二年秋,上海人民出版社 1977 年标点本。

② 《春秋左传集解》卷十五襄公十二年秋,上海人民出版社 1977 年标点本。

"同族"。至八世祖时才形成两个"五服圈",不但具有"同族",而且还有"同宗"。这是棠樾鲍氏宗族形成的重要原因和首要条件。

（二）自然经济。众所周知,宋代是一个典型的小农农业社会,与唐代相比,商品经济虽然有较大发展,但是自给自足的自然经济仍然居统治地位。在这种封建生产方式之中,无论是生产资料——主要是土地——的所有者,还是直接生产劳动者,都被牢牢地束缚在土地之上,成为土地的附属物,或曰土地的有机属性①。农民日出而作,日入而息,世世代代生活在这块土地之上,除非发生重大天灾人祸,大都不轻易背井离乡。这种生产方式,必然造成聚族而居。作为封建土地所有者和经营者的鲍居美和鲍居安,继承棠樾鲍氏宗族始祖鲍荣的产业,自郡城西门挈家徙居棠樾,他们共有子 3 人,孙 8 人,曾孙 6 人,玄孙 7 人,总计 24 人,没有一个人外迁,全部聚居在棠樾。自给自足的自然经济,是棠樾鲍氏宗族产生的根本原因。

（三）生活需要。从鲍居美和鲍居安起,棠樾鲍氏五代人丁全部聚居在棠樾,如果不建立一定的制度,群体生活就不能正常运转,这是不言而喻的。第一,必须建立一种制度,确定各个人丁在这个群体组织之中的地位以及他们之间的相互关系。因此,就立始祖,奠世系,序昭穆,产生了昭穆世次制度。第二,为了加强这个群体的凝聚力,巩固这个群体组织,必须不断增进全体人丁之间的亲情。于是,就产生了喜庆相贺、忧戚相吊、疾病相问、贫富相济以及救济鳏、寡、孤、独等制度。第三,一个群体,必须有首领,有管理人员,管理公共事务。于是就产生了族长、房长、司年,建立了各种管理制度。第四,为了防止不肖人丁不务正业、胡作非为,必须有一定的伦理道德规范和生活行为规范,用这种规范约束全体人丁的活动。因此,就制定了族规家法。第五,公共建设和集体活动,需要建设经费和活动经费。于是,就设置族田、族山等公共财产。这些因生活的需要建立的各种制度,是宗族产生不可缺少的重要条件。

---

① 马克思:《前资本主义生产形态》。

二、父慈子孝名天下

宋元之际，棠樾鲍氏八世祖鲍宗岩为郡将李世达叛兵所缚，与其子鲍寿孙演出了一场可歌可泣、名闻天下的故事。《宋史》卷四五六《孝义传》是这样记述的：

有鲍宗岩者，字傅叔，徽州歙人。子寿孙，字子寿。宋末，盗起里中。宗岩避地山谷间，为贼所得，缚宗岩树上，将杀之。寿孙拜前愿代父死，宗岩曰："吾老矣，仅一子奉先祀，岂可杀之？吾愿自死。"盗两释之。

众所周知，《宋史》是官修的正史，它是为帝王将相、大家名流立传的史书。鲍宗岩是一介草民，鲍寿孙仅是宝庆教授，但是，他们名列正史，流芳千古，被人们纷纷传颂。

明永乐年间，朝廷编纂《孝顺事实》，作为厚风淳俗教材。鲍宗岩、鲍寿孙父慈子孝事迹人选。① 永乐十八年（公元1420年），明成祖朱棣赋诗二首颂扬鲍氏父子。这二首诗不仅载于《孝顺事实》，而且还镌刻在敕建"慈孝里"牌坊之上，至今还矗立在棠樾村头。

其诗之一：

父遭盗缚迫凶危，生死存亡在一时；
有子诣前求代死，此身遂保百年期。

其诗之二：

救父由来孝义深，顿令强暴肯回心；
鲍家父子全仁孝，留取声名照古今。②

清道光初年，有司立石于鲍宗岩被缚树下，"旌其村曰'慈孝里'，松曰'慈孝松'。"鲍氏宗族又于鲍宗岩、鲍寿孙父子"争死"处"建堂记之，曰'慈孝堂'"。③

---

① 弘治《徽州府志》，《天一阁藏明代方志选刊》，上海古籍书店1982年影印本。

② 鲍孟英辑：《棠樾鲍氏世孝录·明永乐〈孝顺事实〉（并诗）》，清乾隆四十二年刻本。

③ 民国《歙县志》卷一《古迹》，民国二十六年版。

元代以来记载鲍宗岩、鲍寿孙父慈子孝故事的文献，以明人宋濂的《慈孝堂铭》最详细、最生动。其文曰：

歙之鲍氏，故衣冠家也。其讳宗岩者，身载明德，弗售于时，人号为"棠樾处士"。当至元丙子，郡将李世达军叛，群寇相挺而起，肆其屠刘。歙民相惊，皆风雨散去。处士君与其子宝庆教授寿孙共伏大壑中，未几寇啸乎而至，执处士君，反接于树，抽刀将剚之，教授出，泣曰："吾父耄矣，不足以污兵锋，愿怜而勿杀，即杀，我请代之。"言毕，引颈就刃。处士君曰："吾只生此一儿，死我犹可，吾儿死，则宗祀绝矣，慎勿听之。"相为让之良久。寇欲舍之，或牵制于众；欲兵之，又弗忍，计未知所定。忽有风飒飒起林木间，类铁骑蹴踏声，寇相顾怖愕，疑官军将捕己，亟相率东趋，父子因得释。歙之人士咸叹曰："孰谓无天道哉！使无天道，处士君父子何为乎弗死也？其慈孝之报乎？"①

鲍宗岩、鲍寿孙父慈子孝的事迹，使棠樾鲍氏宗族名声大振。李梦阳在《诚孝堂记》中说："鲍氏先有鲍寿孙以孝闻，载在《宋史》，人呼其所居里为'慈孝里'。"②鲍宜瑗的《阖族公祭乐园公文》曰："吾族之显于郡邑者，以孝著闻。自宋慈、孝两公后，历元与明以迄国朝，继武者接起。"③

棠樾鲍氏宗族敦本堂抱柱楹联曰：

慈孝奕世无双里

衮绣江南第一乡

楹联为清代大书法家邓石如书。有的宗族老人说，不是"慈孝奕世无双里，衮绣江南第一乡"，而是"慈孝奕世无双里，衮绣清朝第一乡"。相传，此联为清乾隆皇帝御赐。

---

① 鲍友恪辑：《鲍氏诵先录》，民国二十五年排印本。

② 鲍孟英辑：《棠樾鲍氏世孝录》，清乾隆四十二年刻本。

③ 歙县《棠樾鲍氏宣忠堂支谱》卷二二《文翰》，清嘉庆十年家刻本。

三、宗族性质的转化

起初,棠樾鲍氏宗族是一个亦读亦耕的农业宗族。族中绝大多数家庭和子弟都是男耕女织、读书力田。据《重编歙邑棠樾鲍氏三族宗谱》世系图记载,棠樾鲍氏十三世有支丁 46 人,十四世有 71 人,十五世有 133 人。由于"田少地硗,族衍丁繁,未能尽有恒产,每届青黄不接,即多麈甑之忧,众口嗷嗷,情堪轸恻"①。支丁虽然生活十分贫困,但是仍然世世代代亦读亦耕聚居于棠樾这块土地之上。

《重编歙邑棠樾鲍氏三族宗谱》记载,明代初期棠樾鲍氏宗族个别子弟即开始介入商业活动。十二世支丁鲍汪如"壮游四方",从事盐业贸易。其子鲍万善继父业,"经营积累起家"。十四世支丁鲍邦伦"尝挟赀商游吴越、河洛,以佐父之不逮,家业由之益起"。鲍邦珍"贾于汴,有地名南小沟,公尝至其地市茶"。

明代中期,商品经济大发展,长江三角洲和东南沿海一些地区出现资本主义生产关系萌芽,为棠樾鲍氏宗族子弟提供了极佳发展机遇。从此以后,"弃农经商"、"弃儒服贾"者愈来愈多,经商服贾成为棠樾鲍氏宗族子弟主要人生之路。《重编歙邑棠樾鲍氏三族宗谱》和《棠樾鲍氏宣忠堂支谱》记载,鲍光宇"壮岁父命贾大梁,以信义与人,业益隆起"。鲍光祖"客汴"。鲍光雄"少侍父商于汴,区画悉中,获钜息。交揽名胜,汴绅士无不重焉"。鲍大本"未弱冠,走大梁,业织币业以饶,并起盐筴荆楚间,晚更买宅钟陵"。鲍叔献有 5 个儿子,4 个"客于外"。鲍丙先之父"远客浙东"。鲍士伟"弃儒服贾,经营滨海"。鲍士臣"以廉贾称","长才通变,能殖其财"。鲍逢位"久客兰溪"。鲍逢杰之父"以廉贾起家"。鲍逢杰亦商亦儒,"客富安场"。鲍逢恒"商于浙江,奋励有为"。鲍逢相"客洪江,卒葬其地"。鲍仪慎"居里贸易,人称公平"。鲍宜瑗家素贫,"壮即贾于外,岁必一归省视,以是为常"。鲍仪礼"客洪江,卒即葬其地"。鲍宜琼家"贫外贸"。鲍宜春"尝贾

---

① 歙县《棠樾鲍氏宣忠堂支谱》卷一九《义田·宪示》,清嘉庆十年家刻本。

于湘汉之区,多所创置”。鲍廷睦“少有志四方,客常德之岳家口三十余年”。鲍廷枚“贾江右”。鲍廷彩“客江西”。鲍廷礼“客嘉兴,卒其地”。鲍廷召“客苏州,久未通问”。鲍廷钥“客沅州府属之竹舟江,卒葬其地”。鲍廷表“客外久无音息”。鲍廷铨“客洪江祝家冈”。鲍廷机“客洪江榆树湾”。等等。

明代中期开始,棠樾鲍氏宗族由农业宗族逐渐转变为亦农亦贾宗族。清乾嘉年间,进入鼎盛时期。盐商巨子鲍志道、鲍漱芳在商海之中叱咤风云,大显身手。棠樾鲍氏宗族成为徽州地区最著名、最富有的名宗右族之一。

明代中期,徽州人为什么大批“商游四方”呢? 我们认为,明代中期徽州大批人“弃农经商”、“弃儒服贾”,除了“田少地硗,族衍丁繁”外出谋生以外,与徽州教育繁荣有很大关系。据历史文献记载,徽州宗族子弟大都追求,十年寒窗,金榜题名,荣宗耀祖,名扬天下。但是,能够实现这个梦想的人是极少数,绝大多数学子都是“科场无售”,名落孙山。商品经济大发展和资本主义生产关系萌芽,为广大知识青年“弃农经商”、“弃儒服贾”开辟了一条广阔大道。这就是明代中期徽州宗族子弟大批“商游四方”的根本原因和社会历史背景。

四、达官显宦鲍象贤

从《新安名族志》来看,宗族子弟金榜题名和仕宦簪缨,是徽州宗族成为名族的最重要原因和最重要标志。

棠樾鲍氏宗族子弟之中,金榜题名者有漕解第一、释褐状元、进士及第等。为官任职者有都尉、提干、教谕、学正、训导、教授、巡司、县令、知事、同知、登仕郎、翰林院修撰、御史、都宪、员外郎、鸿胪鸣赞、知州、提举,等等。①

在棠樾鲍氏宗族子弟仕宦簪缨者之中,十六世祖鲍象贤(公元 1496～1568 年)是佼佼者。《明史》卷一九八《鲍象贤传》记载:

---

① 参见程尚宽《新安名族志》前卷,(日本)东洋文库藏明嘉靖三十年刻本。

鲍象贤，歙人。由进士授御史，历云南副使。毛伯温檄文盛会师，以象贤领中哨。屡迁右副都御史，巡抚陕西，代石简抚云南。初，元江土舍那鉴杀知府那宪以叛，布政使徐樾往招降被杀。简攻之未克，坐樾事罢，而象贤代之。乃集土、汉兵七万以讨，鉴惧，仰药死，择那氏后立之。迁兵部右侍郎，总督两广军务。贼魁徐铨等纠倭横海上，檄副使汪柏等击斩之。广西贼黄父将等扰庆远，捣其巢，大获。予象贤一子官。入佐南京兵部。被劾，回籍听勘。家居十年，起太仆卿。复以右副都御史巡抚山东。召拜兵部左侍郎。年老引去。隆庆初卒。

据《棠樾鲍氏宣忠堂支谱·十六世宣忠堂支祖》记载，鲍象贤在任四川道监察御史、清军御史、云南按察副使、陕西兵备副使、山东左参政、山东按察使、江西右布政使、陕西左布政使期间，“所至著绩，声腾中外”。嘉靖二十九年（公元1550年），“边烽甚炽，廷议关中重地，推公镇抚，于是迁右副都御使，巡抚陕西”。他“修废举坠，察幽隐，谨斥候，励将士，贼至辄击之，捉生斩级获马匹兵器无算”。由于战功卓著，获朝廷“两赐银币”嘉奖。嘉靖三十年（公元1551年），奉命第二次巡抚云南，他两“莅云南，两在兵间，并以不杀为武，既多所保全，且省供亿之苦，士民德之，为公建生祠临安，肖像以祀”。由于“明达有大略，扬历中外三十余年，屡著勋绩”，卒后“赠工部尚书”。

鲍象贤是一个名垂青史的达官显宦。他的生平事迹，除了《明史》以外，还载于《明世宗实录》、《明史稿》、《江南通志》、《云南通志》、《广东通志》、《陕西通志》、《徽州府志》、《歙县志》等多种历史文献之中。

在封建社会，婚姻论门第。由于产生了鲍象贤这样一个大人物，大大地提高了棠樾鲍氏宗族的社会地位和社会声望。歙县许多名宗右族和一些官宦人家纷纷与鲍家联姻。例如，南京户部右侍郎程嗣功——歙县槐塘程氏宗族子弟——的长子程道充，娶鲍象贤之孙女鲍献瑞为妻；少保、太子太保、礼部尚书、武英殿大学士许国——歙县东门许氏宗族支丁——的长子许立德，娶鲍象贤之重孙女鲍靖庄为妻，等等。①

① 参见歙县《棠樾鲍氏宣忠堂支谱》，清嘉庆十年家刻本。

今天,赴棠樾旅游参观,如果从村东头进村,7座牌坊的第一座,即是"赠工部尚书鲍象贤"坊。此坊,明天启二年(公元1622年)秋八月建,清乾隆六十年(公元1795年)秋七月修。

五、盐商巨子鲍志道和鲍漱芳

乾嘉年间,棠樾鲍氏宗族盐商巨子鲍志道、鲍漱芳不仅腰缠万贯、富埒王侯,而且都交通达官显贵,具有较高官衔职位。虽然两人都处于商品经济比较繁荣和资本主义生产关系萌芽时代,但是,他们获得的巨额商业利润并没有转变为产业资本。他们最热衷的活动是"义举"。除了大量向清朝政府捐献以外,许多资金都用于地方建设和宗族建设。

鲍志道(公元1743~1801年),字诚一,号肯园。《棠樾鲍氏宣忠堂支谱》记载,幼家贫,11岁即"弃书习会计于鄱阳,转客金华及楚,无所遇"。后应扬州吴尊德之招,"为权出纳,推诚相得,凡二十年毫发无所私,而其家自隆隆起。久之,随占商籍于淮南"。任两淮总商二十余年,"性忠实,敏于干","与众共休戚,不私便利,以是见器当事"。始捐职布政司理问,嗣加道衔,赠通奉大夫,议叙盐运使,封中宪大夫,掌山西道监察御史。因踊跃为国捐输,朝廷敕封文林郎、内阁中书,奉直大夫、内阁侍读,中宪大夫、内阁侍读,朝议大夫、刑部广东司郎中等官衔。卒后"崇祀乡贤祠,并紫阳书院之卫道斋"。

《棠樾鲍氏宣忠堂支谱》记载,鲍志道,"尤笃内行",对宗族的建设非常关注,慷慨解囊,投大量资金。他"念宗谱失修垂四十年,因与弟琮专就尚书公一支别为支谱,增置祀田、祭器宗祠中,以贻久远。新龙山上慈孝堂、孝子坊。又以吾棠樾之鲍,世有孝行,自宋元来,可纪述者,凡数十人,别建世孝祠以祀之。济宣忠派之不能昏者。代请族中节妇之未经题旌者"。同时,又大力资助地方建设。捐金三千修紫阳书院。捐金八千复山间书院。"贻书曹文敏公,议增祀郑师山、徐观察、吴光禄"和鲍仲安先生于紫阳书院卫道斋。又"筑北河水射,造丰乐水所经之古虹桥。为扬州谋建十二义学,助修扬州会馆之在京师者"。无论为宗族还是为地方,"凡所设措务",皆

"以济物为念"。

鲍漱芳(公元1763~1807年),原名钟芳,字席芬,一字惜分,鲍志道长子。《歙事闲谭》卷十《鲍觉生感旧诗抄序》说,漱芳"少多能,长而练达,有深识"。随父"理禺筴于扬,动操胜算,业日隆起"。父殁,任两淮盐运总商。初由太学生捐职员外郎,继赠通政使司通政使、资政大夫、通奉大夫。嘉庆八年(公元1803年),"川、楚、陕三省贼平",因"集众商输饷,奉旨从优议叙盐运使职衔"。①

他不但热心为国捐饷,而且非常重视公益事业以及地方和家乡的建设。民国《歙县志》卷九《人物志·义行》记载,嘉庆十年(公元1805年)夏,洪泽湖涨,决车逻、五里诸坝,"灾民嗷嗷待食"。鲍漱芳"集议公捐米六万石助振……于各邑设厂,并赴泰州躬亲督视"。同年,淮、黄大水,漫溢邵伯镇之荷花塘。他倡议"设厂振济,并力请公捐麦四万石展振两月,所存活者不下数十万人"。"方义坝决时,高堰抢险护堤甚急。秋后,全河溜势将改由六塘河从开山归海"。鲍漱芳"集众输银三百万两,以佐工需"。芒稻河"为洪泽湖之委,制府铁保亟谋疏濬"。他捐银六万两,"以济工用"。并捐五千两,"助濬沙河闸"。由于"以屡次捐输,叠奉恩旨,从优议叙,加十级"。鲍漱芳家居,"敦本尚义,修里社,筑水堨,置义学,修新岭,修王干、阳溪、清水塘、丛山关诸道路,益惠济堂义冢地,周助婚葬,义行不可枚举"。生前"遗命其子均,捐修府学,创建府学西偏久圮之忠烈祠"。

嘉庆二十五年(公元1820年),清朝政府敕建"乐善好施"坊,旌表鲍漱芳及其子鲍均。这座牌坊即是棠樾牌坊群七座牌坊正中那一座。

敕建"乐善好施"坊有一个历史传说。棠樾鲍氏宗族老人说,嘉庆年间"乐善好施"坊未建时,棠樾鲍氏宗族族人认为,棠樾已建有"忠"字坊、"孝"字坊、"节"字坊,只少一个"义"字坊,这是一个很大的遗憾。为了荣宗耀祖、万世流芳,为了提高棠樾鲍氏宗族的荣誉和社会地位,他们上奏嘉庆皇帝,希望再敕建一座"义"字坊。当时,棠樾鲍氏宗族正处在鼎盛时期,盐商巨子鲍漱芳又是一个鼎鼎大名的人物,嘉庆皇帝接受了鲍氏宗族的请

① 民国《歙县志》卷九《人物志·义行》,民国二十六年版。

求。但是,有一个重要条件——要鲍漱芳为国家修筑八百里河堤,发放三个省的军饷。由于鲍漱芳圆满完成了这两大任务,因而获得建坊旌表。

六、宗族组织

棠樾鲍氏宗族是以父系血缘关系为纽带的社会人群共同体。它是一种自然和社会发展形成的社会群体。据棠樾鲍氏宗族谱牒记载,鲍荣是这个宗族的一世祖,或曰始祖。鲍荣的后裔世代繁衍,今天已有三十多世。《新安棠樾鲍氏宗谱》世系图,是鲍荣至明成化年间人丁繁衍的记录。《重编歙邑棠樾鲍氏三族宗谱》世系图,是鲍荣至清乾隆二十五年(公元1760年)人丁繁衍的记录。从《世系图》来看,全部人丁都处于这个血缘群体之中一定地位。为了反映这个人群组织之中每一个人丁的地位和相互关系,他们制定了排行歌(又曰排行联、行辈歌、行辈联)。据调查,从二十六世起,棠樾鲍氏宣忠堂支派制定的排行歌是:

明伦崇典训

继起尚书家

一个字代表一世,或曰代表一代、一辈。除了个别人因继嗣改变以外,任何人也不能改变他们在这个血缘群体之中的地位和这种繁衍继承关系。

徽州宗族的中层组织曰"房",或曰"支"、"派"、"门"、"隅",叫法不一。起初,棠樾鲍氏宗族分两房——诚孝堂和宣忠堂。后来,诚孝堂人丁衰落,至二十世纪末年,居棠樾村者,只有两户人家。与此相反,宣忠堂人丁兴旺,族人众多,而且有钱有势,所以宣忠堂成为棠樾鲍氏宗族的中心和主体。十九世祖鲍孟英、鲍齐英、鲍同英兄弟三人的后裔分成三房。棠樾鲍氏宗族的许多活动——特别是一些群众性活动——主要都由三大房人丁组成。民国时期,因人丁很少,"房"组织已不存在。

房有"房长"。担任房长的条件是:辈高年长、为人厚道。其职责是:组织和主持本房的重要活动;教育本房的子弟和族人;调处本房族众的纠纷;代表本房参加宗族的议事会议。民国时期,没有房组织,自然也就没有房长了。

棠樾鲍氏宗族的首领是族长。大部分族长都是乡绅。民国时期先后担任过族长的有:鲍正明、鲍鸿、鲍绍业、鲍立人等。任族长必须具备的条件是:辈高年长、德高望重、有一定文化水平和一定的工作能力。民国时期,都经过族众推举产生。族长的职责是:一、主持宗族议事会,决定宗族的重要活动;二、担任祭祖活动的主祭人,率领支丁进行祭祖活动;三、监督、检查祠堂、族田等管理人员及其财务;四、教育族众遵守祖训和族规,调处族人之间纠纷;五、惩处不肖族众,维护宗族安定;六、处理宗族与地方、乡邻的关系等。

棠樾鲍氏祠堂管理者称“祠总”。担任祠总具备的条件是:德高望重,热心宗族工作,有一定文化水平和较强的工作能力。民国时期,祠总也都是通过族众推举产生。其职责除了管理祠堂,还要协助族长组织宗族活动,处理宗族事务。

担任祠堂和宗族日常工作的是“司年”。棠樾鲍氏宗族《值年规例》规定:“司年事繁,独力难支。今公议三大房合管,逐年订以各房承管,孟英、齐英、同英公之家轮流挨办。”①

文会是致仕官员、士大夫和学子的组织,会址设在翰林祠,所以翰林祠又名文会祠。这是一个带有宗族族权色彩的文人组织。民国时期,高中毕业即可参加。按规定,文会除了文人聚会、会文评比以外,还参与宗族许多事务。如,调处族众纠纷、监督义仓管理、接待来访乡绅、协助祭祖活动等。房长制消失以后,宗族有重要事务,都是在族长领导和主持之下,由文会“公议”。

同老会,又名宗老会,创立于明正德五年(公元1510年),是老年支丁活动的组织。李梦阳《宗老会记》曰:“宗老会者,鲍宗之老也……其约一年四会,会于清逸亭。亭有四时之花,每花开则会,轮流而主办……诸老者雍雍于于于一亭之上,古貌色愉,动止有度,言语有则,望之若画图焉”。② 老人们在这里聚会宴饮、谈天论地、吟诗作画、抚琴对奕。张瑞庭《同老会序》

---

① 歙县《棠樾鲍氏宣忠堂支谱》卷一七,清嘉庆十年家刻本。

② 鲍友恪辑:《鲍氏诵先录》上编二《记》,民国二十五年排印本。

说:“佳时胜地,言笑从容,其礼略仿古人‘真率会’意,所以明澹泊、计长久也……一时杖履盘匜之乐,为神仙中人。越二百五十余年而复有是会……与斯会者,其子弟力田服贾,以敬事耇老,俾得优游乡井,饮食宴乐,以养其天年”。① 在棠樾鲍氏宗族的历史文献之中,有不少同老会的诗歌作品。

秦汉以来,宗族组织即带有地方基层政权的性质和色彩。民国时期,棠樾鲍氏宗族许多族长同时又兼任保长,出现了宗族组织与地方基层政权既独立又结合的趋势。

解放前夕,棠樾鲍氏宗族共有 33 个个体家庭,所有个体家庭都生活在以血缘关系为纽带的宗族组织当中。每一个宗族成员都要受到族规家法的约束,都要接受以族长为核心的统治者的管理和统治。

七、祠堂建设

祠堂是“妥先灵、隆享祀”的地方,是宗族的象征。棠樾鲍氏宗族非常重视祠堂建设。

棠樾鲍氏宗族的祠堂有宗祠、支祠、专祠三种,共 5 座。

(一)敦本堂——棠樾鲍氏宗族宗祠。据调查,初建棠樾鲍氏宗族宗祠地处棠樾村东首,早已毁于兵燹。明嘉靖年间,鲍象贤“拓西畴书院遗址”,建万四公支祠,又名登仕公祠。从《棠樾鲍氏宣忠堂支谱》之中《鲍氏两翁传》、《世孝祠记》、《敦本堂落成公祭文》等文献来看,鲍氏宗祠毁于兵燹之后,鲍氏宗族即视万四公支祠为鲍氏宗祠。他们都称万四公支祠为“西畴宗祠”,为“敦本堂”。嘉庆年间清懿堂女祠建成之后,敦本堂俗曰男祠。

清乾隆时期,敦本堂已“晦昧摧剥”。嘉庆三年(公元 1798 年),鲍志道、鲍漱芳父子慷慨解囊,出巨资重新修建。鲍志道堂弟鲍琮董其事,于嘉庆六年(公元 1801 年)告竣,历时三载。②

鲍琮《敦本堂落成公祭文》曰:“西畴祠宇,马司观成。日犹倾圮,榱桷

---

① 鲍友恪辑:《鲍氏诵先录》上编二,民国二十五年排印本。

② 《重建万四公支祠记》碑刻。

宜新。不坠先业，赖后之人。志道克孝，百废俱兴。溉芳则焉，敬谨经营。鸠工堵筑，岁月三更……”①

敦本堂是一座三进五开间的典型徽派祠堂建筑。纵深57.2米，宽18.1米，占地面积1,035.32平方米。仪门为五凤楼建筑，飞檐翘角，气势恢宏。第二进曰享堂，是整座祠堂的主体建筑。纵深16.6米，宽18.1米，建筑面积300.46平方米，有粗大立柱24根。这是一座宫殿式建筑，宽敞庄重，美轮美奂。这里是鲍氏宗族祭祀祖先和举行各种庆典的地方。第三进曰寝室，是一座楼阁式建筑。前有石制护栏，院有天池，左、中、右大门3个。室内有须弥座（又名金刚座），座有神龛3个，正中为中龛，左右为昭穆室。这里是鲍氏宗族供奉祖先神主的地方。

（二）宣忠堂（又曰尚书公祠）——鲍象贤支祠。《棠樾鲍氏宣忠堂支谱》卷一八《棠樾郙图》记载：“宣忠堂居一村之中，为尚书思庵公所手建，取制诰中‘柱下宣忠’语为颜。”清乾嘉年间，鲍象贤的第八代孙鲍志道“改宣忠堂宅以为尚书公祠，置祭器、祀田其中”。②

（三）世孝祠——棠樾鲍氏宗族孝子专祠。嘉庆六年（公元1801年），鲍志道建。他在《世孝祠记》中曰：

> 吾鲍氏自宋以来，世以孝子称，不独宗岩公与子寿孙公遇贼龙山争死获免也。元，元凤公尝弃妻、子负母入山避乱；乱定归，妻、子俱无恙。明，先尚书之祖灿公吮母疽获愈；叙廉公父病三刲股疗之，后父殁，其棣左墙茁三异葩。入我朝，逢昌公又以孝行受旌。夫孝者，百行之原也……因是敬述先德，用勖后人，于宗祠外，别建世孝祠，合累世孝子之主祀焉。以每岁季春、季冬朔举行祭礼，通族咸至，俾瞻拜堂阶，有所观感。更严立规条，继自今有孝行彰著者，上之于朝。次之孚众望者，咸得以时续祔之。子姓及八岁以上即命与祭，俾自幼习知父慈子孝之道，不待冠而后祭也……③

（四）翰林祠（又名文会祠，旧名耕读堂）——棠樾鲍氏宗族供奉有功名

①　歙县《棠樾鲍氏宣忠堂支谱》卷二二《文翰》，清嘉庆十年家刻本。

②　歙县《棠樾鲍氏宣忠党支谱》卷二一《中宪大夫肯园鲍公行状》，清嘉庆十年家刻本。

③　歙县《棠樾鲍氏宣忠堂支谱》卷二二《文翰》，清嘉庆十年家刻本。

祖先的专祠。《棠樾鲍氏宣忠堂支谱》卷一八《棠樾郡图》记载:“翰林祠,旧名耕读堂。伯源公主讲师山书院,与朱枫林、赵东山、唐白云、胡石邱、张子经为文酒之会,盖在斯堂。”棠樾鲍氏宗族建翰林祠,旨在表彰先贤,以勖后人。翰林祠是供奉有功名祖先的祠堂,同时又是缙绅、士大夫和青年学子会文之所。

(五)清懿堂——棠樾鲍氏宗族供奉女祖先神主的专祠。清懿堂女祠是鲍启运继配方氏,“补其夫志之未逮”,命其子有莱建造。道光《徽州府志》卷一二《人物志·义行·鲍启运传》记载:

> (鲍启运)继配方氏,同邑罗田人,事舅称孝……启运殁,方以布素终身。尝于六十岁生辰,止子有莱称觞。命于里中别造妣祠,以补夫志之未逮。徽祠例,祔主者输金以佐祀事,曰“主费”。鲍支祠(即敦本堂——引者)主费故重,贫者多未祔主。方为输费祔之,并祔其配于妣祠。

据我们调查,清懿堂女祠纵深48.1米,宽16.6米,占地面积698.46平方米。三进五开间,是一座典型的徽派祠堂建筑。祠宇结构高大,建筑精美。砖雕刀法细腻,图案古朴,生动形象。木雕玲珑剔透,不施彩绘,朴素典雅。

清懿堂座南朝北,与敦本堂隔街相对。这与中国传统文化——女属阴,男属阳——阴阳向悖有关。

八、敦本堂(西畴宗祠)祭礼

棠樾鲍氏宗族敦本堂祠祭有:春祭、中元、秋祭、冬祭、烧年等。以春秋二祭最为隆重。鲍庆云,行万四,生于宋绍定三年(公元1230年)二月十五日。因此春祭定于二月十五日,秋祭定于八月十五日。现据《重编歙邑棠樾鲍氏三族宗谱》卷一八三《棠樾西畴书院祭礼》叙述如下。

(一)组织工作

1、管年者先期会众定买猪羊,五日前买办祭品,以免临期迟误。

2、先期五日,佥配礼生,推举衣冠整肃、礼度优闲者为之。

3、每祭正献1人,东祠分献1人,西祠分献1人,通赞执事约三十余人,斯文约十余人,省牲、监宰、陈设、监造大约十二三人。

4、祭前三日,将正献、分献、礼生人名,书列粉牌,悬挂祠门,俾各知所司。并将规条内紧要者,摘写揭示,使众通知遵守。

5、先期一日下午,俱至书院习礼。执事于书院门外少西,设省牲位、香案、纸烛、酒爵。正献、引礼2人,执事1人,俱盛服。具鼓乐,"引礼引正献诣省牲□□。执事诣牲所。省毕诣正献,曰告充。正献举爵奠酒焚楮,遂刑牲。执事□二盘,盛各毛血少许,付陈设收于净所,乃布灰格而退"。

6、监造、陈设督同厨役人等,依式整理祭品,务要丰洁,毋得苟且应事。

7、祭之日五鼓,执事依图陈设,聚鼓乐。昧爽,鼓初严,同至祀所;鼓再严,各具服;鼓三严,各供其事。三鼓已毕,助祭后至者免入班,不许领胙;执事人等后至者,另议罚。

8、序立,各依次世为班,不许紊乱。

9、年高不能拜伏者,立于西序监礼。

10、年幼未冠者,立于西阶观礼。

11、助祭人等,俱要青衣整肃,冠履鲜明,亵衣素服,不许与祭。

12、遇二祭,派下子孙"有愿请烛者,先期告于陈设,至期以烛易之,注名于簿。诞子之日,分为三等,一等出银一两,二等出银六钱,三等出银三钱,送祠置办祭品"。

13、当祭不许妇婢抱领婴孩入祠,以防污秽。

14、书院会叙乃礼仪相先之地,当祭乃祖考陟降之时,各派子孙俱要肃恭致敬,不许喧哗忿争,不许讪言嬉笑。助祭人等违者,罚银3分;执事人等违者,罚银5分,送祠公用。

15、祭时,但遇洞开中门,各派子孙出入不许由中道。

16、祭毕在书院门外颁胙票。凡执事、礼生、助祭人等,俱发一小票,各自注名,交祠领胙。

17、乐人2副(本村4人,外村4人),另有刀手工、分胙工、厨子、洒扫人。

(二)祭品

祭品共5桌。每桌脍1碟(系红肉,5碟共2斤)、炙1碟(系炙划,5碟共2斤)、鱼1碟(系熟鱼,5碟共2斤)、脯1碟(系牛脯,5碟共2斤)、醢1碟(系炒骨,5碟共2斤)、蔬菜芹各1碟(共10碟)、菓3盘(枣2.5斤、栗2.5斤、胡桃2斤,共15盘。秋祭用时新菓)、寿桃2盘(计100只,约20斤,共10盘)、羹饭各1盂(计米5升,春熟,共各5盂)。

中祠加猪肝1盘、羊肝1盘、猪首1盘、鸡1盘、鱼1盘(计2斤,5盘俱用熟)。

猪2口、羊1口(约50斤)。

酒4壶。

红烛2斤(内2两一枝者5对,余每枝1两)、大纸300张、帛1端、省牲纸、祝板纸、沉速香。

(三)祠祭陈设总图

西祠祭品	西配祭品	中祠祭品	东配祭品	东祠祭品
		烛　读祝位　烛 毛血受胙　毛血饮福		
西阶	猪		羊	东阶
西序	西门	中门	东门	东序

尊长监礼序于此	诸长兄拜位	案烛　香烛 降神位	引引　诸伯叔拜位	酒尊所 盥洗所	诸执事序立于此
未冠观礼序于此	诸弟拜位 诸子侄拜位 诸孙拜位 曾孙行拜位	分献拜位　正献拜位　分献拜位	诸弟拜位 诸子侄拜位 诸孙拜位 曾孙行拜位		

（四）祭礼仪节

1、俟鼓声毕，通赞唱：执事者各司其事。陪祭者各就位。分祭者各就位。正献就位。

引礼至正献、分献前唱：就位。

2、通赞唱：瘗毛血。

执事者2人升自东阶，至中案下，捧毛血盘，降自西阶，由中门出，置西廊下，俟望燎时入坎。

3、通赞唱：参神。鞠躬。伏。兴。四拜。平身。行降神礼。

中祠正献引唱：诣盥洗所。盥手。帨手。诣香案前。跪。三上香。奠酒。酹酒。伏。兴。平身。复位。

4、通赞唱：奠帛。行初献礼。

正引唱：诣酒尊所。司尊者举幂酌酒。司帛、司爵各捧先行。正献、帛、爵自门入，升东阶东西配。司爵自东门入，及阶。引唱：诣登仕公神位前。跪。奠帛。执事者以帛跪进于右，兴，跪受于左，奠于案上。引唱：献爵。与奠帛同。引唱：诣读祝位。跪。

5、通赞唱：众孙皆跪。

引唱：读祝。祝跪读于正献之左。通、引齐唱：俯伏。兴。平身。

6、通赞唱：行分献礼。

东、西引唱：诣盥洗所。盥手。帨手。诣酒尊所。司尊者举幂酌酒。正献引唱：诣东配神位前。跪。献爵。俯伏。兴。平身。俟东、西分献及阶，正引唱：诣西配神位前。东引唱：诣东祠神位前。西引唱：诣西祠神位前。三引同唱：跪。献爵。俯伏。兴。平身。引、正献、分献以次降自西阶，各就其位。各执事后从，各复其所。

7、通赞唱：鞠躬。伏。兴。二拜。平身。行亚献礼。

与初献同，止进正献1爵，不读祝，不分献。

8、通赞唱：鞠躬。伏。兴。二拜。平身。行终献礼。

与亚献同。

9、通赞唱：鞠躬。伏。兴。二拜。平身。饮福受胙。

引唱：诣饮福位。执事二人，一执爵酒，一以盘取一羊肩随其后。引唱：

跪。饮福酒。执事以酒跪进于右。正献饮之,以酒授执事于左。引唱:受福胙。执事以胙盘跪进于右。正献受之,以胙授执事于左,捧自中门而出。引唱:俯伏。兴。平身。复位。

10、通赞唱:鞠躬。伏。兴。四拜。平身。彻馔。

执事5人升东阶,彻各案肴于两傍,出,降西阶,各复其所。

11、通赞唱:送神。鞠躬。伏。兴。二拜。平身。

奠帛者捧帛,读祝者捧祝,各诣燎所。帛、祝捧自中道而出。引唱:望燎。引、正献、分献出,自西门南向。正引唱:登仕公神前帛1段,祝1道。执事焚之。瘗毛血于坎。引唱:礼毕。众圆揖而退。

(五)散胙

祭毕散胙。宣忠堂送羊胙2斤,猪胙2斤,时菜2盘,寿桃3双。正献受羊胙2斤,猪胙1斤,寿桃1双。东、西分献每人羊胙1斤,猪胙1斤,寿桃1双。礼生每人羊胙半斤,猪胙1斤,寿桃1双。兼摄者止受本胙,不得兼领。助祭每人猪胙半斤。守祠、厨子、使用每人猪肉半斤。

春秋祭品之余,管年、执事等分散,以偿一年任事之劳。

九、祖墓与标祀

徽州人特别重视“堪舆”,将祖墓称为“风水”。他们认为,“风水”是宗族的根本,决定支丁的寿命、贵贱、贫富、命运和宗族的兴衰。所以,棠樾鲍氏宗族为了选择“风水吉壤”,不惜一切代价。据《棠樾鲍氏宣忠堂支谱》卷一七《祔葬银两公置祀产敬设冬祭缘由》记载:

> 乾隆五十八年,三大房支众因里田祖茔荫株叠遭嵎匪欺骛盗窃,兼以各处坟山每有势豪贪吉谋葬,缠讼无休,远虑深谋,议将茔右余业,归本支祔葬一穴,以三棺为例……公订祔葬者输费银一千两,先兑二百两为两房庄仆完婚、治家之计,其八百两俟扦葬时兑交公收,以归祖宗正用。定议后,二房逢仁公支派愿如意祔葬。随兑银二百两,交公安顿庄仆急务。仍存银八百两,俟葬后找讫。当经三大房公立契墨交执,嗣于

嘉庆八年冬月照议开穴扦葬，找出银八百两，公同收置田亩，税入“宣忠户”内，归祠轮管征租，以充公用……

历史文献记载，乾嘉期间，徽州地区每亩田田价，大约为白银20两至25两之间。按此田价计，鲍氏宗族里田“风水”，一穴之地相当于40亩至50亩田价总合。

据我们调查，棠樾鲍氏宗族有许多寻觅“风水宝地”的故事和传说。许多老人说，鲍氏宗族在瀹潭寻觅到一块“风水”，他们准备将祖先的棺柩通过水路用船运往瀹潭安葬。但是，瀹潭村的村民不仅不准棺柩由码头登岸，而且不让经大路去墓地安葬。怎么办呢？鲍氏宗族议定，用重金在瀹潭修建一座新码头和由瀹潭通往墓地的大道。

据一些老人说，鲍氏宗族四处寻觅“风水”，最后认定雄村曹氏宗祠大院是块“吉壤”。怎样才能将祖先灵柩葬到那里呢？他们挖空心思，想出一个办法。先在曹氏宗祠附近一个地方购地筑一个围墙，于墙内筑一座假墓；再在假墓之下挖一条地下通道，一直通往曹氏宗祠大院地下；然后乘夜深人静之时，将祖宗棺柩由地道运往曹氏宗祠大院地下。鲍氏宗族认为，事情办得很妙，人不知鬼不觉。但是，他们的活动还是被附近一个夜间起来做豆腐的人看到了。为了不泄露此事，鲍氏宗族以重金收买了这个人，叫其改姓鲍氏，并在附近为其买田盖屋，供其养家。世上没有不透风的墙。后来，曹氏宗族知道了这件事，义愤填膺，立即告到官府。闻知官府准备派人到雄村调查，鲍氏宗族出高价收购蜘蛛——1两银子1只——放在新修的假墓之上。一夜之间蛛网密布，造成不是新坟而是古墓的假象。这个传说不论是否真有其事，都非常生动地说明，鲍氏宗族追求“风水宝地”，已经陷入痴迷。

据《重编歙邑棠樾鲍氏三族宗谱》卷一八三和《棠樾鲍氏宣忠堂支谱》卷一七记载，鲍氏宗族祖墓分布在西沙溪、掌书园（又曰画山园）、富亭山、湿坑、鸿鹤林、武林、瀹潭、古关、里田等地。西沙溪为始祖鲍荣之墓，掌书园为鲍荣夫人之墓，富亭山为二世祖鲍铸、三世祖鲍玠、鲍瓘之墓，湿坑为鲍铸夫人王氏之墓，鸿鹤林为鲍玠夫人江氏之墓，武林为四世祖鲍居美暨夫人程氏合葬之墓，瀹潭为十三世祖鲍邦灿暨夫人程氏合葬之墓，古关为十六世祖鲍象贤暨夫人汪氏合葬之墓，里田为十七世祖鲍孝友之墓。

清明扫墓,徽州人曰标祀(又曰标挂、挂纸、挂钱等)。棠樾鲍氏宗族很重视标祀礼仪。事前,值年于敦本堂门前发"通知帖"。届时,由族长率领前往墓地。西沙溪始祖标祀,除了棠樾、蜀源、岩镇鲍氏支丁以外,其他地方支丁因路途较远,敦本堂负责接待和提供餐饮。

标祀祭品、祭器有:香、棉纸(画山园2刀,古城关2刀,西沙溪1刀,里田2刀)、烛、箔(画山园600,西沙溪200,古城关400,里田800)、杯盘箸(画山园3副、西沙溪1副,古城关2副,里田4副)、奠杯、炉瓶(1副)、祝文、棕荐、酒壶、果子(5碟)、时菜(5碟)、鹅(1只)、鱼(1尾)、肉(1方)、笋、米粿。①

祭毕散胙。古关胙物有:鹅(1只留俟里田标祀,本日换鸡6斤回散)、鱼(6斤)、肉(15斤,内送照应坟山程姓0.5斤)、豆腐(8斤)、韭菜(3斤)、笋(8斤)、米粿(30斤,内送程姓2双)、甲酒(每人1壶,外送程姓1壶,折钱6文)。②

里田不仅散胙,而且中午在庄仆家中合食。胙物、食品有:鹅(1只)、鱼(6斤)、肉(24斤,里田用12斤,内赏庄仆每房0.5斤,余者回散)、笋(16斤,里田用一半,另一半回散)、豆腐(16斤,里田用一半,另一半回散)、韭菜(10斤,里田用一半,另一半回散)、芹菜(6斤,中伙用)、腐干(10块,炒芹菜用)、米(中伙用,每人半升)、米粿(30斤,内赏庄仆每房两双)、甲酒(每人1壶,回散;外给庄仆,每房1壶,折钱12文)。③

西沙溪、画山园胙物与古城关同,惟熟鹅改为鸡。④

标祀礼仪与敦本堂祠祭基本相似,也是行"三献礼",只是节目减少了一些。

标祀回归散胙酒,除例给1壶外,"不得自行沽酒,在厅滥饮,恐酒后乱性,有乖体制"。⑤

---

① 参见歙县《棠樾鲍氏宣忠堂支谱》卷一七《值年规例》,清嘉庆十年家刻本。
② 参见歙县《棠樾鲍氏宣忠堂支谱》卷一七《值年规例》,清嘉庆十年家刻本。
③ 参见歙县《棠樾鲍氏宣忠堂支谱》卷一七《值年规例》,清嘉庆十年家刻本。
④ 参见歙县《棠樾鲍氏宣忠堂支谱》卷一七《值年规例》,清嘉庆十年家刻本。
⑤ 歙县《棠樾鲍氏宣忠堂支谱》卷一七《值年规例》,清嘉庆十年家刻本。

敦本祠"分献及管事一名,俱该管年者承值。其应受胙物亦系管年者领受。惟轮尚书公正献及封君公应轮本支正献,应得胙肉二斤,照旧例于里田标祀日回散"。①

十、谱牒的纂修

棠樾鲍氏宗族非常重视谱牒纂修。方勉误《棠樾鲍氏族谱序》曰:"古者,诸侯世国,大夫世家,有宗子世禄,则可以统摄其族人。去古既远,无世禄,宗子则必作谱以敬宗收族。否则昭穆混淆,亲疏莫辨,由高曾而上,旁枝别派,漫不可知,虽再从昆弟,徙居异爨,庆吊靡闻,遂至相视如秦越。是故世家宦阀,急于修谱,敦孝弟以睦宗族,由睦族以善州乡,此感彼化,风淳俗美,皆由于作谱以致然也。"②

从棠樾鲍氏宗族谱牒的序文来看,棠樾鲍氏宗族谱牒,一为宋开庆元年(公元1259年)鲍衎(字永高)纂,二为宋德祐元年(公元1275年)或曰元至元十二年(公元1275年)鲍周(字景文)纂,三为明天顺三年(公元1459年)鲍宁(字庭谧)纂,天顺七年(公元1463年)鲍泰续编,四为清乾隆二十五年(公元1760年)鲍光纯(字景熙)纂,五为清嘉庆十年(公元1805年)鲍琮(原名廷琮,字学坚,一字乐园)纂。鲍衎谱和鲍周谱,都早已亡佚。现在能够见到的有3种。

《新安棠樾鲍氏宗谱》,七卷,鲍宁纂,鲍泰续编,明成化元年刻本,一册。目录:凡例、得姓、郡望、迁居、题名、派传、文翰、本宗前后编谱人名、各派收谱字号人名。

鲍宁为什么要纂修《新安棠樾鲍氏宗谱》呢?《新安棠樾鲍氏宗谱·棠樾鲍氏族谱序》曰:"庭谧族之最贤者也。自少至老,为学不厌,淹贯群书,练达世故。暇日,与厥弟庭心暨宗人等敬阅七世祖千一公、十世景文公所修谱牒,喟然相谓曰:'宗谱不修五世矣,其可忽乎?遂辑而新之。'"

---

① 歙县《棠樾鲍氏宣忠堂支谱》卷一七《值年规例》,清嘉庆十年家刻本。

② 《重编歙邑棠樾鲍氏三族宗谱》,清乾隆二十五年一本堂刻本。

这部宗谱对刊载文翰的目的，方勉在《棠樾鲍氏族谱序》中作了阐述。其文曰："先世遗墨并家藏今昔缙绅大夫名士题赠诗文，置于谱图行实之后，庶可参互考见先德，使后嗣由此得于观感，必跃然奋发，益思振大其家声，增光于前烈。"①

这部宗谱对祖宗坟墓之地、山的保护，作了严格规定。编纂者在《凡例》中曰："各处坟墓坐向，并地、山土名、字号、坐落、亩步，一依洪武年间丈量签业，就于各人传下开载。子孙永远标挂管业，虽甚贫窘，不许出卖，除本宗愿收者听。倘有故违祖约卖与他人者，以不孝论。仍令赎还归众，听本宗执事。"

鲍宁对鲍衎谱、鲍周谱既以鲍荣为始祖，而又追述以前历史的做法，提出疑义。他在《凡例》中说："本宗谱牒，永高公衎、景文公周两次编续，既以荣公为本派始，复开二公而上，至讳伸若干世为迁新安之祖；又等而上之，至讳勋若干世为前代显祖，云是旧谱所传。今按本宗经理先代坟茔，自荣公起编谱，从所知始，合祖荣公为当。旧谱所载已上代数，止开名目，并无事实可据。今不敢慕远妄续，姑存之以备览。"

鲍宁《新安棠樾鲍氏宗谱》还对苏洵创立的、被世人奉为经典的"谱法"提出异议，令人特别注目。其文曰："按：苏老泉作谱，详其所自出之祖考，而他则略；讳其所自出之祖考，而他则名之。宁窃谓：古人老吾老以及人之老，况宗族以祖宗视之，实同一气，岂可分异如是？故今编谱，不敢以前贤自儗。事实之详略，与众定之；名讳之所称，亦从一律。使各派子孙各得伸其敬于宗族，以示一族之公谊，而宁不敢专云。"不盲目崇拜前贤，不迷信权威，其精神甚为可佳。

《重编歙邑棠樾鲍氏三族宗谱》，二〇〇卷，首一卷，鲍光纯纂修，清乾隆二十五年一本堂刻本，二十册。除了序文、凡例，编修者将内容分为十类，并对每类的宗旨作了点题。一曰宸章（卷一），"尊王言也"；二曰遗像（卷二），"示仪型也"；三曰节烈（卷三），"昭阃范也"；四曰原姓（卷四），"重本始也"；五曰原族（卷四），"溯从来也"；六曰本宗（卷四），"稽所出也"；七曰

① 《新安棠樾鲍氏宗谱》，明成化元年刻本。

世系(卷五至卷一八二),“晰支派也(附书事实,小传,传其人,志其墓,谱之正例也)”;八曰墓图(卷一八三),“俾孙子世保茔域也”;九曰传志(卷一八四至卷一八八),“备史采也”;十曰文翰(卷一八九至卷二〇〇),“互考祖德也”。

卷首内容有:一、征引书目。“纯搜讨先世事实补遗,恐观者不察,目为穿凿傅会,故附录焉,以见事皆有据也”。二、历代编谱人名。记述“本宗作谱源流也”。三、重编宗谱人名。“志续辑、校阅及刊谱也”。四、掌谱人名编号。“欲人收藏郑重,毋令后来混淆,亦旧谱之例也”。

谱中有宋以来著名人士方回、虞集、洪焱祖、汪克宽、郑玉、朱升、宋濂、李春芳、李梦阳、唐皋、许国、汪道昆、沈德潜等所撰的传志和诗文。

乾隆二十五年纂修《重编歙邑棠樾鲍氏三族宗谱》,棠樾鲍氏宗族组织了一个庞大的编纂班子。其中校阅者有33人:棠樾13人,蜀源11人,岩镇1人,繁城1人,马仁渡1人,黄山桥6人;襄刊谱牒者36人:棠樾14人,蜀源9人,岩镇1人,繁城1人,马仁渡1人,黄山桥10人。

《重编歙邑棠樾鲍氏三族宗谱》刊印了109部。掌谱人:棠樾54人(1号至54号),蜀源47人(55号至101号),岩镇8人(102号至109号)。

鲍光纯纂修《重编歙邑棠樾鲍氏三族宗谱》,特别强调要修“信谱”,不“传疑”。他在《重编歙邑棠樾鲍氏三族宗谱序》中说:

> 吾鲍氏自晋平吴之初,伸公以重臣来镇新安,军民悦服,遂家兹土,江左同姓,咸出公后,特云仍派衍,考核为难。前贤谧斋公续编宗谱,则断自荣公始。荣公而上,世次无稽,正不必系叔牙祖司隶之涉于传会者,慎之至也。荣公肇基棠樾,以文学著,为百世不迁之祖。历四传,而家棠樾者居美、居安二公。居蜀源者,则我居仁公也。又四传,昌孙公由蜀源迁岩镇。三族之称,虽分实合。谱始创于宋永高公,续于元景文公,明则谧斋公父子起而递修之。

鲍光纯认为,“荣公而上,世次无稽”;荣公而下,“世次分明,茔域有考”,故修谱应从鲍荣始①。查阅资料,核对史实,对没有历史根据的记载,

① 《重编棠樾鲍氏三族宗谱》卷四《本宗》,清乾隆二十五年一本堂刻本。

不以讹传讹。他在《重编宗谱凡例》中说：

> 《新安名族志》所载，允亨公兄弟争死贼刃于螃蟹矶感雷化盗事，遍稽各谱，皆无可据。查图系，嘉靖已前，无允亨公名。又如，郡邑志岁贡一条内载，鲍贤，蜀源人。今亦遍考不获一见。此或纯域于见闻，或志乘有误。后之博雅君子有考得者，急宜补书（后得嘉靖郡志岁贡一条内有鲍贤，未载蜀源人）。

《重编歙邑棠樾鲍氏三族宗谱》是一部统宗谱，或曰带有统宗性质的宗谱。其中主要部分是记载棠樾、蜀源、岩镇鲍氏。此外，还记载繁城、马仁渡、黄山桥等地鲍氏。

《棠樾鲍氏宣忠堂支谱》，二十二卷，首一卷，末一卷，鲍琮纂修，鲍志道出资，清嘉庆十年家刻本，四册。修谱《凡例》曰："合谱为目录者十，今支谱目录分而为八，曰诰敕，曰遗像，曰世系，曰祀事，曰图迹，曰义田，曰传志，曰文翰。"

我们已经讲过，明代中期鲍象贤建宅第采诰敕"柱下宣忠"语命名为"宣忠堂"。乾隆年间，鲍志道"改宣忠堂宅以为尚书公祠"，或曰"宣忠堂"、"宣忠堂支祠"。《棠樾鲍氏宣忠堂支谱》即是鲍象贤这一支的支谱，以宣忠堂命名。曹文埴《棠樾鲍氏宣忠堂支谱序》曰："有明中叶，鲍思庵先生（即鲍象贤——引者）官少司马致仕，后额私第曰'宣忠'，虽采制诰语，其所以教子孙者甚笃。支谱即以命名，可见前以此显，后以此承，家声罔坠，岂顾问哉！"

鲍志道和鲍琮为什么要纂修《棠樾鲍氏宣忠堂支谱》呢？鲍琮在《棠樾鲍氏宣忠堂支谱》序中说：一、乾隆二十五年（公元 1760 年）景熙公（鲍光纯）所修《重编歙邑棠樾鲍氏三族宗谱》已三十多年，"检谱中思庵公支下其时之生存者，今已殒谢殆半，音徽未沫，乡论可稽，不及今录之，将日远日忘矣"。二、《重编歙邑棠樾鲍氏三族宗谱》"所载前人事迹，间有遗佚者。潜德幽光，在他人且应表焉，况于本支，忍有美而不称乎？"他们"惧存没之无考也，懿行之就湮也，庚辰续谱（《重编歙邑棠樾鲍氏三族宗谱》——引者）之阙略未完也"，于是纂修《棠樾鲍氏宣忠堂支谱》。

鲍志道崛起商海，成为腰缠万贯、富埒王侯的盐商巨子，为纂修《棠樾鲍氏宣忠堂支谱》提供了物质条件。

与《新安棠樾鲍氏宗谱》、《重编歙邑棠樾鲍氏三族宗谱》相比,《棠樾鲍氏宣忠堂支谱》有什么特色呢？除了《新安棠樾鲍氏宗谱》是宗谱、《重编歙邑棠樾鲍氏三族宗谱》是带统宗谱性质的宗谱、《棠樾鲍氏宣忠堂支谱》是支谱以外,《棠樾鲍氏宣忠堂支谱》有两点特别引人注目。

一、鲍象贤的记载和文献资料很多。《棠樾鲍氏宣忠堂支谱》以鲍象贤为"支祖",纂修者为了大力宣扬鲍象贤的潜德幽光和丰功伟绩,除了撰写鲍象贤传之外,还从《明世宗实录》、《明史稿》、《明史》、《江南通志》、《陕西通志》、《云南通志》、《广东通志》、《徽州府志》、《歙县志》等历史文献之中,辑录了大量有关鲍象贤的历史资料。

二、鲍氏义田的记载和文献资料很多。《棠樾鲍氏宣忠堂支谱》"目录分而为八","义田"是其中之一。义田的文献有:鲍琮《体源户田记》、《公议体源户规条》、鲍启运《敦本户田记》、《公议敦本户规条》、陈大文《鲍氏义田记》、朱珪《鲍氏义田记》和《鲍氏义田记跋》、鲍宜瑗《义田记跋》、《李县主告示》、《宪示》、《节俭户田缘由》等。《棠樾鲍氏宣忠堂支谱》中义田文献之丰富和珍贵,在徽州谱牒之中是比较突出的。

十一、族田的来源和类别

棠樾鲍氏宗族的族田,共有三类:墓田(含墓地、墓山)、祀田和义田。

(一)墓田

墓田(含墓地、墓山)的来源,文献无征。一般来讲,不外宗族购置和子弟捐献。

始祖鲍荣之墓坐落在二十三都十图西沙溪。有女字 855 号,土名上沙溪,田 0.485 亩;女字 869 号,土名沙溪坟,地 0.711 亩;女字 870 号,土名上沙溪,田 0.526 亩;女字 878 号,土名上沙溪,地 0.356 亩;①女字 875 号,土

① 参见《重编歙邑棠樾鲍氏三族宗谱》卷一八三,清乾隆二十五年一本堂刻本。

名鲍家冢前，地 0.124 亩；女字 876 号，土名坟前，地 0.15 亩。①

始祖妣鲍荣孺人之墓坐落二十二都九图棠樾掌书园（又名画山园）。有四字 1961 号，土名掌书园，地 0.3765 亩。②

鲍铸、鲍玠、鲍瓘之墓坐落二十二都九图棠樾富亭山。有四字 304 号，土名富亭山坟，山地 3.508 亩。③

鲍铸孺人王氏之墓坐落二十二都二图湿坑。有原行字 992 号，山地 1 亩 1 角 15 步；今改及字（下同）1966 号，土名湿坑鲍家墓（下同），地 1 亩；1967 号，山 1,032 步；1996 号，山 1.195 亩；1979 号，地 0.28574 亩。④

鲍玠孺人江氏之墓坐落二十二都三图蜀源鸿鹤林。有万字 3629 号，土名鸿鹤林，山 0.997 亩，地 1.787 亩。⑤

鲍居美暨孺人程氏之墓坐落十九都武林。有率字 1718 号，地 266 步 1 分 7 厘 5 毫；1721 号，地 614 步 5 分 7 厘；1722 号，地 7 步 2 分；1723 号，地 20 步；1724 号，地 183 步 2 分 5 厘；坐字 210 号，土名后瑶山下，山 360 步。⑥

鲍象贤暨淑人汪氏之墓坐落古关一图莲花冲。有尽字 1353 号，土名莲花冲（下同），地 3.9174 亩；1354 号，地 5.016 亩；451 号，土名莲花冲老婆塘下，地 1.0281 亩。⑦

鲍邦灿暨继配程氏之墓坐落三十六都五图瀹潭。有宝字 3857 号，土名瀹潭坟前（下同），田 0.3445 亩；3858 号，田 1.8976 亩；3856 号，山 3.872 亩。⑧

以上俱系在墓的田、地、山，其他祀产，谱牒“不悉录”，“另簿记载”。⑨

---

① 参见歙县《棠樾鲍氏宣忠堂支谱》卷一七《新置祀产》，清嘉庆十年家刻本。
② 参见《重编歙邑棠樾鲍氏三族宗谱》卷一八三，清乾隆二十五年一本堂刻本。
③ 参见《重编歙邑棠樾鲍氏三族宗谱》卷一八三，清乾隆二十五年一本堂刻本。
④ 参见《重编歙邑棠樾鲍氏三族宗谱》卷一八三，清乾隆二十五年一本堂刻本。
⑤ 参见《重编歙邑棠樾鲍氏三族宗谱》卷一八三，清乾隆二十五年一本堂刻本。
⑥ 参见《重编歙邑棠樾鲍氏三族宗谱》卷一八三，清乾隆二十五年一本堂刻本。
⑦ 参见《重编歙邑棠樾鲍氏三族宗谱》卷一八三，清乾隆二十五年一本堂刻本。
⑧ 参见《重编歙邑棠樾鲍氏三族宗谱》卷一八三，清乾隆二十五年一本堂刻本。
⑨ 《重编歙邑棠樾鲍氏三族宗谱》卷一八三，清乾隆二十五年一本堂刻本。

（二）祀田

棠樾鲍氏宗族的祀田，来源于宗族子弟的捐献和宗族购置。《棠樾鲍氏宣忠堂支谱》卷一七《新置祀产》记载：

旧传祀产无多，近又丁繁力薄，每至轮及司年，各房尊祖敬宗之心虽不少懈，而勉强支持，终恐难于久远。志道敬念尚书公为一代名臣，云南百姓尚建生祠，岂我为子孙者，反使祭祀有缺。爰捐已资置田五十亩，立"鲍宣忠户"，永远归公，为贴补管年敬办祭品之用。他人固不能典卖，即日后或值公事繁多，或有坟茔意外之事，临时各方配用，总不得藉端挪动，致缺烝尝。志道既已捐出，亦不得复为己有。所入租息，先完钱粮、营米，再计敬办祭品，以及收拾厅祠渗漏，并收租什物，交租租酒，晒谷身工打扫饭食，除此之外，皆不得在内支销。多余之谷，存俟下年，以备岁歉添补。今将田亩、字号、佃户、交租数目开列于后，以便世守稽查。

鲍志道捐献的土地总计 46 号，其中田税 37 号，53. 725 亩，塘税 9 号，0. 26 亩。每年共计时租谷 1，251. 5 斗，硬租谷 221 斗。①

清乾隆五十八年（公元 1793 年），宣忠堂三大房公议将里田祖墓祔葬一穴之地，以银 1，000 两卖与鲍逢仁支派。这项银两，除"二百两为两房庄仆完婚、治家之计"外，其余 800 两"公同收置田亩，税入'宣忠户'内，归祠轮管征租，以充公用"。②《棠樾鲍氏宣忠堂支谱》卷一七《祔葬银两公置祀产敬设冬祭缘由》说：

特查宣忠堂祀费，前经志道公增捐田亩，支用足敷，加入此宗租息，递年存谷必多，难免无挪移扯空之弊。经三大房公议，于每年冬至，敬设一祭，既隆祀典，又杜觊觎。所有每年收租若干，粮、米需银若干，祭品需银若干，收租什物、租酒、晒工等项需银若干，均一一载明祀簿。除各项支销外，多余之谷存仓，丰薄抵算。此举乃属以公，完公各相允洽，后人不得妄生异议，致缺烝尝。其祭品、祭仪已载值年条规，爰述颠末。

---

① 参见歙县《棠樾鲍氏宣忠堂支谱》卷一七《新置祀产》，清嘉庆十年家刻本。

② 歙县《棠樾鲍氏宣忠堂支谱》卷一七《祔葬银两公置祀产敬设冬祭缘由》，清嘉庆十年家刻本。

附列田亩、字号、佃人姓名、征租额数于左,以便世守稽查。

这800银两,共计置田26号,31.885亩,塘6号,0.284亩。每年共计时租谷643.6斗,硬租谷137斗。①

(三)义田

棠樾鲍氏宗族义田来自鲍启运和鲍志道夫人汪氏捐献。共有三类:"体源户"义田、"敦本户"义田和"节俭户"义田。

体源户义田和敦本户义田为鲍启运捐献。他在《敦本户田记》中说:

> 启运少承训于先君,以谓一本之戚,皆所宜敦,而其间孤寡及贫无食者,尤可念。他日苟能自给,庶有以顾恤焉。启运谨识之不敢忘。迨长,服贾四方,薄积所赢,因本先君之意,先其急者,置"体源户"田五百四十亩,专以赡给族间"四穷"(按:即鳏、寡、孤、独——引者),归诸宗祠,而告之有司,用垂久远。嗣恐经费不充,续增田一百六十余亩足之。自此族中有不幸茕独者,可无虑于饔飧矣。第吾邑地硗,族丁繁盛,其间贫乏者,每届青黄不接之际,众口嗷嗷。一本关怀,疚心遗训,亟又置"敦本户"田五百余亩。所收租息,以"体源"、"敦本"两户应纳钱粮、营米作为价值,逢春粜与族人。每谷一升取钱不过四五文,已足完粮,而贫族不无有裨朝夕……所有"敦本户"田,并续增"体源户"田,悉归宗祠。既归宗祠,即为公物,我后人不得过问,族人亦不得藉端擅卖,违者呈官治之。两户田凡共一千二百余亩,零星收置,历十七载。②

鲍启运捐献体源户义田和敦本户义田,是万古流芳的伟大义举。因此,他不但被当地群众视为杰出的仁人义士,同时又得到歙县、徽州、安徽等地方官员的高度赞扬。安徽巡抚朱珪《鲍氏义田记》曰:

> 余再抚皖之明年,歙人鲍启运克成其父宜瑗遗志,积资置义田,以赡族中之鳏、寡、孤、独者。族人合词呈请立案,既嘉其义而许之,仍饬立石,以垂永久。因思《礼》曰:"尊祖故敬宗,敬宗故收族。"是以族属

① 参见歙县《棠樾鲍氏宣忠堂支谱》卷一七《祔葬银两公置祀产敬设冬祭缘由》,清嘉庆十年家刻本。

② 歙县《棠樾鲍氏宣忠堂支谱》卷一九《义田》,清嘉庆十年家刻本。

繁衍，困乏相周，急难相救。至于鳏、寡、孤、独之无告者，则尤当矜恤之，使有以为生。顾行之有难与易也。苟拥厚资，博乐善好施之名，推其有余，以周不足，较之有其力而不行者，固曰贤，已然而易也。若家不必素封，铢铢而积之，寸寸而累之，俭其口体之奉，分以均惠族之茕独，咸利其利于无穷，则难能而可贵者矣。启运之父，非有余财，而惟日孳孳，终身不倦。启运复恪承厥志，敦本尚义，图究其事，前后凡十年，共置田五百四十亩，名其田曰"体源户"，概不忘其父之志云尔。夫启运之志如此其坚，又如此其久而后成，非特今时之所难，即昔之范、徐两公又何以加焉。后之子孙其更体启运之志可也。《书》曰："表厥宅里"，"树之风声"。有守土之责者，欲化凉薄之风，成长厚之俗，非启运其谁与归耶！①

朱珪认为，一个人腰缠万贯，购置义田，周济族人，并不很难。如果不是富埒王侯，而是省吃俭用，积少成多，行此义举，就异常"难能而可贵"。

两江总督陈大文《鲍氏义田记》说：

歙人鲍启运增设平粜义田五百亩，族人公请立案。余详视之，盖启运幼承其父宜瑗之训，以恤族敦宗为务，长而笃立弗渝，积俭十年，先置"体源户"义田五百四十亩，赡给族之鳏、寡、孤、独者。时朱南崖相国抚皖，为文记之。而刘石庵相国书丹刻石者也。嗣又增"体源户"田一百六十余亩，其恪承先志，好义乐施，亦足尚已愿。犹念贫族之饔飧弗继也，又置田五百亩以周济之，名其户曰"敦本"。仿常平仓法，以岁收租息若干，视"体源"、"敦本"两户应完课数作为价值，逢春粜济族人，每谷一升取钱四五文，以输赋。而岁之所入，族之贫乏者可以食贱半年。通计所捐义田一千二百余亩，税分两户，条理井然。盖"体源"所以周茕独，而"敦本"则凡族之贫乏者，得有以周逮而普洎之，于是而鲍氏可以无馁人矣。余考义田之设，始于范文正公，至常平周族之田，未有行之者。启运此举，诚绝无而仅有，拟之古人，殆又过之……余奉命入都，行有日矣，不及为请于朝，下其法为四方劝，嘉其睦亲敦本之道，

---

① 歙县《棠樾鲍氏宣忠堂支谱》卷一九《义田》，清嘉庆十年家刻本。

义合古人。爰为文以记其事，且使世之人知，所以淑人心厚风俗者，必自乡里始也。①

陈大文认为，鲍启运不但设置“体源户”义田，周济族中鳏、寡、孤、独，而且还设置“敦本户”义田，周济“贫族之饔飧弗继”者。设置“常平周族之田”，古人“未有行之者”。这不仅是万古流芳的义行，而且是史无前例的创举。

“节俭户”义田是鲍志道夫人汪氏所置，专门用于救济棠樾鲍氏宗族宣忠堂三大房女眷。《棠樾鲍氏宣忠堂支谱》卷一七《节俭户田缘由》曰：

节俭户田，系志道配汪氏一生节俭所蓄，捐为公产。氏啬于自奉，而能曲体人情，既出己财于宣忠堂后建屋八间，为支众堆贮农具，苍成公作宣忠堂约，尝亟称之。嗣又因己一生亲历之苦，念及众房女眷之苦，特捐置田一百亩，取名“节俭户”，以惠族妇用。将所寄买田原信附载于后，并列田亩、租额以及分谷条规，识其缘起，垂之久远云尔。

鲍志道夫人汪氏立“节俭户”义田，共计111号，其中田89号，99.9567亩，地、塘22号，1.1299亩。共计每年收时租谷1,140.6斗，硬租谷1,144.42斗。②

十二、体源户和敦本户义田的管理

“体源户”义田和“敦本户”义田是宗族公共占有的族产，如果管理不善，就会被不肖子孙盗卖，或因其他原因而流失。为了加强这些公有土地的管理，棠樾鲍氏宗族采取了四项措施。

（一）实行承包

为了防止不肖子孙盗卖，鲍氏宗族采用了承包制，将“体源户”义田承包给鲍于天管理，将“敦本户”义田承包给谢楚良管理。承包人要出具甘结，保证义田不被盗卖和流失。

① 歙县《棠樾鲍氏宣忠堂支谱》卷一九《义田》，清嘉庆十年家刻本。
② 参见歙县《棠樾鲍氏宣忠堂支谱》卷一七《节俭户田缘由》，清嘉庆十年家刻本。

鲍于天于嘉庆二年(公元1797年)、嘉庆十年(公元1805年)前后共出具两张甘结。他出具的第一张甘结称:

二十二都九图六甲册书鲍于天,今于与甘结事实,结得承管"鲍体源户"内现置各字号田亩,逐一按册确查,共收上实田税五百四十亩七分三毫八丝五忽,塘税七亩二分一厘二毫一丝五忽,地税十七亩六分八厘二毫,俱系身家承管,并无遗漏粮税,日后不致勾通盗卖情事。如有遗漏、串捏、盗卖、舞弊等情,愿甘治罪。所具甘结是实。

嘉庆二年五月　　日

具甘结册书　　鲍于天押①

谢楚良出具的甘结称:

东关二图册书谢楚良,今于与甘结事实,结得承管二十二都九图三甲"鲍敦本户"内收置各字号田亩,逐一按册确查,共收上实田五百三亩八分七厘五毫一丝,塘八亩五分九厘三丝五忽,俱系身家承管,并无遗漏粮税,日后不致勾通盗卖情事。如有遗漏、串捏、盗卖、舞弊等情,愿甘治罪。所具甘结是实。

嘉庆十年五月　　日

具甘结册书　　谢楚良押②

(二)专人负责

为了加强"体源户"义田和"敦本户"义田的管理,棠樾鲍氏宗族采用专人负责制的管理方法,设"督总"和"襄事"。"督总以宣忠堂支下司敦本祠者管理。如宣忠支下不司祠总,则听族长、文会议佥,以宣忠支下贤而能者承管。"③"襄事三人,在宣忠支下长、二、三房每户各挨一人,连管四年,以年至二十能襄办者承办;轮换之年以新谷见数封仓日交代下手,设遇老迈、年幼及废疾不能襄办,即以该房次人递接,不得以挨轮强管"。④

---

① 歙县《棠樾鲍氏宣忠堂支谱》卷一九《宪示》,清嘉庆十年家刻本。

② 歙县《棠樾鲍氏宣忠堂支谱》卷一九《宪示》,清嘉庆十年家刻本。

③ 歙县《棠樾鲍氏宣忠堂支谱》卷一九《义田·公议体源户规条》,清嘉庆十年家刻本。

④ 歙县《棠樾鲍氏宣忠堂支谱》卷一九《义田·公议体源户规条》,清嘉庆十年家刻本。

（三）制定规条

为了管理人员有法可依，棠樾鲍氏宗族采用制度化、法制化的管理方法，制定了《公议体源户规条》和《公议敦本户规条》。两个规条不仅都收编在《棠樾鲍氏宣忠堂支谱》之中，而且还镌刻于敦本堂墙壁的石碑之上。规条除了规定了管理人员、佃户更换、田租征收、租谷管理以外，《公议体源户规条》详细规定了“体源户”租谷的分配制度和分配方式，《公议敦本户规条》详细规定了“敦本户”租谷的销售制度和销售方式。为了防止因佃户更换，土地流失，《公议体源户规条》规定：

> 征租设立大簿一本，先载田亩、字号、土名、租额及佃人名字，再将实收谷数于佃人名下载明。倘遇佃人顶种，未换租批，征租时查出，着令顶种佃人换写收执，仍于前佃名下注明某年某人顶种字样，以免失业。

为了保证田租收入，防止刁顽抗租，《公议体源户规条》规定：

> 征租定于处暑日，督总与执事者会同族长、文会约定分数，时租收几分，硬租收几分，书明实贴收租所，俾众佃共知。
>
> 租谷定以霜降日收楚，逾期不交，即属抗欠。督总者即将抗欠人名、欠数，汇单照前县主李公定案，于十月初一日呈追，不得徇延。
>
> 其田图清册，另抄副本。设遇田稻受伤，应往踏看。将副本交执事人，带去核对，以免刁顽佃户妄指朦混……

为了防止义田流失，保证田租收入，棠樾鲍氏宗族将“体源户”义田和“敦本户”义田全部上报官府，求得政治上和法律上的保护。

嘉庆三年（公元1798年），棠樾鲍氏宗族职员鲍世爵、监生鲍琮上报县衙说：“窃职族‘鲍体源户’义田，业奉抚部院批行、府宪转行……荷蒙确查税数，取具册书，切结通详；并蒙饬令司祠董事，妥立章程，刊立租批版样，着佃填写交租，以杜辗转退种、抗吞弊窦……阖族戴德靡涯，原可毋庸琐渎。特是田产收置各村，佃人好歹不等，丰年收获，佃应照额交纳，偶逢实在歉收，自当酌数减让。讵每值秋成，有等顽佃，藉词抗欠，理讨不交，鸣保向论，复狡托亲友婉延，拖至年终，仍属无着。尤有藉以女流佃种，听唆顽抗，任讨不清。若不予为杜患，窃恐积玩相沿，无所底止。更或日久弊生，勾通经讨之人，将租捏饰朋吞，种种弊端，在所不免……为此，具禀伏乞赏准给示晓谕，俾各佃咸知警惕，'四穷'日食无虞，阖族沾恩"①。歙县县衙接到鲍世爵、鲍琮的报告，即"出示晓谕"：

示仰各村租种鲍氏义田佃户人等知悉，尔等当秋成收获之时，务照定额于风车下全数交纳清楚，毋得藉延时日。倘有刁佃藐违，佃妇听唆拖欠，九月内有不全完者，许该司祠董事将刁佃及主唆之人一并赴县呈禀，从严究追，决不宽贷。该董事等如或徇庇，惟该董事经收者是问。各宜凛遵毋违。特示。

嘉庆三年六月初一日　　示②

十三、体源户和敦本户租谷的管理

"体源户"田租和"敦本户"田租均归督总和襄事管理。"体源户"每年收时租谷 6,457.5 斗，硬租 7,251.25 斗；③"敦本户"收时租谷 3,073.95 斗，硬租谷 6,053.81 斗。④

"体源户"租谷存留 600 石"作为老底"。每年提 40 石"专贮另仓，以备荒年给发"。⑤ 按《公议体源户规条》规定，除了每年"体源"、"敦本"两户造册费共六石和"所用筐簟租酒，并遇两户禀租及两户修理水冲沙涨田亩"等经费用谷外，租谷主要用于救济鳏、寡、孤、独和废疾无法生活者。每年发放之后，剩余租谷五股均分，作管理者的薪水——"督总者得两股，襄事三人各得一股"。设遇薄收之年，"董事无谷分酬，丰薄相抵而已。遇全荒之年，襄事三人再各接管一年"。⑥

① 歙县《棠樾鲍氏宣忠堂支谱》卷一九《义田·李县主告示》，清嘉庆十年家刻本

② 歙县《棠樾鲍氏宣忠堂支谱》卷一九《义田·李县主告示》，清嘉庆十年家刻本。

③ 参见歙县《棠樾鲍氏宣忠堂支谱》卷一九《义田·公议体源户规条》，清嘉庆十年家刻本。

④ 参见歙县《棠樾鲍氏宣忠堂支谱》卷一九《义田·公议敦本户规条》，清嘉庆十年家刻本。

⑤ 歙县《棠樾鲍氏宣忠堂支谱》卷一九《义田·公议体源户规条》，清嘉庆十年家刻本。

⑥ 歙县《棠樾鲍氏宣忠堂支谱》卷一九《义田》，清嘉庆十年家刻本。

"敦本户"租谷除了存留500石"作为老底",每年提30石用于备荒——"陆续提至五百石,连同老底共存一千石为止"。① 除此以外,每年春季青黄不接之际,仓内租谷全部廉价粜于贫困族人。谷价以"体源"、"敦本"两户钱粮、营米额计,换句话说,就是按钱粮、营米所需银两,计算每升应粜价格。售款全部用于缴纳两户赋税——钱粮、营米。②

为了防止私窃租谷、营私舞弊,《公议体源户规条》作了既详细又严格的规定。现将其中有关规定摘录、汇编如下:

一、谷数出入,设立大簿一本,逐年先将督总、执事人名登于簿首,每年以本年九月起次年八月止为一年。新谷上仓,公同查数封仓后,再于九月初一日开仓发谷。

一、仓廒锁钥交督总收掌,发谷日协同执事人验封开闭。

一、平日不准开仓,如有擅开,即属私窃,许支众举首,罚谷十石,归给举首之人。设有人动谷出仓,查明谷数,以一罚十,原谷归仓,罚谷亦归给举首之人。仍将擅动仓谷之人逐出祠堂。

一、仓谷议以每年二月十五日公祠祭毕,文会、各分房长公诣仓所,核簿盘查……

一、董事人分受余谷,订将新谷入仓后再分陈谷,庶免陈谷霉烂,出陈入新之意。新谷未曾入仓,有先出陈谷者,贪图卖价,即以舞弊论。出仓若干石,加倍罚出,归入另贮备荒谷内公用,通同之人概行另换。

一、收拾筐蕈及开发租酒需用钱文,定以六月十五日先行动支谷石,予为备用,约数发谷,不得藉以多发。

一、仓屋日久修理,邀同族众、文会确估,于提备谷内支用,不得藉端浮开。

为防止私窃租谷、营私舞弊,《公议敦本户规条》又作了一些补充规定。现将有关条文摘录、汇编如下:

粜谷定于二月初五日收钱,初十日发谷。应籴谷者先于正月二十

① 歙县《棠樾鲍氏宣忠堂支谱》卷一九《义田·公议敦本户规条》,清嘉庆十年家刻本。

② 参见歙县《棠樾鲍氏宣忠堂支谱》卷一九《义田·公议敦本户规条》,清嘉庆十年家刻本。

五日至仓所报名登簿，次日司祠与文会将两户钱粮、营米算共需银若干，查上年收谷实数，除应提备三十石外，计算每升应粜钱几文，每人应籴谷若干，用红签条写贴祠前，俾众共知。已报名届时不交钱者，即将应籴之谷给予一半，仍一半听司事变价完公。

一、粜出钱文，司祠与文会公同易银，定于二月十五日以前，将两户钱粮、营米扫数完纳。十五日春祭之期，将执照交公验看，倘无执照交验，惟司祠是问，许族众鸣官究追，以杜挪移扯空之弊。

一、每年租谷归仓后，司祠与体源襄事人公同封仓，至次年二月初十日验封发谷。平日如有擅自开仓及偷谷等事，查照体源规条警办。

一、仓谷议以二月十五日公祠祭毕，文会、各分房长公诣仓所，核簿盘查，倘有短少，循照体源规条，一例办理。

一、每年总以陈谷动粜，新谷套搭存仓，免致陈积霉烂。

十四、体源户租谷分配与敦本户租谷销售

《公议体源户规条》规定，义田租谷救济发放的对象是棠樾鲍氏宗族鳏、寡、孤、独和废疾族人。每人每月给谷三斗，“闰月如之”。发谷日期，定于每月初一日。次年正月，即先期于头年十二月二十五日予发。

“体源户”租谷“系给本族鳏、寡、孤、独四穷之人（含废疾者——引者），须合例者，不得徇情滥给。”“四穷及废疾与例相符应给谷者，执事之人知会督总，给与‘经折’。孤子注明年庚，以备查考，再行给谷，以专责成。”

什么人才是“合例者”呢？

一、鳏、独者——“年至六十岁，给领食谷后有愿继与为子者，亦一体给领，全其宗祧。其子年至十八岁停止。其父母仍照例给发”。

二、孀居者——“孀居有子，俟其子年至二十五岁停止（二十四岁有，二十五岁无）”。“孀居住居母家者，准其领给；寄居亲戚者，不准领给”。“孀居年少时不愿食谷，出村佣食，及至年迈归家，再行请领者，永不准给”。

三、孤子——“年至十八岁停止（十七岁有，十八岁无）”。

四、孤女——“出嫁日停止”。

五、自幼废疾不能受室委实难于活命者。

食谷之人有病故者,给谷36斗,以为身后使用。

《规条》规定,无论鳏、寡、孤、独,还是废疾族人,都必须是"自宋至今住居本村者。"换句话说,必须是始祖鲍荣的后裔未曾外迁者,方"准其领给"。

《规条》对违犯族规家法的鳏、寡、孤、独和废疾族人,根据情节轻重规定了不同程度的惩处。其条文有:

一、盗卖祖坟公产、盗砍荫木者,永不准给。

一、鳏、独、孤子有干犯长上,行止不端者,停给三年,改过三年后再给。

一、妇人打街骂巷不守规法者,停给一年,改过次年再给。

笔者在调查时,发现棠樾鲍氏后裔保存的一本体源户——鲍铭恕妇罗氏——领粮"经折"。这个领粮经折编号为第245号,折内书:

凡合规食谷者,皆须遵守条规,不得品行不端,盗卖盗砍祖产,干犯长上,聚赌打降,酗酒讹诈,恃强欺弱。鳏、独尤不得恃老诈命。妇女须遵守清规,门庭严肃,不得打街骂巷,恃寡逞刁。孤幼须谨受尊长约束,入塾者入塾,习业者习业,不得在街市闲散破口骂人。废疾亦须安分,不得倚病讹诈。每人能守此规,于食谷之日,须凭本家房长及同居族邻公举联环互保着押。设有犯规,公议:本人察其轻重,停止;保人不能约察申明,公酌议罚。此照。

本人　铭恕妇罗氏(押)
房长　尚　勇　　(押)
族邻　颂　周　　(押)

奉

宪,不得私相抵押,如违停止,逞究。

铭恕小娘,乳名永宁,右谷给至丁卯年,长子溎会二十四岁止。长子溎会甲辰年生,谷给至庚申年,十七岁止。次子溎昶壬子年生,谷给至戊辰年,十七岁止。

每月共给谷九斗

咸丰六年二月 立

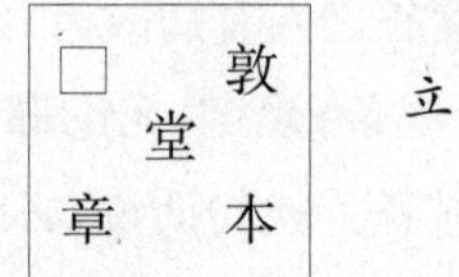

咸丰六年二月初一日 谷发讫

咸丰六年三月初一日 谷发讫

咸丰六年四月至十二月 谷发讫

“体源户”义田创自清嘉庆二年（公元1797年），田租用于周济鳏、寡、孤、独四种人和自幼废疾不能受室难于活命者。鲍铭恕妇罗氏领谷“经折”证明，这一制度直到清咸丰六年（公元1856年）仍然按章实行。

“敦本户”义田是棠樾鲍氏宗族用于每年青黄不接之时，廉价粜给贫穷族人。

什么样的贫穷族人才准籴“敦本户”的租谷呢？《规条》规定，除了不满三岁的小孩和外出贸易届期不“亲身报名者”——“期后来者不补”——以外，凡是“自宋住居本村者”——即始祖鲍荣的后裔——“不论男女大小口，一例粜给”。

《规条》对违犯族规家法的族人，也制定有制裁条文。

一、盗卖祖坟公产、盗砍荫木者，永不准籴。

一、聚睹无论骰子、跌钱、看牌，概不准籴，改过次年准籴。

一、酗酒打降者，不准籴，改过次年准籴。

一、男妇有干犯长上，品行不端，及好与人寻事争斗者，停籴三年，改过三年后准籴。

一、妇人打街骂巷不守规法者，停籴一年，改过次年准籴。

“敦本户”义田租谷是青黄不接之际用于周济贫穷族人。对于富有之家“有用人者，不准籴”。

十五、祖训与族规

棠樾鲍氏宗族是一个自治的社会人群组织。怎么管理这个群体呢？这是宗族的首领——族长——和统治者们最关心的问题。徽州宗族对为什么要制定祖训族规有很多精辟的论述。歙县《方氏家谱》卷七《家训》注说：

百家之族，情以人殊，虽不能悉为淳良，然其自弃者可劝，自暴者可惩也。睦族君子于其善之所当勉，与不善之所当戒者，编为宗约。歆之以作德之休，使跃然而知趋；示之以作伪之拙，使竦然而知避。条分目析，衡平鉴明，而俾有聪听者，罔不信从。如此而尤有自外于条约者，则齐之以刑，纠之以法，虽欲不为善，不可得矣。

《新安棠樾鲍氏宗谱》、《重编歙邑棠樾鲍氏三族宗谱》、《棠樾鲍氏宣忠堂支谱》之中，均没有记载棠樾鲍氏宗族祖训和专门用于惩治族人——具有私法性质——的族规。关于这方面的记载，大部分散在《西畴祠规》、《公议体源户规条》、《公议敦本户规条》、《慈孝厅》石刻等历史文献之中。清道光八年（公元 1828 年）《慈孝厅》石刻记载：

宋朝造竖以来，至今重修，规例于在，立义条规，为愿世世子孙遵守，以保永远。如有不肖支丁，不守遵规，立即呈公，逐出公厅，一家大小，永远不得入厅。如再行凶霸道，厅中闳门，立即照棍徒禀官重办，此乃不孝之辈，均此公议。

从棠樾鲍氏宗族历史文献和我们调查的资料来看，棠樾鲍氏宗族祖训族规概而言之有两类：一、伦理道德行为规范和对道德败坏者的惩处；二、生活行为规范和对生活败坏者的惩处。重要内容和规条有：

（一）孝顺父母。“夫孝者，百行之原也”。鲍氏宗族“自宋以来，世以孝子称”。① 许多著名孝子得到旌表，入祀世孝祠。孝顺父母，生养死葬，天经地义。如有不肖支丁打骂父母，虐待父母，轻者唤至文会祠教育、训斥，重者执至敦本堂当众笞杖。屡教不改者，革黜族籍，生死不得入祠。世世代代，都要以孝子为范例，以孝承家。

（二）尊敬长上。“倘有男丁不敬长上，即逐出厅，永远不得入厅”。妇人“不敬长上，罪家主，亦逐出，永不得入厅”。② 对待长上，坐要起，行要让，

① 歙县《棠樾鲍氏宣忠堂支谱》卷二二《文翰 · 世孝祠记》，清嘉庆十年家刻本。

② 《慈孝厅》石刻。

呼之即至，不得直呼其名。男妇有干犯长上者，“敦本户”粮“停籴三年，改过三年后准籴”。[①] 鳏、独、孤子干犯长上者，“体源户”粮“停给三年，改过三年后再给”。[②]

（三）关爱族人。棠樾鲍氏宗族支丁，不论亲疏远近，都是始祖鲍荣公后裔，要相互关爱，不得以路人视之。关爱族人是棠樾鲍氏宗族的优良传统，子孙后代要继承、发扬。五服以内亲属，必须喜庆相贺，忧戚相吊，贫富相济，疾病相问。照顾鳏、寡的伯父、伯母、叔父、叔母是侄子应尽义务；培养、教育孤侄、孤侄女，是伯叔父母应尽的责任。

（四）教育子孙。为了亢宗亢族，必须对子弟和族人加强伦理道德教育。孝、悌、忠、信、礼、义、廉、耻道德规范，是族众的行为准则。宗族子弟必须为臣者忠，为子者孝，对兄长要悌，对朋友要信，对人对事要遵礼，知耻。对违犯伦理道德的族众，要坚持教育，使其悔改。对道德败坏屡教不改者，视情节轻重，或洞开祠堂大门，当众笞杖，或革黜族籍，生死不得入祠。

（五）严肃闺门。妇女要孝敬翁姑，顺从丈夫，慈爱子女，和睦妯娌。邻里之间，贵尚和睦。不准搬弄是非，撒野打架。孀妇“须遵守清规，门庭严肃，不得打街骂巷，恃寡逞刁”。[③] 违者，“体源户”粮“停给一年，改过次年再给”。[④] 生活贫困的年轻孀妇，要艰贞苦守，不得“出村佣食”，有伤风化。[⑤] 对败坏门风，不肯守节者，严惩不贷。

（六）重视祭祖。春祭、标祀、中元、秋祭、冬祭，烧年，都要隆重。值年必须按《值年规例》认真筹备和组织，不得敷衍应付。执事必须按《棠樾西畴书院祭礼》规定的祭祖仪式和程序进行，不得有误和失礼。根据“凡事死之礼，当厚于奉生者”的原则，祭品必须丰盛。祭祖贵在一个“诚”字。无论主祭、执事、礼生与陪祭人员，都要严肃恭敬，诚心诚意。

---

① 歙县《棠樾鲍氏宣忠堂支谱》卷一九《义田·公议敦本户规条》，清嘉庆十年家刻本。

② 歙县《棠樾鲍氏宣忠堂支谱》卷一九《义田·公议体源户规条》，清嘉庆十年家刻本。

③ 棠樾鲍氏“体源户”领粮“经折”。

④ 歙县《棠樾鲍氏宣忠堂支谱》卷一九《义田·公议体源户规条》，清嘉庆十年家刻本。

⑤ 参见歙县《棠樾鲍氏宣忠堂支谱》卷一九《义田·公议体源户规条》，清嘉庆十年家刻本。

（七）卫护祖墓。西沙溪、画山园、富亭山、湿坑、鸿鹤林、武林、古关、瀹潭、里田坟墓，都是祖宗藏魄之所，宗族根本，必须严加卫护。各处的墓田、墓地、墓山都是风水基业，"子孙永远标挂管业，虽甚贫窘，不许出卖，除本宗愿收者听。倘有故违祖约卖与他人者，以不孝论。仍令赎还归众，听本宗执事"。① 风水林木，任何人不得砍伐。② 违者，追还钱物，革黜族籍，送官惩治。

（八）依法继承。不孝有三，无后为大。支丁无子，必须选兄弟之子继承。兄弟之子无合适者，选堂兄弟之子继承。两者均为"应继"。如果堂兄弟之子也无合适者，即选再从兄弟、三从兄弟之子继承，是为"爱继"。棠樾鲍氏宗族是一个以父系血缘关系为纽带的群体，不准以姊妹之子——外甥——为继承人，也不准以异姓螟蛉子为继承人，以防异姓乱宗。

（九）买卖土地。徽州届万山中，山多田少，人口众多，耕地不足。土地是农民的命根子，为了防止土地外流，支丁出卖土地，近亲有认购优先权，近亲不买，才能卖给远亲。没有特殊理由，不得卖给异姓。出卖祖宗土地，必须得到近亲的同意。

（十）毋作非为。士、农、工、商，要各安所业。全体支丁都要奋发图强，勤俭创业，不准游手好闲，胡作非为，"聚赌打降，酗酒讹诈，恃强欺弱"。③无论骰子、跌钱、看牌"，还是"酗酒打降"，"敦本户"粮"概不准籴"，"改过次年准籴"。④

（十一）保护环境。棠樾村是始祖鲍荣公后裔聚族而居的地方。为了宗族成员的健康和宗族的发达，必须保护棠樾的环境。要保持村中水圳畅通和水流清洁。要保护村中和通向四面八方的青石板路面，不准破坏。村中不准乱放垃圾。要爱护牌坊群周围的花木，不准采摘、折枝和破坏。

（十二）保护祠堂。祠堂是"妥先灵，隆享祀"的圣地，同时，又是宗族庆

---

① 《新安棠樾鲍氏宗谱·编谱凡例》，明成化元年刻本。

② 参见歙县《棠樾鲍氏宣忠堂支谱》卷一九《义田·公议体源户规条》，清嘉庆十年家刻本。

③ 棠樾鲍氏"体源户"领粮"经折"。

④ 歙县《棠樾鲍氏宣忠堂支谱》卷一九《义田·公议敦本户规条》，清嘉庆十年家刻本。

典和各种重要活动的场所，必须严格保护。祠内祠外，必须经常打扫，保持清洁。祠宇必须按时维修，保持长久。祠内不得堆积农器等物。慈孝厅规定“如有不遵，公罚大洋拾块，香烛纸板钱五百文。如不照罚，立即逐出厅。三年务正，方能入厅”。①

（十三）推举祠总。要选举一位德高望重、热心宗族事务、有一定文化水平和工作能力较强者担任“祠总”，总理祠堂事务。在族长领导下，祠总要上对列祖列宗有一颗孝心，下对族众尽职尽责，努力做好祠堂工作。每年冬祭前一日，要张榜公布祠堂一年收支账目，接受族众的检查和监督。如果有假公济私、乱花乱用、贪污腐败，严惩不贷。

据调查，民国时期棠樾鲍氏宗族族长仍用祖训和族规管理族众，对于违犯族规的人，根据情节轻重，有的唤至祠堂教育训斥，有的执至祠堂当众惩治，有的革黜族籍，生死不得入祠。

与徽州世家大族的族规一样，棠樾鲍氏宗族的族规也实行教育与惩治相结合的方针，以教育为主，惩治的目的还是为了教育。总之，是为犯错误和堕落的族人弃恶从善。

棠樾鲍氏宗族祖训和族规对宗族的安定和发展产生了很大作用。张廷诤在《鲍公乐园传》中说：

> 余馆棠樾，见其里中，父子亲，兄弟睦，妇女知礼节，童稚解诗书，户无逋粮，人无私忿。闻父老言，里胥不入境者数十载。②

据我们调查，民国时期棠樾鲍氏宗族古风犹存，违犯族规的族人和违犯族规的事件较少。

由于宗族认真抓环境保护，村中没有垃圾，更没有粪便。磨制的青石板路面，方方整整，一尘不染。水圳清澈，潺湲流淌。牌坊群两侧有名贵花木两行——以紫荆为主，间置桂花和梅花。花木之外，是荷花池塘。春天，紫荆迎春；夏天，荷花怒放；秋天，桂花飘香；冬天，梅花傲雪。宗族许多老人，对这种优美宜人的环境还记忆犹新。

---

① 《慈孝厅》石刻。

② 歙县《棠樾鲍氏宣忠堂支谱》卷二一《传志》，清嘉庆十年家刻本。

十六、累世孝子

宗族是以父系血缘关系为纽带的社会人群共同体;倡导孝道是宗族一切活动的核心。棠樾鲍氏宗族“显于郡邑者,以孝著闻。自宋慈、孝两公后,历元与明,以迄国朝,继武者接起”。①

在我国,“二十四孝”几乎可以说是家喻户晓,妇孺皆知。棠樾鲍氏宗族许多孝子的孝行与“二十四孝”相比并不逊色。除了第二节已经介绍过的孝子鲍寿孙——名列《宋史·孝义传》,并得到明成祖永乐皇帝的高度赞扬——以外,名垂青史的著名孝子还有很多。

元至正十二年(公元1352年),红巾军“起蕲黄,破江饶。四月,逾婺源,陷郡城。于时,老弱狼狈奔窜”。鲍元凤之母年逾八旬,兄弟“聚议避兵”。元凤泣曰:“妻、子固宜生全,然母一而已,脱有不虞,为子者宁独生耶!”“乃奉母氏挈家默居刘村青山,旦暮瘁力为养”。这时,红巾军首领纵兵“四掠”,“人人股栗,莫克自保”。元凤对妻、子说:“势诚急矣,若等各保,若生假天祚,我家骨肉图再聚也。”“遂吁于天,戴星裹粮,躬先负母远行,深入岩穴间,孱缒梯攀,艰苦备至”。乱定还乡,“闾里啧啧称其孝”。②

明成化二年(公元年1466年),鲍灿之母年七十余,“忽疽发于双足,炽甚,经年益危。殆阅名医数人,皆尽其术,而不加损”③。灿“旦夕焚香吁天,愿以身代。浸至长夏,腐秽不可近”。灿“跪而吮去其毒,如是者屡。忽毒气触脏腑,呕逆成疾,几不能食”。但是,没过十天,其“母足遂瘳”,灿“亦无恙”。人们都认为,此“为孝感所致”。士大夫纷纷著文颂扬。据《棠樾鲍氏世孝录·赠鲍孝子时明诗》(时明是鲍灿之字)辑录的诗即达26首,作者24人。长乐林则明不仅作诗讴歌,而且还撰《吮疽传》赞颂。监察御史唐希恺谓,此事“有补于名教甚大”,以“诚孝”名其堂。弘治初年,袁翱“与修宪庙

① 歙县《棠樾鲍氏宣忠堂支谱》卷二二《文翰·阖族公祭乐园公文》,清嘉庆十年家刻本。

② 鲍孟英辑:《棠樾鲍氏世孝录·鲍孝子叔和传》,清乾隆四十二年刻本。

③ 鲍孟英辑:《棠樾鲍氏世孝录·诚孝堂记》,清乾隆四十二年刻本。

实录,采其事上之"。李梦阳"复为之记"。①

鲍叙廉之父,"尝患目瘿蔽明,医不瘳。"叙廉"为吮之,脓去而瘿愈"。父"又患痿痹,手足不能持行"。叙廉"独躬进饮食,负之卧起,无间昼夜寒暑,四年如一日"(民国《歙县志》作"凡四十余年")。在这期间,"父病将革者三",叙廉"三刲股进之,里族称孝焉"。最后,"父章不起",叙廉"几以身殉,鸡骨支床"。父殁,"因思慕不已,留榇在堂"。② 后,"榇首左壁忽生异葩十余本,旬日间三绝三开。闾里歌咏,其事积成卷帙"。③ 谭性教《题鲍孝子异葩图》说:"鲍子之孝世所绝。"④

鲍逢昌之父外出经商,"音耗久绝"。逢昌"年未弱冠,欲孑身踪迹者屡矣。母怜其幼,固止之。少长意益坚,遂辞母遍走燕、韩、三晋之地,誓不独还,备尝险阻,历三载始得相见于雁门古刹中。时父患背疽,亲为吮腐,就愈迎归"。后来,"母病濒危,日夕吁天,医药罔效"。有人说,"富春山真乳香可立愈,然罕有得者。逢昌闻言,即奋不顾身,至富春之乳香岩,攀藤附葛而上,竟得之,携归进,母疾骤愈"。人人都说,鲍逢昌"能以孝愈其亲"。⑤

在中世纪,由于科学技术水平的限制,许多人认为,人的大腿肌肉和药能治病。棠樾鲍氏宗族子女,"刲股疗亲"的事例很多。据民国《歙县志》卷八《人物志·孝友》记载,鲍钟谦刲股"以疗母疾"。长子鲍继孝"刲股和药"疗父疾;长女鲍宫如"割股以进"疗母病;次子鲍继忠"刲股和药"疗母病;次女鲍桂如随夫远居溧阳,"刲股和丸,遣人邮送"疗父疾。"钟谦及子女一家刲股者五人"。

棠樾鲍氏宗族子弟孝行卓著。乾嘉年间,十九世祖鲍孟英编纂《世孝录》,二十四世祖鲍志道修建"世孝祠"。前者辑录士大夫歌颂棠樾鲍氏孝子的诗文,后者供奉棠樾鲍氏累世孝子的神主。二者均为表扬先贤、教育后

---

① 歙县《棠樾鲍氏宣忠堂支谱》卷三《始祖代传》,清嘉庆十年家刻本。

② 鲍孟英辑:《棠樾鲍氏世孝录·异葩三茁记》,清乾隆四十二年刻本。

③ 民国《歙县志》卷八《人物志·孝友》,民国二十六年版。

④ 鲍友恪辑:《鲍氏诵先录》上编四《诗歌》,民国二十五年铅印本。

⑤ 鲍孟英辑:《棠樾鲍氏世孝录·孝愈说》,清乾隆四十二年刻本。

人。鲍骢《世孝祠落成公祭文》曰：

孝以锡类，百行之原。代父松下，负母山巅。吮血疽愈，刲股病痊。孝复生孝，一脉相延。累世恪守，勿替渊源。志道继起，至行素敦。建祠崇祀，用勖后昆。冬春二季，迭举明禋。阖族毕集，睦拜流连。父诏兄勉，劝戒兼陈。规条严立，罔弗遵循。皤皤耇长，眇眇童孙。……孝思维则，佑启后人。①

十七、节日活动

阴历十二月二十三日，"辞灶"，送灶神升天。

十二月二十四日过小年，俗称"烧年"。祠堂设香案，备祭品。全体支丁衣冠齐集敦本堂享堂（俗称"大厅"），祭五祀，祭祖先，迎接新年来临。②

除夕，敦本堂打扫卫生，张灯结彩，陈设祭器，悬挂字画。下午，设三牲、香烛、纸马，全体支丁诣祠请容。夜晚，击鼓，设香案，谢天地。长辈给小孩"压岁钱"，放鞭炮，辞旧迎新。大人通宵不眠，怀旧叙新，名曰"守岁"。

元旦，着新装，吃枣栗、茶蛋、盖交面，意味甜甜蜜蜜，福寿康宁，万事如意。敦本堂备香烛、纸箔、火爆。黎明，全体支丁衣冠齐集享堂，接天地，拜祖容。接着庆节团拜，凡平辈者同行四拜礼，卑幼者向尊长行四拜礼，尊长拱揖不答。拜毕，依昭穆序次而坐，饮利市酒三杯，各领"和合饼"1双，出。未冠者不给饼。③ 民国时期，不论男女老幼全都参加，全都给饼，每人2双（4个）。年六十加1双，七十再加1双，八十再加1双，依此递增。

初二日，南极观道士诣祠拜容，备果酒侍候。里田庄仆诣祠叩首，赏酒1次，菜4碗（肉1、杂脍1、鱼1、米粿1）。每人寿桃1双，年糖1盘，利市钱18文，过渡钱32文。④

---

① 歙县《棠樾鲍氏宣忠堂支谱》卷二二《文翰》，清嘉庆十年家刻本。

② 参见歙县《棠樾鲍氏宣忠堂支谱》卷一七《值年规例》，清嘉庆十年家刻本。

③ 参见歙县《棠樾鲍氏宣忠堂支谱》卷一七《值年规例》，清嘉庆十年家刻本。

④ 参见歙县《棠樾鲍氏宣忠堂支谱》卷一七《值年规例》，清嘉庆十年家刻本。

立春,敦本堂设香案,备香烛、纸箔、火爆,全体支丁诣祠接春。① 初九日,里中游神。敦本堂设香案,备三牲、香烛、纸箔、火爆,于享堂门前祀神。②

十五日元宵灯节,敦本堂设香案,备三牲、米果、香烛、纸箔,全体支丁诣祠拜祖容。夜晚,舞龙。祠堂制作龙头和龙尾,支丁制作龙身,一户一节。家家户户张灯结彩。彩灯有"长寿灯"、"如意灯"、"走马灯"等。小孩玩的灯有"蝴蝶灯"、"兔子灯"、"花鸟灯"等。

十八日,敦本堂设香案,备香烛、纸箔、三牲(肉5斤,鸡1只,鱼1尾)。全体支丁诣祠拜祖容毕,管年、司祠会同房长暨斯文相帮照应,收祖先遗容藏匣。新年活动结束。③

过年,最热闹的活动是演戏、舞狮。戏台或设在敦本堂门前,或在大和社门前,或在宣忠堂门前。

二十日,里中举行春斋,敦本堂备香烛、纸箔、腐饭于享堂门前侍候。④

二月二日春社,敦本堂设香案,备祭品。全体支丁衣冠齐集享堂,祭五祀,祭祖先,祈求菩萨和祖先赐福,风调雨顺,五谷丰登。里中行社事,祠堂设香烛、纸箔、腐饭于堂前侍候。⑤

清明节,家家户户做"米粉艾叶饺"。俗称:"吃了艾叶饺,一年百病消。"祠堂举行隆重的祠祭和墓祭(墓祭俗称"标祀")。

五月五日端午节,家家户户大扫除,吃粽子。门上插艾草和菖蒲,门厅悬挂钟馗像。小孩胸前挂香包,额上用雄黄酒写"王"字。青年支丁演地戏,舞钟馗。大多数活动都是乞求太平,祛瘟避邪。

稻子变黄季节,敦本堂举行游神活动,将大和社中供奉的地方保护神汪公大帝请上神轿,抬着赴稻田巡游,名曰"汪公菩萨看稻子"。据说,汪公大帝看过的稻子,不招灾,保丰收。

---

① 参见歙县《棠樾鲍氏宣忠堂支谱》卷一七《值年规例》,清嘉庆十年家刻本。
② 参见歙县《棠樾鲍氏宣忠堂支谱》卷一七《值年规例》,清嘉庆十年家刻本。
③ 参见歙县《棠樾鲍氏宣忠堂支谱》卷一七《值年规例》,清嘉庆十年家刻本。
④ 参见歙县《棠樾鲍氏宣忠堂支谱》卷一七《值年规例》,清嘉庆十年家刻本。
⑤ 参见歙县《棠樾鲍氏宣忠堂支谱》卷一七《值年规例》,清嘉庆十年家刻本。

七月十五日中元节，敦本堂设香案、备祭品。全体支丁衣冠齐集享堂，祭五祀，祭祖先。[①] 家家户户赴先人坟墓祭拜，超度亡灵。

八月十五日中秋节，全家团聚，吃月饼，赏明月。夜晚，设香案，供月饼、南瓜等物，拜月亮。敦本堂演大戏，支丁舞草龙。草龙舞到那家，那家即往龙身插一支香，草龙逐渐变成火龙。最后舞到村头将其火化，以示全村免去火灾。

秋社，敦本堂设香案，备祭品。全体支丁衣冠齐集享堂，祭五祀，祭祖先，向菩萨和祖先报告一年收获。[②]

冬至，敦本堂设香案，备祭品。全体支丁衣冠齐集祠堂，举行隆重的祭祖典礼，是为“冬祭”，又曰“腊祭”。

十二月八日，腊八节。家家户户大扫除，吃“腊八粥”。

十八、宗族的衰落

清乾嘉年间，鲍志道和鲍漱芳父子先后任两淮盐业总商，叱咤商海，腰缠万贯，富埒王侯，棠樾鲍氏宗族进入鼎盛时期。道光十二年（公元1832年），清朝政府实行盐政改革，废除“纲法”，实行“票法”。从此，徽州盐商丧失了行盐的特权，棠樾鲍氏宗族这个盐商大家从繁荣走向衰落。

道光三十年（公元1850年），太平天国运动爆发，长江中下游徽商商业活动主要区域，成为太平军和清军的主要战场。徽商失去了商业舞台，不但被迫大量停业，而且有许多人家破人亡。

咸丰四年（公元1854年），太平军攻入徽州。此后的12年，徽州成为太平军与清军激烈争夺的战场，造成白骨蔽田野，千里无鸡鸣的悲惨景象。棠樾鲍氏宗族遭到了灭顶之灾，从此一落千丈，走向底谷。

一、人口大量减少。太平军与清军徽州大战，棠樾鲍氏宗族族人有的死于战火，有的逃往异地他乡。虽然没有统计资料，但是从民国《歙县志》卷

① 参见歙县《棠樾鲍氏宣忠堂支谱》卷一七《值年规例》，清嘉庆十年家刻本。

② 参见歙县《棠樾鲍氏宣忠堂支谱》卷一七《值年规例》，清嘉庆十年家刻本。

七《忠节》一条记载，即可窥见一斑。

咸丰十年，太平军陷郡城，后入(棠樾)村，(鲍)钟铨率从子县学生明瑮集团(练)御之。明瑮被执，愤骂不屈死。钟铨受伤，逾夕殒命。二孙伦报、伦春见祖父死，不去，遂死其旁。钟铨兄钟谟等阖家男妇皆曰："愿死"。遂相继同殉。计一门死义凡三十六人。

谱牒记载，乾隆年间棠樾鲍氏宗族二十二世有支丁397人，二十三世有672人。据歙县档案馆档案资料和宗族老人说，民国时期棠樾鲍氏宗族只有三四十户人家。按每户有丁二人计，共有人丁60—80人左右。前后对比，减少了百分之九十左右。

二、族田大量流失。棠樾鲍氏宗族的族田都是租给佃户耕种，按租佃制收取实物地租。宗族的老人们说，太平军与清军在徽州战场长达12年的战争，造成佃户们不是死于战乱，就是逃亡异地他乡。因此，绝大多数族田都变成"抛荒田"。宗族的统治者朝不保夕，没有心思过问这些耕地。天长日久，许多族田就流失了。嘉庆年间，棠樾鲍氏宗族共占有族田1,400多亩；太平天国被清朝平定以后，棠樾鲍氏宗族占有的族田大量减少；民国时期只剩下300多亩。前后对比，减少了1,100亩左右。

三、建筑大量破坏。徽州宗族商人经营四方，发财致富之后，大都衣锦还乡，建造美轮美奂的宅第。据我们调查，棠樾鲍氏宗族大宅第有：保艾堂、承启堂、怡怡堂、从心堂、存爱堂、静修堂、竭耕堂、鲍宗轼宅等等。其中鲍典诚建的承启堂东部建筑群，南北61.3米，东西52米，占地面积3,187.6平方米；西部建筑群，南北49米，东西39.2米，占地面积1,920.8平方米。此外，还有一个花园——崧畦，南北22.4米，东西16.9米，占地面积378.56平方米。大盐商鲍漱芳建造的保艾堂建筑群，南北78米，东西45米，占地面积3,510平方米。整个建筑群共有二层楼房108间，36个天井。楼高10.2米。此外，建筑群东部和南部各有一个大花园。南花园南北47米，东西39米，占地面积1,833平方米。东花园南北39.5米，东西平均27.25米，占地面积1,076.37平方米。这个建筑群规模之大，在歙县乃至徽州地区建筑群中是比较罕见的。

咸丰十年(公元1860年)八月，太平军进入棠樾村，许多宅第被焚毁。

老人们记得堂名的被毁建筑群，即有遵训堂、延裕堂、耕礼堂、存诚堂等。过了131年（公元1991年），笔者来棠樾调查，还见到许多被夷为平地的废虚和一堆一堆的瓦砾。老人们说，这些都是一百多年前被战火焚毁的遗址，经过一百多年时间还未全部恢复。

由于族田大量流失，义仓空虚，青黄不接之际周济贫困族人的"敦本户"租谷售粮制度，被迫完全废止。周济鳏、寡、孤、独和废疾族人的"体源户"租谷分配制度，虽然没有完全废止，但已无法按《规条》执行。抗日战争爆发后，"四穷"户到族长面前"叩头作揖，好话说尽"，方能勉强领到一点谷子。

十九、论清懿堂女祠

棠樾鲍氏宗族为什么要专门为女祖先建造一座清懿堂女祠呢？据传说，鲍志道重新修建的敦本堂只"奉男主"，不"祔女主"；因此，其弟鲍启运遣命其子鲍有莱，又建清懿堂，专"奉女主"。

敦本堂为什么只"奉男主"不"祔女主"，棠樾鲍氏宗族的谱牒没有记载。但是，这个问题可以从棠樾附近一些村庄的宗族谱牒之中找到答案。

据我们调查，歙县呈坎前罗氏宗族建有女祠4座。这个宗族的一些祠堂为什么不供奉女祖先的神主另外建造女祠，《罗氏宗谱·宗仪八条》妥神灵条，对这个问题作了比较透彻的说明。其文曰：

> 至于女主，当峻其防。盖言不逾阃，祭不受胙，男女素著远别之文。生则异室，主则同堂，幽冥宜有不安之魄。当专立一室，分妥诸灵。登贞烈者于左方，藏封诰者于右室，则祭仪斯尽，教本能敦矣。

歙县《潭渡孝里黄氏族谱·新建享妣专祠记略》，对潭渡黄氏宗族为什么建造女祠，作了比较详尽的阐述。其文曰：

> 窃见吾乡设立宗祠，敬祀其先，统之以鼻祖，于报本追远之意可云得矣，然多祀祖，而不及妣。忝尝时祭，子孙入庙，顾瞻座位，母氏之主咸阙如，于私心每有未安者……
>
> 吾乡僻在深山之中，为丈夫者，或游学于他乡，或服贾于远地，尝违

其家数年、数十年之久,家之黾勉维持,惟母氏是赖。凡子之一身,由婴及壮,抚养教诲,从师受室,以母而兼父道者多有之,母氏之恩何如其深重耶!正幼恃母慈,长承母训,以有今日。

于是,潭渡黄氏宗族即“庀材鸠工”兴建“享妣专祠”,供奉女祖先神主,作为祭祀女祖先殿堂。

棠樾鲍氏宗族建造供奉女祖先神主的专祠有什么意义呢?学术界对这个问题曾进行过热烈的讨论。有的学者认为,建造女祠提高了妇女的社会地位,是男女平等意识的萌芽。与此相反,有的学者认为,建造女祠强化了封建宗法制度,是封建礼教对妇女压迫和束缚形式的改变。

我们认为,这两种观点都值得商榷。因为,自古以来徽州宗族祠堂之中,都是男女祖先神主共“享祀”。大量的历史文献和社会调查资料证明,只“奉男主”,不“祔女主”的祠堂是极少数,是极个别现象。

休宁《茗洲吴氏家典》冬至祭始祖图,就是左为“始祖考牌位”,右为“始祖妣牌位”(按:牌位又曰主、木主、栗主、神主等)。立春祭先祖图,左为“先祖考牌位”,右为“先祖妣牌位”。茗洲吴氏宗族族规家法规定:“庶母(牌位)不可入祠堂,若嫡母无子,而庶母之子主宗祀,亦当祔嫡母之侧”。由此可见,这个宗族的宗祠,不仅“奉男主”,同时也“祔女主”。黟县《南屏叶叙秩堂值年规则(附奎光)》记载,南屏叶氏宗族宗祠也是既供奉“明故始祖考南阳郡季明府君”,又供奉“明故始祖妣从南阳郡江氏端孺人”;暨供奉“列祖考之神(主)”,又供奉“列祖妣之神(主)”。《歙新馆鲍氏著存堂宗谱》卷二《江太孺人传》记载,支丁鲍立昂早殇,未婚妻汪氏年幼誓不改嫁。因父母相逼,自缢殉夫。新馆鲍氏宗族议定:考祠规,未娶而殇者神主不得入宗祠。但是“今其聘汪氏以贞烈著,女既心为立昂妻,即不得以殇论。为此,合族公议:为立昂、汪氏立嗣,得并入祠配享。盖合族以贞烈为重,不以常格拘也”。新馆鲍氏宗祠亦是既“奉男主”,又“祔女主”。歙县《桂溪项氏祠谱》卷下《奉安神主龛室规》记载,桂溪项氏宗族宗祠中龛共列六世天率孺人朱氏以下女祖先神主 88 位。

徽州人对朱熹异常崇拜。他们将朱熹《家礼》奉为经典,“炳如日星”,不敢越雷池一步。许多宗族的祠堂祭仪几乎都有“恪遵《家礼》”、“须依文公《家礼》"、"遵行《家礼》"、"并遵文公《家礼》"、"遵依《家礼》"、"悉遵朱子《家礼》"、"谨遵朱子《家礼》"等等类似规定。徽州宗族不仅"遵行《家礼》,率以为常",而且"非敢于《家礼》有所损益也"。①

朱熹对宗族祠堂供奉的神主是怎样规定的呢?《家礼》卷一《通礼·祠堂》规定:一、"旁亲之无后者,以其班祔"。注曰:"伯叔祖父母,祔于高祖;伯叔父母,祔于曾祖;妻若兄弟、若兄弟之妻,祔于祖;子侄祔于父,皆西向主,椟并正位。"二、"正至朔望则参"。注曰:"主人盥、帨、升,启椟,奉诸考神主置于椟前。主妇盥、帨、升,奉诸妣神主置于考东。次出祔主亦如之。"三、"有事则告"。注曰:"凡言祝版者……于皇高祖考、皇高祖妣,自称孝元孙;于皇曾祖考、皇曾祖妣,自称孝曾孙;于皇祖考、皇祖妣,自称孝孙;于皇考、皇妣,自称孝子。"《家礼》卷五《祭礼·初祖》"降神参神"条注曰:"主人盥、升,奉脂盘诣堂中炉前,跪告曰:'孝孙某,今日冬至,有事于皇始祖考、皇始祖妣,敢请尊灵,降居神位,恭伸奠献。'"《祭礼·先祖》"前一日设位陈器"条注曰:"设祖考神位于堂中之西,祖妣神位于堂中之东。"《祭礼·忌日》"作主"条注曰:"府君、夫人共为一椟……椟用黑漆,且容一主,夫妇俱入祠堂。"朱熹《家礼》规定,宗族祠堂既"奉男主",又"祔女主"。徽州绝大多数宗族祠堂既供奉男祖先神主,又供奉女祖先神主,是"谨遵朱子《家礼》"的具体表现。

我们认为,徽州绝大多数宗族祠堂都是男女祖先共"享祀",所以棠樾清懿堂女祠的建造既不表明"社会文明进步"和"妇女抗争与觉醒",也不说明"封建伦理观念对妇女的束缚和压迫"进一步加重。

附 记:

调查时间:1990 年 7 月,1991 年 11 月,2000 年 11 月。

调查地点:歙县棠樾村、歙县博物馆、歙县城关小学。

调查对象:

鲍典雅 1919 年生 典字辈 29 世

① 休宁《茗洲吴氏家典》,清雍正十三年刻本。

鲍萌儿	1935年生	典字辈	29世
鲍逸豪	1916年生	训字辈	30世
鲍月予	1927年生	训字辈	30世
鲍树民	1929年生	训字辈	30世
鲍廷松	1924年生	继字辈	31世
鲍济舟	1925年生	继字辈	31世
鲍惠生	1927年生	继字辈	31世
鲍世长	1942年生	世字辈	
毕德修	1919年生		
许淑媛	1920年生		

（原载《徽学》第六卷，北京师范大学出版集团——安徽大学出版社2010年版，题为《歙县棠樾鲍氏宗族调查与研究》）

绩溪龙川胡氏宗族调查研究

龙川胡氏宗族聚居在绩溪县东瀛乡坑口村，地处县城之东二十四华里。高插云端的龙须山盘据村东，被坑口人称为母亲河的登源河村旁而过。这里峰峦叠嶂，云雾缭绕，河流清澈，气候清新。龙川由西向东，横亘村中。村庄坐北朝南，依山傍水，如诗如画。

1994 年至 1996 年，笔者三次赴大坑口村，对龙川胡氏宗族进行了较系统的调查。调查方式分 4 种：一、召开调查会；二、个别采访；三、书面调查；四、文献资料征集。通过三次调查，获得了许多文献资料、口碑资料和文物资料。

绩溪龙川胡氏宗族是徽州一个历史悠久的名宗右族。笔者认为，对这个宗族进行调查研究很有意义。因为，共性寓于个性之中，通过这个个案研究可以揭示徽州名宗右族的一般特征。

调查研究文章从东晋初年起，至民国时期止，共分 6 部分，阐述了 12 个问题。

一、龙川定居和宗族崛起

龙川胡氏宗族是“安定胡”后裔。现在，许多家庭器具上都书写有“安定胡”标记。

有的龙川胡氏宗族历史文献记载，龙川胡氏始祖故里是“山东青州濮阳县板桥村”。但是，据《汉书 · 地理志》和《晋书 · 地理志》记载，濮阳县属兖州，不属于青州。有人似乎已经发现这个记述有误。如，耿楚侗的胡宗宪行状作“山东濮阳”，许国的胡宗宪墓志铭作“山东濮阳县”，胡绢熙的《龙川胡氏宗谱》作“山东濮阳县板桥村”，均去掉“青州”二字。① 我们认为，青州可能是兖州之讹误。程尚宽《新安名族志》载，龙川胡氏宗族“始祖胡焱，字子琰，原居青州汉阳县”。按：汉阳县有三，均不在青州，也不在兖州。青州，可能是兖州之误；汉阳县可能是濮阳县之讹。

据《龙川尚书公派胡氏支谱》(传抄本)等文献记载，龙川胡氏宗族始祖名胡焱，字子琰，行讳福明。② 西晋末年，天下大乱，胡焱除授散骑常侍，从晋元帝南渡。东晋大兴元年(公元318年)，授职散骑、中领军，“镇守歙州”(按：应为“新安郡”，歙州是隋唐和北宋时期的名称)，“抚恤生民，皆得安业”。咸康三年(公元337年)，恩赐田宅于新安华阳镇大松林“居住”。夫人汪氏。

徽州人非常重视风水。寻觅风水宝地，聚族而居，是徽州人的普遍观念和普遍要求。《龙川尚书公派胡氏支谱·汪鋐先生序》记载：“立国有元气，然元气固则国可数百年而不覆。立国如此，立家亦然。夫民之立家也，必察乎山水阴阳之向背，见可居者而家之，其家之兴必远且大。”绩溪县东二十四里之荆林里，有“石镜、龙峰之景致”。胡焱“欣然一游”，“果真名不虚传，真乃山姿毓秀也”。只见龙川之口，“溪水东流，前有大源，南往两水相会”。纵观山水形势，东耸龙峰“八卦巽上，此乃出文星之妙地也”；西有鸡冠“百丈之高，居于水口，正如执笏之状”；南耸银瓶镇午，此为“南方天马奔腾到此”；北有金石山和长溪蜿蜒而来，“峰峦矗矗，如枪戟、如旗鼓者，不可胜数”。整个地形，“来龙勇跃，山水朝迎，真仙地也”。胡焱“羡其山水清丽之所在”，“故此欣然挈家世代居于龙川之口，易原名荆林里，起名大坑口”。这里即是龙川胡氏宗族“子孙百世隆兴之地也”。③ 汪鋐在《龙川尚书公派胡氏支谱》序中说，龙川“山水之奇，盖为胡氏设也；胡氏之兴且远，盖由山水之灵也”。这虽然是一种迷信观念，但是也含有一定科学哲理。

胡焱治新安，政绩卓著。谱牒记载，“天时顺从，风调雨顺，五谷丰登”，

---

① 这些作者说的“山东”，应指古山东，即华山和崤山以东。据《明史·地理志》记载，明代濮阳县直属京师，或曰“北直隶”，不属山东。洪武二年(公元1369年)成为开州州治。

② 胡舜申《绩溪金紫胡氏家谱》认为，龙川胡氏宗族始祖是胡文祥；景定《胡氏统宗源流》认为，是胡链；胡宗明《龙川胡氏宗谱》认为，是胡焱。

③ 绩溪《龙川胡氏世系宗谱·龙川胡氏世系谱序》，传抄本。

百姓“得以安居乐业”。父老歌曰：

有田有地久废荒，初来为此心徬徨；
力役无征民无妨，区区尽垦有奇方；
三年沟浍水洋洋，男事耕兮女事桑；
丰衣足食遂安康，愿公福寿永无疆。①

龙川胡氏宗族十世祖胡思谦，官至太师，封魏国公。这是龙川胡氏宗族取得的重大业绩。《龙川胡氏宗谱》卷一《魏国世家》称，龙川胡氏宗族为“龙川世胄，魏国世家”。

南宋初年，龙川胡氏宗族开始崛起。二十世祖胡富贤，又名仁旺、三公，是著名大地主。《龙川尚书公派胡氏支谱·一架二十七世德五公谱序》记载，胡富贤，“家赀巨万，田土庄舍遍于邻邑”。其子胡之纲，字伯纪，号子仁，“隐居不仕，资财视前益盛，富甲于天下”②。“田园建于徽、严、杭、宁四郡”③。《龙川大坑口阳基书》（传抄本）载，总计“田土三百七十九顷”④。“时人报为大户，于是照田纳粟五万石，赈济凤阳等府（?）”⑤。朝中有人忌之纲富，令其筑“杭州新城之半，城成且速，敕封父子提干，一等爵”。之纲畏朝臣“之奸，受诏不起”。皇帝诏“赐基地六亩五分八厘九毫免征”⑥。

---

① 绩溪《龙川胡氏世系宗谱·龙川胡氏世系谱序》，传抄本。

② 绩溪《龙川胡氏世系宗谱》，传抄本。

③ 绩溪《龙川胡氏宗谱·龙川世系图》，民国十三年敬爱堂活字本。

④ 《绩溪金紫胡氏家谱》卷一《古系·坑口派》、《新安名族志》、绩溪《（龙川）胡氏宗谱》（传抄本）均作“粮田三万七千九顷七十五亩”。绩溪《龙川胡氏世系宗谱》（传抄本）载：“粮田十万七千顷。”绩溪《（龙川）胡氏家谱》（传抄本）载：“粮田十万七千顷零七十五亩。”我们认为，“三万七千九顷七十五亩”、“十万七千顷”、“十万七千顷零七十五亩”，可能均是“三百七十九顷”之讹。因为，据嘉靖《徽州府志》记载，南宋时绩溪县总计共有耕地309,546亩，胡之纲一户占有耕地不可能超过绩溪县耕地总数12倍以上，更不可能超过34倍以上。

⑤ 绩溪《龙川胡氏宗谱·龙川世系图》，民国十三年敬爱堂活字本。按：宋代凤阳是县，不是府。

⑥ 绩溪《龙川胡氏宗谱·念五公行状》（民国十三年敬爱堂活字本）记载：“秦桧忌公富，令公筑杭州新城之半，城成且速，诏封公提干，公畏秦桧奸，受诏不起”；绩溪《（龙川）胡氏家谱》（传抄本）记载：“秦桧忌公富，今（？令）筑杭郡新地（？城），（城）成且速，诏封提干。公畏秦桧之奸，受诏不起”。按：公元1090—1155年，秦桧在世；公元1166—1229年，胡之纲在世，秦桧死后十一年胡之纲才出生，家谱记载讹误。我们认为，可能是胡之纲之父胡富贤讹误为胡之纲，也可能是另外一个奸臣误为秦桧。

人丁兴旺，是宗族繁荣昌盛的一个重要表现和标志。《龙川胡氏世系宗谱》（传抄本）记载："廿一世念五公（胡之纲——引者）时，胡氏子孙繁衍，人丁兴旺，难以细纪。"据一些传抄本族谱记载，胡之纲有"七子、十三孙"。长子震、次子霆、三子霅、四子霨（?）、五子电、六子俊、七子霦，"垂派于七架"①。六架（即六隅，或曰六支、六房、六门）胡俊出继高氏为后；俊又无后，复过继四架的三三公为后。"余五房均分祖业，财资各家记载"。"故此，议以东、南、西、北、中五房发派，各房记载"。

宋庆元四年（公元1198年）胡霆、胡霅、胡电、胡霦与侄胡孝先、胡孝明析户分爨。分爨时，立分析阄书一张，现存《龙川大坑口阳基书》和《龙川胡氏宗谱》之中。正是这张阄书确立了龙川胡氏宗族东、南、西、北、中"五房发派"的宗族格局，所以它成为龙川胡氏宗族一篇特别重要的历史文献。这个阄书的内容是：一、共承祖业和新置田产。分析阄书载，胡霆等兄弟、叔侄"共承祖、父胡之纲田三百七十九顷，向同籍爨，兄弟、叔侄并能勤俭，共有种置税产契票凭"。此外，胡霅及侄孝先、孝明等"续收田颇多"，三人"上念父叔教育创业之恩，下（念）弟侄谨节守成之义……仗仁拨出，一概品搭，写立阄书，作只分均（即诸房均分——引者）"。二、祖宗坟茔和荫庇山场。分析阄书载，窃见"世远人繁，不肖或有之"。子孙"当以木本水源思念祖宗墓茔为重也。居此地，阳基、墓茔，山场为急务。若不立文约禁戒，恐不肖者藉己有分，或至变卖，坵垅难存；于荫庇山场，或至掘损，致生灾祸，自害本支，莫此为甚……立约之后，子孙永远保守，毋许变卖掘损。如敢违犯，望贤达子孙，经官惩治，坐以不孝罪论。立此文约，永远执照"。现将龙川胡氏祖墓田地山场列表如下：

表一　龙川胡氏祖墓田地山场表

墓　主	字　号	土　名	面　积
胡　焱	幸字87号	金紫山前	地65步、山3亩
胡思谦	秦字132号	水村庄后	地4亩

① 绩溪《龙川胡氏世系宗谱》，传抄本。

续表

墓 主	字 号	土 名	面 积
胡富贤	圣字222号		地2分
胡之纲	圣字223号		山20步
胡之纲	圣字236号		3角47步
胡之纲	幸字66号	梵木前	田3角46步

资料来源:《龙川胡氏宗谱》卷四《赖公定龙川胡氏阳基书》,民国十三年敬爱堂活字本;赖布衣师徒:《龙川大坑口阳基书》,传抄本。

龙川胡氏宗族阳基荫庇山场有:摄字184号,土名汪杯石,山1亩;摄字185号,土名汪杯石,山9亩;甚字52号,土名白石山,山8亩;甚字53号,土名白石山,山4亩;甚字55号,土名白石山,山7亩。①

二十六世祖胡炎孙,有"田产十万八千亩,资财巨万"。"元末庚子岁大饥,四方召征粮……坑口胡提干权粜八十万"。但由于元朝的横征暴敛和乱摊乱派而破产。《(龙川)胡氏族谱》(传抄本)载,统治者强迫胡炎孙诸孙胡文寿、胡吕寿辈,修筑徽州"东门城,又筑□□城百二十丈……又筑建康城,又纳军工木以万计,"并"充军粮一万七千石"。胡氏子弟被迫卖田以应付这些摊派。但田价大跌,"每田一亩,仅易砖灰一石",结果"产业百不存一"。胡炎孙"尝有遗嘱,戒后世勿买产业,盖痛惩此累也"。②

二、累世簪缨和达官显宦

《龙川大坑口阳基书》记载,龙川"东耸龙峰,此乃出文星之妙地也。"这种风水先生的观点,当然是没有多少科学根据的。但是,历史上龙川胡氏宗族累世簪缨,确是事实。

历史上龙川胡氏宗族为什么仕宦辈出呢?我们认为,根本原因是这个宗族重视文化教育造成的。龙川胡氏宗族《祠规》八条,其中一条是:"读书

① 绩溪《龙川胡氏宗谱》卷四《赖公定龙川胡氏阳基书》,民国十三年敬爱堂活字本;赖布衣师徒:《龙川大坑口阳基书》,传抄本。

② 绩溪《(龙川)胡氏家谱》,传抄本。

取荣，以显父母。”据我们调查，龙川胡氏子弟人人都知道这样一个谚语：“三辈不读书，等于一窝猪。”老人们说，这个谚语是古时候传下来的。明嘉靖二年（公元 1523 年），汪鋐在《龙川尚书公派胡氏支谱》序一文中写道：“大司徒龙峰先生（胡富——引者）……朴茂良厚，恂恂不异寒素，栋宇仅可蔽风雨。出而观其俗，行者让道，士者勤读，家诗书而户礼乐。”也就是说，龙川胡氏宗族是一个具有文化教育传统的宗族，大坑口村是一个文化教育气氛很浓的村落。据历史文献记载，明清时期龙川胡氏宗族曾建有三个书舍和书屋。一、龙峰书舍。明洪武九年（公元 1376 年），胡德裕建；明中期，胡富重修。其书舍地处龙须山龙台岩，故名目“龙峰书舍”。这里是龙川胡氏宗族“发祥之地”。“长架裔孙明少保襄懋公胡宗宪，亦肄业于兹舍”。后“毁于兵燹”，但“古迹尚存”。古时有人认为，“此地系始祖晋散骑常侍炎公、显祖宋提干念五公祖基来龙，山脉蜿蜒，地灵所毓”。明永乐五年（公元 1407 年），龙川胡氏三十世祖胡彦申被征招任文渊阁修书，参与《永乐大典》编纂；“纂述既成，公以省亲辞，仍归隐龙峰书舍”①。《送胡彦申进士还龙峰书舍》一文说，此书舍为龙川胡氏“读书善亲之地”②。二、梅林书屋。明嘉靖年间，胡宗宪建，为宗族子弟读书肄业之所。三、鹏南书屋。清代，胡嗣运建。

龙川胡氏宗族子弟的最高追求是，金榜题名，荣华富贵，衣锦还乡，光宗耀祖。他们非常重视科举考试，并取得了可喜的成就。弘治《徽州府志·选举志·科第》和康熙《徽州府志·选举志·科第》记载，从宋朝至清康熙三十八年（公元 1699 年），龙川胡氏子弟科举中式进士者有 6 人——宋 1 人，明 4 人，清 1 人。他们是：胡思诚，宋淳熙二年乙未詹骙榜；胡富，明成化十四年戊戌曾彦榜；胡光，明成化二十年甲辰李旻榜；胡宗明，明正德十二年丁丑舒芬榜；胡宗宪，明嘉靖十七年戊戌茅瓒榜；胡公著，清顺治十五年戊戌孙承恩榜。

乾隆《绩溪县志·选举志》增加了胡彦申，明建文元年榜。估计可能是

① 绩溪《龙川胡氏宗谱·得嵩山彦申公祖像序文》，民国十三年敬爱堂活字本。
② 绩溪《龙川胡氏宗谱·送胡彦申进士还龙峰书舍》，民国十三年敬爱堂活字本。按：这里所说的进士为贡举人才，不是科第出身的进士。

根据《送胡彦申进士还龙峰书舍》一文增补。按:《明清进士题名碑录索引》记载,明代龙川胡氏中式进士中没有胡彦申,建文元年(公元 1399 年)也没有举行科举。这说明乾隆《绩溪县志》是讹误。胡彦申是贡举人才,不是科举中式。二者虽都称进士,但有很大区别。

程尚宽《新安名族志》记载,宋代龙川胡氏宗族进士不是 1 人,而是 7 人。他们是:二十四世胡思诚;二十五世胡云龙;二十六世胡桂一、胡桂二、胡桂三、胡桂四、胡桂五。我们认为,《新安名族志》记载的进士人数与弘治《徽州府志》、康熙《徽州府志》记载的进士人数不同,是《新安名族志》将应举"进士"与中式"进士"混为一谈造成的。据宋代历史文献记载,宋承唐制,凡应进士科考试的举人皆称"进士"。诸如"国学进士"、"免解进士"、"漕贡进士"、"监贡进士"、"乡贡待省进士"等等。科第中式者授于"进士及第"、"进士出身"、"同进士出身"。《新安名族志》没有将应举进士与中式进士严格区分,只是说二十四世胡思诚"中淳熙二年进士",二十五世胡云龙"中宋进士",二十六世胡桂一、胡桂二、胡桂三、胡桂四、胡桂五兄弟五人"俱中宋进士"。事实上,中式进士胡思诚是进士,应举进士胡云龙、胡桂一、胡桂二、胡桂三、胡桂四、胡桂五俱是举人。众所周知,中式进士没有任何官职者极少。胡氏五兄弟,除了胡桂四"授职教谕,复以贡士历官南安县尹"以外,胡桂一、胡桂二、胡桂三、胡桂五俱无任何职衔。这充分地说明,他们都不是进士,而是举人。

胡氏宗族子弟一些传抄本谱牒记载,宋元明清时期胡氏宗族共有进士二十人左右。胡氏宗族子弟传抄本谱牒的记载与弘治《徽州府志》、康熙《徽州府志》的记载为什么大相径庭呢?这是由两个原因造成的。一、他们照抄《新安名族志》,将应举"进士"胡云龙、胡桂一、胡桂二、胡桂三、胡桂四、胡桂五 6 人当成中式进士。二、他们将嘉靖三十年(公元 1551 年)以后一些应举"进士"误为中式进士。据弘治《徽州府志·选举志·科第》和康熙《徽州府志·选举志·科第》记载,中式进士之中没有胡彦申、胡拱旸、胡宗华、胡德纯等人。

我们认为,即便是 6 个进士,也是很大的成就。大坑口村出现的"一门三进士"佳话,"进士巷"人文景观,都是这一成就的写照。据我们调查,大坑口村原来共有牌坊 17 座,其中大多数是功名坊。遗憾的是,经过一次又一次的政治运动,已经毁没了16座,现在只剩下"奕世尚书"坊孤零零地矗立在中桥南端。

龙川胡氏宗族是一个名臣辈出、累世簪缨的名门右族。据《新安名族志》记载,从东晋至明嘉靖三十年(公元1551年),龙川胡氏宗族共有官员41名。他们是:

始　祖	胡　焱	散骑常侍
三　世	胡廷瑾	善化县令
五　世	胡汝能	潮州太守
七　世	胡永济	严州太守
一〇世	胡思谦	太师　魏国公
一二世	胡张护	建德县令
一四世	胡叶环	惠安县令
一六世	胡仪凤	常山县令
一七世	胡思舜	建昌府同知
一八世	胡任(?)	南昌府推官①
一九世	胡子荣	黄州枢密使(?)
	胡子兴	钱塘县令②
二一世	胡之纲	提干
二二世	胡　震	提举③
二三世	胡孝祥	(建)康太守
二四世	胡思诚	学士　迪功郎
二五世	胡士海	西都郎(?)　迪功郎
	胡士杞	承信郎　殿帅府干

① 国家图书馆藏本和(日本)东洋文库藏本十八世均为:"(胡)任,授职南昌府推官。"绩溪《(龙川胡氏)祖宗谱》(传抄本):为"十八世胡任杰,授职海宁县知县;胡任仪,授职南昌府知府。"按:《新安名族志》有脱文。

② 国家图书馆藏本和(日本)东洋文库藏本十九世均为:"子荣,黄州枢密使;子兴,钱塘县令。"绩溪《(龙川胡氏)祖宗谱》(传抄本)为:"胡子荣,授职杭州枢密使。"

③ 国家图书馆藏本二十二世为:"震,淳熙十四年敕封提举,镇守知兰。"(日本)东洋文库藏本为:"震,淳熙十四年敕封府君;霆封提举,镇守知兰。"

	胡元龙	西都郎(?)
	胡士周	鹰房提领
	胡士英	学录
二六世	胡遂孙	合肥县儒学教谕
	胡　鸾	提督安抚司军(?)
	胡桂四	教谕　南安县尹
	胡炎孙	提干
	胡德一	绩溪县尉　昌化县尉
	胡尊权	绩溪县尉
	胡仲武	盐务大使
二七世	胡伯淳	教谕
	胡德裕	教谕
	胡　同	玉山县教谕
三〇世	胡　富	户部尚书
	胡　昱	通江县令
三一世	胡子愈	叙州府通判
	胡　韶	上林苑监录事
三三世	胡拱旸	分水县教谕
	胡　光	曲靖军民府同知
	胡德纯	曲江县令
三四世	胡宗华	钧州知州
	胡宗明	都察院右副都御史
	胡宗宪	湖广道监察御史(按:后升兵部尚书)

明代中期,是龙川胡氏宗族最辉煌的时期,在短短六十年期间,不仅中式4个进士,而且出现3个达官显宦。

胡富,字永年,成化十四年(公元1478年)进士。授南京大理评事。弘治初,历福建佥事。福宁系囚二百余人,“富一讯皆定,囹圄顿空”①。任职

① 《明史》卷一八六《胡富传》,中华书局标点本。

山东时,"阉人督造衡王府,怙势扰民,富捕治之"①。迁广东副使。他使用军事镇压和以僮制瑶的方法,讨平"瑶乱",为明朝立下汗马功劳。迁湖广按察使,陕西左、右布政使。正德初,入为顺天府尹。三年(公元1508年),进南京大理寺卿,迁户部右侍郎。刘瑾擅权,以"坐大理时勘事迟缓,勒致仕……瑾败,起故官"②。七年(公元1512年)拜南京户部尚书。"先是,南都仓储仅支一年,富在部三载,有六年积"。曾谓:"留都根本重地,冗蠹不除,何以广储积!"③。乃条"上十余事,率权贵所不便,格不行"④。叹曰:"居大位而不能举职,是误国也。"遂以年老辞归。帝"诏令有司,月给米存问"⑤。嘉靖元年(公元1522年)卒,赠太子少保,赐祭葬,谥康惠。

胡宗明,字汝诚,正德十二年(公元1517年)进士,授户部主事。嘉靖三年(公元1524年),"甘肃边警,大司马往征,宗明督饷有功,进四川参议"。移广东,时"剧盗充斥,宗明设奇俘馘而还,升河南副使,转福建参政"⑥。"先是,福建积弊,田归宦家,而粮多累诸小民"⑦。宗明"首问大豪,置之法,审均田赋,积弊悉除"⑧。"乡宦深啣之"⑨。漳、泉诸州旱,"谷价涌腾"。宗明"白直指使者,仓储改征折价,民赖焉"。调广西,"佐毛伯温平黎有功,进云南、山东布政使,升副都御史"⑩。在任都察院右副都御史期间,巡抚辽东,在沿边诸州设立城堡。"多仿古遗法"。"虏入,则趋避其中,人赖全活者其众。辽人每旦夕焚香南拜遥祝"。⑪

胡宗宪,字汝贞,号梅林,嘉靖十七年(公元1538年)进士。历知益都、

---

① 康熙《徽州府志》卷一二《人物志·胡富传》,清康熙三十八年万青阁刊本。
② 《明史》卷一八六《胡富传》,中华书局标点本。
③ 康熙《徽州府志》卷一二《人物志·胡富传》,清康熙三十八年万青阁刊本。
④ 《明史》卷一八六《胡富传》,中华书局标点本。
⑤ 康熙《徽州府志》卷一二《人物志·胡富传》,清康熙三十八年万青阁刊本。
⑥ 道光《徽州府志》卷一二《人物志·宦业》,清道光七年刊本。
⑦ 程尚宽:《新安名族志》前卷,(日本)东洋文库藏明嘉靖三十年刻本。
⑧ 康熙《徽州府志》卷一二《人物志·胡宗明传》,清康熙三十八年万青阁刊本。
⑨ 程尚宽:《新安名族志》,清康熙三十八年万青阁刊本。
⑩ 康熙《徽州府志》卷一二《人物志·胡宗明传》,清康熙三十八年万青阁刊本。
⑪ 程尚宽:《新安名族志》前卷,(日本)东洋文库藏明嘉靖三十年刻本。

余姚二县。擢御史，巡按宣府、大同。朝廷下诏徙大同左卫军于阳和、独石，“卒聚而哗”。胡宗宪“单骑慰谕，许勿徙，乃定”①。明建国以来，倭寇即经常侵扰中国沿海。嘉靖年间，倭寇之患加剧，江浙尤甚。三十三年（公元1554年），胡宗宪受命巡按浙江。时张经为总督，李天宠为巡抚，赵文华督察军务。赵与胡一起，“力排二人”。在王江泾战役中，“宗宪与有力”。赵“尽掩经功归宗宪”。嘉靖皇帝特升胡宗宪为浙江巡抚、佥都御史。②

倭寇倡厥，赵文华与胡宗宪“定招抚计”。在赵的推荐之下，朝廷任命胡宗宪为兵部右侍郎，“总督浙、直、福建等处军务”。③ 他采用武力与计谋相间的战略战术，捕杀了猖獗于江浙沿海一带的王直、徐海、陈东、麻叶等头目及其部众，“倭患遂息”④。因平倭战功卓著，胡宗宪青云直上，由兵部右侍郎迁右都御史、太子太保、兵部尚书、少保等显赫要职。

三十八年（公元1559年），“贼大掠温、台，别部复寇滨海诸县。给事中罗嘉宾、御史庞尚鹏奉诏勘之”⑤。三十九年（公元1560年），“嘉宾、尚鹏还，上宗宪侵帑状，计三万三千”⑥。四十年（公元1561年），南京给事中陆凤仪弹劾胡宗宪“党严嵩及奸欺贪淫十大罪，得旨逮问”⑦。胡宗宪上《辨诬疏》逐一辩解。重要问题有三：一、关于党严嵩的问题。《明史·胡宗宪传》记载：“宗宪多权术，喜功名。因（赵）文华结严嵩父子，岁遗金帛子女珍奇淫巧无数。文华死，宗宪结嵩益厚，威权震东南。”对这个问题，嘉靖皇帝曾为其辩护说：“宗宪非嵩党。朕拔用八九年，人无言者。”⑧我们认为，胡宗宪巴结严嵩，想通过贿赂严党达到官运亨通，成为达官显贵，是历史事实。但是，他没有因此而祸国殃民，与严嵩死党严世蕃、赵文华、罗龙文等不同。不能因为胡宗宪与严党有瓜葛，就认为他是一个坏人。二、关于征敛贪污问

---

① 《明史》卷二〇五《胡宗宪传》，中华书局标点本。
② 《明史》卷二〇五《胡宗宪传》，中华书局标点本。
③ 胡煜辑：《忠敬堂汇录·辨诬疏》，清光绪重刊本。
④ 胡煜辑：《忠敬堂汇录·胡襄懋公传》，清光绪重刊本。
⑤ 《明史》卷二〇五《胡宗宪传》，中华书局标点本。
⑥ 《明史》卷二〇五《胡宗宪传》，中华书局标点本。
⑦ 《明史》卷二〇五《胡宗宪传》，中华书局标点本。
⑧ 《明史》卷二〇五《胡宗宪传》，中华书局标点本。

题。《明史·胡宗宪传》记载，宗宪"创编提均徭之法，加赋额外，民为困敝，而所使官帑、敛富人财物亦不赀"。对这个问题，胡宗宪自己辩解说，罗嘉宾、庞尚鹏诬告臣侵帑三万二千两(《明史》作"三万三千"两)，御史霍栋"复查无弊"。"题奉圣旨：这钱粮既查明白，胡宗宪着照旧尽心督抚地方。钦此。"①又说："臣为国除贼，用间用饵，非小惠不成大谋。"嘉靖皇帝"以为然，更慰谕之"②。三、关于强占民田问题。胡宗宪辩解说："臣家世栖绩溪之登源……通计绩溪县田税共十三万七千余亩。臣户内止有田八百余亩，册籍可查，焉得强占七万余亩之事。"③

怎样评价胡宗宪剿抚倭寇的问题呢？我们认为，这个问题应从两个方面来看。据历史文献记载，王直、徐海等人是从事海外走私贸易的商人。嘉靖十九年(公元1540年)，"海禁尚驰，直与叶宗满等之广东造巨舰，将带硫磺、丝棉等违禁物，抵日本、暹罗、西洋诸国，往来互市者五六年，致富不赀。夷人大信贩之，称五峰船主"④。二十六年(公元1547年)，朱纨被任命为浙江巡抚，加强海禁政策，"海禁骤严"⑤。不久，王直、徐海等与余姚牙商谢氏发生矛盾。他们"纠合党徒番客，夜劫谢氏，火其居，杀男女数人，大掠而去。县官仓惶，申闻上司云：'倭贼入寇。'巡抚(朱)纨下令捕贼甚急"⑥。"时日本内乱，民多逃海上为盗，直招聚之，自称徽王，使其党率之，蹂躏江浙沿海诸郡县"⑦。王直、徐海等由海上走私贸易商人变为海盗集团，主要是明朝"海禁政策"所致⑧。从这一方面看，胡宗宪剿抚王直、徐海等人，在客观上阻碍了明代海外贸易和商品经济的发展。但是，王直、徐海等从劫杀余姚牙商谢氏逃亡海上以后，放弃海上贸易，勾结倭寇，长期在江浙沿海一带以烧杀抢掠为生，给东南沿海地区人民的生命财产造成巨大损失。史载，

---

① 胡煜辑：《忠敬堂汇录·辨诬疏》，清光绪重刊本。

② 《明史》卷二〇五《胡宗宪传》，中华书局标点本。

③ 胡煜辑：《忠敬堂汇录·辨诬疏》，清光绪重刊本。

④ 嘉靖《浙江通志》卷六〇《经武志·王直传略》，明嘉靖四十年刻本。

⑤ 《明实录·世宗实录》。

⑥ 《明实录·世宗实录》。

⑦ 民国《歙县志》卷三《武备志·汪直传》，民国二十六年版。按："汪直"即"王直"。

⑧ 《明史纪事本末》卷五五《沿海倭乱》，中华书局标点本。

一些倭寇不仅焚劫官署民舍，驱掠少壮，发掘墓冢，甚至“束婴孩竿上，沃以沸汤，视其啼号，拍手笑乐。得孕妇卜度男女，刳视中否为胜负饮酒，积骸如陵”①。种种惨绝人寰的兽行，令人发指。从这一方面来看，胡宗宪剿抚王直、徐海等是巩固国防，维护民族利益的战争。

三、祠堂建设与祭祖典礼

历史上的徽州人认为，“追远报本，莫重于祠”②；“举宗大事，莫最于祠”③。龙川胡氏宗族认为，“我族自晋宋以来，千有余岁，衣冠济济，代有闻人，非宗庙无以报本源”④。建造祠堂，“妥先灵而隆享祀”，是尊祖敬宗的重要表现。据老年人记忆，民国时期龙川胡氏宗族大小祠堂有 30 座。他们能记得名称的有 18 座。其中宗祠 1 座，支祠 5 座、分支祠和家祠 12 座。⑤它们是：胡氏宗祠、胡大宗堂、思敬堂、大德堂、顺德堂、六九公祠、立德祠、六三公祠、余庆堂、仲德堂、怀德堂、宫保堂、六顺堂、忠贞堂、敬爱堂、新老屋、杜梅公堂、华德堂。

美轮美奂的龙川胡氏宗祠，是徽州地区著名的人文景观，国务院重点文物保护单位。

这座祠堂建于什么年代呢？现在，我们还未见到最初建造这座祠堂的原始资料。绩溪县文物管理所在祠堂门前立有介绍这座祠堂的碑刻。其文曰，龙川胡氏宗祠始建于宋代，明嘉靖年间里人胡宗宪重修。我们认为，此说值得商榷。一、龙川胡氏宗祠始建于宋代，文献无征。二、众所周知，在封建时代，为祖先和宗族修建宗祠，是功德无量的义举。如果胡宗宪曾重修过龙川胡氏宗祠，耿禁侗的胡襄懋公《行状》、许国的《明光禄大夫少保胡襄懋公暨夫人曹氏王氏合葬墓志铭》、陈宏谟的《胡襄懋公传》怎么只字不提呢？

---

① 《明史纪事本末》卷五五《沿海倭乱》，中华书局标点本。

② 程昌：《窦山公家议》卷三《祠祀议》，明万历刻本。

③ 程一枝：《程典》卷一二《本宗列传》第二下，明万历二十六年家刻本。

④ 胡煜辑：《忠敬堂汇录·绩溪龙川胡氏宗祠知单》，清光绪重刊本。

⑤ 根据胡涛鸣集众人回忆提供的书面材料。

在调查过程中，我们发现《明封承德郎户部主事澹庵胡公墓志铭》石碑，为龙川胡氏宗祠的建造提供了重要资料。碑文曰：

公讳耀，字文耀，号澹庵，一号咏竹……习举子业，游頖宫，志学弥笃，而屡困于场屋。后以子宗明户部主事受封，乃纵情于山水之间，与乡贤致士者订林泉之会；又与姻邻同志者为宜乐之会，日以诗酒□娱，如游仙云。族姓繁衍，家谱、宗祠毁于兵火，从叔祖太子少保康惠公暨默庵公俱有志修治，未业而没。公乃力以自任，捐赀倡族，卒抵于成。所居龙门之涯，途通江浙，上临悬岩，下瞷巨渊，途为水啮，行者患之，公乃沿河累石数百丈，遂成坦途。又于川口驾二石桥，以便徒涉。其轻利仗义，务于济人，率多类此……□思风流，雅好诗律，所著有《咏竹诗稿》、《岭南游墨》、《楚游漫稿》、《西湖纪游》、《三宜稿》、《林泉嘉会集》……

胡富（即康惠公），成化十四年（公元 1478 年）进士；胡光（即默庵公），成化二十年（公元 1484 年）进士。《墓志铭》记载，他们“俱有志修治”“毁于兵火”的龙川胡氏族谱和宗祠，但“未业而没”。这说明，元代龙川胡氏宗族即建有宗祠。因为，元末农民战争以后，洪武至成化年间绩溪没有战争。胡宗明，正德十二年（公元 1517 年）进士，授户部主事。嘉靖年间，官至都察院右副都御史。胡耀因子受封。《墓志铭》告诉我们，胡富和胡光逝世以后，胡耀继承二人修族谱和建宗祠的遗志，“力以自任，捐赀倡族，卒抵于成”。这说明，嘉靖年间重修龙川胡氏宗祠者是胡耀。

据《忠敬堂汇录》记载，太平天国“兵燹”之后，龙川胡氏宗祠“半遭毁折”。清同治五年（公元 1866 年）、光绪九年（公元 1883 年）、二十二年（公元 1896 年）曾进行过三次大修。

龙川胡氏宗祠是一座三进七开间的典型徽派祠堂建筑，规模恢宏，美轮美奂，庄严典雅，占地总面积 18,000 平方米，建筑总面积 1,564 平方米。座落在大坑口村东南角，濒临登源河畔。依据村落朝向和周围自然环境，祠堂采取座北面南。

祠堂门前溪水东流，南岸是一个屏壁（或曰照壁、影壁）。

第一进是门楼，这是一座飞檐翘角、雍容华贵的典型五凤楼建筑。宽达

22 米的门楼，由 28 根立柱和 33 根月梁构成。第一重为黑漆色大栅栏门。第二重中间是仪门（俗称“正门”），两边是边门（又称“旁门”）。仪门门扇上有大唐开国元勋秦叔宝和尉迟敬德大将军的彩色画像。门前左右各置一个高大石鼓和一个威武雄壮大石狮。最引人注目的是门楼前后 8 条方梁梁面的精美木雕图案，前面中间上梁是“九狮滚球遍地锦”，后面中间上梁是“九龙戏珠满天星”，下面和左右两边方梁是各种各样的历史戏文。这些木雕内容丰富，雕刻精湛，具有很高艺术价值。

第二进是享堂，是祭祖和庆典活动的地方。这是一座恢宏高大、豪华典雅的宫殿式建筑。它用 48 根直径 53 厘米的高大银杏圆柱，架着 54 根硕大的冬瓜梁构成。在龙川胡氏宗祠建筑群中，享堂是主体建筑。

享堂两侧各有十扇高达丈余的落地隔板，上半截为镂空的花格，下半截为平板浮雕。雕刻内容是出水芙蓉。莲花，有的含苞待放，有的花蕾初绽，有的盛开怒放，有的瓣落蓬显；荷叶，“有的迎风翻卷，有的平铺水面，有的舒展如伞，有的低垂若帽”；池水，“有的微波粼粼，有的浪花朵朵，有的涟漪荡漾，有的水流湍急”；动物，“或有鸟翔蓝天，或有鱼潜水底，或有鸭戏碧波，或有蛙跃菏塘，或有鸳鸯交颈，或有河蚌翕张”，或有对虾追逐，或有螃蟹横行。二十扇隔板花雕，千姿百态，充满诗情画意。①

享堂正面是一排大型木雕隔扇。这些隔扇雕刻的主题是梅花鹿。雕工精细入微，不仅雕出鹿身点点梅花，而且细毛都清晰可见。鹿的神态：有的悠游慢步，有的回头顾盼，有的仰首嘶鸣，有的受惊疾奔，有的饮水溪畔，有的口衔一草，还有母鹿舔抚，幼鹿吮乳……件件绘声绘色，惟妙惟肖，巧夺天工。②

第三进是寝室，是供奉祖先神主（又曰牌位、栗主、木主、题主、主等）的地方。这是一座高大的楼阁式建筑。这里的隔扇浮雕是静物——插花艺术。花瓶造型，有六角、八角、半圆、长颈、大口、菱形等；瓶身图案，有回纹、云纹、细线、挂铃等；瓶内插花，有桃、李、梅、兰、菊、牡丹、海棠、水仙、玉簪

---

① 参见冬生《木雕艺术的厅堂》，《安徽画报》1986 年第 2 期。

② 参见冬生《木雕艺术的厅堂》，《安徽画报》1986 年第 2 期。

等。隔扇上下小木板浮雕,有文房四宝、书案画卷、八仙道具等。①

龙川胡氏宗祠雕刻作品琳琅满目,十分丰富。据说,原有六百余件,经过长期自然和人为破坏,现存还有四百多件。宗祠大多数建筑构件都经过精雕细刻,成为精美的艺术品。所以,艺术界和学术界都认为,这是一座名副其实的"木雕艺术博物馆"。②

根据徽州地区宗祠供奉神主规制,寝室内中龛神主的排列是:始祖晋散骑常侍胡焱神主供奉寝室中龛正中;二世祖、四世祖神主为"昭",祔祀始祖左边;三世祖、五世祖神主为"穆",祔祀始祖右边。这些神主永远供奉于寝室神龛之中,"百世不迁"。此外,对国家、乡里和宗族有重大功德祖先的神主,也都供奉在中龛。例如,潮州太守胡汝能、严州太守胡永济、太师魏国公胡思谦、建昌府同知胡思舜、枢密使胡子荣、提干胡之纲、(建)康太守胡孝祥、学士胡思诚、户部尚书胡富、曲靖军民府同知胡光、钧州知州胡宗华、都察院右副都御史胡宗明、兵部尚书胡宗宪……等祖先的神主,都按昭穆世次祔祀始祖神主两侧。与始祖及二至五世祖一样,这些神主也永远供奉于寝室神龛中,"百世不迁"。

根据徽州地区宗祠供奉神主规制,龙川胡氏宗族其他祖先的神主,都供奉在左右昭穆室,四十人合一神主。据调查,族人殁后,子孙即依据死者在宗法中的昭穆世次,每年春祭和冬祭前一天到宗祠填写神主牌,俗称"入柱"。龙川胡氏宗祠祠规规定,"入柱"要缴纳一定的"入柱钱"。按朱熹《家礼》规定和徽州地区风俗,这些神主"五世则迁",也就是说高祖神主至玄孙死绝即迁往墓地掩埋。"高祖迁于上,宗则易于下"。通过"改题递迁"这一礼制,宗祠之内神主,对一个宗族子弟来讲,都是高、曾、祖、考,四世设主。

龙川胡氏宗祠左侧有一个"特祭祠",这在徽州宗族祠堂中是仅见的。为什么在宗祠左侧还要建一个特祭祠呢?龙川胡氏老年支丁有三种不同说法。一、特祭祠是专为对宗族有重大贡献者而设,用来祭祀对宗族有重大贡献的祖先;二、在封建社会,"不孝有三,无后为大"。宗族子弟无嗣者,神主

① 参见冬生《木雕艺术的厅堂》,《安徽画报》1986 年第 2 期。

② 参见冬生《木雕艺术的厅堂》,《安徽画报》1986 年第 2 期。

不能进宗祠。于是,设特祭祠专门用于祭祀无嗣者;三、风水家赖文正认为,龙川村地形似一艘船,为了将大船锁住,不被登源河大水冲走,保住胡氏宗族人财两旺,必须请一个姓丁的穷苦人家住村头钉住这艘大船。特祭祠就是专门为供奉丁姓列祖列宗神主而建。我们认为:一、对宗族有重大贡献者的神主,不但都堂而皇之供奉在寝室中龛始祖神主左右,而且“百世不迁”。因此,再于宗祠左侧另建一个特祭祠,专门用来祭祀这些祖先的神主,似乎画蛇添足,不大可能。二、在徽州宗族谱牒和族规家法之中,我们还未见到有不准无嗣子弟神主进祠堂的规定。因此,宗祠左侧建一个特祭祠专门用于祭祀无嗣者,也不太可能。我们认为,特祭祠专为丁姓祖先而建可能性较大。因为,风水先生说,丁姓人家对龙川胡氏宗族有特别重大的贡献,“丁”(钉的谐音字)住龙川村这艘大船。胡氏宗族为了表达对丁姓的感激,在宗祠左侧另建一个特祭祠,祭祀丁姓列祖列宗是可以理解的。

祭祖是龙川胡氏宗族最盛大的典礼和活动。与徽州所有名宗右族一样,这个宗族祭祖也是分为祠祭和墓祭两类。祠祭一年两次,即春祭和冬祭。春祭清明节举行,冬祭冬至日举行。墓祭一年一次,清明节举行。

主祭者是族长。礼生 48 人,按职责分为通赞(当地人称“大赞”)、引赞(当地人称“小赞”)、陪赞、司盥、司樽、司爵、司帛、司祝、司馔、司过等。据我们调查,龙川胡氏宗族祠祭礼生人数之多,在徽州名宗右族祠祭中是少见的。根据族规家法规定,十五岁至六十岁的支丁,全体都要参加陪祭。祭日,值年沿街鸣锣三遍,通知与祭支丁至东、西、南、北、中各自支祠集合,由门长率领至宗祠参加祭礼。迟到者,轻则训斥,重则罚胙。宗祠张灯结彩,仪门洞开。参祭支丁俱着礼服——礼帽长袍,徐徐步入祠堂。主祭、礼生分列享堂两侧,支丁按昭穆世次站列享堂前面天井。

祭品由值年(又称“管年”、“司年”)等筹办。龙川胡氏宗族祭祖行“少牢馈食之礼”,有全猪一头,全羊一只,供奉于享堂左右特制的“猪羊架”上。根据“凡事死之礼,当厚于奉生者”的准则,供品还有六大碗,六大盘,六杯酒,俗称“六六六”。每逢闰年(俗称“大年”),举行大祭。祭品由东、西、南、北、中五隅共同筹办,数量比常年多数倍。祭品上插彩色绒花,是大祭祭品一个重要特点。

龙川胡氏宗祠享堂前左右两边各有一鼓一钟。祭礼开始,首先击鼓撞钟,以形成庄严隆重的气氛。同时,乐师四人开始作乐,燃放鞭炮,娱神娱人。在祭礼进行的过程中,香烟缭绕,恭敬虔诚,庄严肃穆,秩序井然。全体与祭人员都要听从通赞的号令和指挥。

龙川胡氏宗祠祠祭礼仪如何呢?当年参加祠祭的支丁大都记不清有哪些具体细节。但是,他们都清清楚楚地记得,是遵行朱熹《家礼》,行"三献礼"。

据朱熹《家礼·祭礼》记载,立春和冬至祭祖礼仪基本相同。祭前三日斋戒,前一日设位、陈器、省牲、涤器、具馔。祭日,厥明夙兴,设蔬、果、酒、馔;质明,盛服就位。

按《家礼·祭礼》规定祭仪如下:

1. 降神
2. 参神
3. 进馔
4. 初献
5. 亚献
6. 终献
7. 侑食
8. 阖门
9. 启门
10. 受胙
11. 辞神
12. 彻
13. 馂①

民国《歙县志》卷一《风土》记载,徽州名宗右族祭祖,"俗守文公《家礼》,在昔小异大同。咸(丰)、同(治)以后,踵事增华'三献'也,而六行之"。

① 《家礼》四时祭和季秋祭祢都是先参神,后降神;冬至祭始祖和立春祭先祖都是先降神,后参神。

龙川胡氏宗族老年支丁说,由于繁文缛节,每次祭祀时间都长达数小时。因此,许多年高支丁——特别一些体弱多病的支丁——不能参加祭祀活动。有些人出于尊祖敬宗之心,勉强参加,大多因体力不支,中途退出。

祭毕,颁发胙筹。参加祭祀支丁凭胙筹每人领猪肉一方——约一市斤。主祭、礼生和老年支丁(包括未参加祭祀者),加倍颁发。夜晚,在祠堂举行"合食"(又称"会食"、"堂食"、"燕饮之会")。参加合食的人员有:族长、门长、礼生、乡绅和辈高年长的支丁。在合食宴上,大家欢聚一堂,同饮共餐,雍雍睦睦。全体支丁只有尊卑长幼、昭穆世次之分,而无富者与贫者、强者与弱者、恩者与仇者之别,从而加深了宗族子弟之间的血缘亲情,巩固了宗族团结。

清明,龙川胡氏宗族举行墓祭(俗称"标祀"、"标挂"、"挂纸"、"挂钱",即清明扫墓)。据调查,墓祭与祠祭礼仪基本相同,也行"三献礼",但节目减少许多。族长主祭,礼生 48 人。按族规家法规定,十五岁至六十岁支丁必须全部参加。族长和五个隅的门长全都乘轿前往。祭品雇外乡人从祠堂抬到墓地。祭祀分数天举行。第一天,祭始祖散骑常侍胡焱,然后分别祭太师魏国公胡思谦、提干胡之纲、户部尚书胡富、都察院右副都御史胡宗明、兵部尚书胡宗宪等对国家和宗族有大功大德的祖先。每个墓祭毕,参祭者一人颁发馒头 2 个。祭祀费用,分别从每个墓的墓田田租中支付。

宗族繁衍裂变是一个自然和社会发展的普遍规律。据我们调查,龙川胡氏宗族分迁到外地的子弟共有 36 派。民国时期,每届清明不仅有本县的龙川胡氏宗族后裔到大坑口参加胡氏宗族的祭祖活动,而且还有远居外县、外省的龙川胡氏宗族后裔来大坑口参加胡氏宗族的祭祖活动。据胡氏宗族的子弟说,中华人民共和国建国以来,浙江省昌化县岛石坞的龙川胡氏宗族后裔,除了"文化大革命"十年动乱以外,每年清明都有数十人来龙川胡氏宗祠和祖墓,举行祭祖和扫墓活动。

四、谱牒纂修和族田族山

龙川胡氏宗族重视族谱修纂。他们认为:"家之有谱犹国之有史,史载盛衰兴替而治道明，谱详少长亲疏而礼法定。礼法定则治道益隆，故彝伦攸叙，实政教所由关。人不失为孝子悌弟者，期出不失为义士忠臣。风俗敦而人心正，此世家大族必亟亟于谱系之修而不容缓也。”①《龙川胡氏宗谱引》对修谱的意义和宗旨也作了阐述。其文曰：“作谱之义，辨别世系。所系者我先祖，敬而尊之也。其初一人，水一源，木一本也。派流虽异，根系本同。然修谱知祖宗所自来，生殁庚甲、坟墓名号、婚配继绝，历代次序也。”

龙川胡氏宗族修谱的历史和情况如何呢？《龙川尚书公派胡氏支谱·许国先生序》对这个问题作了简要叙述：

> 自晋常侍公（胡焱——引者）从东晋元帝南渡，官居于歙，卒居登源龙川，是为龙川始祖。自常侍公至于司马公（胡宗宪——引者），凡三十四世矣。及详阅其谱，则知胡氏家乘之修，昉于太师魏国公思谦公修之于晋（?）；郡宪仕仪公修之于陈；枢使子荣公修之于唐；提干念五公修之于宋；继又大学士允年公亦修之于宋；教授竹州公考之于元。虽其先后相映，接踪修葺，而其谱犹未详。迨我明兴，司农康惠公（胡富——引者）、御史默庵公（胡光——引者）慨然起统宗之思，凡历代书文，诸家纪录，无不考订参究次，一世至于公代，罔有断续。嗣而都宪缾山公（胡宗明——引者）暨少保汝贞公（胡宗宪——引者）又悉为阐发，修葺愈备，至于今日，灿若日星之明。

龙川胡氏宗族十分重视族谱的纂修。《龙川胡氏宗谱》卷四《龙川胡氏宗谱跋》记载：“先儒有言：‘谱牒不修，世系不明。’古训：‘三世不修谱，即为不孝之例。’”所以，从胡思谦开始，龙川胡氏宗族即一而再、再而三地不断纂修族谱。到明朝中期，他们先后修谱达8次之多。但是，明代以前，“虽其先后相映，接踪修葺，而其谱犹未详”。明代，胡富、胡光对“历代书文，诸家纪录”，“考订参究”；胡宗明、胡宗宪“又悉为阐发”，才达到“修葺愈备”，“灿若日星之明”。

经过长期、多次修谱活动，龙川胡氏宗族形成自己的纂修族谱规则。《龙川胡氏宗谱》卷之首《龙川胡氏宗谱条规》记载：

---

① 绩溪《龙川尚书公派胡氏支谱·龙川胡氏支谱序》，传抄本。

一、无子而立同宗子为嗣者，列名于生父下，书某出继某；列图于后父下者，以某儿子继某为嗣。螟蛉抱养，概绝不书，免乱宗也。

一、妇人义当从一而终，有亡夫再醮及有故被出者，虽有子不书，母仪所当削也。

一、家谱与国史异，史以别贤奸，寓褒贬，故善恶并书；谱则当为亲者讳，书善不书恶。如怙恶不悛，贻玷家族者，黜之可也。

一、祖墓宜保护，某山、某向、土名悉书之，俾众晓也。

一、祠产春秋祭祀，宜保守字号、税额，载以垂后。

一、祖宗垂训子孙，附列之，遵祖训也；族规，重家法也。

这里须要说明：这部《龙川胡氏宗谱》系外迁湖村的龙川胡氏宗族支派纂修的，谱中的《宗谱条规》不一定与龙川胡氏宗族的宗谱条规完全相同。但是，这个《宗谱条规》即便不是原封不动地抄自龙川胡氏宗族族谱，也一定继承和参考了龙川胡氏宗族修谱的精神、原则和宗谱条规大部分内容。这是毫无疑义的。

龙川胡氏宗族规定，“每年于清明拜扫日，各带所藏谱，至会饮之家，先将祖训家规讲一遍”，然后登记一年内新生支丁“生于何年、月、日，排行名字”。“查明有犯祖讳者，改之”。同时，填写一年内“卒过祖、父、兄、弟之年、月、日，行状，葬处。详写四至路程，恐后子孙失业”①。

龙川胡氏宗族对族谱的保藏十分重视。《（龙川）胡氏家谱·严谱谍》记载：“宗谱所载，皆祖宗世系、名号、出处、行状与祖训家规，子孙当敬守之……勿使损坏。致使他人混乱者，以作弃祖灭宗论……共黜之。”

朱熹《家礼》规定：“初立祠堂，则计见田，每龛取其二十之一，以为祭田。亲尽则以为墓田。后凡正位祔者，皆仿此。宗子主之，以给祭用。上世初未置田，则合墓下子孙之田，计数而割之。皆立约闻官，不得典卖。”徽州人认为，“祠而弗祀，与无同；祀而不田，与无祀同”②。“凡祭田之置，所以敬洁备物，诚不可缺”③。

① 绩溪《（龙川）胡氏家谱·严谱谍》，传抄本。

② 《古歙重修城东许氏世谱》卷七《朴庵翁祭田记》，明崇祯七年家刻本。

③ 黟县《环山余氏宗谱》卷一《余氏家规》，民国六年木活字本。

明清时期,徽州名宗右族都占有或多或少田地。这时龙川胡氏宗族拥有多少族田呢?因文献无征,不得而知。据历史记载,明代是龙川胡氏宗族鼎盛时期,仅六十年时间,先后出现了三位宠灵显赫的朝廷重臣——户部尚书胡富、都察院右副都御史胡宗明、兵部尚书胡宗宪。因此,这个宗族不可能没有族田,特别是不可能没有祠田——祭田和墓田。

据老年支丁说,民国时期龙川胡氏宗祠有大量土地分布在绩溪、宁国、宣城、广德、郎溪和浙江昌化、孝丰等地。东、西、南、北、中五隅支祠和下属分支祠、家祠也占有或多或少土地,而以大中堂为多。因这些土地大都分布在外乡、外县和外省,具体亩数已很难考察统计。

据土地改革时期《绩溪县第四区大坑口行政村土地登记册》记载,龙川胡氏宗族在大坑口和附近村庄占有的族田有三大类:祠田、会田和学田。从田租使用来看,可分为祭田和公益田二类。祠田用于祭祀,学田用于公益事业;会田有的用于祭祀,有的用于公益事业。

龙川胡氏宗族在大坑口和附近村庄的祭田,有的用于祭祖,有的用于祭神。祭祖田有:胡氏宗祠,田24.37亩,地1.55亩;万安公祀户,田9.9亩;大德堂,田0.3亩;凤麓公祀户,田2.89亩;广昌公祀户,田0.85亩;富生公祀户,田0.55亩;七三公祀户,田1.45亩;胡元在堂,田2.5亩;亨祥公祀户,田1.2亩;广祥公祀户,田0.3亩;顺德堂,田4.2亩,地0.4亩;其寿公祀户,田0.3亩;道宽公祀户,田2.05亩;思敬堂,田4.2亩;胡逢桂公祀户,田6.15亩;仁和公祀户,田3.4亩;自哲公祀户,田0.8亩;五中堂,田1亩;胡大宗堂,田3.25亩,地0.4亩;应公会,田0.3亩;崇公会,田0.5亩;自富公会,田0.4亩。祭神田有:汪公会,田1.3亩;太子会,田3.7亩;北大王会,田2.3亩;南大王会,田2.4亩;中大王会,田0.2亩。总计田80.76亩,地2.3亩。现将胡氏宗祠、万安公祀户土地列表如下:

表二　土地改革时龙川胡氏宗祠土地登记表(1950年)

类别	土名	常年亩产量	丘数	面积(亩)	产量(斤)	佃户姓名	佃户住址	地租(斤)	佃权	地租率
田	高　圩	310斤	1	1	310	胡永祥	大坑口	75	永佃	24%

续表

类别	土名	常年亩产量	丘数	面积（亩）	产量（斤）	佃户姓名	佃户住址	地租（斤）	佃权	地租率
田	后　圩	420斤	1	0.9	378	胡观来	大坑口	67.5	永佃	18%
田	伏岭上	310斤	1	0.8	248	胡正顺	大坑口	60	永佃	24%
田	伏岭上	310斤	1	0.6	186	胡正顺	大坑口	46	永佃	24%
田	前圩下	340斤	1	0.17	57.8	胡信远	大坑口	19.5	永佃	33%
田	会屋坦	340斤	1	0.5	170	胡金泉	大坑口	22.5	永佃	13%
田	状元头	310斤	1	0.3	93	胡观贤	大坑口	22.5	永佃	24%
田	后　圩	340斤	1	0.6	204	胡汪灶	大坑口	45	永佃	22%
田	上贤墓	330斤	1	0.2	66	胡安金	大坑口	15	永佃	22%
田	后　圩	420斤	1	1.8	756	章荷娟	大坑口	135	永佃	17%
田	后　圩	420斤	1	0.1	42	胡安德	大坑口	7.5	永佃	17%
田	龙须圩	310斤	1	1	310	吴可以	大坑口	75	永佃	24%
田	低　圩	310斤	1	0.3	93	方善才	大坑口	22.5	永佃	24%
田	上高圩	310斤	1	0.4	124	胡社和	大坑口	37.5	永佃	24%
田	上　圳	310斤	1	0.1	31	胡社和	大坑口		永佃	
田	状元头	310斤	1	0.3	93	胡安仁	大坑口	22.5	永佃	24%
田	产　岭	310斤	1	0.2	62	胡月姣	大坑口	15	永佃	24%
田	后　圩	420斤	1	0.2	84	胡招全	大坑口	15	永佃	17%
田	横形圩	420斤	1	0.8	336	僧善祺	大坑口		永佃	
田	大　盘	310斤	1	0.2	62	胡柳森	大坑口	15	永佃	24%
田	塘塝下	230斤	1	0.15	34.8	叶济金	大坑口	11.25	永佃	32%
田	后　圩	420斤	1	0.4	168	胡木如	大坑口	30	永佃	17%
田	泗洲堂	420斤	1	0.4	168	胡成法	大坑口	30		17%
田	前圩下	340斤	1	1	340	汪贤耀	大坑口	30	永佃	8%
田	上贤墓	330斤	1	0.4	132	胡高桂	大坑口	30	永佃	22%
田	高　圩	310斤	1	0.4	124	胡观安	大坑口		永佃	
田	龙王圩		1	0.5		胡云华	云　杨			
田	桥　头		1	0.5		胡云华	云　杨			
地	浅结树		1	0.5		胡云华	云　杨			
地	源塘口		1	0.75		章灶煌	油坑口			

续表

类别	土名	常年亩产量	丘数	面积（亩）	产量（斤）	佃户姓名	佃户住址	地租（斤）	佃权	地租率
田	百　龙		1	0.8		章社春	百　龙			
田	社屋塘		1	0.2		胡顺根	龙　麓			
田	前圩下		1	0.7		方观如	龙　麓			
田	双甲塘		1	0.2		许仲康	龙　麓			
田	龙须圩		1	0.3		胡灶福	百　龙			
田	周家园		1	0.6		胡顺兴	百　龙			
田	水口上		1	0.9		胡善佳	百　龙			
田	塘井凹		4	0.8		章观德	岭　外			
田	大屋口		1	0.4		胡炳富	外巧川			
田	塘　后		3	0.8		胡定成	外巧川			
田	上　堨		1	0.2		汪廷德	外巧川			
田	后头山		1	1.2		胡炳富	外巧川			
田	上眼丘		1	0.2		汪来富	外巧川			
田	村头塝		1	0.4		江正昌	外巧川			
田	珠树林		1	0.5		胡连生	巧　川			
地	庄　上		1	0.6		张家贵	大坑口	15.75		

资料来源:《绩溪县第四区大坑口行政村土地登记册》。按:状元头,又曰茶园头;上贤墓,又曰上石墓。

上表共列田43宗,48丘,计22.42亩;地3宗,3丘,计1.85亩。全部实行租佃制,地租形态为实物。51丘田地的面积分别为:0.1亩2丘,0.15亩1丘,0.17亩1丘,0.2亩12丘(塘井凹4丘,0.8亩,按平均0.2亩计),0.27亩3丘(塘后3丘,0.8亩,按0.27亩计),0.3亩4丘,0.4亩7丘,0.5亩5丘,0.6亩4丘,0.7亩1丘,0.75亩1丘,0.8亩3丘,0.9亩2丘,1亩3丘,1.2亩1丘,1.8亩1丘。云杨、油坑口、百龙、龙麓、岭外、外巧川、巧川七个自然村佃户租种的田地,常年亩产量、产量、地租、佃权都未有记录。除了庄上1宗之外,大坑口26宗田常年亩产量是:每亩230斤1宗,310斤12宗,330斤2宗,340斤4宗,420斤7宗。有地租额记录的共23宗,其中地租率8%1宗,13%1宗,17%5宗,18%1宗,22%3宗,24%10宗,32%1宗,

33%1 宗。25 宗田的佃户拥有永佃权。

表三　土地改革时万安公祀户土地登记表(1950 年)

类别	土名	常年亩产量	丘数	面积(亩)	产量(斤)	佃户姓名	佃户住址	地租(斤)	佃权	地租率
田	杨桥头	310 斤	1	0.5	155	胡社如	大坑口	30	永佃	19%
田	大　盘	310 斤	1	0.2	62	胡柳森	大坑口	15	永佃	24%
田	后　圩	420 斤	1	0.5	210	叶济金	大坑口	37.5	永佃	17%
田	杨桥头	310 斤	1	0.3	93	胡松义	大坑口	22.9		24%
田	纹　里	310 斤	1	0.3	93	胡汪安	大坑口	22.5	永佃	24%
田	大　盘	330 斤	1	0.6	198	胡如流	大坑口	45	永佃	22%
田	上贤墓		1	0.6		胡善清	浒　里			
田	上贤墓	330 斤	1	0.3	99	胡永祥	大坑口	22.5	永佃	22%
田	前圩下	340 斤	1	0.4	170	高稻仓	大坑口	30	永佃	17%
田	上石墓	330 斤	1	0.3	99	胡增铭	大坑口	22.5	永佃	22%
田	纹　里	310 斤	1	0.2	62	胡观安	大坑口	15	永佃	24%
田	杨桥头	310 斤	1	0.3	93	胡渭顺	大坑口	22.5	永佃	24%
田	杨桥头	310 斤	1	0.2	62	胡安金	大坑口	15	永佃	24%
田	尚贤墓	330 斤	1	0.5	165	胡安定	大坑口	33.75	永佃	20%
田	下　坑	230 斤	1	1	230	胡金泉	大坑口	37.5	永佃	16%
田	捉鱼湾	230 斤	1	0.6	138	胡金泉	大坑口	31.5	永佃	22%
田	岱头灶	330 斤	1	0.3	99	胡金泉	大坑口	22.5	永佃	22%
田	石　印	230 斤	1	0.3	69	胡观灶	大坑口	22.5	永佃	32%
田	社屋坑口	330 斤	1	1	330	胡五林	大坑口	52.5	永佃	22%
田	上高圩	310 斤	1	0.6	186	胡社和	大坑口	27	永佃	14%
田	会屋坦	420 斤	1	0.6	252	胡社和	大坑口	36	永佃	14%
田	杨桥头	310 斤	1	0.3	93	胡社如	大坑口	18	永佃	19%
田	上贤墓	330 斤	1	0.05	17.5	胡永祥	大坑口	3.75	永佃	21%

资料来源:《绩溪县第四区大坑口行政村土地登记册》。

上表共列田 23 宗,23 丘,总计 9.95 亩。全部实行租佃制,地租形态为实物。23 丘田的面积分别是:0.05 亩 1 丘,0.2 亩 3 丘,0.3 亩 8 丘,0.4 亩

1 丘,0.5 亩 3 丘,0.6 亩 5 丘,1 亩 2 丘。有常年亩产量 22 宗,其中每亩 230 斤 3 宗,每亩 310 斤 9 宗,每亩 330 斤 7 宗,每亩 340 斤 1 宗,每亩 420 斤 2 宗。有地租额记录的共 22 宗,其中地租率 14%2 宗,16%1 宗,17%2 宗,19%2 宗,20%1 宗,21%1 宗,22%6 宗,24%6 宗,32%1 宗。除了胡松义、胡善清二人租种的田以外,其他 21 宗田的佃户都拥有永佃权。

龙川胡氏宗族公益田有:杨桥会田 7.6 亩,上元桥会田 2 亩,龙川学校学田 16.1 亩,地 1 亩。现将杨桥会和龙川学校土地列表如下:

表四　土地改革时杨桥会土地登记表(1950 年)

类别	土名	常年亩产量	丘数	面积(亩)	产量(斤)	佃户姓名	佃户住址	地租(斤)	佃权	地租率
田	纹　里	310 斤	1	0.1	546.5	胡永如	大坑口			
田	金紫山	330 斤	1	0.4	132	胡永如	大坑口			
田	公婆湾	230 斤	1	0.2	46	胡富生	大坑口		永佃	
田	紫皮坞塘	230 斤	1	0.4	92	张家贵	大坑口			
田	紫皮坞	230 斤	1	0.3	69	胡灶苟	大坑口			
田	上石墓	330 斤	1	0.4	132	张家贵	大坑口			
田	上　圳	310 斤	1	0.2	62	胡永贵	大坑口		永佃	
田	石板上	330 斤	1	0.35	115.5	胡永贵	大坑口		永佃	
田	上　圳	310 斤	1	0.5	155	胡安仁	大坑口		永佃	
田	桐子树下	310 斤	1	0.2	62	章月姣	大坑口		永佃	
田	桐子树下	310 斤	1	0.15	46.5	胡安根	大坑口		永佃	
田	纹　里	310 斤	1	0.2	62	胡云生室	大坑口		永佃	
田	塘塝下	310 斤	1	0.4	124	胡汪安	大坑口		永佃	
田	土地堂	230 斤	1	0.4	92	胡嘉福室	大坑口		永佃	
田	产　岭	310 斤	1	0.5	155	胡永松	大坑口			
田	局　龙	310 斤	1	0.4	124	胡安定	大坑口			
田	树　林	330 斤	1	0.7	231	胡安金	大坑口		永佃	
田	纹　里	310 斤	1	0.6	186	胡安金	大坑口		永佃	
田	月　丘	310 斤	1	0.2	62	胡康生	大坑口			
田	杨桥头	310 斤	1	0.1	31	胡康生	大坑口		永佃	

续表

类别	土名	常年亩产量	丘数	面积(亩)	产量(斤)	佃户姓名	佃户住址	地租(斤)	佃权	地租率
田	纹　里	310斤	1	0.2	62	胡安德	大坑口		永佃	
田	上　塴	310斤	1	0.3	93	胡木如	大坑口		永佃	
田	石　堨	230斤	1	0.2	46	胡云生室	大坑口			
田	上石墓	330斤	1	0.2	66	胡嘉福室	大坑口			

资料来源:《绩溪县第四区大坑口行政村土地登记册》。

上表共列田24宗,24丘,总计7.6亩。全部实行租佃制,地租形态为实物。每亩常年产量为:230斤5宗,310斤14宗,330斤5宗。每丘田的大小面积是:0.1亩2丘,0.15亩1丘,0.2亩8丘,0.3亩2丘,0.35亩1丘,0.4亩6丘,0.5亩2丘,0.6亩1丘,0.7亩1丘。14宗田的佃户拥有永佃权。

表五　土地改革时龙川学校土地登记表(1950年)

类别	土名	常年亩产量	丘数	面积(亩)	产量(斤)	佃户姓名	佃户住址	地租(斤)	佃权	地租率
田	曲水海	420斤	1	1.2	504	胡灶金	大坑口	119	永佃	23%
田	曲水湾	420斤	1	1	420	胡华春	大坑口	100	永佃	23%
田	曲水湾	420斤	1	0.4	168	胡松閔	大坑口	40	永佃	24%
田	前圩下	340斤	1	0.5	170	汪家焕	大坑口	49	永佃	29%
田	低　圩	310斤	1	0.4	124	胡观安	大坑口	40	永佃	32%
田	曲水湾	420斤	1	0.4	168	胡安金	大坑口	40	永佃	23%
田	曲水湾	420斤	1	0.4	168	胡正顺	大坑口	40	永佃	23%
田	砂碓堨	420斤	1	0.6	252	胡福如	大坑口	60	永佃	23%
田	上贤墓	330斤	1	0.4	132	胡富生	大坑口	40	永佃	30%
田	湾　塝	310斤	1	0.3	93	汪社海	大坑口	30		32%
田	低　圩	420斤	1	0.4	168	胡观富	大坑口	40	永佃	23%
田	曲水湾	420斤	1	0.4	168	胡普来	大坑口	40	永佃	23%
田	曲水湾	420斤	1	0.4	168	胡定海	大坑口	40	永佃	23%
田	曲水湾	420斤	1	0.4	168	胡三和	大坑口	40	永佃	23%

续表

类别	土名	常年亩产量	丘数	面积（亩）	产量（斤）	佃户姓名	佃户住址	地租（斤）	佃权	地租率
田	横形圩	420斤	1	0.8	336	僧善祺	大坑口	80		24%
田	下塘坑		1	1		章汪苟	油坑口			
田	堨川金庄屋		1	0.9		章福庆	油坑口			
地	堨川金庄屋		1	0.5		章福庆	油坑口			
田	屋里坑		1	0.5		方金元	周仙村			
田	塘　屋		1	1.6		方金元	周仙村			
地	大山脚		1	0.5		方金元	周仙村			
田	黄桶丘		1	0.6		方铁如	周仙村			
田	塘　屋		1	1.2		方汪灿	周仙村			
田	塘　屋		1	0.8		方　根	周仙村			
田	古焦堂		1	0.2		汪王寿	百　龙			
田	塘树坞		5	1		汪杏娥	岭　外			
田	低　圩	340斤	1	0.3	102	方善才	大坑口	30		28%

资料来源:《绩溪县第四区大坑口行政村土地登记册》。

上表共列田25宗,29丘,计16.1亩;地2宗,2丘,计1亩。全部实行租佃制,地租形态为实物。31丘田地的面积分别是:0.2亩6丘(塘树坞5丘,1亩,按平均0.2亩计),0.3亩2丘,0.4亩9丘,0.5亩4丘,0.6亩2丘,0.8亩2丘,0.9亩1丘,1亩2丘,1.2亩2丘,1.6亩1丘。大坑口佃户租种的16宗田常年亩产量为:310斤2宗,330斤1宗,340斤2宗,420斤11宗;地租率是:23%9宗,24%2宗,28%1宗,29%1宗,30%1宗,32%2宗;13宗田的佃户拥有永佃权。油坑口、周仙村、百龙、岭外四个村佃户租种的田地11宗,均无常年亩产量、产量、地租额的记录。

新编《绩溪县志·土地制度》记载,民国29年(公元1940年)龙川胡氏宗族子弟胡练九"捐资买田20亩捐作龙川小学校产"。但《绩溪县第四区大坑口行政村土地登记册》记载,土地改革时龙川学校拥有田16.1亩,地1亩。

据土地改革时土地登记册记载,龙川胡氏宗族在大坑口和周围村庄占有的祭祖田田租收入:胡氏宗祠为 8,600 斤,万安公祀户为 585 斤 6 两,胡殿厦公祀户为 327 斤,亨祥公祀户为 75 斤,广祥公祀户为 57 斤 9 两,顺德堂为 167 斤,其寿公祀户为 22 斤 8 两,道宽公祀户为 128 斤 8 两,思敬堂为 242 斤 12 两,胡逢桂公祀户为 442 斤 8 两,仁和公祀户为 209 斤 12 两,自哲公祀户为 66 斤 4 两,大德堂为 22 斤 8 两,凤麓公祀户为 148 斤 8 两,广昌公祀户为 51 斤 4 两,富生公祀户为 64 斤,七三公祀户为 111 斤,胡元在堂为 222 斤 12 两,崇公会为 42 斤,自富公会为 30 斤,应公会为 22 斤 8 两。祭祖田的田租收人,用作祭祀祖先的费用。

据土地改革时土地登记册记载,龙川胡氏宗族在大坑口和周围村庄占有的祭神田田租收入:汪公会为 75 斤,北大王会为 55 斤 4 两,太子会为 277 斤。祭神田的田租收入,用作祭神经费。

据土地改革时土地登记册记载,龙川胡氏宗族在大坑口和周围村庄占有的公益田田租收入:龙川学校为 828 斤;杨桥会和上元桥会均未记地租额。学田的田租收入,用作学校教育经费;桥会田的田租收人,用作维修桥梁。

龙川胡氏宗族占有的土地和实行的租佃制有三点特别引人注目:一、地块小,土地分散。我们列的胡氏宗祠、万安公祠、杨桥会、龙川学校四张土地登记表,总计田地 58. 92 亩,丘数多达 129,平均每丘只有 0. 457 亩。其中,面积最大的 1. 8 亩,最小的 0. 05 亩。每丘半亩以上的(含半亩)只有 47 丘,不足半亩者高达 82 丘。在半亩以上的 47 丘之中,一亩和一亩以上的只有 11 丘;在半亩以下的 82 丘之中,二分和不足二分者多达 37 丘。《绩溪县第四区大坑口行政村土地登记册》记载,这些土地大部分分布在大坑口,少部分分布在云杨、油坑口、龙麓、百龙、岭外、外巧川、周仙村、浒里等地。二、地租率低。从宋代以来,徽州地区地租率大都在 50%左右,即地主和佃农各占一半。胡氏宗祠、万安公祀户、杨桥会、龙川学校四张土地登记表所列土地,地租率大多为 22%至 24%。在 61 宗能计算出地租率的土地中,地租率在 20%以下者有 15 宗,占 24. 65%,最低者只有 8%;在 30%以上者只有 5 宗,仅占 0. 82%,最高者为 33%。三、"一田二主"的现象很普遍。绝大多数佃户都拥有永佃权,土地所有权和土地使用权已经分离。不仅土地所有权——又曰“田骨权”——可以买卖,而且土地使用权——又曰“田皮权”——也可以买卖。土地所有权买卖称“大买”,土地使用权买卖称“小买”。佃农拥有永佃权即是拥有永久使用权,龙川胡氏宗族不得撤佃。佃户如果不想佃耕,即可将使用权出卖。

龙川胡氏宗族占有的土地,地租率为什么较低呢?这是由两个原因造成的。一、民主革命时期——特别是民主革命后期——共产党实行减租减息政策,减低佃农的负担。二、宗族实行周贫济困措施,对贫困的佃农——特别是贫穷的族人——征收较低地租。由于族田地租率较低,所以许多佃农争相租佃宗族占有的土地。

据我们调查,龙川胡氏宗祠和东、西、南、北、中五隅支祠都占有大片山场,而以胡氏宗祠和大宗堂拥有的山林最多。胡氏宗祠山林有:龙须山场,高约1,000余公尺,宽约2,500多公尺,约有3,700多亩(估计数,下同);凤头山场,高约100余公尺,宽约500多公尺,约有70多亩;朝马山场,高约100余公尺,宽约400多公尺,约有60多亩;石镜山场,高约100余公尺,宽约200多公尺,约有30多亩;青头坞山场,高约200余公尺,宽约300多公尺,约有90多亩。大宗堂在大深潭山有山林60多亩,金紫山有100多亩,竹山弯有380多亩,龙须山有90多亩。

龙川胡氏宗族的山场大多是林木山,少数是竹木山。全部归各自祠堂直接经营管理,收益用作祠堂经费。

五、宗族结构和祖训家规

龙川胡氏宗族的最高首领是族长。担任族长的基本条件是:辈高年长、德高望重、有一定文化程度和组织管理才能。民国时期,族长都由宗族全体支丁选举产生。被选者大多是乡绅。族长的职责是:一、决定和主持宗族重要事务;二、担任宗祠和祖墓祭祖主祭;三、组织宗族重要活动;四、监督宗祠财务收支;五、管理和教育宗族成员;六、惩处触犯族规家法的支丁和族众;七、调处宗族成员之间的矛盾和纠纷;八、代表宗族对外联系和交涉等。

据《(龙川)胡氏宗谱·龙川胡氏支派宗谱序》(传抄本)记载,“晋常侍公(胡焱——引者)领军镇抚歙州(按:应为新安郡——引者),帝赐宅于华阳镇,择迁金紫山前。传至宋提干念五公(即胡之纲——引者),七子十三孙,垂派于七架,派衍丁繁,以千万计。”与有的传抄本族谱不同,《龙川胡氏供报》(传抄本)记载,胡之纲七子之中,一子迁回故里“山东青州濮阳县板桥村”;一子六六公“承继高成宗,入伊户籍”;其他五子,以嫡长子为中心分居大坑口东、南、西、北、中五隅。① 经过漫长的繁衍发展,形成五支(或曰五房、五门、五隅)。每支建造一座支祠,本支子弟基本上都围绕自己的支祠周围建造住宅,聚居于大坑口村的一个方位。因此,形成一个很有宗法特色的宗族支派分片聚居格局。

每个隅有一个门长(或曰房长)。门长都是由辈高年长、德高望重的子弟担任。他们的职责是:决定和主持本隅活动,担任本支祠祭祖主祭,监督本支祠财务收支,管理和教育本隅成员,调解本隅成员的矛盾和纠纷,代表本隅参加宗族统治者会议等。

在族长的领导下,每隅每年选一人,总共5人,共同筹办宗族重大活动和处理宗祠日常事务。一年一换,名曰“值年”。担任值年的基本条件是:公正无私,具有一定文化程度和一定工作能力。值年的职责是:一、管理宗祠;二、收取和管理族田租谷;三、筹办祭祖典礼;四、组织宗族活动;五、管理宗祠财务账目;六、处理宗族日常事务,等等。

宗族全体支丁都严格按昭穆世次组织在宗法体系中。“行辈歌”(或曰“行辈联”、排行歌、排行联)是昭穆世次的代号。据我们调查,徽州绝大多数宗族都使用自己宗族制定的统一的行辈歌,但是,龙川胡氏宗族东、南、西、北、中五隅,从二十二世开始,都各自制定自己的行辈歌,这是胡氏宗族组织管理体制的一个特点。例如,从三十世起,南隅的行辈歌是:

祥聚正道文,应希凤社春;

观周登玉炳,永震学家邦。

---

① 龙川胡氏宗族许多老人说,按龙川胡氏宗族族规,每一代人都要有一人迁回山东故里,以示永远不忘桑梓,《龙川胡氏供报》的记载是信史。按:濮阳县属兖州,青州可能是兖州之讹。

据调查,虽然每个隅各自使用自己编定的行辈歌,但是,整个宗族全体支丁没有出现昭穆世次紊乱的现象。每一个支丁都清楚地知道自己在胡氏宗族宗法体系当中所处的辈份和位置。

宗族是由许多个体家庭组成的;家庭是宗族的细胞。《绩溪县第四区大坑口行政村土地登记册》记载,中华人民共和国成立时,龙川胡氏宗族共有 158 个小家庭,其中每家一人者 12 户,二人者 24 户,三人者 22 户,四人者 35 户,五人者 25 户,六人者 14 户,七人者 8 户,八人者 3 户,九人者 5 户,十人者 1 户,十二人者 1 户,十八人者 1 户,无户口记录者 7 户。有户口记录的 151 个家庭,平均每户约四人。秦汉以来,中国农村五口之家的格局,直到中华人民共和国成立时也未发生重大变化。

明清时期,是徽商鼎盛时代。那时徽州人"十三在邑,十七在天下"①,"业贾者什七八"②。据我们抽样调查,民国时期,有的徽州宗族从商的子弟多达百分之七八十③。与此不同,龙川胡氏宗族子弟从商者的比例没有那样大。据《绩溪县第四区大坑口行政村土地登记册》记载,胡氏宗族 158 户家庭户主的职业是:农民 117 人,商贾 14 人,手工业 1 人,自由职业者 5 人,军人 3 人,没有记录户主职业者 18 人。家中没有土地者,未计。

土地改革时,龙川胡氏宗族 158 户家庭划定的成份是:地主 4 户,富农 3 户,富裕中农 14 户,中农 52 户,佃中农 4 户,贫农 61 户。未定成份者 20 户。据《绩溪县第四区大坑口行政村土地登记册》记载,4 户地主共占有土地 183.73 亩,每户平均占有 45.93 亩;3 户富农共占有土地 90.37 亩,每户平均占有 30.12 亩;而 61 户贫农仅占有土地 81.77 亩,每户平均只占有 1.34 亩。每户地主占有土地是贫农的 34.2 倍,每户富农占有土地是贫农的 22.48 倍。

祖训族规是以族长为核心的宗族统治者巩固宗族统治的主要工具。

---

① 王世贞:《弇州山人四部稿》卷六一《赠程君五十叙》,明万历五年王氏世经堂刻本。

② 汪道昆:《太函集》卷一七《阜成篇》,明万历十九年金陵刻本。

③ 参见赵华富《歙县棠樾鲍氏宗族个案报告》,《江淮论坛》1993 年第 2 期;《民国时期黟县西递明经胡氏宗族调查报告》,《安徽大学学报》(哲学社会科学版)1995 年第 4 期;《黟县南屏叶氏宗族调查研究报告》,《徽州社会科学》1994 年第 2 期。

《(龙川)胡氏家谱·祠规》记载:

> 展谱一览,上知祖宗之源流,下衍子孙之继续。修德行仁.以守先业;隆恩尚义,以惇合族;读书取荣,以显父母;患难相恤,有无相济;敬所当敬,忍所当忍;以小事大,以卑事尊;弗见利忘义,以富欺贫;不因家产以起争端,不因田地以生谋意。虽张公九世同居,郑氏十世同爨,可训至也。俾为子孙有知本所自出,支所由分,以兴起尊祖敬宗之意,敦其木本水源之义,不途人视宗亲,不以荣贵冒他姓,则族之有关于世教也大矣。

这是龙川胡氏宗族制定的祖训家规,它以孔孟封建思想为指导,以儒家封建伦理道德为价值尺度和行为规范,为宗族成员规定了做人处事的基本准则。

据胡氏宗族老年子弟讲,龙川胡氏宗族族规家法的重要规条有:

一、孝顺父母。要孝敬供养父母,生养死葬,这是子弟应尽的义务。在任何情况下,对父母都不准遗弃、虐待、打骂。如违,即将犯者唤至或执至祠堂,轻者教育、训斥;重者罚跪,令其悔改;最重者,洞开祠堂大门,当众笞杖,族谱除名,革出祠堂。

二、尊敬长上。对长辈和同辈年长者,坐要起,行要让,不准直呼其名,不准无理顶撞。如违,家长要对犯者进行教育,令其改过。对打骂长上者,要将犯者执至祠堂,在列祖列宗神主前罚跪,令其悔改,并向长者当面赔礼道歉。对严重致伤长上者,要送官惩治。

三、重视祭祀。清明标挂,春冬二祭,15岁至60岁支丁俱要参加,不得无故缺席。外出者例外。祭祀期间,必须诚敬,庄严肃穆。不准离席自便,回首四顾,讪脸嬉笑,搔痒伸腰,耸肩呵欠,喧哗纷争。拜时,必须声尽才起。拜毕,不得抖衣拂尘。如违,轻者罚胙,重者罚跪。罚跪时间,视情节轻重而定。

四、严肃闺门。妇女要三从四德,勤俭持家,做贤妻良母。不准虐待、打骂公婆;不准惹事生非,打街骂巷;不准作风不正,有伤风化。如违,轻者教育、训斥;重者罚跪,令其改过自新;情节特别严重者,命其夫出之。提倡孀妇守节,从一而终。

五、保护祖墓。风水龙脉,关系子孙后代兴旺发达,必须爱护。砍伐荫木,变卖坟地,掘损风水,破坏龙脉,“自害枝本,莫此为甚”。子孙必须维护风水,“毋许变卖掘损。如有不肖故违,许令贤达子孙,不拘名分,赍以经官陈白,坐以不孝罪论”①。

六、勤奋敬业。士、农、工、商,要各安所业,鸡鸣而起,勤奋向上。不准不务正业,游手好闲;不准偷鸡摸狗,盗窃财物。如违,视情节轻重严肃处理。性质严重者,洞开祠堂大门,当众笞杖,并罚在祠堂服役。无论何人,概不宽宥。

七、睦邻恤族。族众之间,“不途人视宗亲”。五服以内,要喜庆相贺,忧戚相吊,疾病相问,祸患相救,贫富相济,困难相助。孀妇无子,侄儿必须奉养。孤儿无靠,叔伯必须扶持。在外经商的子弟,要带领本家、本族的贫穷支丁外出就业谋生。

八、严禁赌博。聚众赌博,常常造成生活困难,家庭不睦,倾家荡产,卖妻鬻子;甚者流落街头,道德败坏,沦为盗贼,必须严加禁止。如有支丁聚众赌博,许贤达子弟向祠堂或族长举报。一经捉获,除在祠堂列祖列宗神主前罚跪以外,还要罚其在祠堂服役,以儆其余。

九、封山育林。龙川四周山场,是宗族的公共财产和龙川的风水龙脉,严禁乱砍乱伐;特别是水口的林木,不准动一草一木。如违,犯者要在砍伐的树墩处竖稻草为标志,燃放爆竹,表示承认错误,并在祠堂列祖列宗神主前罚跪,叩头认罪。如因不慎,引发山林火灾,犯者要宴请全族支丁,以示惩罚。对外村和外姓盗木者,严惩不贷。

十、绿化荒山。龙川周围山场,有的林木稀少,必须绿化。宗族子弟生子,夫妇二人要带两束稻草,背两筐泥土,登上龙须山或天马山,将孩子的胎盘埋于山坡。然后,挖一棵松苗或杉苗,将其细心栽在埋有胎盘的泥土之中。小树枝叶繁荣茂盛,象征孩子茁壮成长。全体支丁必须遵守这项规定。

十一、护河修桥。登源河是龙川胡氏宗族的母亲河,必须修筑、保护河堤,以防酿成灾害。禁止往河中倾倒垃圾,污染河流。杨桥是村民的交通要道,必须及时维修,保证交通畅通。杨桥会的地租收入,为修桥的专用经费,必须专款专用。任何人不得挪用,更不准化公为私,中饱私囊。如违,严惩不贷。

---

① 绩溪《龙川大坑口阳基书·六架分析阄书文约》,传抄本。

十二、经理祠堂。祠堂是妥先灵、隆享祀的庄严圣地,不准在祠内和祠前堆放杂物,违者议罚。东、西、南、北、中五隅,每年各选一人值年,负责管理祠堂日常事务。祠内祭器为祭祖圣物,必须谨慎保管。如违,议罚值年。祠堂的谷物和财务账目,要按时向全体支丁报告。不准假公济私,盗窃公物,贪污公款。如违,一经发现,严厉惩处。

六、风俗民情和保安善会

龙川胡氏宗族的风俗,大都表现了族众祈求避邪祛殃、万事吉祥、宗族发达、人丁兴旺的愿望。

农历腊月二十三日谢灶。晚上送灶神爷上天,在灶头供粉粿、油煎豆腐和清水一杯,点红烛、烧香、燃纸,祈求灶神爷"上天言好事,下界降吉祥"。

除夕,白天打扫卫生,贴春联、挂红灯、贴红纸。晚上点"满堂红",阖家吃"封岁饭",然后封门。子时启门,燃放鞭炮,烧香迎神;并在门口、堂前撒"禄寿纸"(又称"利市纸"),迎接新年。是夜,成年人彻夜不眠,俗称"坐岁"(又曰"守岁")。

元旦清晨,开门迎门神,拜祖宗。晚辈子弟到近亲长辈家里拜年,祝贺新春。新媳妇早起床,烧水沏茶,敬献公婆,以示孝顺。徽州绝大多数宗族都有在祠堂举行元旦团拜的习俗,不少宗族还将这一活动写进族规家法之中。他们认为,此举可以达到叙彝伦、睦宗族,加强宗族团结,巩固宗族统治的目的。但是,龙川胡氏宗族没有这个活动。

十四日开始,东、西、南、北、中五隅支祠张灯结彩,拉开庆祝元宵佳节的帷幕。据调查,龙川胡氏宗族除宗族共建的庙宇以外,五个隅都还建有各自的庙宇,每个隅的庙宇,各有自己的菩萨。东隅庙宇的菩萨是汪公大帝,西隅庙宇的菩萨是太子,南隅庙宇的菩萨是岳鄂王,北隅庙宇的菩萨是铁头将军,中隅庙宇的菩萨是关圣帝君①。这天各个隅都用鼓乐伴奏,将自己庙宇

---

① 有的老人认为,东隅是汪公大帝,西隅是关圣帝君,南隅是铁头将军,北隅是岳鄂王,中隅是太子;有人认为,东隅是太子,西隅是关圣帝君,南隅是汪公大帝,北隅是铁头将军,中隅是岳鄂王。

内的菩萨接到本隅支祠的享堂之中，全隅男女老幼都到祠堂拜菩萨。按当地的风俗和宗族的规定，当年结婚的新媳妇都要做六大碗祭品，送到祠堂去祭菩萨。这是龙川胡氏宗族新媳妇烹调技术大赛，家家户户的新媳妇都各显其能，将自己制作的最拿手的菜肴献给菩萨。中国菜肴讲究色、香、味、型。绩溪县是中国八大菜系之一的徽菜的发源地，源远流长，名闻遐迩。每个新媳妇都会"两手"，并在颜色和造型方面多下功夫。所以，虽然祭品是一碗一碗的菜肴，但看上去却成了绚丽多姿的花朵和精美的工艺美术品。

十五日晚，举行灯会。家家户户都自制各种各样的彩灯，有花灯、鸟灯、鱼灯、兽灯……大小不等，千姿百态，鲜艳夺目，内燃蜡烛。晚饭以后，前有锣鼓开道，大人、小孩各提彩灯一盏，组成一条彩灯长龙，沿街巷游行。声势浩大，热闹非凡，直至深夜结束。

十八日，将菩萨抬回各隅的庙宇。

二月二日是土地节，家家户户包粽子。粽子一头放枣，一头放栗，中间放块肥肉。意为祈求土地爷早用心、用力保佑一年丰收。这天，首次登门者是男人，则被认为是土地公公，表示吉利；反之，首次登门者是女人，则被认为是土地奶奶，表明不吉利。所以，这天妇女都不到邻居家串门，避免给人家带来晦气。

清明节，宗祠和支祠举行祠祭和墓祭。家家户户都为自己的祖先扫墓，俗曰"标祀"、"标挂"。子孙们在祖墓烧"纸角"（即用纸袋盛锡箔折叠的"元宝"），挂"纸钱"（用彩纸剪成的图案），所以，扫墓又称"挂钱"、"挂纸"。

五月五日是端午节。大门插艾草、蒲剑；厅堂悬挂钟馗像，烧香点烛，熏艾烟。人人用艾草水洗脚。家家用艾草醮雄黄酒洒门窗、墙角，同时，唸"端午节，蜈蚣、蜘蛛、壁虎、蛇、蝎，请到外面歇"咒语，驱"五毒"。儿童盛装打扮，醮雄黄酒于额上书"王"字，胸前佩戴"端午锦"，以避邪疫。

仲秋，设家宴，赏明月，吃月饼，拜天神。

冬至，龙川胡氏宗祠举行一年一度最隆重的祭祖大典。

十二月八日，是腊八节。家家户户打扫卫生，洗涤家具，吃腊八粥。粥用多种谷物和山芋、芋头，干菜、腊肉等做成。

民国时期，龙川胡氏宗族子女婚姻大都还是遵守门当户对，父母之命，媒妁之言。提亲时,男方家长请媒人对“八字”,要男女双方不相克,方能定亲。民国前期,分为“小定”和“大定”。抗日战争爆发以后合为一次。由媒人带领女婿担着聘礼、饭箩担去女方家互换“庚帖”,确定婚姻关系。

“择日子”是举行结婚典礼前的一项重要的程序。龙川胡氏宗族认为,每月初三和十一日是大吉大利的好日子,所以,有“初三、十一不用选”之说。

婚礼的前一天,男方要派人去女方家搬嫁妆。普通人家嫁妆,有“一身暖”和“五样红”。所谓“一身暖”,就是棉衣、棉裤和数套衣裳;所谓“五样红”,即是子孙桶(马桶)、面盆、脚盆、灯盏盆和梳头盒。殷实人家的嫁妆,有4扛、8扛、12扛、16扛之分。富豪人家的嫁妆还有棺材和田地。日用嫁妆都要放入或撒上“利市果子”,其中有百子糕、鸡蛋、花生、瓜子、红枣、板栗、五谷杂粮等。当地土语方言,鸡蛋为“滋子”,瓜子为“加子”,花生为“加孙”。嫁妆放人或撒上这些东西,意为早生贵子,子孙相传,人丁兴旺。嫁妆被和嫁妆鞋内放两个红鸡蛋,名曰“一窝子”,意为“子孙满堂”。嫁妆进门,众人哄抢食物,谓抢“发利市”。

夜幕降临,在媒人和领亲先生陪同下,女婿送花轿前往女方迎亲,有灯笼火把,鼓乐伴奏,还燃放爆竹。花轿到达女方以后,新娘开始戴首饰,插珠花,谓“上头”。而后沐浴,穿“离娘衣”,四个衣角钉四眼钱避邪。同时,女婿向岳父母递“恳”字帖,请求方便;并跪拜岳父、岳母和长辈亲友,行“拜见礼”。宴会结束,女婿向岳父母四跪八拜,行“谢席礼”,并递“速”字帖,请求从速“发亲”。“催亲”三次,新娘头盖红盖头,身着朱青褂、朱青裥裙,背挂铜镜,胸佩长寿线,由兄弟或利市人背上花轿。上轿前,新娘要怀揣两只小青袋,一只装赤豆,过桥过庙时散撒;一只装“利市果子”和“桂圆嵌”(两枚桂圆用金线和红线穿连的吉祥物),奉献公婆和分赏办喜事有功之人。花轿起程,女婿向岳父母和长辈亲友跪拜、作揖,行“辞行礼”。花轿进男方大门,女利市人手执麻秸火把在轿下绕一圈,驱邪、利市;然后放在堂前,女利市人启轿门,男利市人唱颂词,童男童女搀扶新娘进洞房。

翌日近午时,“拜堂”。然后宴请女客,招待“新人”。晚上宴请众客,宴毕“撒帐”。这时,主事人边撒利市果子,边诵词祝福;同时,新郎新娘饮“交杯酒”。礼毕,“吵新人”。

第三天，岳家接新娘、新郎"回门"，俗称"接三朝"。第四天"会亲"，宴请岳父母、妻舅和至亲长辈。

龙川胡氏宗族崇尚孝义，迷信风水。富豪人家不惜重金寻觅"风水宝地"，为父母筑坟墓。老人逝世，一般停棺三天。富有人家停棺"七七"（计49天），甚至二三年，大办丧事。普通人家丧事，宁肯负债，亦请和尚、道士诵经，超度亡灵。

"保安善会"（又称"大王会"、"龙舟会"、"保安会"，简称"善会"）是徽州地区一种重要的风俗。史载，"夏秋之际，制造龙舟，装饰采会，磔牲醎食，号曰'保安善会'。崇其神曰'太子'，并奉张、许二公。会终之夜，燔其旂于所居之下游，名曰'送圣'"①。据说，保安善会是祭安史之乱阵亡的张巡、许远、雷万春、南霁云。其宗旨是：祛邪恶、镇妖魔、靖村落、保平安。农历闰年举行，由善会斋官主持。

每逢农历闰年，龙川胡氏宗族都举行善会。全部过程分为三个阶段：一、迎菩萨和筹办善会；二、祭菩萨和善会活动；三、养菩萨和娱菩萨。据我们调查，龙川善会以规模盛大、仪式隆重、热闹非凡，闻名乡里。

一、迎菩萨和筹办善会

六月一日，在鞭炮开路、鼓乐伴奏声中，用八抬大轿将太子菩萨从太子庙抬到龙川善会会屋，供奉于一把精制的特大太师椅上，名曰"太子登级"。从六月一日起至十月上旬"送圣"止，会屋太子菩萨前的供桌上，香烟缭绕，灯火不熄。据调查，每次善会烧香223担，燃菜油400多斤。

接菩萨的同时，将准备祭纛的一只羊，颈上挂一个"龙川会"的牌子，放到村郊野外，任其自由活动。据说，善会会羊一次跑到旌德，一次跑到宣城，还有一次跑到浙江。但都无人伤害它，捉获它。九月起会那天，一定会有人给会羊披红挂绿，送到善会来。

从六月一日开始，每天绕全村大街小巷鸣锣。最初，1人1面锣，每日鸣2次（早晚各1次）。八月初一日，增为2人2面锣；八月十五日，增为3人3面锣；九月初一日，增为4人4面锣，都是每天鸣2次（早晚各1次）。

① 民国《歙县志》卷一《风土》，民国二十六年版。

九月十五日,增为5人5面锣,每天鸣4次(早晨、中午、晚上、半夜各1次)。

从六月一日起至十月上旬"送圣"止,全村群众都要斋戒茹素。

七月开始,请篾扎师制作龙舟、菩萨、山架和大旗。龙舟用杉木作骨架,用竹篾和棉纸扎制,染黄色,绘水浪、鱼虾,长约6公尺,宽约2.5公尺,有36个半船舱。同时,扎制大小菩萨36尊。山架也是以木材为骨架,用竹篾和棉纸扎制,装饰彩绘,上尖下宽,呈三角形,共分7层。最高层放1只斗,下数第二层放2只,第三层放4只,以下依次每层递增2只,7层共置斗43只。斗中装沙,沙里置桶,桶上放灯。大旗以竹杆作旗杆,用麻绳编制旗面,糊以棉纸,呈正方形,长宽各1丈。共制金、木、水、火、土五面,名曰"五方大纛"。有人说,旗面上绘的是天兵天将。

二、祭菩萨和善会活动

会期从九月下旬至十月上旬,历时半个月。起会前,全村打扫街道,家家户户清扫庭院和各个角落;厨房的锅、碗、瓢、盆等炊事用具,都拿到登源河中彻底洗刷。同时,到歙县"天街"——名曰"上天"——请风水先生定日子。起会前夕,请僧人诵经,作法事,奠定会址和坛位,名曰"定坛"。善会活动拉开帷幕,停止鸣锣。

善会第一天,在鞭炮齐鸣、经声佛号中,善会主持人——斋官——将扎制的大王雷万春和小王南霁云菩萨置于龙舟之首,东、西、南、北、中五隅的会首和24个分支祠的头首,将其余34尊大小菩萨分别置于龙舟一定位置,名曰"登舟"。这时,山架上43盏油灯全部点燃,会屋顿时灯火通明。龙舟、菩萨、灯火交相辉映,形成神秘气氛。

登舟以后,龙舟置会屋三天,名曰"三天不出舟"。出舟之前,斋官用破成两瓣的竹根占卜。他口中唸唸有词,将竹根掷地,两瓣全阳曰"吉",即出舟,两瓣全阴曰"凶",即不出舟。如果出现一阳一阴,即再唸咒、再掷竹,直至出现全阳或全阴为止①。

善会期间,家家户户都供奉张巡、许远牌位。二人因战功死后,有"圣上"之称。僧人口诵佛经,挨家挨户向"圣上"请安,名曰"安圣"。

---

① 有人认为:出舟之前,没有用破成两瓣的竹根占卜之事。天天出舟,早晚各一次。

东、西、南、北、中五隅分别在四方村头和村中央设5个祭祀场所，祭祀五方星斗。每处设祭桌两张，桌上置白纸制作的牌位。东隅的牌位书“东方之神位”；西隅的牌位书“西方之神位”；南隅的牌位书“南方之神位”；北隅的牌位书“北方之神位”；中隅的牌位书“中央之神位”。以火把为前导，在锣鼓声中，数十名足穿草鞋的青年扛抬龙舟，数位身披袈裟的僧人口诵佛经，沿街巡游，依次至5个场所，举行祭五方星斗的法式。法式进行时，经声佛号，鞭炮轰鸣，龙舟旋转，仪式隆重，是谓“安五方”。这个活动是东、西、南、北、中五隅的大祭。隅中的每户人家都要制作六大碗祭品，到自己隅的祭祀场所，供奉星斗。这是龙川胡氏宗族烹调技术大赛，妇女们各显其能，祭品五彩缤纷，造型优美。按规定，各个隅的支祠都要招待游龙舟人员、执事人员和作法事的僧人。早吃面，午吃饭，共招待3天。

“安五方”以后，只要占卜属吉，即每天早晚各出一次舟，去东、西、南、北、中五隅祠堂门前，村中四个桥头，浒里宫保堂和会屋广场。在僧人诵经和呼唤声中，数十名青年扛抬龙舟拼命地反复旋转，让舟中的菩萨观赏和欢乐，名曰“唱船”。僧人在会屋祭坛诵经，作法事，众青年扛抬龙舟从街上快速度地冲向祭坛，往返数次，意为紧张地运载村民大众敬神的金银财宝，名曰“抢载”。善会在会屋广场设总星斗祭坛，僧人诵经、作法事，祈祷南斗星和北斗星保佑众生平安、五谷丰登、社会太平，是谓“禳星”。

东、西、南、北、中五隅分别在支祠设祭坛，供奉一钵粥（绩溪方言，“粥”读“祝”）。龙舟莅临，僧人诵经，群众祈祷，求神保佑，名曰“设粥”。

善会期间，家家户户门内都置一个火盆。会期将要结束时，僧人到各家各户收取“火种”。在其到达门前时，家人将火盆倒出门外，以示不留火种，名曰“收火”。同时，将家家户户供奉的张巡、许远二位“圣上”的黄纸牌位收回会屋。僧人诵经，作法事，将牌位火化，是为“收圣”。

僧人于会屋祭坛诵经，作法事，祈禳火星勿降火灾于民众，是谓“禳火”。

善会最后一天是“祭旗”，这是龙川善会全部活动的最高潮。会屋广场设祭旗坛，中心竖一面高大的太子旗。这天上午，斋官将一头祭旗毛猪赶到会屋广场。同时，远出漫游4个多月的“龙川会羊”，被拾到的人送来。按善会规定，每户村民准备的一头祭旗毛猪，也全部赶到会屋广场。下午举行祭旗仪式，东、西、南、北、中五隅各选9名青壮年组成竞赛组；每组扛着一面正方形大纛举行接力赛跑，名曰“跳旗抢采”。参赛者共45人，全部赤脚。在锣鼓喧天、鞭炮轰鸣声中奋力拼搏，你追我赶。起跑线在村北登源河畔，跑道是河堤，终点在会屋广场。全长45丈，每人跑5丈。最先到达终点者，为优胜。当5面大纛全部到达会屋广场时，锣鼓响彻云霄，鞭炮震荡山谷，祭旗仪式开始。一个屠户将斋官准备的祭旗毛猪和龙川会羊宰杀，将血洒向太子旗。接着，火铳一声巨响，数十名屠户一齐抽刀，向一群毛猪刺去。屠刀从猪喉中拔出，猪能绕村跑一周后倒下为优胜。有的技术高手，短短几分钟能宰七八头毛猪，是谓“宰猪抢采”。毛猪的血，洒向五面大纛。然后，大家以最快的速度将自己的毛猪拖回家，将猪头砍下，去毛清洗，再快速送回会屋广场“会祭”。以第一个将猪头送到会屋广场者为优胜，名曰“除毛抢采”。

晚上，举行隆重的祭祀仪式，意为安史之乱的将士设盛宴送行，是谓“待宴”。深夜，僧人诵经，作法事，将龙舟上36尊菩萨的面部全都盖住。凌晨，将龙舟、大纛和36尊菩萨一同抬至天马山下的登源河中焚化，名曰“送圣”。此时，鸣锣将村里的男女老少全都叫醒。包括吃奶的婴儿。村民认为，如果不从睡乡中醒来，会跟着菩萨一起离开阳间。

三、养菩萨和娱菩萨

龙舟、菩萨和大纛焚化以后，即将供奉在会屋的太子菩萨抬到登源河东岸尼姑庵中，休息一个月，名曰“养圣”。太子菩萨休养期间，全村要肃静无声。婚嫁丧葬，不准鸣鞭炮，不准奏乐。马铃铛要全部摘下来。连算命的盲人进村，都不准敲铃。如果声响破坏肃静，罚锡箔四包（每包一百张），在会屋焚烧请罪。勿论何人，概不宽宥。

养圣过后，请歙县或当地的专业戏班在村里演戏5天。将太子菩萨从尼姑庵中请出，到村里“看戏”，是谓“娱圣”。演出的剧种主要是徽剧，此外还有目连戏和京剧。演出的剧目大都是劝善惩恶的戏文，如《目连救母》等。娱菩萨期间，胡氏宗族支丁大都邀请亲朋好友到大坑口村看戏。附近地区一些小商小贩也麇集这里做生意，有卖土特产的，有卖小玩具的，有卖糖果的，有卖小吃的……大街小巷，摩肩接踵，热闹非凡。五天以后，用八抬大轿将太子菩萨送回太子庙。至此，善会活动完全结束。

保安善会是祭奠太子——汪华之子汪建——和唐代安史之乱殉难的官员与将领张巡、许远、雷万春、南霁云的活动。这个活动虽然是一种迷信活动,但是,如果剥开其迷信外壳,还是不难看到龙川胡氏宗族举行这个活动的宗旨,是祈求风调雨顺,五谷丰登,族众平安,天下太平。在科学技术不发达的时代,人们想用祭菩萨实现这个愿望,是可以理解的。

结 束 语

中国古代史有传说时代。由于文献不足征,学术界对这段历史,仁者见仁,智者见智,众说纷纭,莫衷一是。

与中国古代史类似,徽州有些名宗右族早期的历史也有一个传说时代。这个传说时代是怎样产生的呢?历史文献记载告诉我们,由于动乱兵燹,"谱牒无存",有些名宗右族编纂早期的历史,不得不依据正史、传说和记忆资料。因此,这些记载疑点很多,就不言而喻。① 我们发现,龙川胡氏宗族早期的历史似乎即有一个传说时代。在他们的宗族资料之中,有关这段历史的记载,模糊不清,问题很多,分歧很大。例如,龙川胡氏宗族的始祖是谁呢?有的记载是胡焱,有的记载是胡链,有的记载是胡文祥。龙川胡氏宗族始祖的故里是什么地方呢?有的记载是"山东青州濮阳县板桥村",有的记载是"山东濮阳县板桥村",有的记载是"青州汉阳县"。再如,很多资料记载,胡思谦是龙川胡氏宗族十世祖。龙川胡氏宗族谱牒的编纂,"昉于太师魏国公思谦公,修之于晋"。东晋初年,胡氏一世祖定居龙川,十世祖胡思谦怎么会是晋人呢?很多资料记载,从东晋初年(公元4世纪初)胡氏定居龙川,至南宋初年(公元12世纪初)共传承繁衍了21代。传承21代怎么会相距八百多年呢?我们认为,对徽州有些名宗右族早期历史的有些记载,只能信以传信,疑以传疑。

① 用正史资料修谱牒,有许多是牵强附会。

附记:

调查时间:1994年9月,1995年11月,1996年10月。

调查地点:绩溪县瀛洲乡大坑口村、绩溪县北村乡湖村。

调查对象:

胡春閔	1918年生	44世
胡正生	1927年生	44世
胡学毕	1933年生	44世
胡学恒	1944年生	44世
胡松发	1924年生	46世
胡竹庭	1936年生	46世
胡社成	1940年生	46世
胡美庭	1916年生	47世
胡涛鸣	1923年生	47世
胡庭珊	1933年生	47世
胡美顺	1936年生	47世
胡桃源	1945年生	47世
胡锦辉	1937年生	48世
胡仲俭	1914年生	
程光宪	1923年生	

(原载《谱牒学论丛》第三辑,山西出版集团——三晋出版社2008年版,题为《名臣辈出的徽州世家大族——绩溪龙川胡氏宗族调查研究报告》;发表时因篇幅所限,删去4个图表,现补入)

黟县南屏叶氏宗族调查研究

黟县小桃园，烟霞百里宽；
地多灵草木，人尚古衣冠。
市向晡时散，山径夜后寒；
吏闲民讼简，秋菊露漙漙。
——许坚《入黟吟》

南屏村，位于黟县城西南西武乡，距城五公里，处于南屏山山脚下。潺湲武溪（又曰武水），绕村而过。水口古木参天，景色如画。这个村完全是根据徽州人依山傍水的风水观念而建。村中，徽派古民居鳞次栉比，明清古祠堂巍峨壮观。改革开放之初，黟县西递和宏村即蜚声海内外，但是，南屏村还鲜为人知。在这里拍摄的影片《菊豆》放映以后，来旅游参观的人才逐渐多了起来。

明朝以来，南屏村聚居有叶氏、李氏、程氏三个宗族。中华人民共和国建国之初，叶氏宗族有近二百户，占绝大多数。①

鸦片战争以后，中国社会发生了巨大变化。但是，直至民国时期，南屏村还有点像"世外桃园"，古风犹存，依然具有浓郁的桃花、园里、人家气象。

徽州宗族的始迁祖大都来自中原地区，徽州宗族是中原宗族的继续和发展。南屏村叶氏宗族自称"南阳叶氏"②。调查研究这个宗族，对探讨中

---

① 参见《黟县第四区南屏行政村私有土地房屋登记清册》。

② 《黟县南屏叶氏族谱》，清嘉庆十七年木活字本。

国宗族的发展变化，了解徽州宗族的制度和特征，具有重要意义。

一、叶氏始祖

南屏叶氏宗族始祖叶伯禧，原籍祁门县城西石马山。元顺帝至元年间（公元 1335—1340 年），徙居黟县南屏村。《南屏叶叙秩堂值年规则·始祖伯禧公传》记载：

伯禧公，字季明，一字鳞七，又字元熙。自元季至元时，由祁西石马山迁黟五都南屏村心，为我族之始祖。娶本村江友松公之女端奴孺人为妻，合葬陈闾山，金鹰搏兔形。生三子：志学、志仁、志德。女一，适湘湖程，为程氏之始祖妣。先是，公与友松公同居。友松公生一子，名伯良，年幼，一切家业悉公经营。明洪武六年十月十五日，友松公遂凭亲邻汪伯行、汪世华、汪德华、程均善、陈德善、胡子翔等，将本村称字五百二十六号培下住基，称字五百七十七号下衕前园地，阙字二百十三号绿豆坦伴当种庄业，岗字六百十三号、六百十四号、八百十五号，珠字十三号、七十四号等各田租，分拨与公管业。其余产业字号开单，托孤于公代为照管。伯良公成立，即自行经理。

这段记载说明，叶伯禧是被南屏地主江友松招赘，由祁门县城西石马山迁到黟县南屏村。起初，他与岳父同居共爨；明洪武六年（公元 1373 年），析产分居。《南屏叶叙秩堂值年规则·伯禧公合同》记载：

五都叶伯禧，凭媒娶到本村江友松之女为妻入赘，婚后向与妻父同居共食。缘妻父只有一子年幼，俱是伯禧掌管家业，及本户役等项。妻父愿将田地、住基、屋宇等批拨与伯禧夫妇，永远管业。伯禧自愿供养江友松夫妇过老，及与妻舅照管家园、田产，并不忘恩负义。将此田产等开具于后：

计田五十亩四分三厘四毫，地五亩二分八厘，后楼一所及前厅俱拨北头与伯禧管业，永承住歇；水黄牛两头，火佃伴当俱批一半与伯禧叫使。

洪武六年十月十五日

合同人 叶伯禧

亲邻人 汪伯行 汪世华

汪德华 程均善

陈德善 胡子翐

据《南屏叶叙秩堂值年规则·始祖伯禧公传》记载，江伯良"旋充本县户吏。洪武二十年，为单丁土事案，问发贵州乌撒卫普德归站百户邹仇军下。二十四年，全家赴卫"。其家财产托叶伯禧照料代管，"二人订立合同，各执一张"。合同全文如下：

五都叶伯禧，上年凭媒赘到江友松之女端奴为妻，供养妻父夫妇过老。今有妻舅江伯良充吏，为事问发贵州乌撒卫充军。今则全家赴卫。除妻父平日批拨与伯禧屋宇、田地外，其妻舅江伯良在户屋宇、田地、山场，伯禧暂代妻舅承管收租，候妻舅回家依旧照数管业，并无侵欺盗卖等情。今凭亲戚汪真仰等写立合同，字号、亩步，一样二张，各收一张，后照退还管业。今立此合同为照。

计田地、山场共三顷四十一亩二分九厘。

洪武念四年三月念四日

合同(人) 江伯良 叶伯禧

中 (人) 汪真仰 张均用

程裕卿 汪仲保

汪仲民 程伯善

汪鼎甫 陈德善

程均祐 胡子翐

明永乐十年(公元1412年)江伯良养子江义安，宣德七年(公元1432年)嫡孙江忠信，成化十八年(公元1482年)嫡玄孙江祯、江昇等，"先后回籍，变卖军产"。除了叶氏宗族祖先"备价买受岗字号月塘田，称字号上衙前园地，及巨、阙、珠字号田地外，余俱卖与程齐相、胡廷俊等为业。军产无存，户籍已开，嗣后遂不复往来矣"。①

① 黟县《南屏叶叙秩堂值年规则·始祖伯禧公传》，民国十五年刊本。

二、宗族形成

南屏叶氏宗族是在什么时代形成的呢?《南屏叶叙秩堂值年规则 · 始祖伯禧公传》记载:

> 我始祖则忠厚传家,支派日繁,聚族而居,盛且大也。明成化时,传及四世,丁有数十,奉祖训,立家规,建祠宇,设窀穸,司铎作令、超群迈伦者,已不乏其人,居然名家望族。故弘治年间,本府太爷修《新安名族志》,载有黟县南屏山下叶村,是因人而显姓,因姓而显地也。

这条记载三处有误:一、叶氏传至四世,不是"丁有数十",而是有丁 17(一世至四世总计);二、《新安名族志》不是修于弘治年间,而是修于嘉靖年间;三、纂修者不是"本府太爷",而是程尚宽等。①

明成化年间,叶氏繁衍至第四代,南屏叶氏宗族是不是已经形成了呢?这个问题值得商讨。我们认为,研究宗族形成的前提是:必须弄清楚什么是宗族。《春秋左传集解》卷十五襄公十二年秋记载:

> 吴子寿梦卒。临于周庙,礼也。凡诸侯之丧,异姓临于外,同姓于宗庙,同宗于祖庙,同族于祢庙。是故鲁为诸姬,临于周庙。为邢、凡、蒋、茅、胙、祭临于周公之庙。

什么是"同宗"呢?杜预说,邢、凡、蒋、茅、胙、祭"六国,皆周公之支子,别封为国",是谓"同宗"。② 什么是"同族"呢?杜预说:"同族,谓高祖以下。"③换句话说,"同族"就是五服以内的血缘亲属。由此可见,不仅有"同族",而且还要有"同宗",才能称为宗族。

依据《春秋左传集解》的记载和杜预的注释,南屏叶氏宗族是传到第六代才开始形成。请看下列世系表。

---

① 黟县《南屏叶叙秩堂值年规则 · 始祖伯禧公传》所说"传及四世,丁有数十",也可能纂者见到迁居淮西的叶继周后裔族谱,合计两地支丁之数。

② 《春秋左传集解》卷一五,上海人民出版社 1977 年版。

③ 《春秋左传集解》卷一五,上海人民出版社 1977 年版。

南屏叶氏宗族一世至六世世系表

一世	始祖叶伯禧																										
二世	长子叶志学		次子叶志仁																								三子叶志得
三世	长子叶思恭	次子叶思敬	长子叶思明							次子叶思聪																	叶继周(迁)
四世	叶文瑞	叶文富	长子叶文义		次子叶文鑫					长子叶文昌			次子叶　圭							三子叶文兴					四子叶文祯		
五世	叶　清	叶小仡	长子叶永定	次子叶永轩	长子叶永安				次子叶永进	长子叶永清	次子叶永昇	三子叶永茂	长子叶永蘛	次子叶永虆		三子叶　芹				长子叶永蓁	次子叶永荃		三子叶永得		叶永康		
六世	叶教化	叶　高	叶廷璋		长子叶廷琴	次子叶廷梅	三子叶廷昂	四子叶廷泽		叶廷玉	叶廷珙	叶廷广		长子叶廷旺	次子叶廷瑾	长子叶廷璧	次子叶廷玺	三子叶廷璗	四子叶廷莹		长子叶廷琇	次子叶廷瑞	长子叶廷璇	次子叶廷玑	长子叶廷珍	次子叶廷珠	

资料来源:《黟县南屏叶氏族谱》

南屏叶氏宗族一世至六世世系表说明,自叶伯禧传至第五世时,虽然支丁有叶清、叶小仡、叶永定、叶永轩、叶永安、叶永进、叶永清、叶永昇、叶永茂、叶永蘛、叶永蘗、叶芹、叶永蓁、叶永荃、叶永得、叶永康16人,但是,这时南屏叶氏宗族还没有形成。因为,他们都是叶伯禧的玄孙,16人共高祖。换句话说,他们还未出五服,是“同族”。至第六世时,二世叶志学、叶志仁都变为高祖。“高祖迁于上,宗则易于下”。这时,叶志学与其子叶思恭、叶思敬;孙叶文瑞、叶文富;曾孙叶清、叶小仡;玄孙叶教化、叶高,形成一个长房五服圈。叶志仁与其子叶思明、叶思聪;孙叶文义、叶文鑫、叶文昌、叶圭、叶文兴、叶文祯;曾孙叶永定、叶永轩、叶永安、叶永进、叶永清、叶永昇、叶永茂、叶永蘛、叶永蘗、叶芹、叶永蓁、叶永荃、叶永得、叶永康;玄孙叶廷璋、叶廷琴、叶廷梅、叶廷昂、叶廷泽、叶廷玉、叶廷珙、叶廷广、叶廷旺、叶廷瑾、叶廷璧、叶廷玺、叶廷鎏、叶廷莹、叶廷琇、叶廷瑞、叶廷璇、叶廷玑、叶廷珍、叶廷珠,形成一个二房五服圈。五服圈内的血缘亲属为“同族”,五服圈外的血缘亲属为“同宗”。南屏叶氏不仅有了“同族”,而且还有了“同宗”,宗族组织正式形成。按三十年一世计,南屏叶氏宗族形成的过程,大概在明成化、弘治之际。

南屏叶氏宗族形成的原因是什么呢?

一、自然经济。在封建生产方式之中,无论是生产资料——主要是土地——所有者,还是直接生产劳动者,都被牢牢地束缚在土地之上,成为土地的附属物,或曰成为“土地之有机属性的人类”①。这种生产方式,必然造成“聚族而居”。《黟县南屏叶氏族谱》卷一记载:“叶氏聚族居于乡,距城十里许,无公事罕入市者。”广大生产劳动者,男耕女织,日出而作,日入而息,世世代代生活在这块土地之上。据《黟县南屏叶氏族谱》世系表记载,从始祖叶伯禧传至第六世,共繁衍支丁54人,除了第三世支丁叶继周迁往淮西以外,其他53人全部聚居在南屏村。自给自足的封建生产方式是宗族形成的根本原因。

二、支丁繁衍。宗族是以父系血缘关系为纽带的社会人群共同体,是支

① 马克思:《前资本主义生产形态》。

丁繁衍的结果。《黟县南屏叶氏族谱》世系表告诉我们,南屏叶氏二世有支丁3人,三世有5人,四世有8人,五世有16人,六世有22人。传至六世,形成两个五服圈。这时,南屏叶氏宗族即已形成。如果没有支丁繁衍,世世代代单传,南屏叶氏永远也不会形成为宗族。此外,虽然支丁逐渐繁衍,但是,外迁者很多,徙居地遥远,守祖业者只有单丁1人,宗族也不能形成。二者均是不言而喻的。在徽州宗族当中,有的传至六七世、七八世,甚至十几世,还未形成宗族,就是由于单传和外迁造成的。南屏叶氏一世至六世,由于没有出现单传,外迁者仅有1人,53人固守祖业,因而促使宗族在最短时间内形成。

三、生活需要。一个以父系血缘关系为纽带的社会人群共同体聚居在同一个地方,只有在具备一定的条件之下,群体生活才能正常运转。第一,必须明确各个成员在这个共同体当中的地位以及他们之间的相互关系。因此,昭穆世次制度就应运而生。这是巩固这个人群共同体的决定性条件。第二,必须促进全体成员之间的亲情,加强全体成员之间的凝聚力。于是,就建立了喜庆相贺、忧戚相吊、疾病相问、贫富相济和祭祖制度。第三,必须有一个群众首领,必须组织群众活动,必须有人管理群众的事务。因此,就形成了组织管理制度。第四,必须有一定的群众行为规范,有一定的约束群众的法制。于是,族规家法就产生了。第五,必须有一定的公共建设费用,有一定的祭祖活动费用。因此,出现了族田、族山等公共财产。一言一蔽之,这些条件都因群体生活的需要而产生。这些生活需要是宗族形成不可缺少的重要条件。

三、祠堂建设

程一枝说:“举宗大事,莫最于祠;无祠则无宗,无宗则无祖,是尚得为大家乎哉?”①徽州人认为,“追远报本,莫重于祠”②;“崇本枝,萃涣散,莫大于建祠”③。

---

① 《程典》卷一二《本宗列传》第二下,明万历二十六年家刻本。

② 周绍泉、赵亚光:《窦山公家议校注》,黄山书社1993年版。

③ 《新安歙西溪南吴氏世谱·续刻溪南吴氏世谱叙》,明末清初抄本。

朱熹在《家礼》中规定:“君子将营宫室,先立祠堂于正寝之东,为四龛以奉先世神主。”这种祠堂属于“家祠”,只供奉高、曾、祖、考神主。至明嘉靖“大礼议”之后,徽州开始大量出现联宗祭祖的宗祠。① 但是,南屏叶氏宗族建造较早,他们于明成化年间(公元1465—1487年)即建造叙秩堂宗祠。

据《黟县南屏叶氏族谱》卷一《祠堂》记载,从明成化年间至清嘉庆十五年(公元1810年),南屏叶氏宗族共建造祠堂10座。其中宗祠1座,支祠9座。

一、叙秩堂　这是南屏叶氏宗祠,祀始祖叶伯禧。这座祠堂建于明成化年间(公元1465—1487年),坐东朝西。清康熙十三年(公元1674年),改建祠楼。乾隆十五年(公元1750年),重修。乾隆三十九年(公元1774年),又重修。

二、奎光堂　这是奎长房、奎二房、奎三房、奎四房共祖叶圭的支祠。这座祠堂建于明弘治年间(公元1488—1505年),坐东朝西。清雍正十年(公元1732年),改建祠楼与仪门。乾隆五十二年(公元1787年),重建享堂,并改建门楼。

三、仪正堂　清康熙三十五年(公元1696年)建,坐南朝北。祀南屏叶氏十一世祖叶万睿。

四、尚素堂　康熙年间(公元1662—1722年)建,坐东朝西。

五、永思堂　乾隆三十五年(公元1770年)建,坐东朝西。祀南屏叶氏四世祖叶文兴。

六、德辉堂　乾隆三十五年(公元1770年)建,坐东朝西。祀南屏叶氏八世祖叶善述。

七、钟瑞堂　乾隆二十九年(公元1774年)建,坐东朝西。祀南屏叶氏九世祖叶元善。

八、敦仁堂　乾隆五十五年(公元1790年)建,坐东朝西。祀南屏叶氏九世祖叶元魁。

九、继序堂　嘉庆七年(公元1802年)建,坐东朝西。祀南屏叶氏十世

① 参见赵华富《徽州宗族祠堂的几个问题》,《两驿集》,黄山书社1999年版。

祖叶日蓁。

十、念祖堂　嘉庆十五年(公元1810年)建,坐西朝东。祀南屏叶氏十三世祖叶长春。

据调查,除了上述10个祠堂以外,还有德基堂、培芳堂、尚友堂等。

历经沧桑,大多数祠堂已经毁灭,但是,叙秩堂和奎光堂仍然屹立在南屏村中。这两座祠堂都规模宏大,构件优良,装饰精美,营造细致,巍峨壮观,木雕、砖雕、石雕美不胜收。据我们调查,中华人民共和国建国后毁于火灾的敦仁堂,规模之大、营造之精、装饰之美、构件之良与叙秩堂、奎光堂类似。

叙秩堂与奎光堂都是三进五开间典型徽派祠堂建筑。

第一进是仪门,均为五凤楼建筑,飞檐翘角,似雄鹰展翅。门外,都有一对精雕细刻的黟县青高大石鼓,分列两旁。大门均绘彩色门神,一扇是大唐开国元勋左武卫大将军秦叔宝,另一扇是右武侯大将军尉迟敬德的画相。共有3个门洞,中为仪门,又曰大门;左右为侧门,又曰便门。平时出入,均走侧门。举行宗族大典和贵客莅临,即洞开仪门。二座祠堂门楼上方,都高悬巨幅蓝底金字三幅大匾。正中"钦赐翰林"、左为"钦点翰林"、右为"钦取知县"。

第二进是享堂,均为宫殿式建筑,梁柱硕大,厅堂宽敞,气势恢宏,是祠堂的主体建筑。这里是举行宗族大典和宗族活动的地方。

第三进是寝室,均是二层楼阁式建筑,地基高出地面约1.5米。楼前有石栏板。左中右有3个门。这里是供奉列祖列宗神主的地方。寝室内设神龛3间,中为正寝,左右为昭穆室。

叙秩堂寝室神龛内供奉神主的规则如何呢?

始祖考妣神主供奉中龛正中。始祖以下五世祖先神主,按昭穆世次供奉始祖神主左右。具体排列是:二世祖叶志学、叶志仁、叶志得为昭,列始祖左;三世祖叶思恭、叶思敬、叶思明、叶思聪、叶继周为穆,列始祖右;四世祖叶文瑞、叶文富、叶文义、叶文鑫、叶文昌、叶圭、叶文兴、叶文祯为昭,列始祖左;五世祖叶清、叶小仡、叶永定、叶永轩、叶永安、叶永进、叶永清、叶永昇、叶永茂、叶永蘈、叶永蘩、叶芹、叶永蓁、叶永荃、叶永得、叶永康为穆,列始祖右。这些神主,均百世不迁。

祖先之中,荣膺封赠、文武仕宦、甲第科贡、仁贤盛德、忠孝节义者的神主,都按昭穆世次分列配享中龛始祖神主左右。这些神主,都百世不祧。

急公捐输,修建祠墓、纂修谱牒、购置族田者神主,按昭穆世次分列左右昭穆室的酬功位。这些神主,也都百世不祧。

一般祖先神主,按昭穆世次供奉于左右昭穆室。根据中国传统的家庙规制,这些神主都是五世则迁。换句话说,就是先人的玄孙死绝,即行"递迁礼",将高祖神主迁走火化。递迁礼,族长主持,有礼生,有乐队。祠堂之内神主,对每个支丁来讲,均为高、曾、祖、考,四世设主。

叙秩堂和奎光堂为南屏叶氏宗族神圣殿堂。为了保持祠堂的神圣和宗族血缘的纯洁,南屏叶氏宗族规定下列神主不准入祠:

一、触犯刑律、道德败坏者的神主不准入祠;

二、"已聘未娶"者的神主,不准入祠;

三、出母、庶母的神主,不准入祠;

四、异姓入继、异姓螟蛉子的神主,不准入祠。

五、轻生者的神主,不准入祠。民国时期改为死后三年再上。

南屏叶氏宗族规定,进主一年两次,即中元前一天和腊祭前一天①。进主必须缴"上堂钱"。《叙秩值年章程》规定:"中元节、腊祭节上堂者,本祠每名取钱一百五十文,宣教加倍"。②《奎光值年章程》规定:"中元、腊祭两期上堂者,每名取钱一百五十文,宣教加倍"。③

"送特牌入祠者,祠内每牌取银币二元,特牌由丧家自备"。④ 在封建时代,母以子贵。如果庶母之子科第仕宦,经商致富,怎么办呢?据我们调查,南屏叶氏宗族规定,必须多缴纳"上堂钱"才能入祠。同时,神主只能置于边沿神座,并且子故即迁。

① 黟县《南屏叶叙秩堂值年规则》,民国十五年刊本。
② 黟县《南屏叶叙秩堂值年规则》,民国十五年刊本。
③ 黟县《南屏叶叙秩堂值年规则》,民国十五年刊本。
④ 黟县《南屏叶叙秩堂值年规则》,民国十五年刊本。

四、祠堂祭祀

建造祠堂是为“妥先灵，隆享祀”。“上以奉祀祖宗，报本追远；下以联属亲疏，惇叙礼让”。①

南屏叶氏宗族叙秩堂祠堂祭祖，一年四次，即清明、夏祭、中元、腊祭。

清明祭叶伯禧生父叶功源和生母倪氏。祭前三日，出“通知帖”。《祭功源公帖》曰：

清明日清晨致祭功源公，各阄盆馔，宜预送祠。老幼支丁，各备衣冠，赴祠与祭，礼毕颁胙。

值年通知②

依据徽州宗族“凡事死之礼，当厚于奉生者”的准则，祭品不仅非常丰富，而且品位甚高。据《南屏叶叙秩堂值年规则》记载，祭品有：鱼翅、金针、海参、香菇、大爪、粉丝、片肚、鲜笋、干鸡、红枣、醃鱼、干糕、蹄包、荸荠、肉圆、甘蔗。

夏祭、中元、腊祭三节，都是祭始祖叶伯禧、始祖妣江端奴和列祖列宗。每次祭祀三天之前，均出“通知帖”。《夏祭帖》曰：

四月十五日清晨致祭列祖，配享盆馔，宜预送祠。在家支丁，各备衣冠，赴祠与祭，礼毕颁胙。

值年通知③

据《南屏叶叙秩堂值年规则》记载，祭品有：海参、肉圆、金针、干糕、樱桃（或酸梅）、大爪、香菇、蹄包、醃鱼、枇杷、醃鸡、干枣。

《中元祭帖》曰：

七月十五日清晨致祭列祖，配享盆馔，宜预送祠。在家支丁，各备衣冠，赴祠与祭，礼毕颁胙。如有上堂者，先期十四日开生殁送来祠中，

---

① 《新安歙西溪南吴氏世谱·续刻溪南吴氏世谱叙》，明末清初抄本。

② 黟县《南屏叶叙秩堂值年规则》，民国十五年刊本。

③ 黟县《南屏叶叙秩堂值年规则》，民国十五年刊本。

以便登簿。

值年通知①

据《南屏叶叙秩堂值年规则》记载,祭品有:豆腐、金针、粉皮、干糕、茄子、香菇、素圆、冬瓜、青枣、菱角(或石榴)、雪梨、面散。

《腊祭帖》曰:

腊月二十四日午刻致祭列祖,配享盆馔,宜预送祠。在家支丁,各备衣冠,赴祠与祭,礼毕颁胙。如有上堂以及成丁者,俱先期二十三日开单送来祠中,以便登簿。

值年通知②

据《南屏叶叙秩堂值年规则》记载,祭品有:海参、肉圆、金针、干糕、橘子、大爪、香菇、蹄包、腌鱼、枣子、腌鸡、荸荠。

除了中元以外,清明、夏祭、腊祭均按"少牢馈食之礼"致祭。因黟县绵羊稀少,改用"以猪代羊"。《叙秩堂值年章程》记载:

头年冬月,八人(值年——引者)自办叙秩清明祭绵羊一头;六人(值年——引者)自办奎光清明祭绵羊一头……近无羊来,难于告朔,改用祭猪二头(将来或用山羊亦可,羊价、牧期,率由旧章)。祠中各节祭猪,均向屠店税用。③

祭日,由值年雇人鸣锣三遍,通知支丁,在叙秩堂门外广场集合,按昭穆世次——同辈按年龄大小——排队,然后徐徐进入享堂前天井。

主祭者为族长或有功名的支丁。有礼生9人(或曰11人),按职责分为:通赞(或曰"鸣赞")、引赞(或曰"引礼")、司祝、司帛、司樽、司爵、司盥、司馔、司过(或曰"纠仪"、"纠过")等。乐队有粗乐4人,细乐4人。

通赞发号司令;引赞引导祭祀活动;司祝、司帛、司樽、司爵、司盥、司馔、司过,各司其职。司馔由儿童担任,称"进馔儿童"。参加祭祀的支丁必须俱着礼服。

清明、夏祭、中元、腊祭,祭祀仪式大同小异,而以腊祭仪式最为隆重。

---

① 黟县《南屏叶叙秩堂值年规则》,民国十五年刊本。
② 黟县《南屏叶叙秩堂值年规则》,民国十五年刊本。
③ 黟县《南屏叶叙秩堂值年规则》,民国十五年刊本。

腊月二十四日午时,祭礼开始,击鼓作乐,燃放鞭炮;香烟缭绕,庄严肃穆。其祭谨遵朱熹《家礼·祭礼》。礼仪如下:

1. 降神
2. 参神
3. 进馔
4. 初献
5. 亚献
6. 终献
7. 侑食
8. 阖门
9. 启门
10. 受胙
11. 辞神
12. 彻
13. 馂

行初献礼时,读祝文。《腊祭祝文》曰:

> 维中华民国　年夏历　月　日之良,裔孙某某率三大支人等,敢昭告于明故始祖考南阳郡季明府君、明故始祖妣从南阳郡江氏端孺人暨列祖考妣之神前曰:伏以山梅早放,岸柳方舒。感岁事之告成,情殷报本;仿腊祭以致孝,礼重承先。谨以牲牷、酒醴、粢盛、庶馐之仪祗荐,尚飨。①

祝文读毕,宣《圣谕》。明代,宣读明太祖的《圣谕》。其文曰:"孝顺父母,尊敬长上;和睦邻里,教训子孙;各安生理,勿作非为。"②清代,宣读清圣祖康熙和世宗雍正的《圣谕广训》。其文曰:"敦孝弟以重人伦,笃宗族以昭雍睦,和乡党以息争讼,重农桑以足衣食,尚节俭以惜财用,隆学校以端士习,黜异端以崇正学,讲法律以儆愚顽,明礼让以厚风俗,务本业以定民志,

---

① 黟县《南屏叶叙秩堂值年规则》,民国十五年刊本。

② 《休宁宣仁王氏族谱·宗规》,明万历三十八年家刻本。

训子弟以禁非为，息诬告以全良善，诫窝逃以免株连，完钱粮以省催科，联保甲以弭盗贼，解仇忿以重身命”。①

徽州宗族祠堂祭祖，“俗守文公《家礼》，在昔小异大同。咸（丰）、同（治）以后，踵事增华，‘三献’也，而六行之”②。每次祭祀时间长达数小时，所以，“日不足，继以烛跛（跋）倚临”③。年老体弱支丁因体力不支，常常坚持不下来，或者不能参加。

祭毕颁胙。民国十五年（公元1926年），南屏叶氏宗族规定：“清明日祭功源公、倪孺人，每丁发胙钱念文，老幼一律。”四月十五日夏祭，七月十五日中元秋祭，十二月二十四日冬祭，“每成丁给钱二十文”。④

祭祖礼仪贵在一个“诚”字，“以诚敬为先”。与祭支丁，俱要至诚至敬、遵守礼仪。一切仪节，均要听从通赞指挥，在引赞的引导之下统一行动，有节有序。严禁交头接耳，打闹说笑，回首四顾，伸腰呵欠，抓耳挠腮，脱帽跣足。拜时，必须通赞声尽再起。礼毕，要在引赞的引导之下，按序徐徐退出享堂和天井，不得一哄而散。违者罚胙，并要在列祖列宗神主之前罚跪。司过要认真负责，不得徇私庇护，失职者议罚。

五、清明墓祭

与祠祭一样，墓祭也是“展亲大礼”。黟县有个谚语，曰：“五都清明，九都社”。五都南屏叶氏宗族清明墓祭（徽州人曰“标祀”、“标挂”、“挂纸”、“挂钱”）非常隆重。据调查，在异地他乡经商的支丁，许多人都千里迢迢返归故里，参加清明标祀礼仪。

南屏叶氏宗族祖墓共有三处——陈闾山、月塘、下衙前园。清明前三日上午，值年“亲带一粗工，至陈闾山、凤凰坞、月塘三处，打草皮，加堆，插竹

① 歙县《仙源吴氏宗谱》卷一《圣谕广训》，清光绪五年活字本。
② 民国《歙县志》卷一《风土》，民国二十六年版。
③ 民国《歙县志》卷一《风土》，民国二十六年版。
④ 黟县《南屏叶叙秩堂值年规则》，民国十五年刊本。

枝，挂钱，割墓前杂草。事毕，给钱陆百文。标挂定清明前一日”。① 据调查，清明标祀分三天进行，每处一天，可能是民国后期有所变化。为什么标挂不在清明日举行呢？因为清明这天在祠堂祭叶伯禧的父亲叶功源和母亲倪氏。

祭日，值年沿街鸣锣三次，通知支丁在叙秩堂门前广场集合。

墓祭队伍，浩浩荡荡，非常壮观。仪仗、祭物排列次序是：响号2枝、堂灯2枝、金鼓2面、旌旗4面、铁铳2个、肃静回避牌2面、万民伞1把、粗乐4名、屏桌1张、纸衣表礼2桌、猪1架、羊1架、细乐4名、祭盆2桌、食箱1扛、四盒2担、挑椅3把、礼衣2担。② 与祭支丁的排列是：礼生（以引赞为首，进馔儿童为尾）、族长、乡绅、支丁。最后为观礼妇女和儿童。官宦之家和富商大贾的妇女和儿童，大都衣着华贵，花团锦簇；珠宝首饰，闪闪发光。一般家庭的妇女和儿童，也都俱着节日盛装。

陈闾山、月塘标祀祭物有：

栗色男纸衣3通，女纸衣2通，盔靴鞋巾女妆全。闾山长钱1根，月塘白钱9根，二处飞钱12根，祭桌、屏桌、猪架、羊架全。表礼2副，方帛4副，后土文、祝文共四篇，足四两烛2对，堂灯子烛2对，一千鞭炮7串，一百鞭炮2串，锭7副（列祖5，后土2），料香4筒，双响6个，烛台1副，香炉、香匙全。饭3银盂，汤3银盂，杯盘3副，牙筷3双，安息香26枝，铜护书10张，馔盘6面（包亥），馔碗3个（内鸡、鱼、肉），礼壶1把（并酒），茶壶1把（并茶），爵杯3个，藤盘4面，铜盆、面巾、盆架全。桌围5个，椅披3个，跪垫3个，木椅3把，食箱1扛，散丢小花包3斤，赏封钱各200文。闾山古槨素菜盒，花饼2盒（装6斤，后土用），拜后土、古槨三牲一盒（并香烛、酒饭、各杂物共装1担）。凤凰坞4盒1担（内香锭、爆烛、火柴、纸钱及用物均全）。青袋4只（装2担用），胙筹、轿筹。③

下衙前园标祀祭物有：

① 黟县《南屏叶叙秩堂值年规则》，民国十五年刊本。
② 黟县《南屏叶叙秩堂值年规则》，民国十五年刊本。
③ 黟县《南屏叶叙秩堂值年规则》，民国十五年刊本。

栗8团,女衣1通,凤冠等件全。长钱、表礼、方帛、祭桌、屏桌、猪羊全。祝文,后土文,虚四两烛2对,一千鞭炮,一百鞭炮,料香,双响,锭2副(二世妣1,祀后土1),香炉,香匙,烛台,毡条1床(芹三公祭桌用),大香炉1个(芹三公祭桌用),饭3银盂,汤3银盂,杯盘3副,牙筷3双,安息香14枝,礼壶、茶壶、馔盘、馔碗、爵杯、藤盘、铜盆、面巾、盆架全。桌围、椅披、跪垫、三牲盒、花饼盒。赏封钱200文,胙钱5,200文。①

南屏叶氏宗族墓祭祭品非常丰盛。与祠祭一样,墓祭也行“少牢馈食之礼”。除了全猪、全羊以外,还有24个盆馔。其祭品有:猪肌、鱼翅、塘鱼、大蛏、燕窝、鲜鸡、猪肚、大乌、蹄包、肉圆、大爪、软糕、荸荠、海粉、金针、雪梨、青螺、鲜笋、山楂、醉蟹、山药、青果、紫菜、香菇。②

祭品制作,不但色彩鲜艳而且造型优美。有鲤鱼龙门、玉兔望月、梅开五福、海参石笋、宰相冠、老寿星、罗汉、寿桃、花瓶、花卉等等。一盆祭品几乎就是一件艺术品。

南屏叶氏宗族规定:清明墓祭,新添丁之家都要杀一只母鸡作为祭品。祭鸡分别置于本房的祭桌上。宗族共有6大房,哪房祭桌上有几只祭鸡,即表明哪房过去一年添了几个支丁。

祭祀开始,燃放鞭炮,击鼓鸣号。与祠祭一样,墓祭也遵朱熹《家礼》,行“三献礼”。行初献礼时,读祝文。陈闾山《清明祝文》曰:

> 维中华民国　　年夏历　月　日之良,裔孙□□、□□、□□率三大支人等,标挂值年支丁某某某某,敢昭告于明故始祖考南阳郡季明府君、明故始祖妣从南阳郡江氏端孺人之墓前曰:伏以和风届节,春露惊心。白酒青蔬上冢,则浇山处处。钱灰麦饭鸣钲,而彻祭家家。兹际清明之候,聊申祭扫之文,敬陈薄奠,用献微忱。谨以柔毛、刚鬣、粢盛、庶馐之仪祗荐,尚飨。③

月塘、下衙前园祖墓与陈闾山祖墓的祝文相同,只是祖先不同。月塘的祖先是:二世祖考志仁,三世祖考思聪,三世祖妣汪庆。下衙前园的祖先是:

---

① 黟县《南屏叶叙秩堂值年规则》,民国十五年刊本。

② 黟县《南屏叶叙秩堂值年规则》,民国十五年刊本。

③ 黟县《南屏叶叙秩堂值年规则》,民国十五年刊本。

二世祖妣汪周，四世祖考文兴、文祯，四世祖妣程仁，五世祖考芹，五世祖妣汪团，六世祖考廷玺、廷莹、六世祖妣吴岩、孙满、汪三梅、汪头、汪球，七世祖考荫广，七世祖妣汪泽、王度，八世祖妣江玉香，九世祖考元琏。①

南屏叶氏宗族标祀盛典，实际上成为这个宗族的一个盛大节日。标祀三天，许多商贩麇集陈闾山、月塘、下衙前园墓地附近做生意。有卖小吃的，有卖副食品的，有卖小玩具的，有卖土特产的……

《南屏叶叙秩堂值年规则》规定，年登花甲支丁清明赴陈闾山、月塘祖墓标祀者，“给寿轿一顶”。但是，“不坐决无钱折。礼帽、马褂未齐全，其轿筹仍不准发兑。”

祭毕颁胙，《叙秩堂值年章程》规定：“闾山、月塘，祭毕颁胙，每处发成丁饼筹二根，幼丁饼筹一根；其未成丁而入文会者，亦发筹二根；六十岁另加一根，七十岁再加一根，八十、九十又递加一根，百岁□□议加。守制在七七内，天花在四旬内，及婴儿未沐浴者，筹亦照颁。下衙前园□钱，发成丁念文，幼丁拾文；其未成丁而入文会者，亦发钱念文；余与上同。但因□近不加寿胙，向章筹钱三十二文，后改为三十文；民国十三年因钱价太贱，每筹议发钱六十文”。②

六、谱牒修纂

《黟县南屏叶氏族谱》卷一《先儒谱说》曰：“甚矣，谱牒之不可不作也。谱牒作，则昭穆有序而疏戚不遗，百世之下犹足以知其分殊而一本。谱牒不作，则喜不庆，忧不吊，不以至亲相视如路人者鲜矣。”（五峰胡氏语录）由此可见，南屏叶氏宗族对纂修谱牒是很重视的。

在调查过程中，我们见到南屏叶氏宗族两部谱牒。一部曰《南屏叶氏族姓谱》。这是一部手抄谱牒草稿，谱序、谱例、作者、年代均无，也不分卷，只记有一部分世系。一部是《黟县南屏叶氏族谱》，八卷，四册，叶有广、叶邦光纂修，清嘉庆十七年（公元1812年）木活字本。

---

① 黟县《南屏叶叙秩堂值年规则》，民国十五年刊本。

② 黟县《南屏叶叙秩堂值年规则》，民国十五年刊本。

清嘉庆十七年(公元1812年)修谱时,南屏叶氏宗族成立谱局。参与《黟县南屏叶氏族谱》纂修的工作者共计65人,这是一个较大的工作班子。据《修谱董事支丁列名》记载,有总修8人,综理世系5人,分理世系12人,缮写校对5人,复校对3人,监刷校对10人,经理账目3人,逐日在局办事3人,襄内外事16人。

修谱的宗旨是"奠世系,序昭穆"。为了实现这个目的,制定排行联(又曰排行歌、行辈联、行辈歌)是非常重要的。嘉庆十七年(公元1812年)以前,南屏叶氏宗族制定的排行联是:"祖志思文永,廷荫善元日,万枝荣宗启,懋赏自新芳。"①"祖"为一世祖行辈,"志"为二世祖行辈,"思"为三世祖行辈……。嘉庆十七年(公元1812年)修谱时,续定的行辈联为:"玉树宜培厚,桂林定毓良,克昌怀美德,世济肇嘉祥。"②行辈联不仅是宗族世系和昭穆的表征,同时,也是维持世系和昭穆的手段。

《黟县南屏叶氏族谱》包括:《谱说》、《凡例》、《原姓》、《南阳考》、《诰敕》、《上谕》、《祖训家风》、《祠堂》、《户籍》、《祀田》、《书馆》、《庙宇》、《桥梁》、《义冢》、《山场水道》、《质行》、《节孝》、《村图》、《墓图》、《世系》、《修谱列名》、《修谱事宜》、《领谱列名》、《附谱跋》等24个门类。

《先儒谱说》,摘录程子、老泉苏氏、五峰胡氏、北溪陈氏、敬轩薛氏、枫山章氏、愚山施氏、尧峰汪氏、充宗万氏9人语录,共计10条,作为修谱的指导思想和理论基础。

《黟县南屏叶氏族谱》对世系表书写内容的目的,作了言简意赅地阐述。其文曰:"谱牒别支派,汇世系,书行所以序齿,书字所以名□,书爵所以志显,书生所以原始,书殁所以考终,书葬所以示后,书娶所以明配,书子书女所以著代而重婚,其无可考者阙之。"

《黟县南屏叶氏族谱》有三点特别引人注目。

一、不追远,不传疑。中国谱牒追远溯源的现象非常严重,徽州有些谱牒也不例外,有的谱牒追溯到三皇五帝传说时代,许多记载难免失实。《黟

① 《黟县南屏叶氏族谱》,清嘉庆十七年木活字本。

② 《黟县南屏叶氏族谱》,清嘉庆十七年木活字本。

县南屏叶氏族谱》世系表，继承了苏洵《苏氏族谱》、欧阳修《欧阳氏图谱》、朱熹《婺源茶院朱氏世谱》的传统和精神，“断自可知之世”。他们从元末始迁祖叶伯禧开始记录，叶伯禧以上祖先“概不妄载”。对于外迁支丁，“知其府县里居”者，“则于本人名下注明”；不明迁地者，“注明外迁无考”。

二、重纪实，反浮词。《叶氏族谱凡例》记载：“世所传谱牒，每求当代名公钜卿作序、作记，其实谱牒之意原不在此，不过夸焜耀示光荣也。我族家政相承，要皆纪实，不尚浮词，故不求他人序记，惟录先儒谱说，以冠谱端，其文其义，足以砥砺廉隅，风师后世。”徽州谱牒大都“求当代名公钜卿作序、作记”，不“求当代名公钜卿作序、作记”者为数不多。“要皆纪实，不尚浮词”，“不求他人序、记”，是《黟县南屏叶氏族谱》一个特点。

三、内容广，无传记。《黟县南屏叶氏族谱》24 个类目中，不仅有多数谱牒具有的一些内容，如凡例、原姓、族望、诰敕、上谕、祖训家规、祠堂、祀田、质行、节孝、墓图、世系、谱跋等，而且还有许多其他谱牒不列的内容，如户籍、书馆、庙宇、桥梁、义冢、山场水道等。内容虽然广泛，但是没有传记。这是这部谱牒一个重要特色。

嘉庆十七年(公元 1812 年)纂修的《黟县南屏叶氏族谱》共印刷了 95 部。“除存公流行五部，余谱九十部均系本族支丁各备工作领藏”。祠堂公存 5 部是：叙秩堂 1 部，敦本堂 1 部，奎光堂 1 部，永思堂 1 部，文祯堂 1 部(编号：1—5 号)。以上 5 部，“在清明标挂，值年者上首交下首领藏”。私藏 90 部是：明房 5 部(编号：6—10 号)，奎长房 22 部(编号：11—32 号)，奎二房 23 部(编号：33—55 号)，奎三房 17 部(编号：56—72 号)，奎四房 3 部(编号：73—75 号)，大三房 13 部(编号：76—88 号)，大四房 7 部(编号：89—95 号)。

南屏叶氏宗族对谱牒的管理做了二项规定：

一、谱牒“九十部均系本族支丁各备工作领藏，逐页注有字号、名字，毫无杂越。别派倘有支丁将谱私卖者，一经查出，即行斥逐，候将原谱呈验方许入祠。若有意外之遭，不在此议”。① 二、“各支领谱者，定于每年三月初

① 《黟县南屏叶氏族谱》，清嘉庆十七年木活字本。

一日，各送宗祠验对。文会匣内，立有编号公簿，于本人名下挨年用戳，复于领谱尾上亦用戳记，稽查符合。如不送宗祠验对者，当即严查著落，分别公议”。①

民国十五年（公元 1926 年），南屏叶氏宗族编纂的《南屏叶叙秩堂值年规则》是一部重要宗族文献。内容包括：序，家传，祖墓昭穆图，叙秩值年章程，叙秩堂奖英文会付通年垫款表，叙秩收通年进款表，叙秩各阄领物表，叙秩通知帖、各祝文、冥锭签、年货字、纸衣单、夫乐票、查祭品、排夫马各底稿，叙秩各节办事分阄，奎光值年章程，奎光付通年垫款表，奎光收通年进款表，奎光各阄领物表，奎光通知帖、春祭文、冥锭签、年货字、纸衣单、夫乐票、查祭品、发粮谷各底稿，奎光各节办事分阄，管叙秩奎光办事日程，杂录，孝子通用祭文等，内容十分丰富。

为什么要编纂《南屏叶叙秩堂值年规则》呢？叶纪镛在《序》中说：

尝思宗庙祭祀，莫备于《周官》，凡四时六享、治其礼仪、办其名物，无不一一纪载者何欤？盖藉以虑事具物，重祀典而昭诚敬也。我族家庙，享献之文，清明祭扫之礼，向有标挂流行簿，载之綦详。清同治初，不幸遭赭寇之乱，遗失不存。其后，虽经私家之记录，汇为袖珍小本，题曰《标挂源流》，然等诸宋杞之无征，常有柄凿之难合。迨光绪八年，族人士有欲申明旧章、用资遵守者，事未果行。迄今时移世易，值年者苦无定章可循，办理诸多棘手。今年春，有值管标挂支丁之关心族事者，鉴于畴昔办理之艰难，礼仪之繁缛，往往纰缪参差者有之，因循敷衍者有之，爰合同志，调查各章，搜遗缀漏，斟酌损益，编成《值年规则》一本。事竣，集祠公议刊布。佥以此编，调查则巨细无遗，编订则有条不紊，洵为煞费经营。继自今，上足以彰祀典，下足以示来兹。彼值年者人手一编，遵循有自，纵使事繁且赜，要不难殊途而同归，造车而合辙矣。所愿后之君子，切实履行，世守勿替，则既使春禴秋尝之将事，亦不负调查编订者之苦心焉。

按《管叙秩奎光办事日程》规定，叙秩堂值年 8 人和奎光堂值年 6 人，

---

① 《黟县南屏叶氏族谱》，清嘉庆十七年木活字本。

“于冬月底领规则簿”,照办下年之事。

七、族产设置

朱熹《家礼》规定:“初立祠堂,则计见田,每龛取其二十之一,以为祭田。亲尽则以为墓田。后凡正位祔者,皆仿此。宗子主之,以给祭用。上世初末置田,则合墓下子孙之田,计数而割之。皆立约闻官,不得典卖。”在封建时代,朱熹的话就是经典。徽州婺源是“朱子阙里”,人们大都奉为金科玉律。徽州人认为,“祠而弗祀,与无同;祠而无田,与无祀同”①。“凡祭田之置,所以敬洁备物,诚不可缺”②。

南屏叶氏宗族祠堂占有多少族产呢?《黟县南屏叶氏族谱》凡例记载:“各房支丁名下,所有从前乐输入叙秩堂一切地业、山场,历今久远,俱照旧入公管业,勿庸另注。”南屏叶氏宗族各个祠堂都占有或多或少数量的土地,而以叙秩堂和奎光堂占有数量最多。据《黟县南屏叶氏族谱》卷一《祀田》记载,叙秩堂占有的祀田、房产等如下:

1. 土名绿豆坦　庄屋基地　阙字号
2. 土名绿豆坦　庄田坦　阙字号
3. 土名黄田　豆租6砠12斤
4. 土名深田　秈租10砠
5. 土名墩背　秈租16砠
6. 土名子埄　秈租7砠
7. 土名西龙　秈租6砠
8. 土名黄田上首黄茅坦　秈租6砠
9. 土名葫芦丘老虎山脚下　秈租2砠10斤
10. 土名大星培湾里(即上鲍内里)　秈租5砠
11. 土名坑西　秈租5砠13斤

---

① 《重修古歙城东许氏世谱》卷七《朴庵翁祭田记》,明崇祯七年家刻本。

② 黟县《环山余氏宗谱》卷一《余氏家规》,民国六年木活字本。

12. 土名水碓丘(即茅芝头月丘)　　籼租12砠

13. 土名高京　　豆租5砠5斤

14. 土名月塘凤凰坞　　粟米1斗

15. 土名党里　　籼租13砠5斤

16. 土名月塘　　豆租1砠10斤

以上16处,叙秩堂值年者经收,兑银7两入匣。

按:绿豆坦庄屋基地,系明洪武六年(公元1373年)江友松批扒一半,洪武二十四年(公元1391年)又价买江伯良股份一半。供"庄仆范得名、凌左章、胡安三姓居住,看守陈闾山、月塘坟茔,洒扫祠宇。后凌、范二姓迁移,系胡仆一姓居住应役。每年叙秩堂值年之家给酒肉米食"。

17. 土名岭下戏　　房屋1所　　厨屋1所　　租银5两

18. 土名细竹山　　菜园地　　租钱140文

19. 土名祠前　　小屋　　租钱3,000文

20. 土名祠左　　尖角地　　租钱100文

以上4处,叙秩堂值年之家经收,"照数入祠"。

21. 土名石屏山　　庄屋　　田租8砠

22. 土名月塘　　豆租1砠

以上2处,"叙秩堂祭祀会九股值年头首收"。

23. 土名陈闾山　　豆租12斤

24. 土名葫芦丘　　田租10砠

25. 土名下垅　　田租3砠10斤

26. 土名菱角丘　　田租6砠

27. 土名大丘　　田租10砠

28. 土名埄上下洪(高低3丘)　　豆租2砠

29. 土名月塘　　豆租1砠10斤

以上7处,标挂始祖者收租,"其粮并祀田、庄业等处,除各支分纳外,祠内仍税八亩六分一厘"。

30. 土名舍下　　田租21砠

31. 土名十八亩　　田租9砠

32. 土名西垅　　田租8砠

33. 土名十八亩　　田租3砠

34. 土名桐树坞　　田租3砠

35. 土名杨梅塅　　田租5砠

36. 土名墩下　　田租6砠　　典利1砠10斤

37. 土名壕里　　田租3砠15斤

38. 土名墩下　　田租22砠4斤6两

以上九处,清嘉庆十三年(公元1808年)置。“值年标挂始祖者收租。其田税五亩六分五厘二毛五丝,收入光裕户丁清明会。系值年标挂兑纳”。

叙秩堂所拥有的田产、房产,全部实行租佃制,出租给庄仆和佃农,“佃各载租簿”。① 田为实物租,屋为货币租。《叙秩值年章程》规定:“在祠收豆麦谷租,及十月上门收豆粟租欠租,俱要认真办理。熟田不可糊涂收账,荒田当速召人承耕,以免年久失业。短租数,兑虚粮,各值年人牺牲太钜也。”②冬月底,收地租和房租。计有:

1. 宗祠左边八字墙角地租钱100文

2. 宗祠右边八字墙角屋租银币6元

3. 大三房新诗出典西园间壁地租钱100文

4. 天才庵右手间□□停柩所屋租钱1,400文

5. 塝上人丁会面前左侧老戏屋址地租钱200文

6. 塝上徐春荣欠银币10元,牛屋抵押屋租钱1,200文

各租金无定者,“以租约为凭”。

地租和房租,“递年归值年八人收清送交祠内,细登各账。值年者不得摊分,幸勿误会”。③

除了土地和房屋,叙秩堂在老虎山还拥有山场数十亩。

据《黟县南屏叶氏族谱》卷一《户籍》记载,叙秩堂的土地赋税分属5个税户,由几个房的支丁分别负担。

---

① 《黟县南屏叶氏族谱》卷一《祀田》,清嘉庆十七年木活字本。

② 黟县《南屏叶叙秩堂值年规则》,民国十五年刊本。

③ 黟县《南屏叶叙秩堂值年规则》,民国十五年刊本。

1. 兴正户，叙秩堂大三房、大四房支丁输纳，明房附

2. 善美户，奎长房支丁输纳

3. 荫大户，奎二房善续公、善述公支丁输纳

4. 光裕户，奎二房荫显公支丁输纳

5、善宝户，奎光堂奎三房各丁名输纳，奎四房附

奎光堂拥有多少族田呢？文献无征。从缴纳钱粮，可窥一些信息。据《奎光值年章程》记载：

钱粮：五都二图叶善宝户丁奎光戥四两一钱一分四厘，又丁春祭会戥一两六钱七分；五都三图叶光裕户丁清明戥一两一钱三分二厘，共戥六两九钱一分六厘。每年准于七月上旬，六人同向祠取钱，著第六阄赴柜完纳，各阄监察，立呈粮串，否则停其分谷。但必照实数约支银币十六圆，不能依旧例混支银币二十圆。如再故违，立罚值年。六人共银币六圆，收入祠账，作为赔偿。①

缴纳税粮6两9钱1分6厘，约计银币16元，大约相当于多少亩田地呢？因资料匮乏无从考证。

《黟县第四区南屏村土改前各阶层占有使用土地统计表》记载，南屏村有公堂地主130户。② 据我们调查，不仅每个祠堂有祠田，而且每个祖墓都有墓田。祠田、墓田都归公堂祀会所有。清乾隆四十年（公元1775年），叶长春等立继嗣议墨，既谈到宗族继嗣，又讲到公堂土地。其文如下：

立议墨荫显公支丁长春等，原有本支裔孙天贵，出继与奎四房枝秀公为嗣，以承祭祀。天贵生二子，长社孙，次社九。社孙生二子，长官保，次双保。历数十年，冠、婚、丧、祭均照天贵承办。但天贵在日，素有念切本支之意。尝与长春道其隐衷，曰"异日吾子孙得以一支祀续显公，吾愿足矣。"长春亦忆其言之不爽也。因社孙长子官保夙体祖意，不忘水源木本，孜孜向长春以祖言为托。长春者，天贵从父弟也，谊属至亲，恻然动念，遂向支丁若子孙辈而嘀之。曰："百世宗族原无彼此。

① 黟县《南屏叶叙秩堂值年规则》，民国十五年刊本。

② 《土地统计表》是南屏行政村，除了南屏村以外，还包括周围几个小自然村。

其如伊祖、伊孙念切生父之祖，其志可嘉，其心可悯。”众丁佥议，咸有一心。于是令官保一人出银式拾两，入显公会名下，置买微租。每年祭拜显公，使官保子孙得与领馒首焉。至于会内租苗银两，俱照七股原例，永远为则，官保无分。其光裕门户，日后亦不派及官保。众议允合，各相乐从。即告之显公灵前，亦必点首于九泉，而天贵素志亦将含笑于地下矣。但恐人丁繁衍，众心不一，为此立议墨两张，显公会一张入匣，官保亦执一张存照。

乾隆四十年三月吉日

立议墨荫显公丁　长春率　得麟　兆元　官保

芝兰　景兰　蕙兰　奇兰

凭族　瑛年　葶　逢年　宗伟①

徽州宗族都在族规家法之中规定，“祭田”不得典卖。南屏叶氏宗族老人估计，由于只进不出，民国时期叶氏宗祠——叙秩堂——占有土地已达一百多亩，奎光堂、尚素堂、仪正堂、永思堂、德辉堂、钟瑞堂、敦仁堂、继序堂、念祖堂、德基堂、培芳堂、尚友堂、四家厅、七家厅、长房厅、四房厅、枝公厅等，共计占有土地二百多亩。

据调查，南屏叶氏宗族族田地租率较低，一般约占土地收获量的30%左右。徽州地区祠堂所占有的公田地租率较低，是一种普遍现象。

叙秩堂还拥有水碓一所，地处杨林，以承包的形式租给宗族子弟。承包人要出据租约。其文如下：

立承管水碓约支丁某，今恳托某某二位包保，承到叙秩堂名下土名杨林碓屋一所，内碓六枝，石磨全副，石碣齐整，以及碓内应用傢伙，一并俱全。三面言定，周年认交租金银币壹佰伍拾元正。另押租银币壹佰伍拾元。此银币于本年腊月朔日先期兑出，约以某年为期。期满之日，如无违章等情，方准换立碓约承管。至于每年租金银币壹佰伍拾元，订定分三期交兑，正月至四月应兑银币陆拾元，五月至八月应兑银币叁拾元，九月至冬月应兑银币陆拾元。其银币按期交兑，不得短少延

① 黟县南屏叶氏支丁传抄的宗族资料。

迟,凭折收取。如逾期不能如数兑清,坐包保人追偿,至第某年期满之日,亦要一律交兑,决无异说。今碓内所有车心、车轮、碓拨、碓梯等件,皆不损坏。于本年腊月朔日,系支丁某承管,至某年腊月朔日期满。一切傢伙,修整完全。如期交卸,即押租银币如数退还,听叙秩堂公议,酌雇何人经理,决不霸踞,亦不藉端拖延。如拖延一日,每日认罚费银币贰元,愿将押租银币扣除。倘有傢伙破坏未修,听族议作价,亦愿将押租银币扣除,决无异说。凡碓内小修理,决不开支公账。若车心、碓屋、石碣损坏大修理,必先行通知六房人,公估酌修,承管者不得擅专。今欲有凭,立此租约存据。

再:本碓上首大树一株,公议不能砍伐及翦树枝等情,以保溪塝。此批。

中华民国　　年　　月　　日

立承管水碓约支丁　某某

包保人　某某

央中人　某某①

八、组织管理

南屏叶氏宗族是一个以父系血缘关系为纽带的社会人群共同体。宗族的首领是族长。担任族长的基本条件是,辈高年长、德高望重,有一定文化水平和组织管理能力。民国时期,族长都是由宗族子弟选举产生。

族长的重要职权有:一、主持宗族祭祖大典;二、决定和主持宗族重要事务;三、教育和惩处宗族子弟和成员;四、调解和处理宗族成员之间的纠纷;五、监督宗祠财务管理组织——祀会;六、代表宗族对外联系和交涉。

南屏叶氏宗族分三大支。他们说的"支"是指三个血缘亲属系统,而不是三个组织管理和组织活动单位。

中层组织是"房"。据嘉庆十七年(公元 1812 年)纂《黟县南屏叶氏族

---

① 黟县《南屏叶叙秩堂值年规则》,民国十五年刊本。

谱》世系图，南屏叶氏宗族共有七大房，即明房、昌房、华房、奎长房、奎二房、奎三房、奎四房。经过一百多年的发展，逐步发生了一些变化。据民国十五年（公元 1926 年）纂《南屏叶叙秩堂值年规则》记载，南屏叶氏宗族共分六大房，即奎长房、奎二房、奎三房、奎四房、大三房、大四房。房的首领是房长。担任房长的基本条件是：辈高年长、德高望重，有一定组织管理能力。

房长的重要职权是：一、主持本房祭祖礼仪；二、决定和主持本房重要事务；三、教育本房子弟和成员；四、调解和处理本房成员之间的纠纷；五、监督本房祠堂财务管理组织——祀会；六、代表本房参加宗族首领会议。

以族长为核心的房长、乡绅是宗族的管理者、组织者和统治者。凡是宗族重大事务，都由族长召集六房房长和乡绅在宗祠议决。宗祠是宗族的议事厅。

宗族的日常事务和例行的祭祖事务，均由值年负责。《叙秩值年章程》规定："值年办事，向章奎房派五人，兴、祯两房合派一人，后因支丁蕃衍，道光念八年议定，奎房派六人，兴、祯两房各派一人，共八人合管。值年定例，以年齿为次。接替时期，公议定于正月初八日，在祠拈阄，接领灯画各件。"①据调查，值年必须五十岁以上支丁（或曰六十岁以上者）才有资格担任。

南屏叶氏宗族对值年的职责、分工等，规定的非常细、非常严。

据《叙秩各阄领物表》记载，八个值年抓阄分别保管宗祠公物。分工如下：

一阄分管的公物有：明角灯二枝、寿轿筹二十根、规则簿一本、族谱一部、锡盆五面。②

二阄分管的公物有：木献烛一对，文孝会匣一个（筹六百根，账簿、捐输银底簿各一本）、胙筹二百根、规则簿一本、锡盆五面。③

三阄分管的公物有：铁树开花一枝、胙筹二百根、规则簿一本、考妣匣一

① 参见黟县《南屏叶叙秩堂值年规则》，民国十五年刊本。
② 参见黟县《南屏叶叙秩堂值年规则》，民国十五年刊本。
③ 参见黟县《南屏叶叙秩堂值年规则》，民国十五年刊本。

个、成丁簿二本、锡盆五面。①

四阄分管的公物有:大堂画五幅(并匣)、大联一对、胙筹二百根、规则簿一本、锡盆五面。②

五阄分管的公物有:胙筹二百根、规则簿一本、桶(铜香案三件、木烛台二件)、锡盆五面。③

六阄分管的公物有:长画叉二个、胙筹二百根、规则簿一本、猪羊架一座、租秤一把、谷箕一个、锡盆五面。④

七阄分管的公物有:铁树开花一枝、胙筹二百根、规则簿一本、收谷租簿一本、租约四张、地租折一个、锡盆五面。⑤

八阄分管的公物有:……胙筹二百根……猪羊架一座、锡盆五面。⑥

宗族最重要的活动和事务是祭祖。据《叙秩各节办事分阄》记载,清明、夏祭、中元、腊祭,八个值年抓阄分工如下:

一阄值年,清明墓祭做燕窝、海粉、青螺祭馔 3 盆,准备跪垫 3 个,锭 6 副,虚四两烛 1 对,赏封钱 200 文。清明祠祭做鱼翅、金针祭馔 2 盆,准备锭 2 副,馔碗 3 个,爆竹 1 千,赏封钱 200 文,祝文 1 篇,胙钱 600 文,写通知帖 1 张,于清明前三日贴于祠前。夏祭做海参、肉圆、金针、乾糕、樱桃(或酸梅)祭馔 5 盆,准备馔盘 6 面(自办鲜亥 9 片),牙筷 6 双,藤盘 4 面,爵杯 3 个,茶壶 1 把(并茶),礼壶 1 把(并酒),锭签 11 条,用公款办表礼、花座、方帛,腰石包 9 个,三元锭 11 副,香 2 筒,爆竹 1 千,虚四两烛 4 对,百子烛 1 对,爆竹 1 百,雇乐工 4 名,颁胙钱(每成丁 20 文),并写通知帖 1 张,于夏祭前三日贴于祠前。中元做豆腐、金针、粉皮、乾糕、茄子祭馔 5 盆,准备馔盘 6 面(自办冬瓜 9 片),牙筷 6 双,藤盘 4 面,爵杯 3 个,茶壶 1 把(并茶),礼壶 1 把(并洒),锭签 11 条,写通知帖 1 张,于中元前三日贴于祠前。腊祭做

① 参见黟县《南屏叶叙秩堂值年规则》,民国十五年刊本。

② 参见黟县《南屏叶叙秩堂值年规则》,民国十五年刊本。

③ 参见黟县《南屏叶叙秩堂值年规则》,民国十五年刊本。

④ 参见黟县《南屏叶叙秩堂值年规则》,民国十五年刊本。

⑤ 参见黟县《南屏叶叙秩堂值年规则》,民国十五年刊本。

⑥ 参见黟县《南屏叶叙秩堂值年规则》,民国十五年刊本。按:删节处为《值年规则》残损不清。

海参、肉圆、金针、乾糕、橘子祭馔5盆,准备馔盘6面(自办鲜亥9片),牙筷6双,藤盘4面,爵杯3个,茶壶1把(并茶),礼壶1把(并酒),锭签11条,写通知帖1张,于腊祭前三日贴于祠前。①

二阄值年,清明墓祭做大乌、紫菜、金针祭馔3盆,准备祝文3篇,虚四两烛1对,馔碗鱼1尾,安息香20枝。清明祠祭做海参、香菇祭馔2盆,饭2银盂,汤2银盂,准备牙筷2双,杯盘2副,虚四两烛1对,表礼、花座、方帛,认表礼等400文,胙钱600文,用公款雇祠中夜守祭盆并次早打锣人,照应伶人,搬下衕前园祭桌猪羊等进出祠堂。夏祭做海参、肉圆、金针、乾糕、樱桃(或酸梅)祭馔5盆,准备桌围1个,椅披2个,香炉香匙全副,铜盆面巾盆架全,馔碗鱼1尾,馔碗3个。中元做豆腐、金针、粉皮、乾糕、茄子祭馔5盆,准备桌围1个,椅披2个,香炉香匙全副,铜盆面巾盆架全,馔碗金针,馔碗3个。腊祭做海参、肉圆、金针、乾糕、橘子祭馔5盆,准备桌围1个,椅披2个,香炉香匙全副,铜盆面巾盆架全,馔碗鱼1尾,馔碗3个。②

三阄值年,清明墓祭做大爪、软糕、山药祭馔3盆,准备桌围5个,椅披3个,挑礼衣萝2担,纸衣表礼2桌,料香6筒,爆竹2千,赏封钱200文,馔碗鸡1只,用公款购税祭猪2头,办小花包3斤(用红袋装好,月塘散丢)。清明祠祭做大爪、粉丝祭馔2盆,准备铜盆面巾盆架全,虚四两烛1对,栗色男女纸衣2通,表礼花座方帛等,认表礼等400文,胙钱600文。夏祭做海参、肉圆、金针、乾糕、樱桃(或酸梅)祭馔5盆,准备桌围1个,椅披2个,跪垫4个,香炉香匙全副,馔碗鸡1只。中元做豆腐、金针、粉皮、乾糕、茄子祭馔5盆,准备桌围1个,椅披2个,跪垫10个,香炉香匙全副,馔碗冬瓜。腊祭做海参、肉圆、金针、乾糕、橘子祭馔5盆,准备桌围1个,椅披2个,跪垫10个,香炉香匙全副,馔碗鸡1只。③

四阄值年,清明墓祭做大蛏、肉圆、雪梨祭馔3盆,准备铜盆面巾盆架全,五事屏桌1张,猪羊架各1个,爵杯3个,爆竹1千,青袋2只,馔碗3个,杯筷5副,子烛1对,烛台1副,爆竹200,香2筒,白钱2根,三元锭5

① 参见黟县《南屏叶叙秩堂值年规则》,民国十五年刊本。
② 参见黟县《南屏叶叙秩堂值年规则》,民国十五年刊本。
③ 参见黟县《南屏叶叙秩堂值年规则》,民国十五年刊本。

副，酒1壶，火柴1匣，后土福事银帖各1，用公款办凤凰坞4盒，馒头2升，亥1斤，豆腐干16块，煮白米饭2升。清明祠祭做片肚、鲜笋祭馔2盆，准备小锡五事1副，大小桌围各5个，椅披2个，双班乐8人，认双班乐500文，胙钱600文。夏祭做大爪、香菇、蹄包、醃鱼、枇杷祭馔5盆，准备杯盘6副，烛台1副，香炉1个，桌围1个。中元做香菇、素圆、冬瓜、青枣、菱角（或石榴）祭馔5盆，准备杯盘6副，烛台1副，香炉1个，桌围1个。腊祭做大爪、香菇、蹄包、醃鱼、枣子祭馔5盆，准备杯盘6副，烛台1副，香炉1个，桌围1个。①

五阄值年，清明墓祭做鱼翅、猪肌、青果祭馔3盆，饭3银盂，汤3银盂，准备烛台1副，足四两烛1对，安息香20枝，铜护书10张，挑椅绳索，爆竹1千，三元锭3副，红白长钱1根，邀8人打亥票，记参加祭祖支丁名单，用公款雇粗工1人，亲至陈闾山、凤凰坞、月塘割墓前杂草，打草皮，插竹枝，除荆棘。清明祠祭做乾鸡、红枣祭馔2盆，准备大铜五事并连围，茶壶1把（并茶），礼壶1把（并酒），跪垫4个，催双班乐8人，认双班乐500文，胙钱600文。夏祭做大爪、香菇、蹄包、醃鱼、枇杷祭馔5盆，汤6银盂，准备大铜五事，双连桌围1个。中元做香菇、素圆、冬瓜、青枣、菱角（或石榴）祭馔5盆，汤6银盂，准备大铜五事，双连桌围1个。腊祭做大爪、香菇、蹄包、醃鱼、枣子祭馔5盆，汤6银盂，准备大铜五事，双连桌围1个。②

六阄值年，清明墓祭做鲜蹄、冬菇、山楂祭馔3盆，准备馔盘6面（包9个，亥9片），藤盘4面，香炉香匙全副，足四两烛1对，堂灯子烛1对，百鞭爆3串，爆竹1千，白钱9根，飞钱12根，赏封钱200文，食箱1扛。清明祠祭做醃鱼、乾糕祭馔2盆，准备腰石包9个，馔盘6面，香炉香匙全副，胙钱600文。夏祭做大爪、香菇、蹄包、醃鱼、枇杷祭馔5盆，饭6银盂，准备烛台1副，桌围1个，祝文1篇。另外，夏祭祭功源公、倪孺人荤菜6碗（亥、鱼、鸡蛋、笋、青菜、煎豆腐），饭2盂，汤2盂，准备杯筷2副，酒1壶，桌围1个，椅披2个，烛台1个，香炉1个，子烛1对，香1筒，爆竹1百，三元锭2副。

① 参见黟县《南屏叶叙秩堂值年规则》，民国十五年刊本。

② 参见黟县《南屏叶叙秩堂值年规则》，民国十五年刊本。

中元做香菇、素圆、冬瓜、青枣、菱角(或石榴)祭馔5盆,饭6银盂,准备烛台1副,桌围1个,祝文1篇,用公款办表礼、花座、方帛,腰石包9个,三元锭11副,香2筒,爆竹1千,虚四两烛4对,百子烛1对,爆竹1百,雇乐工4名。颁胙钱(每成丁20文)。腊祭做大爪、香菇、蹄包、醃鱼、枣子祭馔5盆,饭6银盂,准备烛台1副,桌围1个,祝文1篇。①

七阄值年,清明墓祭做塘鱼、醉蟹、鲜笋祭馔3盆,准备茶壶1把(并茶),礼壶1把(并酒),杯盘3副,牙筷3双,双响1扎,堂灯子烛1对,爆竹1千,红白长钱1根;祀土文3篇,馔碗肉一块,纸衣表礼等。清明祠祭做蹄包、荸荠祭馔2盆,准备馔盘亥9片,藤盘4面,爵杯3个,胙钱600文。夏祭做醃鸡祭馔2盆,乾枣祭馔3盆,准备桌围2个,椅披2个,香炉2个,烛台1副,香炉香匙全副,馔碗肉一块。中元做雪梨祭馔2盆,面散祭馔3盆,准备桌围2个,椅披2个,香炉2个,烛台1副,香炉香匙全副,馔碗面散。另外,中元祭功源公、倪孺人素菜6碗(面散、冬瓜、茄子、粉皮、豆芽、煎豆腐),饭2盂,汤2盂,准备杯筷2副,酒1壶,桌围1个,椅披2个,烛台1副,香炉1个,子烛1对,香1筒,爆竹1百,三元锭2副。腊祭做醃鸡祭馔2盆,荸荠祭馔3盆,准备桌围2个,椅披2个,香炉2个,烛台1副,香炉香匙全副,馔碗肉1块,用公款办表礼、花座、方帛,腰石包9个,三元锭11副,香二筒,爆竹一千,虚四两烛4对,百子烛1对,爆竹1百,税猪2头,雇乐工4名,胙钱(每成丁20文)。②

八阄值年,清明墓祭做鲜鸡、猪肚、荸荠祭馔3盆,准备花饼2盒(计6斤),三牲1盒,爆竹2千,青袋2只;自办塳上木主素菜1盒,白纸钱1根,三元锭2副,杯、筷、酒、饭、香、烛、爆均全,烛台1副,后土福事银帖各1份,邀齐8人往拜,不准苟且从事;自办闾山先朝古梆素菜1盒,三牲1盒,杯筷2副,饭2盂,酒1壶,香1筒,三元锭2副,子烛1对,爆竹1百,白钱1根,烛台1副,后土福事银帖各1份。清明祠祭做肉圆、甘蔗祭馔2盆,准备料香1筒,堂灯子烛1对,胙钱600文。夏祭做醃鸡祭馔1盆,荤菜6碗(鸡

① 参见黟县《南屏叶叙秩堂值年规则》,民国十五年刊本。

② 参见黟县《南屏叶叙秩堂值年规则》,民国十五年刊本。

蛋、醃亥、醃鱼、豆腐、笋片、青菜），饭、汤各5盂，酒1壶，准备杯筷5副，烛台1副，香炉1个，桌围1个，椅披2个。中元做雪梨祭馔1盆，素菜6碗（羊角、豆芽、豆腐、莱菔、笋片、青菜），饭、汤各5盂，酒1壶，准备杯筷5副，烛台1副，香炉1个，桌围1个，椅披2个。腊祭做醃鸡祭馔1盆，荤菜6碗（鸡蛋、醃亥、醃鱼、豆腐、笋片、青菜），饭、汤各5盂，酒1壶，准备杯盘5副，烛台1副，香炉1个，桌围1个，椅披2个。另外，腊祭祭功源公、倪孺人荤菜6碗（亥、鱼、鸡蛋、笋、青菜、煎豆腐），饭2盂，汤2盂，准备杯筷2副，酒1壶，桌围1个，椅披2个，烛台1副，香炉1个，子烛1对，香1筒，爆竹1百，三元锭2副。①

夏祭、中元、腊祭，“先日八人合扫祠堂内外地”。②

南屏叶氏宗族将《南屏叶叙秩堂值年规则》发给值年。8个值年，人手一本。每个值年有法可依，有章可循。宗族组织管理秩序井然，这是一个重要原因。

九、祖训家法

祖训家法是宗族统治者管理和统治宗族的主要工具。宗族统治者为什么要制定祖训家法呢？徽州宗族认为，“百家之族，情以人殊，虽不能悉为淳良，然其自弃者可劝，自暴者可惩也。睦族君子于其善之所当勉，与不善之所当戒者，编为宗约。歆之以作德之休，使跃然而知趋；示之以作伪之拙，使竦然而知避。条分目析，衡平鉴明，而俾有聪听者，罔不信从。如此而尤有自外于条约者，则齐之以刑，纠之以法，虽欲不为善，不可得矣”。③

《黟具南屏叶氏族谱》卷一《祖训家风》记载：

维我祖宗详立家训，美善多端，阖族奉行，阅世二十，历年数百，罔敢懈怠。其所以正人心厚风俗者，至周且详也。今敬录于谱，以垂不朽云。

① 参见黟县《南屏叶叙秩堂值年规则》，民国十五年刊本。

② 参见黟县《南屏叶叙秩堂值年规则》，民国十五年刊本。

③ 歙县《方氏族谱》卷七《家训·注》，清康熙四十年刻本。

一、崇礼教。族中冠婚丧祭，华而不靡，俭而不陋，称家有无，不限成例。每岁元旦，阖族诣宗祠谒祖毕，序齿团拜。清明上冢，自始祖而下五代，俱设墓祭。照齿值年，备仪物，洁祭器，必诚必敬。与祭者颁胙，各有差。及岁时伏腊，宗祠内襄事值年，仿此而行。

一、正名分。尊卑有等，长幼有伦，毋论礼见、燕见、进退、威仪、言论、称谓，各从其职，毋敢亵狎。

一、安生业。族中子弟，士农工商，各有恒业，非年高稚弱及有事羁留而在家闲遊者，老成必督责焉，故族内少遊惰之人。

一、敦正道。居乡不奉淫祀，丧祭不尚佛事，即春秋祈报有在祀典者，迎神演戏，不趋浮靡，惟尽诚敬而已。

一、禁邪僻。族中邪僻之禁至详，而所尤严者赌博。赌博之禁，业经百余年，间有犯者，宗祠内板责三十，士庶老弱，概不少贷。许有志子弟访获，祠内给奖励银二十两。恐年久禁弛，于乾隆十四年加禁，乾隆四十三年加禁，嘉庆十四年又加禁。历今恪守无违，后嗣各宜自凛。

一、和宗族。族内偶有争端，必先凭亲族劝谕理处，毋得遽兴词讼。前此我族无一字入公门者，历有年所。乾隆四十六年，邑侯殷公以"安分乐业"扁额表闾。族中士庶以舞弄刀笔出入公门为耻，非公事不见官长，或语及呈词讼事，则忸怩而不宁，诚恐开罪宗祖，有忝家风。

一、饬风化。族内不收义子，婚嫁不结细民，子弟不为优隶，不充当地保，违者斥逐。

一、杜匪类。支丁间有不遵祖训者，定行斥逐，生不入祠，死不列主，族中喜忧贺吊俱不得与。永垂家法，以示惩戒。

民国时期，《祖训家风》中八条规定，仍然是南屏叶氏宗族的道德准则和行为规范。据我们调查，除了这八条规定，还有许多不成文的族规家法。

一、孝顺父母。孝为人伦之本。对父母，要尊敬关爱，听从教诲，和言愉色，昏定晨省，生养死葬。不准顶撞、遗弃，更不准打骂、虐待，违者，视情节轻重处理。情节轻者，唤至祠堂教育、训斥，或面对列祖列宗神主罚跪。情节恶劣者，执至祠堂杖责惩处。屡教不改，即书白纸字条，横贴祠堂门外，《支丁名册》除名，革黜族籍。"生不入祠，死不列主"。

二、和睦家庭。家和万事兴。长者与幼者,要尊卑有定,长幼有序,父慈子孝。男女有别,男主外,女主内。儿媳,要三从四德,孝敬翁姑,顺从夫君,爱护子女,安分守己。不准虐待翁姑,搬弄是非,打街骂巷,更不准偷鸡摸狗,作风不规,有伤风化。违者,严惩不贷。婆媳不和,家庭常事,族长、房长、乡绅要教育、评理、调解,促进家庭和睦。

三、析居分爨。兄弟分家,祖先墓田、风水山场、祭祖田地,作为“众有产业”,不得分析。析居时,必须请房长和亲属之中年高德卲者为“分家人”。不论抓阄与坐阄,必须房长和亲属中年高德卲者画押,否则无效。父母健在,姐妹未嫁,必须除留“赡养田’或“口食田”。父母去世,姐妹出嫁以后,再行分析。

四、继嗣承传。不孝有三,无后为大。无子支丁,可以“过继承祧”。但是,“必须昭穆相当”。过继兄弟之子,曰“应继”;过继二从昆弟之子或三从昆弟之子,曰“爱继”。不准过继外姓,也不准以异姓螟蛉子为嗣。违者,生不入祠,死不列主,族中喜忧贺吊俱不得与。

五、售房卖田。出售房屋和田地,宗族亲属有购买优先权;在宗族亲属之中,血缘关系近者有优先权。房产不准卖与他姓,更不准卖给外村人。土地和房产买卖,除了出卖者立契、画押以外,还必须有房长及近亲画押,否则交易无效。

六、封山育林。老虎山山场立界碑和禁碑,保护山林。只准捡拾落地枯枝,打扫落叶。严禁持斧、带锯进山,滥砍滥伐。违者,必须以锡箔将砍伐树木烧化,以示惩罚。保护山林,人人有责。凡吾族人,发现破坏山林者,必须立即报告祠堂,不得包庇。违者,与犯者一起议罚。

七、孀妇守节。程子曰:“饿死事小,失节事大。”不幸寡居,从一而终,苦志贞守,白首冰霜。要孝养翁姑,培植遗子,继承祖业。严禁违规失节。生活困难者,宗族扶持、接济,防止背井离乡,乞讨为生。

八、保护环境。武溪绕村而过。西干石桥和万松石桥立“养生溪”三字禁碑。溪中游鱼,只准垂钓,不准网捕。如违,罚以锡箔将鱼烧化,以示惩处。村中大街小巷,要经常清扫。西干石桥、万松石桥和村中石板路面之上,“严禁打杵、行车和牲畜通行”。违者究治。

九、经理祠堂。值年负责祠堂管理，一年一轮，由五十岁以上——或曰六十岁以上——支丁担任，叙秩堂 8 人，奎光堂 6 人，要尽职尽责，不准玩忽职守。祠堂内外设施，祭器物件，必须妥善保管，不得损坏，不得遗失，不准盗窃。违者，严惩不贷。祠堂是“妥先灵，隆享祀”的圣地。门前，不准凉晒女人衣服，不准陈放污秽杂物。

十、制御庄仆。尊卑有定，贵贱有别，不准以卑凌尊。四时祭祖、各种庆典、婚庆丧吊等活动，庄仆必须按规定服役。不准迟到，不准怠工，不准损坏器物。违者，按情节轻重惩处。庄仆世袭制，必须恪守。如有违制抗拒应役、私自逃亡者，要严加惩处。

民国时期，南屏叶氏宗族仍然奉行“祖宗详立家训。”对违犯族规家法者，惩处十分严厉。据调查，有一个值年支丁盗卖叙秩堂字画，案发逃亡。宗族派人追缉，在上海捕获，就地送司法机关惩处。同时，将该支丁全部动产，搬到叙秩堂门前广场焚毁，以示惩处。并宣布，革出祠籍，“生不入祠，死不列主”。有一支丁盗窃一户老妪锡枧，被老妪发现。窃贼害怕事泄受惩，纵火焚屋，将老妪烧死。案发，族长派人将罪犯捉到祠堂，当众宣布其罪行，并押送县衙惩处。同时，《支丁名册》除名，革出族籍，不仅“生不入祠，死不列主”，而且永远不准其进南屏村。

但是，南屏叶氏祖训家法，突出一个“教”字。以教育为主，教育与惩治相结合，是这个宗族祖训家法的基本原则。民国时期，由于认真执行祖训家法，宗族成员之间，尊卑有定，长幼有序，尊尊亲亲，雍雍睦睦。老虎山山场，松柏参天，郁郁葱葱。树木大者，合抱或数抱。武溪中，游鱼安乐，柔游水中，沿溪可见，大者一二十斤。

十、重教崇文

据《黟县南屏叶氏族谱》记载和我们调查资料，南屏叶氏是一个重教崇文的宗族。他们将教育和文化视为亢宗亢族之本。许多支丁厅堂楹联写道：“绍祖宗一脉真传克勤克俭，教子孙两行正事惟读惟耕。”许多子弟不仅将“绵世泽无如为善，大家声还是读书”楹联书写或雕刻于厅堂之中，而且将这些楹联作为左右铭。

清代,南屏叶氏宗族学校有:

一、南屏书屋。这所学校,前有曲水园,上有魁星楼。乾隆二十九年(公元1764年),魁星会重建。自昔生童肄业其中,争自濯磨。四十六年(公元1781年),复兴文会,“每月会文,历久不懈”。①

二、梅园家塾。此为叶枝彩别业。乾隆年间(公元1736年~1795年),其孙叶逢年“读书于此,因以梅园为号”。②

三、西园书屋。乾隆五十六年(公元1791年),叶华年“于宅西构造书屋二十余间,为子弟读书场所。钟山书院姚姬传山长名鼐有记”。③

四、应奎堂书屋。嘉庆二年(公元1797年),叶荣楠建。地处宅东芷园之中,“为子孙课读之所”。④

《黟县南屏叶氏族谱》卷一《书馆·黄郡博序》,对南屏叶氏宗族文教状况作了概述。其文曰:

> 予于乙未冬忝司铎,谬蒙诸同志许予为知言,时载酒问奇字,而南屏叶氏以制义相商榷者为尤多。当甫来谒时,皆彬彬有儒雅风,望而知其文之必轨于正,文品根乎人品,信不诬已。叶氏聚族居于乡,距城十里许,无公事罕入市者。族中多盛德之士,以礼让为训,贤子弟群奉为依归,以是比户可封。凡守土者过之必式其闾,至等于廉泉让水。予屡至其家,与诸君子尊酒论文,投辖越信宿,犹惓惓不已。予感其意,每低徊留之。今春,族中起文会,按季月一集,赡其供给,聚则言孝言慈,以余力攻举子业,分曹角艺,一以雅正为宗,期于言文行远。予尝谓学以行为本,文以学为本。若叶氏者可谓知本矣。予适之官汝阴,不得久于此,亲见诸君子操铅椠各精尔业,骎骎焉日进于大醇……

这篇文章,对南屏叶氏宗族文教状况作了极好的描述。从中可以看到,

① 《黟县南屏叶氏族谱》卷一《书馆》,清嘉庆十七年木活字本。
② 《黟县南屏叶氏族谱》卷一《书馆》,清嘉庆十七年木活字本。
③ 《黟县南屏叶氏族谱》卷一《书馆》,清嘉庆十七年木活字本。
④ 《黟县南屏叶氏族谱》卷一《书馆》,清嘉庆十七年木活字本。

这个宗族文教之盛。

十年寒窗，金榜题名，衣锦还乡，荣宗耀祖，是徽州宗族英俊子弟的普遍人生追求，南屏叶氏宗族子弟也是如此。宗族建立学校，就是为了实现这个目的。

许多子弟皓首穷经，孜孜不倦。清乾隆年间（公元1736~1795年），支丁叶逢年一试不售再试，再试不售三试……乾隆皇帝八十寿辰举行"万寿恩科"，年已八十一岁的叶逢年参加乡试，又名落孙山。乾隆闻奏，特下谕旨"著加恩赏给举人"。其文曰：

据陈用敷奏，本年江南省应试诸生内，有八十一岁之叶逢年，三场完竣，未经中式等语。该生年逾八旬，精神矍铄，踊跃观光，实为儒林嘉瑞，著加恩赏给举人，准其一体会试，以示朕寿世作人、嘉惠耆龄至意。钦此。①

第二年，叶逢年赴京会试，又榜上无名。乾隆皇帝闻奏，又下谕旨"著赏给翰林院检讨衔。"其文曰：

据知贡举铁保、姜晟奏，本年会试举子内，有八十二岁之叶逢年，三场完竣，未经中式等语。本届朕八旬特开"万寿恩科"，该举子年老应试，庞眉皓首，踊跃观光，洵为升平盛事。著赏给翰林院检讨衔，加赏缎二疋，以示朕嘉惠耆儒、仁寿作人至意。钦此。②

耄耋举子千里迢迢赴省、赴京应试，这种顽强精神令人钦佩；同时八十二岁高龄还考不中，着实使人心寒。

据《黟县南屏叶氏族谱》卷一《质行》记载，清乾隆三十七年（公元1772年）至嘉庆十五年（公元1810年），南屏叶氏宗族子弟被朝廷诰封文职者多达8人。他们是：儒林郎叶万生（乾隆三十七年封）、叶枝泰（乾隆三十七年封）、叶正华（嘉庆四年封）、叶有本（嘉庆四年封）、叶肇发（嘉庆十五年封）、叶宗琨（嘉庆十五年封）；中宪大夫叶长春（嘉庆十四年封）、叶华年（嘉庆十四年封）。其中，有的可能为捐职，但是，他们都具有一定的儒学知

① 《黟县南屏叶氏族谱》卷一，清嘉庆十七年木活字本。

② 《黟县南屏叶氏族谱》卷一，清嘉庆十七年木活字本。

识,这是毫无疑义的。

明代,南屏叶氏宗族贡生有叶圭、叶关保、叶永3人。清代,有叶效洛、叶文藻、叶翱、叶其荃、叶逢年、叶有和、叶赓迁、叶自纯、叶自松、叶自璋、叶新滋、叶新玲、叶纪勋、叶大成、叶梦衢、叶萼16人。①

嘉庆《黟县志》和民国《黟县四志》记载,明清时期南屏叶氏宗族仕宦有:

叶　圭　府训导

叶元善　鸿胪寺署丞

叶逢年　翰林院检讨

叶有芳　知县　通判　知州

叶　栋　县丞

叶有大　候选布政司理问

叶　芹　知县

叶新第　进士　翰林院庶吉士　户部主事　知县　府同知

叶新玲　通奉大夫　知县

叶效洛　盐场大使　知县

叶梦衢　捐职光禄寺署正

叶文藻　候选府经历

著名文人叶尚际,字道洋,"嗜读书,务窥大旨,所著文词,纯雅可式。有《南游集》行于世。尤善大草,纵笔时烟云满纸,识者珍之"②。叶效洛,号书波,"为文闳博肆衍,与胡朝贺、孙锡章齐名,皆修月轩文社中之翘楚"③。叶梦衢,字鼎书,号荷生,"少聪颖,应章试辄列前茅,文名藉甚,挑入碧阳书院肄业,乡闱屡荐不售。初教授乡里,旋游幕于江西之南昌、新建、鄱阳、安仁等县。为人倜傥有干才,工骈体文,善八分书。晚年兼精医术,著名

① 嘉庆《黟县志》卷五《选举志》,清嘉庆十七年刻本;同治《黟县三志》卷五《选举》,清同治十年刻本;民国《黟县四志》卷五《选举志》,民国十二年黟县藜照堂刻本。

② 嘉庆《黟县志》卷七《人物·文苑》,清嘉庆十七年刻本。

③ 民国《黟县四志》卷七《人物·文苑》,民国十二年黟县藜照堂刻本。

于时”①。民国《黟县四志》卷七《人物・文苑》还载有:叶效倚、叶效璥、叶同科、叶文藻、叶德成等5人。

清朝末年和民国初年,叶七斤、叶抱斋、叶彭春、叶新模、叶新咸等人都办过私塾教育。二十世纪三十年代以后,先后有叶景华办的景华小学、叶新楠办的培芳小学、叶新钰创建的南阳高等小学(其子叶芳柽改名南屏小学)、叶芳渊办的短期小学、叶芳柽夫人胡淑媛(黟县西递明经胡氏宗族崇德女子学堂学生)办的求实女子小学。民国《黟县四志》卷七《人物・尚义》记载:“叶寿萱,字坚吾,号讱斋,南屏人。……购地于南屏山之麓,耕且读。提倡实业,手植茶、桑、梓、栗千余株。光绪乙巳,就学上海理化学堂,益究农业……生平热心教育,恢复族中私立南阳初等小学,岁费独立支持,积三年族子弟及邻村之就学者,先后计二百余人,今称五区私立第一国民学校者是也。大吏嘉之,呈奖一等银质嘉祥章。”

民国时期,南屏叶氏宗族已普及小学教有,受过中等教育的支丁,比比皆是。大学毕业生有:叶芳硕、叶长荣、叶绍祺、叶祖期、叶玉如(女)等数人。叶芳珪、叶仲玑留学美国,一个是建筑工程学家,另一个是教育家。叶敏修留学日本,回国后任黟县碧阳、敬业两学校校长。

民国时期,还有一批清朝的举人、秀才和缙绅,文化氛围很浓。旧体诗词作得较好的有:叶间山、叶蔚卿、叶蔚樵、叶一清、叶春庭、叶默村等人;书法有一定功底的有:叶新楠、叶间山、叶蔚卿、叶春庭、叶芳洛等人;书法篆刻较好的有叶学逊。

文会——奖英会——是知识分子的组织。每年农历三月初一、初二和重阳节,举行学术、文化活动。

抗日战争爆发后,东吴大学一些教师和教授,如沈祖懋、吴献书、陈海澄、何汝鑫、张梦白、姚铁心等;苏州一些文人,如周瘦鹃、程小青等,把南屏村视为“世外桃源”,携带眷属侨居此地,直到抗战胜利后才离去。他们与叶氏宗族文人雅士一起组织了一个“苦茶庵诗社”,经常吟诗作赋,垂钓对弈;漫步万松林,攀登淋沥山。

---

① 民国《黟县四志》卷七《人物・文苑》,民国十二年黟县藜照堂刻本。

十一、经商业田

明代以来,徽州宗族子弟“弃儒服贾”、“弃农经商”者日益增多。明代中期,出现了“十三在邑,十七在天下”①,“业贾者什七八”②的社会状况。但是,黟县徽商兴起较晚。嘉庆《黟县志》卷三《地理志·风俗》记载:“往者户口少,地足食,读书力田,无出商贾者(本正德陈志)。《徽郡六邑评》所谓黟县‘男耕(田),女绩麻’,盖纪实也。国朝生齿日盛,始学远游,权低昂,时取予(本窦志),为商为贾,所在有之;习业久,往来陈椽,资以衣食。”民国时期,“俗重贸易,男子成童,即服贾四方,视农工为贱业,劳力而不可谋蓄积。妇人专主家政,力持节俭”。③

由于嘉庆《黟县南屏叶氏族谱》没有人物传记,南屏叶氏宗族何时由一个农业宗族转变为亦农亦商、以商为主的宗族,不得而知。据老年人说,清乾嘉年间宗族子第经商者越来越多,南屏叶氏宗族经济进入繁荣昌盛时期。从黟县地方志中南屏叶氏宗族子弟的传记,可见一斑。

叶贤,字德辉,“家贫不苟取,为人排难解纷持公道。贾江西,市有争议不能决,得其一言立判。居乡不妄言,律己端严,族中义举多襄成之”。④

叶自耀,字光远,“经商而好浏览史籍……以近村至中墩路失修,劝人倡首,难之乃自出赀懂理焉。戚友中文行素优者,自耀每佽助不责报。⑤

叶勋,字克勤,“祖有合业在休宁之万安街,嗣因人事不协,毅然让之,别自营创……同治初,寇(按:指太平军——引者)甫平,改贸江西之河口镇”。⑥

叶赏钺,字承烈,“营布业于江西,为人诚实,商界信孚。碧阳书院复

① 王世贞:《弇州山人四部稿》卷六一《赠程君五十叙》,明万历五年王氏世经堂刊本。

② 王道昆:《太函集》卷一七《阜成篇》,明万历十九年刊本。

③ 胡存天、瑞林撰:《黟县乡土地理·风俗》,民国十四年版。

④ 民国《黟县四志》卷六《人物·质行》,民国十二年黟县藜照堂刻本。

⑤ 民国《黟县四志》卷七《人行·尚义》,民国十二年黟县藜照堂刻本。

⑥ 民国《黟县四志》卷七《人物·尚义》,民国十二年黟县藜照堂刻本。

兴，慷慨乐输。邑侯屈于光绪二年详奉何府宪，赏给‘惠被士林’扁额”。①

叶基，字立平，“幼孤贫嗜学，竭力事母。后游江西，居积致富，养亲不匮。兄坚客死鄱阳，基亲往归其柩。敬嫂慈侄，立父祀会，赞成族党，义举甚多。族人叶有和绍涛赠序，表其孝友。子二人，周济贫乏，有父风”。②

叶懋适，字宇涵，“客江西，以商贾起家，好拯济，造中墩石路四百余丈，焚借券二千余金。子瑞训，附生，继父志。咸丰辛酉，环境皆寇（按：指太平军——引者），粮贵，瑞训尽舂积谷平粜”。③

叶寿萱，字坚吾，邑庠生，“性孝友，宽厚待人，质直好义，业儒。长承父命，服贾休宁万安。父殁，居丧如礼。以诸兄外贸，复理儒业，入邑庠”。④

据我们调查，清朝末年和民国时期南屏叶氏宗族子弟经商的人很多。叶树嵩的高祖叶自榜、曾祖叶同羚、大祖父叶芳辅、二祖父叶芳炜、祖父叶芳元（叶同羚三子）、父亲叶玉廷均在湖北武穴开办叶中成南货店、利济趸船公司，四祖父叶繁昌与其子叶玉润在上海开办纱厂。⑤ 叶秀凰的高祖叶懋伴、曾祖叶赏钺、大祖父叶自容、祖父叶自珂（叶赏钺次子）、三祖父叶自璋、四祖父叶自常都在景德镇开设布店。她父亲兄弟8人，大伯父叶新旺、二伯父叶新庄、三伯父叶新绪、四伯父叶新英、父亲叶新芬（叶自珂五子）也在景德镇经营布店。⑥ 叶玉峰的曾祖叶光远先后在江西河口镇开办钱庄，在文坊镇开办造纸厂，在休宁万安镇开办纸店。大祖父叶新桂、祖父叶新焯（叶光远次子）、三祖父叶新堂、四祖父叶新钰均在江西河口镇开布店、杂货店，在休宁万安镇开纸店。大伯父叶芳馨、二伯父叶芳发、三伯父叶芳湘、父亲叶芳罳（叶新焯四子）、五叔父叶芳祥、堂兄弟叶玉琛、叶玉福和叶玉峰本人，除了在江西河口镇开布店、杂货店，在休宁万安镇开纸店，还在南屏村开杂货店。⑦

---

① 民国《黟县四志》卷七《人物·尚义》，民国十二年黟县藜照堂刻本。
② 同治《黟县三志》卷六下《人物·孝友》，清同治十年刻本。
③ 同治《黟县三志》卷七《人物·尚义》，清同治十年刻本。
④ 民国《黟县四志》卷七《人物·尚义》，民国十二年黟县藜照堂刻本。
⑤ 叶树嵩：《五服世系表》，手稿。
⑥ 叶秀凰：《五服世系表》，手稿。
⑦ 叶玉峰：《五服世系表》，手稿。

据南屏叶氏族谱(抄本)记载,从清朝中叶至和民国时期,叶青州、叶永茂、叶赏敦、叶自泰、叶新长、叶新遂等一家人,均在江西铅山开办洪昌杂货店。1950年《第一期土改重点村外村业主(南屏村)已划好成份登记表》记载,叶庭芳"在外开股份店",叶芳高"在黟城开布店",叶缉熙"在乐平开杂货店",叶贡卿"过去在外贸易",叶新斋、叶新庭"兄弟都在外做生意",叶祖植"在外做店员",叶建国"在上海做店员",叶金发"过去在□亭有股份店……后在祁门做生意",叶金门"在岳父家店中做生意",叶荫培"在外做店员",叶新成"以前做生意",叶衡仙"在本县城开有股份店",叶荫轩"以前在外做店员",叶芳润"做小贩",叶芳鑫"县中店员",叶玉琛"破产资本家",叶楚保"以前做生意",叶蔚文之子"在外做店员",叶芳惠"以前做豆腐"生意。

长江中游许多都市和城镇都有南屏叶氏宗族开设的企业和店铺,而以江西省的景德镇和湖北省的武穴为最多。武穴有个"叶半街",百分之五十以上的店铺都是南屏叶氏宗族子弟开办的。著名的企业和店铺有:叶中成南货店、叶宝成布店、叶中和布店、益成钱庄、三民煤油公司、同和酱油坊、同济裕染坊,等等。

南屏叶氏宗族主要靠在外经商子弟汇款生活。当地有句俗语叫"吃信皮"(按:指在外商人子弟的汇款),生动地说明了这种经济状况。清朝以来,有一个谚语说,"吃江西,烧枧溪",形象地反映了这种经济特点。

清代乾嘉年间,南屏叶氏宗族经济进入繁荣昌盛时期。民国前期,家藏万贯的富豪,有数十户。

发财致富的富商大贾,在故乡大规模建造富丽堂皇的公共建筑和民居。民国时期,南屏叶氏宗族徽派公共建筑和民居有二百多处。除了前面介绍的祠堂以外,其中规模宏大、营造精细、结构巧妙、装饰精美者还有:南阳书屋、培玉山房(解放后毁)、西园(解放前毁)、东圃(解放前毁)、半眷园、齐芳阁(解放后毁)、望云轩、南薰别墅、曲水园(解放前毁)、喜槐亭、大夫第(花园解放前毁)、万松亭(解放后毁)、文昌阁(解放后毁)、观音阁(解放后毁)、环中和洋楼;还有叶敬卿、叶永龄、叶自珂、叶自璋、叶福(锡瀛)、叶芳昭、叶芳煌等住宅。

为了富豪们的生活需要，南屏村横店街开设了数十家店铺。其中有：南货店1家，杂货店1家，糕点作坊1家，布店1家，药材店1家，京货店（兼营文化用品）1家，银楼1家，木匠铺3家，雕匠铺1家，锡匠铺1家，铜匠铺1家，铁匠铺1家，菜馆1家，包子铺2家，绱鞋店1家，竹匠铺1家，豆腐店3家，肉铺3家，冥器寿衣店1家，香烛坊1家，丝绒店1家，轿行2家，理发店2家，纸扎花轿婚服彩品店1家，邮政代办所1所。

明清时期，南屏叶氏宗族子弟经营的商业店铺，是一种封建宗法商业资本。它有四个特征：一、宗族子弟合资制。南屏叶氏宗族子弟许多都合夥经商，二三个人或更多人集资，集体经营；有人虽然独资经营，但是，创办者死后，诸子按股均分，因而也变为合资。叶氏宗族子弟这种宗族合资制有一定的优越性。因为经营者都是始祖叶伯禧的后裔，相互间具有血缘亲属关系，因此容易形成合力，便于经营，能够促进商业资本的发展。二、宗法雇佣关系。在徽州，许多宗族都有经商者携带本族子弟外出谋生的习俗。南屏叶氏宗族商人经营的店铺之中，有许多雇工是本族子弟。雇主与雇工之间，既是劳资关系，又是亲属关系。这样，或多或少能减少雇主与雇工之间的矛盾，甚至形成雇主与雇工之间某种程度的合力，对商业资本的发展有利。三、城市宗族群体。南屏叶氏宗族商人子弟虽然经商的地方很多，但是，也有相对集中的城市。在徽州，以休宁万安镇较多；在外地，以景德镇和武穴最多。湖北武穴有一条马路名曰“叶半街”，南屏叶氏宗族子弟在这里开设大小店铺多达数十家，形成叶氏宗族商人群体。一个宗族子弟麇集在一个城镇经商，有许多好处。大家可以互通商业信息，配合经营，借贷资金，形成合力，增强商业竞争力量。四、商业资本为宗族服务。南屏叶氏宗族子弟从小“读朱子之书，服朱子之教，秉朱子之礼”，宗族观念极强。① 他们经商致富，不忘桑梓，往往将大量商业利润送到家乡，资助宗族建设和宗族活动。叶氏宗族建设祠堂、纂修谱牒、购置族产、兴办学校、修建庙宇、修桥铺路、救灾恤患、抚孤恤寡，所需资金有许多是来自商人子弟的慷慨解囊。

从清末、民初开始，叶氏宗族子弟经营的商业资本已开始从封建宗法商

---

① 休宁《茗洲吴氏家典·家典凡例》，清雍正十三年紫阳书院刻本。

业资本向资本主义商业资本转化。叶繁昌在上海开办的纱厂,就是一个典型的资本主义企业。纱厂厂长已经不是一个封建宗法商人,而是一个典型的资本家。

民国时期,南屏叶氏宗族子弟家庭经济情况如何呢?据《黟县第四区南屏行政村私有土地房屋登记清册》记载,中华人民共和国建国时,南屏叶氏宗族有187户人家,有人口登记者计143户,550口,占有耕地者136户。1950年土地改革划定成分:

地主6户。他们是:叶默村、叶金元、叶春泉、叶松年、叶芳祯、叶和声。

小土地出租者47户。他们是:叶伯文、叶明池、叶蔚文、叶灶发、叶少英、叶芳鑫、叶芳仁、叶基发、叶芳兆、叶祖铨、叶衡仙、叶衡轩、叶玉珂、叶培芝、叶玉发、叶西周、叶耀林、叶荫轩、叶芳森、叶新曙、叶玉瀛、叶德宜、叶豪轩、叶金门、叶金潮、叶树洁、叶芳玉、叶祖植、叶次斋、叶佛炎、叶敬卿、叶蔚卿、叶新斋、叶贡卿、叶自祥、叶自强、叶芳汉、叶玉蕃、叶阳生、叶芳继、叶沛霖、叶社基、叶芳杨、叶芳珪、叶棣园、叶芳櫄、叶芳连。

中农4户。他们是:叶瑞源、叶萼华、叶芳昭、叶芳惠。

贫农53户。他们是:叶旺林、叶梦麟、叶培元、叶有才室、叶水浓、叶永浓、叶祥意、叶耀先、叶楚窟、叶芳茂、叶冬九、叶顺建、叶荣璋、叶芳荫、叶芳德、叶锡年、叶凤麟、叶也好、叶自泽、叶新凤、叶芳渊、叶新武、叶芳忠、叶发康、叶茅连、叶永康、叶灶畅、叶成源、叶连高、叶成器、叶荫培、叶玉权、叶再顺、叶自萱、叶谷荪、叶良、叶玉坪室、叶玉德、叶芳根、叶治平、叶春宜、叶继发、叶进好、叶乾卿、叶勋庭、叶新兰室、叶玉丰、叶芳会、叶芳平、叶芳明、叶丽如、叶梦白、叶元好。

雇农3户。他们是:叶观礼、叶荣富、叶元丕。

贫民19户。他们是:叶耀庭、叶树芬、叶尔贤、叶幼斋、叶新荣、叶玉琳、叶景华、叶芳保、叶观九、叶玉铨、叶福如、叶翠月、叶玉庆、叶芳昌、叶寿卿、叶梓安、叶春庭、叶芳馥、叶兆丰。

工商业者1户——叶莲仙。

工商业兼小土地出租1户——叶祖述(叶祖期)。

小商人2户——叶玉书、叶芳元。

债利生活者2户——叶子臯(?)、叶子莺。

据《黟县第四区南屏村土改前各阶层占有使用土地统计表》记载,平均每户地主占有土地24.135亩,小土地出租者占有6.603亩,中农占有1.75亩,贫农占有0.973亩,雇农占有0.2589亩,贫民占有0.757亩,工商业者占有16.613亩。

十二、庄仆制度

南屏叶氏宗族叙秩堂和奎光堂都占有庄仆。庄仆,又曰佃仆、世仆、小姓、小户等。家庭贫穷、生活困难的农民为什么会沦为庄仆的呢?据历史文献记载,主要原因是:"种主田、住主屋、葬主山。"

南屏叶氏宗族庄仆源远流长,均为世袭制。《南屏叶叙秩堂值年规则》记载,元代末年叶氏宗族始祖叶伯禧被江友松招赘。江氏将随身胡姓庄仆,"特著来老姑爷家服务"。胡姓庄仆世世代代被南屏叶氏宗族占有,"传至于今,有六百载。自胡灶仪故后,伊侄茂椿迁居光村,多不在家,于民国十五年……遂终止矣"。

由于社会文明的进步和庄仆不屈不挠反剥削、反压迫的斗争,清朝政府于雍正五年(公元1727年)、六年(公元1728年)、乾隆三十四年(公元1769年)、嘉庆十四年(公元1809年)、道光五年(公元1825年),先后五次下诏"开豁"奴仆为良。但是,直至民国时期,南屏叶氏宗族仍占有数十户庄仆。

庄仆都佃种叶氏宗族的族田,按分成制和定额租向叙秩堂和奎光堂缴纳地租。这些田地,均"各载租簿"。①

根据叶氏宗族的规定,庄仆除了佃种叶氏宗族的族田,向叙秩堂和奎光堂缴纳租谷以外,叶氏宗族庆典、祭祖、婚嫁、丧葬等活动,他们还必须为叶氏宗族服各种劳役。

《南屏叶叙秩堂值年规则》记载,除夕,双溪湾胡姓庄仆——即江友松赠送给叶氏宗族始祖叶伯禧的庄仆之后裔——"打扫香火楼,及扫围墙各

---

① 《黟县南屏叶氏族谱》卷一《祀田》,清嘉庆十七年木活字本。

地(按:祠堂围墙周围——引者),爬祠前水坑。事毕,当给鲜亥三斤,米粽三个。元旦来祠叩头,给钱念四文,后改共给银币一圆”。

南屏叶氏宗族规定,阴历元旦至初六日,叙秩堂和奎光堂“必开祠大门六天”。民国十四年(公元1925年),“议轮六房庄仆天天看守,防失物件,每天给工钱二百文。初一日,奎长庄值;初二日,奎二庄值;初三日,奎三庄值:初四日,奎四庄值;初五日,大三庄值;初六日,大四庄值。每于腊祭雇时,务说明每日九点钟来,六点钟去,不得外游偷惰,亦不得一人兼守二祠。如违,俱立罚烧锡箔一块,决不徇情”。①

元旦团拜,用四名乐仆伴奏。不论哪房乐仆,均“给工钱四百文”。初十日,拜陈闾山、月塘、下衙前园祖墓,“携篮仆给铜钞拾陆枚”。②

《南屏叶叙秩堂值年规则》记载,清明前一日,双溪湾胡姓庄仆“并至闾山、凤凰坞、月塘三处,打草皮,加坟堆,插竹枝,备挂钱,例在凤凰坞坐候。此处拜毕,即将福事四盒尽给之,约值银币一圆。”

清明墓祭,南屏叶氏宗族对六房庄仆服役——扛、抬、挑、举、提——与报酬,作了详细规定。奎长房庄仆:祭桌,100文;猪羊架,100文;纸衣、表礼桌,50文;三牲饼盒,60文;堂灯,50文;礼衣担,60文。奎二房庄仆:祭桌,100文;猪羊架,100文;纸衣、表礼桌,50文;福事盒,60文;堂灯,50文;礼衣担,60文。奎三房庄仆:祭桌二个,计200文;食箱,150文;纸衣、表礼桌,50文;大伞,50文;旗,40文。奎四房庄仆:祭桌二个,计200文;食箱,150文;纸衣、表礼桌,50文;挑椅,50文;旗,40文。大三房庄仆:祭桌,100文;猪羊架,100文;香案桌,60文;金鼓,70文;旗,40文;铳,40文。大四房庄仆:祭桌,100文;猪羊架,100文:香案桌,60文;金鼓70文;旗,40文;铳,40文。③

墓祭,粗细双班乐仆10名,计银币1.50元;闾山、月塘、下衙前园各给赏封钱200文。祠祭——清明、夏祭、中元、腊祭,乐仆都是4人,每次祭祀计给钱800文。④

① 黟县《南屏叶叙秩堂值年规则》,民国十五年刊本。
② 黟县《南屏叶叙秩堂值年规则》,民国十五年刊本。
③ 参见黟县《南屏叶叙秩堂值年规则》,民国十五年刊本。
④ 参见黟县《南屏叶叙秩堂值年规则》,民国十五年刊本。

明清时期,叶氏宗族子弟都聚居南屏村,庄仆都散居于南屏村四周的“庄”。嘉庆《黟县志》卷二《地理志·都图》记载:“黟俗族居者曰‘村’,其系属于村者曰‘庄’……前人重族姓,其有系属者所居,俱不得入志。”民国时期,南屏叶氏宗族仍保持着这种“村”“庄”分居二元体制。

徽州宗族特别重视上下、尊卑、贵贱之别。庄仆属卑贱者阶层。民国时期,南屏叶氏宗族的庄仆,通常都称为“小姓”、“小户”。他们称叶氏宗族的成年支丁为“官人”,未成年支丁为“小官人”;称叶氏宗族的老年妇女为“老太太”,中年妇女为“太太”;称未出嫁的女孩为“小姐”,或称“姑娘”。

南屏叶氏宗族的族人与庄仆的关系,是统治者与被统治者,剥削者与被削者的关系。庄仆不但佃种叙秩堂和奎光堂的田地,按分成制和定额租缴纳租谷,而且为叶氏宗族服各种劳役。服役时,不准迟到早退,不准偷懒要滑,不准损坏器物,不准敷衍应付,不准抗拒主命。如违,酌情惩处。特别是背主逃亡者,严惩不贷。

学术界对庄仆制形成的原因有不同看法。有人认为,“种主田”是庄仆制形成的主要原因。有人则认为,“种主田”只能形成租佃制,“住主屋,葬主山”才会形成庄仆制。

我们认为,农民仅“种主田”,只能形成租佃制,只有在“种主田”的同时,又“住主屋”或者“葬主山”,才会形成庄仆制。因为,农民仅“种主田”,不要为地主服役,只有在既“种主田”又“住主屋”或“葬主山”的情况下,才要为地主服役。我们还认为,农民在“住主屋,葬主山”的同时,必然要“种主田”。因为,农民只“住主屋,葬主山”,而不“种主田”,生活就没有来源。所以我们的结论是:农民沦为南屏叶氏宗族庄仆的主要原因是“种主田,住主屋,葬主山。”三个条件,一个也不能少。

十三、风俗民情

嘉庆《黟县志》卷六《人物志》记载,黟县知县殷濬哲旌表南屏叶氏宗族“安分乐业”匾跋云:

余初莅黟山,采问风俗,闻治南有叶氏,四民各务本业,绝不妄为。

黟士请志之。余留心细察，迄今五载，不见村民片纸入公，而士人更讲求诗书，益信人言不虚，因乐表之，以志其里之美云。今其族中，犹守古风，无佚荡争讼之习。

清朝末年和民国时期，徽州社会虽然发生了很大变化，但是，黟县这个四面环山的“世外桃源”古风犹存。南屏叶氏宗族的风俗民情，具有典型性和代表性。

除了前述清明、夏祭、中元、腊祭以外，现摘要如下。

农历新年临近，年长长辈都用米粉制作彩头饼（又曰桃饼、彩粿）分送子孙，祝晚辈吉祥如意。彩头饼花纹有：鲤鱼龙门、狮子滚球、福星高照、鹤鸣百岁，等等。散发彩头饼，宣告新年活动拉开帷幕。

除夕，打扫祠堂、张灯结彩、陈设祭器、辞旧迎新。夜间，子孙都要向长辈辞岁、拜年。长辈送年幼子孙红纸包——压岁钱。十五岁青年支丁成群结队大街小巷叫喊：“公爷、叔爷们，请下厅下（祠堂），叶家支丁团拜年啦！”一直喊到天明。叙秩堂仪门洞开，全体支丁俱着节日盛装，徐徐走进祠堂。这时鼓乐齐奏，曲调悠扬。先行谒祖礼，再行团拜礼。团拜礼为：晚辈先拜长辈，然后同辈互拜。团拜进行过程，族长居上方高喊：“种田者，五谷丰登！”“读书者，连中三元！”“经商者，一本万利！”……每喊一句吉祥如意之话，大家拜一次，高呼“好！”。拜毕，燃放鞭炮。最后，发“团拜饼”。“颁饼定章：成丁到祠者，每领一斤；未成丁者，向不发给，此亦取利市之意也。六十岁，另加一双；七十岁，再加一双；八十、九十又递加一双；百岁，特别议加。送新人茶者，每家给饼一双。守制在七七内，照颁饼一斤。过此，非亲到祠不发。”①

元旦上午，新娘（结婚不满一周年者均称新娘）给年长的长辈拜年。南屏有闹新娘的习俗。青年人燃放爆竹打新娘，名曰“不打不发”。

中午（或曰初二日中午），新娘给年长长辈送“午茶”（又曰“新娘茶”）。族长、房长和年长长辈俱坐祠堂的太师椅上，新娘由婆婆陪同向长者一个一个献茶。献茶时，长者祝新娘吉祥如意，并赠送红包。

---

① 黟县《南屏叶叙秩堂值年规则》，民国十五年刊本。

初四日和初五日，里田和中墩罗姓傩神戏来宗祠演出。祠堂张挂神像。“值年者铺桌三张，用香、纸、□，点大烛，摆三牲以迎之。藤盒装米十升，红纸□□……厅铺桌椅，任其演戏”。中墩罗姓“另给演戏人钱二百文”。①

初七日，焚香燃纸送祖先。

初九日，祭周宣灵王祠。清代，与祭人员著“黼服”。民国时期，“公议必穿礼靴，戴礼帽，方给花饼一斤，否则不给。年登花甲，赴祠与祭，另给饼一斤；耄耋期颐，照上递加”。②

初十日，拜陈闾山、月塘、下衙前园祖墓，名曰“拜坟年”。先期出“通知帖”。祭品有：五子果盒1个，茶1壶，盂3个，香、纸、爆、烛全。③

元宵，宗祠舞龙灯（布制），庆祝元宵佳节。“三关会游‘龙灯板’。值年人在宗祠大门前铺方桌，系桌围，点大烛，摆三牲，并备香、纸、爆伺候”。④

二月二日，用木雕模型做米粉饼，名曰“打老虎”，又曰“打食桃”。大户人家要消耗一二担米，分送亲属和四邻，联系亲情，和睦邻里。

三月八日，举行迎神赛会。据调查，南屏村叶氏、程氏、李氏三个宗族轮流供奉高宗文孝、周宣灵王、英烈大王三尊神像，每年一轮。三月八日，叶氏宗族要将三尊神像从程氏或李氏祠堂之中接到叙秩堂，名曰“接三官老爷”。

迎神仪仗队由旗、锣、伞、铳组成。仪仗队之后，依次是万岁亭、笛队、地戏、罗汉。笛子队由漂亮的童男、童女组成，经过长期培训，能演奏多种优美曲调。罗汉脸谱，憨厚纯朴，善良可爱，象征吉祥如意。文艺队之后是：三尊神像，乘坐四抬三乘大轿。最后，是迎神群众，男女老少。

神像到达叙秩堂以后，即举行祭神议式。请道士作法事，祈福祛禳。同时，请戏班搭台演戏，唱黄梅调和目莲戏，娱神娱人。夜晚，举行烟火晚会，燃放五彩缤纷的烟火。

三月十五日，碧阳书院祭徽国文公朱熹和崇教祠先贤。宗族派值年二

---

① 黟县《南屏叶叙秩堂值年规则》，民国十五年刊本。

② 黟县《南屏叶叙秩堂值年规则》，民国十五年刊本。

③ 参见黟县《南屏叶叙秩堂值年规则》，民国十五年刊本。

④ 黟县《南屏叶叙秩堂值年规则》，民国十五年刊本。

人“各带礼服赴院与祭”。①

端午节，家家户户在门上插菖蒲避邪。屋角墙根洒雄黄朱砂酒避虫。小孩子挂香牌（即香包）。香牌手工精细，造型优美，象征吉祥如意，富贵荣华。

中元节，举行“度孤”活动。在十字路口、三岔路口或武水沿岸烧纸衣，超度贫困的孤魂野鬼，表达南屏叶氏宗族族人对贫穷人家的关怀。同时，青少年还自发地举行舞草龙活动。龙身用稻草制作，龙头插蜡烛。每个少年举一只，点燃蜡烛，到每家每户表演。

八月初一日，是秋报会，祭三官老爷。祭祀时宣读《祭文孝文》。其文曰：

维中华民国　　年夏历八月初一日之良，信官叶某某率三关人等，谨以清酌庶馐之仪，致祭于高宗文孝、周宣灵王、英烈大王之神前而言曰：伏以功德无疆，共荷神庥于万世；声灵有赫，久资福庇于一方。喜恩泽之宏敷，爰馨香之特荐。恭维列位尊神，后先著绩。其生也，非出于一时，远近铭恩；其灵也，永垂乎千载。或文其词于书府，孝行著篇章；或宣其德于人寰，灵丹拯疾苦；或平风波于武水，英杰之德泽长存；或捍灾患于屏山，烈士之勋名共仰。凡兹，人歌安燕，户庆吉羊。总由恩叠敷鸿，惠频施骏。今者西成将告，秋报难忘，藉箫管以扬庥，宫商叶调肃冠裳，而致祭蘋藻明虔。伏乞来格来歆，降祥降福。俾民康于岁岁，群生共乐。光天佑物，阜以年年。万类同娱化日，尚飨。②

仲秋节，舞布龙、舞板龙、舞草龙、舞狮子，三年一次，名曰“龙灯年”。板龙又称“龙灯板”。由祠堂制作一只龙头，每户支丁备一块约一米长木板，上置腊烛，下有木柄。将龙头与龙灯板一块一块连接起来，即成一条长龙。夜幕降临，布龙、板龙、草龙点燃蜡烛，沿街游行之后，在叙秩堂门前草坪举行舞龙灯表演。

冬季，请社戏、三角班演唱黄梅调和目莲戏。丰年，唱大戏（即京剧），

---

① 黟县《南屏叶叙秩堂值年规则》，民国十五年刊本。

② 黟县《南屏叶叙秩堂值年规则》，民国十五年刊本。

欢庆五谷丰登,吉祥如意。

农历十二月二十四日,送灶神升天。同时,家家户户都到门口或坟地,接祖先过年。

明清时期,徽州宗族绝大多数都"不行冠礼"。南屏叶氏宗族独树一帜,直至民国时期还举行这种礼仪,一年一次,在叙秩堂举行。礼仪前三日,家长和冠者于叙秩堂高、曾、祖、考神主前行告庙礼。行冠礼日,年满 15 岁的支丁,身着长袍马褂,按行辈排列,在叙秩堂加冠。礼仪开始,击鼓奏乐,鞭炮齐鸣。加冠主持者曰"宾",家长请嘉宾或族长任之。赞、傧、唱礼生、执事,各司其职。始加冠仪,宾祝词曰:"吉月令日,始加元服。弃尔幼志,顺尔成德。寿考维祺,以介景福。"再加冠仪,祝词曰:"吉月令辰,乃申尔服。谨尔威仪,淑慎尔德。眉寿永年,享受胡福。"三加冠仪,祝词曰:"以岁之正,以月之令,咸加尔服。兄弟具在,以成厥德。黄耇无疆,受天之庆。"①礼毕,行告庙礼。然后,冠者拜父母、尊长。拜毕,家长宴请宾、赞、傧、唱礼生、执事以及族长、亲朋好友。宴会期间,众人向家长和冠者祝贺,并对冠者进行教言。

民国时期,南屏叶氏宗族男婚女嫁,仍然恪守父母之命,媒妁之言,门当户对。提亲,看八字,行聘礼,确定婚姻关系。然后,定日子,送聘礼,行婚礼。

女儿嫁妆贫富不等。官宦之家和富商大贾女儿妆奁,讲究备齐女儿一生受用。其中,不仅有几穿几戴,几铺几盖,箱柜器俱,生活用品,而且还有土地、寿材和奴仆。更甚者,还为女儿打一眼井,名曰"不吃婆家水"。一份彩礼,曰"一个头"。有的 36 个头,有的 48 个头。彩礼队伍浩浩荡荡,曰"十里红"。

妆奁送到男方,男方有"回运奁"。富有人家回运奁一般有:百子红烛 20 斤,三斤堂烛 1 对,二斤厅烛 1 对,四两红烛 2 对,大红直方百副,大红全帖 1 千,新制凤冠 1 顶,新制龙衣全身,花衣全身,银塔簪头全副。②

---

① 三篇祝词均为叶祖惠口述,用清雍正十三年紫阳书院刻本休宁《茗洲吴氏家典》校对。

② 叶氏宗族支丁抄录的宗族资料集。

婚前一天傍晚，由乐队伴奏和火把照耀，迎亲的花轿从祠堂启程，到达女方祠堂，将花轿放到一个竹篾编制的晒谷箩筐之上。一个年青力壮扮演"红婆"妇女，陪同新郎到新娘家中举行迎亲仪式。这时，新娘沐浴梳妆，穿衣打扮，名曰"上头"。上头吉语曰："吉曰加冠，多福多寿多男子；良时配钮，曰富曰贵曰康宁。"①酒宴之后，新娘要出门，开始"哭嫁"。一方面表示母女难舍难分之情，另一方面母亲要教女儿为妇之道。然后，红婆将新娘背到祠堂，举行送亲礼仪。父兄敬新娘三杯酒，新娘上轿起乘。花轿抬出祠堂，立即关闭祠堂大门。一个青年在门内用扫帚向里扫三下，意为宗族财富不能外流。

迎接新娘的花轿回村，要抬到祠堂下轿。这是徽州结婚礼仪的一个重要特点。在祠堂举行一个简短的仪式之后，由"好命老孺"搀扶新娘，踏着青布袋徐徐走到婆家。路上，执事人将两条青布袋倒替从新娘头顶抛过，同时，高喊："一代胜过一代。"

傍晚，由两个青年拿花烛照明，新郎、新娘赴祠堂举行拜天地、拜香火、拜祖先、夫妇对拜仪式。首先拜天地，拜时司仪宣读《拜天地文》。其文曰：

阴阳启造化之先，伉俪居伦常之首。乾奇坤偶，两仪已定夫刚柔；恒久咸和，二姓因成为夫妇。为赤绳先系，斯玉镜长明。今沾高厚隆恩，得完唱随佳愿。问名纳采，谢苍天之作缘。著代联婚，基大地之钟瑞。永矣丝萝万载固，依然琴瑟千秋长。②

拜天地毕，接着拜香火，司仪宣读《拜香火文》。其文曰：

皇皇宝座，享万代之明禋。赫赫灵光，主一家之司命。匹配原由月老，全仗执柯；良缘为启冰人，殷勤致梦。双璧叨荣于今夕，丹花发秀于来年。秦晋合卮，先奉家坛之爵；朱陈结好，自然古鼎之香。宜尔室，宜尔家，仰观助相；或来歆，或来格，俯鉴恭严。

拜香火毕，接着拜祖先，司仪宣读《拜祖先文》。其文曰：

祖德华峰起，秀生蓠茵喜连枝。渊源江水长，泽润芙蓉欣并蒂。六

① 叶氏宗族支丁抄录的宗族资料集。

② 黟县《南屏叶叙秩堂值年规则》，民国十五年刊本。

礼先详家庙，雁奠方行；干章高妥层楼，駕俦齐祷。如在上，如在旁，叩南阳之考妣；降以熊，降以罴，肇北阙之冠裳。绵绵瓜瓞追前谟，馥馥芝兰开后裔。凡诸孙子燕会，总衍崑岺鸿基。

拜祖先毕，接着夫妻对拜，司仪宣读《夫妻对拜文》。其文曰：

好逑叶咏，既歌文定之祥；相敬如宾，岂乏交酬之谊。男由左，女由右，两两相宜；日生东，月生西，双双对立。自是亨嘉大吉，请行花烛隆文。①

礼毕，新郎新娘回家，入洞房，吃“暖房酒”（即吃“交杯酒”）。

第二天，新娘拜见长辈。由“好命老孺”陪同和介绍，新娘一位一位献茶。公婆赠送金银首饰。其他长者送红包。

第三天，“回门”。新郎、新娘各乘一轿。礼品有一鲜、一腊、桂元、花生、赤豆、鸡蛋、糕点、糖果等。

南屏叶氏宗族子弟结婚，有向族人赠送菜肴的习俗。名曰：“送房。”《送房木盘缘起》说：“我族成婚，在祠行礼。昔用十碗送房，以族、房长及在亲者为限。至乾隆三年，辉五公等因生活高、族丁繁，遂公议无论贫富，概改用四个木盘。愿后房切勿更章至要。”②

南屏叶氏宗族丧礼，与徽州一些世家大族也大同小异。人死“报讣”，告诉亲友。同时，在家里檫洗尸身，穿寿衣。然后，长子捧头，次子抱脚，抬到祠堂入殓。富有人家扎制松门楼，以白布遮盖天井，设孝堂（即灵堂），点“长明灯”，烧“长明香”。小户负责添油、上香。添一次油，上一柱香，叫一声老爷，即发一次赏钱。祭礼有的5天，有的7天，都是“阖族送祭，阖族烧香”。孝子身着麻衣、帽挂棉球，与家人一起在祠堂守灵。同时，请道士、和尚颂经念佛，超度亡灵；请嘉宾或族长点主，供奉灵前。亲朋好友，前来吊祭。孝子孝孙跪迎跪送，燃放铁铳，焚烧纸箔，音乐伴奏。

出殡时，除了孝子孝孙和家人以外，一般人家是五服以内亲属和朋友参加。富有的人家，都是阖族送祭。徽州人非常重视墓地风水。如果暂

① 黟县《南屏叶叙秩堂值年规则》，民国十五年刊本。

② 黟县《南屏叶叙秩堂值年规则》，民国十五年刊本。

时寻觅不着理想的风水宝地,棺柩暂置“南阳殡所”。按《南屏叶叙秩堂值年规则·叙秩值年章程》规定,值年于中元节清查一次棺柩,腊祭节再清查一次,有停柩超过四十天者,“立令搬移”。“未满四十日者,不在此限”。

出殡之后,将神主(即牌位)请进家中楼上香火座,焚香跪拜。中元节和腊祭节前一天,送往祠堂,名曰“上堂”。民国时期规定:“送特牌入祠者,祠内每牌取银币贰元,特牌由丧家自备。”①

盖房要看风水,看门向。南属火,商人家门不是朝西,就是朝东,均不朝南。叶玉广在休宁万安镇的店铺门朝南,对着陈家大门。所以,他在门口置一个大鱼缸,用水克火,改变风水。住宅四周筑高墙,正厅左右有厢房,门内建门楼。雨水均流入天井,名曰“四水归堂”,“肥水不外流”。院内有蓄水池或水缸,存水防火。

上梁吉日,舅舅送枝金花,插于中梁。工匠在梁上向观众抛馒头,唱吉祥歌。礼毕,宴请亲友和工匠。侨迁新居,舅舅挖二棵毛竹,用红布缠绕置于大门两旁,名曰“节节高”。

与徽州宗族家庭一样,南屏叶氏宗族家家户户厅堂陈设都是:厅正中悬挂中堂,两边是楹联,再两边是抱柱楹联;厅左右两边各挂四副条幅,或字或画。中堂之下是条几,条几正中为座钟,左置瓶,右置镜,取“钟”、“瓶”、“镜”谐音,曰“终身平静”。

为了防盗,每个巷口都有栅栏门,晚上关闭。巷口交岔处有“过街亭”。夜间,有人打更。大街小巷和村头路口,都有用砖砌成的“天灯”照明(水口曰“神灯”)。其型类似灯塔,顶部四面有孔,油灯置中。村民轮流添油。黟县方言读“天灯”为“添丁”,意为人丁兴旺。村头三岔路口“天灯”之下,放块石条。“天灯”指示方向,石条供人休息。

青石板路面,按时打扫。垃圾不准乱丢乱倒,必须送到垃圾堆里,运至田里作肥料。村中大街小巷,一尘不染。有的老人说,穿着白布鞋,绕村走一圈,鞋底不沾尘土。

---

① 黟县《南屏叶叙秩堂值年规则》,民国十五年刊本。

妇女出门必须穿裙子，否则即被说成“光屁股的老母鸡”，族长、家长要批评教育。家中贵客莅临，妇女要躲到后厅回避。今天还能看到个别老年妇女穿着清朝服装。

闹新女婿的习俗很有趣。问难、劝酒、开玩笑，常使新姑爷无法应对，下不了台。富有人家的女婿初次到岳父家，往往要携带跟班，选几个能说会道、酒量大的小户，为女婿解围。每次解围，都要给红包——赏钱。

民国时期，文会出现不正之风。参加文会要缴纳6元钱入会费，族众称为“买文会”。会文以后，请学子吃大块豆腐（重四两），大块猪肉（重四两），美其名曰：吃大块豆腐、大块猪肉，写大块文章。族众称为“吃文会”。

清光绪末年，废科举，兴学校，南屏叶氏宗族子弟大都走进近代学堂，少数精英学子还出国留学。西方社会之风，徐徐吹进南屏。个别子弟结婚采用中西结合的礼仪，新郎穿西装，新娘戴头纱，拜天地、拜香火、拜祖先、夫妻对拜。最引人注目的是在一片徽派建筑之中，村中还建造了一座洋楼。这些现象的出现，说明南屏叶氏宗族风俗开始有了一些变化。

附　记：

调查时间：1992年11月，1993年4月，2000年5月。

调查地点：黟县西武乡南屏村、黟县地名办公室、黟县城关叶新濂寓所。

调查对象：

叶绳武	新字辈	19世	1912年生
叶新濂	新字辈	19世	1912年生
叶祖惠	新字辈	19世	1924年生
叶秀凰	芳字辈	20世	1921年生
叶松年	芳字辈	20世	1925年生
叶荣荪	芳字辈	20世	1937年生
叶玉宽	玉字辈	21世	1921年生
叶观礼	玉字辈	21世	1927年生
叶玉峰	玉字辈	21世	1930年生

叶树嵩	树字辈	22世	1916年生
李邦勋			1929年生
金美凡			1933年生

（原载《徽学》第五卷，安徽大学出版社2008年版，题为《古风犹存的徽州名族——黟县南屏叶氏宗族调查研究报告》）

休宁月潭朱氏宗族调查研究

月潭村，地处休宁县南乡，前挹天马山，后倚天柱峰，清澈碧绿的率水从村北逶迤而过。一片鳞次栉比、粉墙黛瓦、错落有致的徽派古民居，镶嵌于青山绿水之中，构成一个十分醉人的典型徽州村落景观。

“月潭”名称来源，说法不一，“或曰潭之状如月，故名；或曰月宜于水，潭则静，深莫测，而尤有取于月者也”。①

月潭村是朱氏宗族聚族而居的地方。全村有二百多户人家，朱氏宗族子弟将近三分之二。月潭朱氏宗族与理学集大成者朱熹同属婺源茶院朱氏始祖朱瓌的后裔。因此，他们对朱熹异常崇拜，比其他徽州人更笃，自称“紫阳世家”。其实，他们与朱熹同宗不同派。据《婺源茶院朱氏世谱》和《新安月潭朱氏族谱》记载，朱瓌五世孙朱振生 4 子——朱中立、朱绚、朱发、朱举。朱熹是二房绚公派曾孙，居建宁府建阳县；月潭朱氏是四房举公派的后裔，居徽州休宁县。

月潭朱氏宗族是徽州一个名宗右族。宋元以来，这个宗族不仅组织制度、祠堂规制、谱牒编纂、族规家法、族田族山、民俗风情具有一定的典型性，而且科第仕宦、从商业贾、文化教育都取得了很大成就。调查研究月潭朱氏宗族，对认识徽州宗族，特别是徽州望族，有很大意义。

我们的调查研究报告共分 8 部分，讲了 16 个问题。宋、元、明、清时期，主要根据历史文献；民国时期，主要根据民国《新安月潭朱氏族谱》和调查资料。

---

① 康熙《新安月潭朱氏族谱》卷一〇《送朱祥辅赴京序》，清康熙四十六年木刻本。

一、名门大家与宗族形成

休宁月潭朱氏宗族奉婺源茶院朱氏宗族始祖朱瓌为始祖。据《婺源茶院朱氏家谱》记载，朱瓌，又名朱古僚，行二十二，“先世居吴郡。唐乾符间，避黄巢之乱徙居歙之黄墩。天祐中，以刺史陶雅之命，领兵三千戍婺源，民赖以安，子孙因家焉”。因朱瓌“官制置茶院，遂称茶院朱氏”。①

休宁月潭朱氏宗族是朱瓌的后裔。据《新安月潭朱氏族谱》世系图记载，其直系祖先是：一世祖朱瓌，二世祖朱廷隽，三世祖朱昭元，四世祖朱惟甫，五世祖朱振，六世祖朱举，七世祖朱瓒，八世祖朱奕，九世祖朱德，十世祖朱吉，十一世祖朱兴。

民国《新安月潭朱氏族谱》卷首《家谱弁言》记载，月潭朱氏宗族“以茶院府君为始祖……先世皆居婺之阙里。至瓒公自婺阙里徙居休之南，是为临溪府君。至兴公自临溪东徙十里，曰月潭，是为月潭府君。同时，有时公(或曰时公之子朱垍——引者)者自月潭徙居歙之环溪，是为杏城府君。徽郡朱姓最繁，而紫阳之派惟此四族为著，其他皆附紫阳以见者也”。

月潭朱氏宗族始迁祖朱兴为什么从临溪徙居月潭呢？民国《新安月潭朱氏族谱》卷二记载：“月潭府君讳兴，字益茂，行四，吉公子。幼卓异有志，为时伟人，以子姓蕃而居址隘，乃卜地距东十里许，曰月潭，前挹天马山，后倚天柱峰，术者以此地益秀，必昌其后，于是由临溪而迁焉。”这条资料说明了两个问题：一、朱兴从临溪迁月潭，是因为临溪“子姓蕃而居址隘”。这是临溪朱氏宗族繁衍裂变的一个重要原因，同时，也是宗族发展普遍规律的具体表现。二、朱兴定居月潭，是因为“术者以此地益秀，必昌其后”。历史文献证明，徽州人重视堪舆，选择居址必须看风水，这是徽州宗族始迁祖选择居址的一个重要依据。

---

① 康熙《新安月潭朱氏族谱》和民国《新安月潭朱氏族谱》，均作朱瓌，又名朱古僚，行二十一。

宋元之际，月潭朱氏就成为休宁和徽州地区的名门大家。民国《新安月潭朱氏族谱》记载，朱汝贤、朱汝清、朱汝弼、朱汝辅昆季四人“俱以仕显名于世”，“赫赫为一时闻人”。

朱汝贤，字震贤，号竹溪，行四六，朱应崧长子，“志洁行芳，有潇洒出尘之概。举进士，授奉训大夫，权浙西常平提举，有政声。与弟同知公、县丞公、宣使公同居一门无间言。宋度宗朝敕赐‘紫阳义居’。元兵南下，弃官归隐于颜公山，别号‘全真’以见志，舍田为山僧常住计。后殁，里人高其义，建祠山寺，塑公暨毕氏、刘氏二夫人神像以祀”。①

朱汝清，字震声，又字震雷，号竹窗，行万三，朱应崧次子，“英伟不群。明经举进士，授奉政大夫、明州同知（今温州），署本州事，未几谢政归”。②

朱汝弼，字震子，号竹林，行万五，朱应崧三子，“器质魁岸，颖悟嗜学。以贤良荐，任瓯宁县县丞，甚得民心。迨满告归，绝意不仕。平居训其子孙，一循规度”。③

朱汝辅，字震辅，号竹轩，行万七，朱应崧四子，“任湖南承宣使司承宣使，襟怀豁如，识量渊如，辞气蔼如。谢政家居，建临清阁于潭之南，构平林小隐于溪之北，引曲水，艺名苍，列琴樽书画之属。宾客过从，相与流觞吟咏，慕晋人之风”。④

月潭朱氏宗族子弟的最高追求是：科第仕宦，荣华富贵；衣锦还乡，荣宗耀祖。朱汝贤、朱汝清、朱汝弼、朱汝辅兄弟四人仕宦以后，“戮力协和”，大兴“义举”，声振乡里。他们先后“修治先茔二十三处，凿石崇其堂封，各树屋墓傍，令仆守之。置义仓义库，以赈贫乏。出入皆有执掌，井然不紊”。宋度宗咸淳八年（公元1272年），“重刊文公年谱，行于世”。元世祖至元二十九年（公元1292年），“捐赀建休宁县儒学”。元成宗大德元年（公元1297年），“凿断前岭山为渠，引岩川水北流，灌田一十余里，

---

① 康熙《新安月潭朱氏族谱》卷二，清康熙四十六年木刻本。

② 康熙《新安月潭朱氏族谱》卷二，清康熙四十六年木刻本。

③ 康熙《新安月潭朱氏族谱》卷二，清康熙四十六年木刻本。

④ 康熙《新安月潭朱氏族谱》卷二，清康熙四十六年木刻本。

利济于今”。[①]

“三年清知府，十万雪花银”。朱氏兄弟四人仕宦以后，在家乡大兴土木工程，大肆兼并土地。康熙《新安月潭朱氏族谱》卷二记载，他们“治居第前后廊庑、厅馆、庖湢二百余楹，庄二十四所，田五千亩”。民国《新安月潭朱氏族谱》卷首《月潭朱氏修谱启》记载，他们的“甲第极云霄之上，园亭据山水之间”。这两条资料值得特别重视。第一，徽州农村农户一般有屋一楹或数楹，而朱氏兄弟四人的府第，“廊庑、厅馆、庖湢二百余楹”。这说明他们的府第规模异常之大，其楹数相当于数十户或一百多户农民住房的总和。第二，徽州耕地稀少，一般地主占有土地在一二百或二三百亩左右。朱氏兄弟四人置“庄二十四所”，占“田五千亩”。这说明他们占有的土地相当于几十个地主拥有土地的总和，属于宋代“出等、高强、无比、极力户”。[②]

朱汝贤、朱汝清、朱汝弼、朱汝辅昆季四人以孝友闻，得到宋度宗的嘉奖。民国《新安月潭朱氏族谱·重修敕赐紫阳义居记》记载，咸淳年间（公元1265~1274年），兄弟四人“俱以仕显名于世，有万石君风，不言而躬行，内笃友于恂恂也。朝廷嘉之，爰赐是宅。厥后，代生伟人，世世钦守。虽孙枝蕃衍，所构者不一堂，所居者不一厦，皆以义居为兢兢”。

月潭朱氏社会地位的提高和成为徽州地区名门大家，与理学集大成者朱熹不无关系。史载，宋理宗特赠朱熹为太师，追封信国公，后改封徽国公，用祭孟子的礼仪祀朱熹。[③] 宋度宗诏赐婺源为“文公阙里”。宋以后，历代封建王朝都视朱熹为圣人，将朱熹的思想钦定为官方哲学，明经取士都以朱熹等“宋儒传注为宗”。[④] 朱熹的地位一再拔高，一直拔高到与孔圣人差不多同等地位。[⑤] 月潭朱氏宗族自称是“紫阳世家”，并一直以紫阳朱氏为荣。民国《新安月潭朱氏族谱》卷二十二上《朱慕潭公传》说：“吾郡朱姓，惟徽国

---

① 康熙《新安月潭朱氏族谱》卷二，清康熙四十六年木刻本。

② 《宋会要辑稿·食货》，中华书局影印本。

③ 《宋史纪事本末》卷八〇《道学崇黜》，中华书局标点本。

④ 《松下杂抄》卷下。

⑤ 见民国《重修婺源县志》卷一八、卷六四、卷六六，民国十四年刊本。

为最著,其支派由星源分处四方而称望族者,不下十百数,月潭朱氏其一也。”民国《新安月潭朱氏族谱·家谱弁言》说,徽郡朱姓最繁,而惟婺源茶院朱氏、休宁临溪朱氏、休宁月潭朱氏、歙县环溪朱氏“四族为著”。据我们调查,“文化大革命”中拆毁的月潭朱氏宗祠第二进大厅正中,就高悬“紫阳世家”四字金匾。

月潭朱氏宗族是在什么时候形成的呢?这个问题必须从古代的宗法制度说起。《春秋左传集解》卷十五襄公十二年秋记载:

吴子寿梦卒。临于周庙,礼也。凡诸侯之丧,异姓临于外,同姓于宗庙,同宗于祖庙,同族于祢庙。是故鲁为诸姬,临于周庙。为邢、凡、蒋、茅、胙、祭临于周公之庙。

什么是“同宗”呢?杜预说,邢、凡、蒋、茅、胙、祭“六国,皆周公之支子,别封为国,共祖周公”,是谓“同宗”。① 什么是“同族”呢?杜预说:“同族,谓高祖以下。”②也就是说,“同族”是五服以内的血缘亲属。只有不但有“同族”昆季,而且还有“同宗”亲属,才能称为宗族。

朱兴是南宋中期从临溪徙居月潭的,他是婺源茶院朱氏始祖朱瓌的十一世孙。在月潭定居以后,他仍遵奉婺源茶院朱氏宗族的世系,不称一世祖,而称十一世孙。朱兴之后,二世单传,至十四世有丁 4 人——朱汝贤、朱汝清、朱汝弼、朱汝辅。于是,开始雁序分行,其后裔分为孟、仲、叔、季四房,或曰“上门”、“下门”、“里门”、“外门”四门。朱汝贤的后裔为孟房,或曰“上门”;朱汝清的后裔为仲房,或曰“下门”;朱汝弼的后裔为叔房,或曰“里门”;朱汝辅的后裔为季房,或曰“外门”,至十八世形成 4 个五服圈。请看下列世系表。

① 《春秋左传集解》卷一五,上海人民出版社 1977 年版。
② 《春秋左传集解》卷一五,上海人民出版社 1977 年版。

月潭朱氏十一至十八世世系表

十一世	朱兴
十二世	朱可仕
十三世	朱应崧
十四世	长子朱汝贤　次子朱汝清　三子朱汝弼　四子朱汝辅
十五世	长子朱显　次子朱桂　长子朱明　次子朱辰　三子朱朋　长子朱良　次子朱建　三子朱正（绍建公）　长子朱意　次子朱宗　三子朱广　四子朱复　五子朱节（绍意公）
十六世	长子朱和　次子朱悦　矢忌　朱本　长子朱辛　次子朱旌　三子朱泽　长子朱相　次子朱璧　长子朱巽　次子朱戊　三子朱丁　朱正　朱节　朱颜　长子朱斌　次子朱坚　长子朱廉　次子朱颜（绍宗公）
十七世	长子朱真　次子朱祖　三子朱洪　朱栾　长子朱添　次子朱佛　朱赵童　朱璐　朱显祐　朱社　长子朱彦　次子朱森　三子朱唐　朱粲
十八世	长子朱善　次子朱闰　三子朱安　朱师　长子朱积童　次子朱亦福　三子朱祖康　长子朱庆　次子朱悬　三子朱富　四子朱余（绍佛公）　朱余　长子朱冲　次子朱宽　三子朱德　长子朱再童　次子朱招童　长子朱奴　次子朱保住　长子朱恁　次子朱循　三子朱爽　四子朱赐　长子朱方得　次子朱贵得　朱大否　朱小否　朱安

资料来源:《新安月潭朱氏族谱》

这张世系表告诉我们,从十一世朱兴定居月潭以后,至十七世时月潭朱氏还未形成一个宗族。这是为什么呢?因为,十七世朱真、朱祖、朱洪、朱栾、朱添、朱佛、朱赵童、朱璐、朱显祐、朱社、朱彦、朱森、朱唐、朱粲都是十三世祖朱应崧的玄孙,他们共高祖,还没有出"五服",因此,他们都是"同族"。至十八世时,十四世祖朱汝贤、朱汝清、朱汝弼、朱汝辅均成为高祖。"高祖迁于上,宗则易于下"。这时,朱汝贤的儿子朱显、朱桂,孙子朱和、朱悦、朱忠,曾孙朱真、朱祖、朱洪、朱栾,玄孙朱善、朱闰、朱安、朱师、朱积童、朱亦福、朱祖康组成一个长房五服圈(即孟房,或曰上门)。朱汝清的儿子朱明、朱辰、朱朋,孙子朱本、朱辛、朱旌、朱泽、朱相、朱璧,曾孙朱添、朱佛、朱赵童,玄孙朱庆、朱悬、朱富、朱余、朱冲、朱宽、朱德组成一个二房五服圈(即仲房,或曰下门)。朱汝弼的儿子朱良、朱建、朱正,孙子朱巽、朱戊、朱丁,曾孙朱璐、朱显祐,玄孙朱再童、朱招童、朱奴、朱保住形成一个三房五服圈(即叔房,或曰里门)。朱汝辅的儿子朱意、朱宗、朱广、朱复、朱节,孙子朱颜、朱斌、朱坚、朱廉,曾孙朱社、朱彦、朱森、朱唐、朱粲,玄孙朱恁、朱循、朱爽、朱赐、朱方得、朱贵得、朱大否、朱小否、朱安组成一个四房五服圈(即季房,或曰外门)。五服圈以内的血缘亲属,为"同族",五服圈以外的血缘亲属,为"同宗"。这时,月潭朱氏宗族才宣告形成。如果按每世三十年计,这个宗族形成的过程大约经历了两个半世纪。

月潭朱氏宗族形成的原因是什么呢?

一、人丁的增长。宗族是以父系血缘关系为纽带的社会人群共同体,任何宗族的形成,都是人丁繁衍到一定数量的结果。朱兴徙居月潭之后,二世单传,十四世有支丁 4 人,于是雁序分行。十五世支丁 13 人,十六世支丁 17 人,十七世支丁 14 人,十八世支丁 27 人,于是形成 4 个五服图。月潭朱氏只有在人丁繁衍和增长到这时——既有"同族",又有"同宗",才具备了形成一个宗族的基本条件。人丁增长是月潭朱氏宗族形成的一个重要原因。

二、自然经济。宗族是自给自足的自然经济的必然产物。民国《新安月潭朱氏族谱》告诉我们,宋元时期,月潭朱氏宗族的祖先主要都是从事农业生产。除了地主,许多农民不仅是农业生产劳动者,而且还是耕地的占有者。地主和农民都世世代代被牢固地束缚于土地之上，成为土地的附属物，或曰土地的有机属性①。农民的劳动产品主要用于自己消费，很少或者完全不与市场发生联系。这种自然经济必然形成“聚族而居”。歙县《橙阳散志·存志户墓祀序》记载：“聚族而居，一姓相传，历数百载，衍千万丁，祠宇、坟茔世守勿替；间有贸迁远地者，一旦归来，邱垄无恙，庐舍依然。语云，歙俗千年归故土，谅哉言也。”自给自足的自然经济是月潭朱氏宗族形成的根本原因。

三、社会生活的需要。一个血缘群体聚族而居，为了社会生活能正常运行，就必须建立一种必要的制度，使人们有章可循；必须制定一种必要的族规家法，规范和制约人们之间的关系和行为，这样宗族制度就应运而生。宗族制度是聚族而居的同一血缘关系的人群共同体，为了社会生产和社会生活的需要而出现的一种自然和社会历史发展的必然产物。月潭朱氏建立的一些制度和制定的一些族规家法，充分说明宗族制度是社会生活需要的结果。

二、宗族转型与朱氏商人

元末明初，月潭朱氏宗族即有从事商业活动的支丁。康熙《新安月潭朱氏族谱》卷三记载：“（朱）真公，行一，和公长子，商游，侨居于楚”；“（朱）异公，字永瑞，善公长子。美风仪，志勤殖。居家以孝友闻，业商两浙，名士多内交焉。”

明朝中期，由于商品经济的繁荣、人口的增长和耕地的不足，徽州人大批“弃儒服贾”、“弃农经商”。有人说，徽州人“十三在邑，十七在天下”②；有人说：“业贾者什七八。”③据康熙《新安月潭朱氏族谱》和民国《新安月潭朱氏族谱》记载，这时月潭朱氏宗族从商者也愈来愈多。月潭朱氏宗族从一个农业宗族逐渐转变为一个亦农亦商的宗族。这是月潭朱氏宗族发展史上一个质的飞跃，特别引人注目。

---

① 马克思：《前资本主义生产形态》。

② 王世贞：《弇州山人四部稿》卷六一《赠程君五十叙》，明万历五年王氏世经堂刻本。

③ 汪道昆：《太函集》卷一七《阜成篇》，明万历十九年金陵刻本。

众所周知,朱熹不仅是伟大的思想家,而且还是一位杰出的教育家。由于朱熹的影响,月潭朱氏宗族特别重教崇文。读书科举、获得功名、衣锦还乡、显亲扬名,是他们孜孜不倦的最高人生追求。但是,在任何朝代只有极少数人科第中式、心想事成,绝大多数人都"困于场屋"、"屡试不售"。因此,弃儒从贾就成为一些人的出路,特别是当生活遇到一些困难时,从商就成了必由之路。例如,朱嵦,"蚤岁诵古文词,至丙夜不休,几成矣,乃以贫故,自计与其稿砧黄馘,穷一经自厄,孰若走四方、览胜概、广闻见之为得也,乃弃去,游于贾人……君虽游于贾人,然而囊橐时诎时赢,家不益饶,盖厚于施而薄于获,其性然也。在外二十有余载,晚年卒于家"。[①] 朱就之,"丰仪伟貌,气度岿然,好读书,博闻强识,宗人咸以国士期之。因家贫无以养亲,退而挟策游江湖,权牟拮据,获赢余以奉庭闱欢志,陶陶然乐也"。[②] 朱应策,"甫毁齿而丧父。家故贫,又父客殁溧水。居丧读礼,衣食艰辛。奉其母里居,篝灯荧荧。母则终夜纺绩,子则侍侧咿唔。膏火不给,昼入松林捡落箨以佐爨,然终无以继也。乃弃帖括,从事于经商。邑之经纪于鸠江者,素闻公少年而有成人之器,延致同事。由是奉母之资稍稍获充,时年盖十三耳"。[③] 朱育沧,"少受儒术,于书无所不通,晓鸡群野鹤,人咸异之。而奉父命,废儒而贾"。[④]

月潭朱氏宗族子弟弃儒从贾,许多人取得了巨大成功,有的成为腰缠万贯、富比王侯的富商大贾。例如,朱肇周"生而颖异,好学不倦,长就太学,文行轶伦,同社奉为模楷,见赏于司成刘先生,试辄优拔,奖不绝口。后因家计浩繁,遂从光禄公转运于京江瓜渚间。择人任时,算缗精敏,狙狯不能欺,业日益起。诸兄弟得肆志肄业,实公之力也"。[⑤] 朱圣羽"生十岁,承训即能文,闭关下键,茹六经子史,毕力咕吟,朝夕匪懈。缘数屡奇,家计日繁,乃慨

---

① 康熙《新安月潭朱氏族谱》卷一〇《月山朱公墓志铭》,清康熙四十六年木刻本。

② 康熙《新安月潭朱氏族谱》卷一〇《朱就之公墓志铭》,清康熙四十六年木刻本。

③ 康熙《新安月潭朱氏族谱》卷一〇《朱慕潭公传》,清康熙四十六年木刻本。

④ 康熙《新安月潭朱氏族谱》卷一〇《光禄寺署丞育沧朱公墓志铭》,清康熙四十六年木刻本。

⑤ 康熙《新安月潭朱氏族谱》卷一〇《维祯朱公暨配吴孺人墓志铭》,清康熙四十六年木刻本。

言曰:‘学者不明得失之数,辄以青紫有无为悲喜。倘扪心有获,不大胜于汲汲求荣,掇袭章句以为功名之捷径乎?乃禀命于澄源公,遂徙业(儒——引者)为贾,游于三山二水间。部署率以身任事,猬集则躬执筹策……久之,家业隆起,赀用益饶”。“公昆季五人,公第四子也。盖澄源以上,世有隐德,且读且商以代耕,代称‘素封’,一经世相授受”。① 朱育沧长子朱凤翀“幼歧嶷不凡,颖慧嗜学,不类群儿,弱冠角艺,声噪鸡林。惜以冢嗣主器,分任家柄,不得竟举子业。遂用心计,佐育沧公经理四方,往来南徐、瓜渚、三吴、两越间,与时俯仰,业骎骎起。”②朱崧阳“驰誉南都,以数奇入彀,复遗念食指日繁”,命子钦所“从伯父澜亭治生瓜渚”。朱钦所“协谋议调,异同廉平,和煦妮就如春风,未逾纪累资巨万缗,里儿称甲”。③

月潭朱氏宗族子弟从商以后,许多人不弃儒术,亦贾亦儒,贾儒结合。例如,朱叔子“起茅靡之中,怀绝孝之志,始而贾,既而儒,既而复贾,出入儒贾之中,惟以悦亲承志为兢兢”。④ 朱圣羽“徙业(儒——引者)为贾,游于三山二水间。部署率以身任事,猬集则躬执筹策;暇则布经陈史,两行不废……肆力于贾与肆力于儒,儒心曾不少变,固问学不弛之一验也”。⑤ 朱介然“倜傥有大志,初业贾,善持算;继从儒,文艺雄横有奇气;已又释儒服贾,创业瓜渚,赀用大饶”。⑥ 朱元爵“天性孤介,不徇时好,释儒服贾,不废诵读”。⑦

月潭朱氏宗族有许多子弟经商致富,成为腰缠万贯的素封之家。但是,有的富商大贾仍然念念不忘读书科第,光宗耀祖。朱钦所就是一个典型。他“累资巨万缗,里儿称甲”,而喟然曰:“吾宁逐一贾人行也欤哉!”⑧有的

---

① 康熙《新安月潭朱氏族谱》卷一〇《明故处士圣羽朱公墓表》,清康熙四十六年木刻本。

② 康熙《新安月潭朱氏族谱》卷一〇《清故太学达玄朱长公行状》,清康熙四十六年木刻本。

③ 康熙《新安月潭朱氏族谱》卷一〇《朱钦所公墓志铭》,清康熙四十六年木刻本。

④ 康熙《新安月潭朱氏族谱》卷一〇《朱叔子承志漫纪序》,清康熙四十六年木刻本。

⑤ 康熙《新安月潭朱氏族谱》卷一〇《明故处士圣羽朱公墓表》,清康熙四十六年木刻本。

⑥ 康熙《新安月潭朱氏族谱》卷五,清康熙四十六年木刻本。

⑦ 康熙《新安月潭朱氏族谱》卷五,清康熙四十六年木刻本。

⑧ 康熙《新安月潭朱氏族谱》卷一〇《宗饮所公墓志铭》,清康熙四十六年木刻本。

人则寄希望于子孙。例如,朱瀛峰“五十时,以行贾属伯仲,以为儒属叔季;其后,复贾叔,而专儒季。假馆行修,不遗余力”。①

月潭朱氏宗族子弟经商,大都以宗族亲属结帮为伙。例如,朱钦所,“从伯父澜亭治生瓜渚”。朱梦龙,“从叔父澜亭公修息江南北,业用益起。每握奇取赢,悉出于公,叔父总大纲而已”。② 朱凤翀,“佐(父)育沧公经理四方,往来南徐、瓜渚、三吴、两越间,与时俯仰,业骎骎起。始终详要之间,公与育沧公如辕也,轮也,琴也,组也,盖相须而成矣”。朱瀛峰,“甫成童,随父楚游,遂业贾。业零陵山中,治薪炭……业骎起。无何覆舟汉沔间,仅以身免归”。其父昵爱甚,“戒毋行”。“郁郁居二载,不得请。夕梦绛衣人促之贾:‘霜雪之下,脆者乃坚,胡为坐一蹶而废千里?’父始纳其言,许之”。③ 朱肇周,“因家计浩繁,遂从光禄公转运于京江瓜渚间,择人任时,算缗精敏,狙狯不能欺,业日益起”。④

月潭朱氏宗族一些子弟从商,讲究为人之道。朱以深,“自幼卓荦不群,长益好修,不兢末利。人有缓急,倾赀赈给……尝货于主人误算,多遗公金,公归途始觉,不远百里,反归其主。尝游楚,见井上遗金珥,守待还之。后数十年,侄楼公过其地,主知为不取遗珥者从子,延至家,命子妇罗拜堂下。盖时以遗珥故,几不得生。后生子娶妇,家称饶裕,实赖公德云”。⑤ 朱云鹏,“尚气节,善持筹,家益饶,尝获遗金不取”。⑥ 朱瀛峰,“业零陵山中,治薪炭。其民错杂,犷夷慓悍习”。瀛峰“结以恩信,率倾心焉。业骎

① 康熙《新安月潭朱氏族谱》卷一〇《朱瀛峰公暨元配吴孺人墓志铭》,清康熙四十六年木刻本。

② 康熙《新安月潭朱氏族谱》卷一〇《光禄寺署丞觉海朱公行状》,清康熙四十六年木刻本。

③ 康熙《新安月潭朱氏族谱》卷一〇《朱瀛峰公暨元配吴孺人墓志铭》,清康熙四十六年木刻本。

④ 康熙《新安月潭朱氏族谱》卷一〇《维祯朱公暨配吴孺人墓志铭》,清康熙四十六年木刻本。

⑤ 康熙《新安月潭朱氏族谱》卷五,清康熙四十六年木刻本。

⑥ 康熙《新安月潭朱氏族谱》卷六。

起”。[①] 朱嵦,“虽游于贾人,然而囊橐时诎时赢,家不益饶。盖厚于施而薄于获,其性然也”。

月潭朱氏宗族子弟经商致富以后,不少人以乐善好施为荣。例如,朱以深,“人有缓急,倾赀赈给。叔存理公老而子幼,公捐金分给。以泗公贾于薛镇,数奇资损,公计其子母,捐橐补之。泗公业以起”。[②] 朱梦龙,“置大商义渡,俾后人永守,迄今百余年,人不病涉。尤雅重师儒,留心典籍,子弟能文者,鼓励不倦”。[③] 朱时爱,“赋性慈爱,果敢有为。尝游江北,遇有卖妇以偿官逋者,公解橐济之,不问姓氏”。[④] 朱敦本,“开拓生业,经营于亳,为新安倡建义地”[⑤]。明末,江右讧扰,“渐逼婺邑”。朱息园“率族党,百方经画,简练储待,且捐金以赡茕独”。[⑥] 朱凤翥,“乐善好施,族有鬻女者,公赎归嫁之”。[⑦]

月潭朱氏宗族子弟商业活动的区域,主要是在长江中下游南北一带,而以镇江、瓜渚、扬州为中心。朱真“商游,侨居于楚”;朱慕谭之父“客殁于溧水”;朱应策经商九江;朱存玕“商游湘潭”;朱敦本“开拓生业,经营于亳”;朱异,“业商两浙”;朱天晟,“商游,卒于高邮”;朱以泗“贾于薛镇”;朱以深、朱楼商“游楚”;朱时爱商“游江北”;朱调纲“挈家商游江西”;朱左柱“贾居徐州”;朱梦龙“从叔父澜亭公修息江南北,业用益起”;朱圣羽“徙业(儒——引者)为贾,游于三山二水间”。在镇江、瓜渚、扬州之地者有:朱介然,“释儒服贾,创业瓜渚,赀用大饶”;朱钦所,“从伯父澜亭治生瓜渚……未逾纪,累资巨万缗,里几称甲”;朱育沧、朱凤翀父子“经理四方,往来南徐、瓜渚、三吴、两越间,与时俯仰,业骎骎起”。康熙《新安月潭朱氏族谱》卷十《重修宗祠记》记载,明末,“吾族生业之在镇江、瓜、扬者,方当鼎盛”。

---

① 康熙《新安月潭朱氏族谱》卷一〇《朱瀛峰公暨元配吴孺人墓志铭》,清康熙四十六年木刻本。

② 康熙《新安月潭朱氏族谱》卷五,清康熙四十六年木刻本。

③ 康熙《新安月潭朱氏族谱》卷五,清康熙四十六年木刻本。

④ 康熙《新安月潭朱氏族谱》卷五,清康熙四十六年木刻本。

⑤ 民国《新安月潭朱氏族谱》卷四,民国二十年活字本。

⑥ 民国《新安月潭朱氏族谱》卷二二上《朱息园公传》,民国二十字活字本。

⑦ 民国《新安月潭朱氏族谱》卷五,民国二十年活字本。

明中期以来,经商是月潭朱氏宗族一种重要的社会风尚。据我们调查,民国时期,月潭朱氏宗族子弟经商的区域仍然在长江中下游一带。重要的都市和城镇有:汉口、黄石、武穴、九江、南昌、景德镇、乐平、安庆、芜湖、合肥、屯溪、和县、南京、苏州、松江、湖州、绍兴、杭州、上海等。经营的行业有:典当、丝绸、服装、茶叶、木材、山货等,而以典当业生意最兴隆。重要的当铺有:南京的会济、公济、通济、和济;和县的晋和、长和;芜湖的同和;黄石的肇大等。休宁县档案馆资料记载,中华人民共和国建国前夕,月潭朱氏宗族共有 104 户人家,有 104 人在外地工作。在这 104 人之中,除了官员、教师、医生等以外,商人占 50%以上。

三、祠堂建设与宗祠规制

民国时期,月潭朱氏宗族有祠堂十几座。其中有朱氏宗祠一座,支祠有彝叙堂、四教堂、承志堂、树德堂、政和堂、承裕堂、宏训堂、介眉堂、志本堂、宝善堂、崇善堂等等。这些祠堂,有的建于明代,有的建于清代。

明朝末期,朱瀛峰的儿孙创建的承志堂,是月潭朱氏宗族较早的一座祠堂。康熙《新安月潭朱氏族谱》卷五记载,朱介然、朱钦所、朱梦龙、朱齐龙、朱世龙叔侄在江苏瓜渚经商致富,腰缠万贯,富甲乡里。"尝欲倡建宗祠,会时事未就"。他们"惧无以妥先灵,乃构家庙","以奉瀛峰公祀"。这座祠堂,"依山凿石,栋宇弘畅",额曰"承志"。"惜规制未讲,然自月川公而下,蒸尝永赖焉"。朱介然叔侄昆季诸人"增祀产,定礼仪",但仍然"资田不给",朱世龙、朱齐龙暨诸昆季"悉出橐以应"之。至清康熙年间,由于祠产多,田租丰盛,承志堂"岁时伏腊,厥典独隆"。

月潭朱氏宗祠建于明天启六年(公元 1626 年),是一座规模宏大、美轮美奂、甲于郡邑的人文景观。

据历史文献记载,明代嘉靖年间(公元 1522—1566 年)徽州名宗右族即掀起大兴土木、建造祠堂的热潮。据康熙《新安月潭朱氏族谱》卷十《丙寅重修祠堂记》记载,明中期,富商巨子朱清泉、朱介然首"创同仁之会,劝输滋息,以为祠堂托始,然犹未能肇建"。为什么月潭朱氏迟至天启六年

(公元 1626 年)才兴建宗祠呢?《丙寅重修祠堂记》记载:"月潭府君居此几阅世数,勋庸阀阅,比肩接踵,功于里闬族党,未易枚举。独祠宇之建,则反迟迟,其功诚大,而任诚难也。"从月潭朱氏宗祠建造的过程看,"功大"、"任难"确是"迟迟"的一个极为重要的原因。

据康熙《新安月潭朱氏族谱》卷十记载,明朝末年,月潭朱氏宗族"生业之在镇江、瓜、扬者,方当鼎盛;而诸老成之督于家者,亦莫不以尊祖敬宗为心,合志急公,协力成事"。富商大贾朱齐龙、朱世龙、朱伯珊"首输多金,以先族人",并"约族老输资创建"。他们"或输地,或输金","量规画,庀材木,竭力经营,历十载而祠宇始成,难可知也"。

经过两代人的奋斗与集资,用十年时间建成的月潭朱氏宗祠,规模之大、用料之良、营造之精、结构之严、装饰之美,可想而知。据康熙《新安月潭朱氏族谱》卷十《丙寅重修祠堂记》说,这座祠堂"未可他比","规制甲于郡邑"。

月潭朱氏宗祠规模恢宏,富丽堂皇。因此,"创之固难,修之亦不易"。①清乾隆十八年(公元 1753 年),"龙风摧毁宗祠北廊,估费浩大,众为束手"。② 在苏州经商子弟朱宏度、朱漪文、朱益安、朱赓虞慷慨解囊,捐输巨金,承担主要经费,对宗祠进行一次大维修。他们昆季数人,"入图度于家,出经营于祠;石则远购于茶园,梁则深求于绝壑。遂乃聚群材,会众工,选贤委能,其难其慎,事事踵前人之规画而不敢苟。第见朽者更之,斜者整之,旧者补葺而新之,乃塈乃涂,黝垩焕著。而且堂以内祭器增其数,门以外照壁拓其围。缮修余闲,复学圃之亭,铺近祠之路。始三春以迄秋杪而工事告竣……俄而,旌帐标扬于清旦,梨园舞蹈于良宵。四方君子咸集潭上聚观而赞叹曰:'猗欤盛哉!洵足以光前而垂后矣。'"③

太平天国运动期间,徽州是清军与太平军对垒的一个重要战场。在战争中,月潭朱氏宗族"被掳、被创以及疠疫流行死亡枕藉","屋舍亦十毁六七","祠庙为墟"。④

---

① 康熙《新安月潭朱氏族谱》卷一〇《丙寅重修祠堂记》,清康熙四十六年木刻本。

② 民国《新安月潭朱氏族谱》卷九,民国二十年活字本。

③ 民国《新安月潭朱氏族谱》卷二二下《乾隆甲戌重修宗祠记》,民国二十年活字本。

④ 民国《新安月潭朱氏族谱》卷二二下《曾祖柳溪公传》,民国二十年活字本。

同治年间(公元1862~1874年),月潭朱氏宗祠重建。重新建造的月潭朱氏宗祠是一座四进五开间的(一说“七开间”)的徽派祠堂建筑。它位于月潭村下村头东部,坐东朝西,规模恢宏,富丽堂皇,占地近10亩,“规制甲于郡邑”,“未可他比”。

祠堂门前面,东西两侧各有旗杆8支(一说6支);对面是一个八字形的大影壁(又曰“屏风墙”)。

第一进是五凤楼仪门。门楼飞檐翘角,气势宏伟。仪门前重是一个栅栏门。一对青石精雕大石狮,高约七八尺,分列栅栏门外两旁。后重共有3个门洞。宗族一般活动,走左右侧门;举行祭祖重要庆典和有功名客人莅临,洞开中门。大门门面绘彩色门神——大唐开国元勋秦叔宝和尉迟敬德将军。3个门上方各树一块蓝底金字长方形匾额。中门匾额为“孝廉方正”,左门匾额为“博学鸿词”,右门匾额为“饮点传胪”。

第一进后面,是一个大庭院(徽州人称“天井”)。庭院中有青石板路,两旁是花园,种植桂花、腊梅等名贵花木。左右两旁是廊庑(又称回廊)。

第二进是一座宫殿式大厅。门前,有一对精雕细镌的青石鼓,高约7尺左右,分列大门两旁。厅中心有一大型木影壁,上方直通大梁。梁上高悬“紫阳世家“巨幅金字横匾。影壁两边书祠规:左书“不孝、不弟、不忠、不信,勿许入祠”;右书“无礼、无义、无廉、无耻,勿许入祠”。影壁前左右两边有“肃静”、“回避”牌,有枪、刀、戈、矛等各种木制仪仗,有祖先功名、官职、爵位牌。大厅两边墙壁,绘有二十四孝图。

第二进后面,是一个大庭院。院中间有青石板路。路东西两边各有两个大石花坛,两个植桂花,两个植山茶花。庭院两边是廊庑。

第三进是享堂。这是祠堂的主体建筑,也是宫殿式大厅。这里是举行祭祖大典的地方,厅堂宽敞,梁柱硕大,气势恢宏。大厅正中木影壁上方梁上高悬清朝探花潘祖荫手书“维则堂”巨幅金字横匾。两边竖柱都有抱柱浮雕楹联。其中一幅是朱熹手书:“忠孝传家远,诗书继世长。”梁上、壁上匾额,琳琅满目。有广东南雄赠朱柳溪的“慈正廉明”匾,江西泸溪县赠朱兆麟的“德比慈君”匾,还有赠朱任衡的“蒸尝攸赖”匾等等。

第三进后面,又是一个庭院。左右有“天池”和回廊。

第四进是寝室。这里是供奉朱氏祖先神主的地方。它是一座二层楼阁,地基高出地面约1.5米,是祠堂建筑群中的最高建筑。楼阁前有石雕栏板,左中右有3个石台级和三个门。楼阁内左右两边有楼梯。

月潭朱氏宗祠的建筑装饰主要是木雕、砖雕和石雕。据宗族的老年支丁说,这些雕刻件件构图精妙,刀工细腻。图案雕刻,古朴典雅;人物雕刻,栩栩如生。

1957年,反右派运动之后,极"左"思想愈演愈烈。地方政府一些干部认为,祠堂是封建宗法制度的产物和象征,是封建糟粕,不应保留。1963年,月潭朱氏宗祠被拆毁。一些构件用于乡政府办公楼建筑,一些构件变成瓦砾。一个名闻遐迩的人文景观和具有重要文物价值的古建筑,从地球上消失了。

月潭朱氏宗祠是朱氏宗族"妥先灵,隆享祀",供奉神主的地方。神主,又称木主、栗主、牌位等等。寝室内设神龛三间,中为正寝,左右为昭穆室。神主供奉规则是:

月潭朱氏宗族尊婺源茶院朱氏宗族始祖朱瓌为始祖。根据古代宗法制度,始祖朱瓌以下五世祖先,开创宗族,恩泽长存。所以,朱瓌夫妇神主供奉中龛正中。朱瓌以下五世祖先神主,按左昭右穆供奉于朱瓌神主左右。具体排列是:二世祖朱廷雋的神主,四世祖朱惟则神主、朱惟甫的神主为昭,位于左。三世祖朱昭元的神主,五世祖朱纶神主、朱緌神主、朱迪神主、朱郢神主、朱振的神主为穆,位于右。这些神主,永远供奉于中龛,百世不迁。①

荣膺封赠、文武仕宦、甲第科贡、仁贤盛德、忠孝节义者,荣宗耀祖,光前裕后。所以,这些神主按昭穆世次配享中龛左右,百世不祧。

急公捐输、修建祠墓、捐纂谱乘、设置族田者,光耀宗族,贡献巨大。这些神主按昭穆世次供奉于左右昭穆室的"特主"位。这些神主,也永远不祧。

上列神主均高约1.5尺、宽约0.5尺,四周雕花,红底金字,一人一主。

---

① 康熙《新安月潭朱氏族谱》卷一,清康熙四十六年木刻本。

一般祖先神主,按昭穆世次供奉于左右昭穆室。这些神主是方形木板,高1尺左右、宽1尺左右,红底黑字,每主书20位祖先姓名。根据中国传统的家庙规制,这些神主五世则迁,也就是说,玄孙死绝,即将牌上的名字抹掉。

神主由祠堂统一制作。空白神主,上面都盖着红布。每年冬至前,到祠堂填写先人牌位,名曰"神主入祠"。民国二十年(公元1931年)举行"神主入祠"以后,因社会动乱,经济萧条,民生凋敝,再没有进行这一活动。

祠规规定:神主入祠要缴纳"入主钱"。据调查,民国二十年(公元1931年)每个神主"入主钱"为10元。

宗祠是月潭朱氏宗族神圣的殿堂。为了保持宗祠的神圣,保持宗族血统的纯洁,祠规规定下列族人的神主不准入祠:

一、不孝、不弟、不忠、不信、无礼、无义、无廉、无耻者神主,勿许入祠;

二、异姓入绍,以异姓螟蛉子为嗣者,不准入祠;

三、出母、庶母神主,不许入祠;

四、与小户联姻者,不准入祠。

在封建时代和半殖民地半封建时代,母以子贵。如果庶母之子科第中式、赐官封爵,或经商致富、腰缠万贯,庶母的神主怎么办呢?月潭朱氏宗族祠规规定:要求庶母神主入祠者,必须向宗祠捐输一定的田地或金钱。同时,其神主要置于神龛牌位座的最下一格——第五格——的最边沿,子故即迁。

四、祭祖礼仪与祭祖目的

徽州人认为,建造宗祠是为了"妥先灵、隆享祀",祠祭是"上以奉祀祖宗,报本追远;下以联属亲疏,惇叙礼让,其晟典也"。①

每年,月潭朱氏宗族有三次祠堂祭祖活动:第一次是清明,第二次是中元,第三次是冬至。

---

① 《新安歙西溪南吴氏世谱·续刻溪南吴氏世谱叙》,明末清初抄本。

清明和冬至行“少牢礼”。根据“凡事死之礼，当厚于奉生者”的准则，祭品相当丰盛。全猪、全羊为主祭品，祭时置于享堂的“猪羊架”上，猪置于左，羊置于右。此外，主席（又曰中席）每个祭桌有6个盘4个碗（有人曰：6盘、10碗），内盛一鲜、二海、三腊、四素。一鲜是鱼翅，二海是海产品，三腊是腊制品，四素是珍贵素菜，合称“十胜”，又称“珍胜”。旁席6个盘子。中元祭品为素。祭品由司年筹办，经费从祀会支出。

祖先之中，急公输金、修建祠墓、捐纂谱乘，光耀祖宗，对宗族有较大贡献，设特祭桌，也是6盘、4碗（有人曰：6盘、10碗）。

主祭人都是辈高年长、德高望重的乡绅地主或富商大贾。

礼生共12人，任礼生者必须是清末秀才、举人，或初中以上参加文会的人，或者是富有的商人。按职分工，有通赞（又曰“鸣赞”）、引赞（又曰“引礼”）、司樽、司爵、司祝、司帛、司盥、司馔、司过（又曰“纠过”、“监礼”）。通赞负责发号司令，指挥全部祭祀礼仪过程。引赞负责引导主祭、陪祭、司樽、司爵、司祝、司帛、司盥、司馔各就各位，各司其职。司过负责监督和纠察支丁违礼行为，或当场批评、纠正，或礼毕向族长汇报，酌情处理。司馔用少年礼生担任。

祭日，祠堂旌旗招展，张灯结彩。午时过后，值年即沿街鸣锣，通知支丁。三遍锣响后不到达祠堂者，以迟到论处，祭毕罚胙。15岁至60岁支丁，必须一律参加祭祀典礼。与祭者要俱着礼服，在祠堂门外集合，按昭穆世次排队，徐徐进入祠堂。

下午2点祭礼开始，乐队鸣钟击鼓，并鸣长号，放铁铳，以形成庄严隆重的气氛。由小户4人组成乐队，作乐伴奏。祭时，香烟缭绕，鼓乐齐鸣，庄严肃穆，至诚至敬。

祭祖，贵在一个“诚”字，一切仪节和动作，都要严肃认真。与祭支丁，必须听从通赞的指挥，在引赞的引导之下统一行动。严禁交头接耳，打闹说笑，回首四顾，耸肩呵欠，搔痒伸腰，脱帽跣足。拜时，必俟通赞声尽再起。拜毕，要在引赞的引导之下徐徐退出享堂，不得拂尘抖衣，一哄而散。违者，取消领胙资格，并在列祖列宗神主前罚跪。司过要认真负责，不得徇私庇护，失职者议罚。

清明、中元、冬至祭祖，都遵朱熹《家礼》，行“三献礼”——初献、亚献、终献。现在，当年参加过祭祖活动和担任过礼生的老人，没有一位能回忆起祭祀礼仪的全部节目和全部过程。但是，从他们不系统的零散的叙述中，可以看到祭礼节目与徽州世家大族，“小异大同”①。在调查过程中，我们将一张典型《祭仪》复印件给老人们看。有人说，“月潭朱氏宗族宗祠祭祖与此完全相同”；有人说，“基本相同”。现将《祭仪》全文列下。

1. 序立

2. 执事者各司其事

3. 主祭者就位 （引：就位）

4. 陪祭者各就位

5. 盥洗 （引：诣盥洗所 盥手 拭巾 复位）

6. 启椟

7. 降神 （引：诣降神所 跪 三上香 进酒 酹酒 覆卮 进果 献果 俯伏 兴 平身 复位）

8. 参神 鞠躬拜兴 拜兴 拜兴 拜兴 平身

9. 奠帛 行初献礼 （引：诣酒樽所 司樽者举幂酌酒 诣神位前 跪 进帛 献帛 供上神位前 进爵 献爵 供上神位前 进馔 献馔 供上神位前）

10. 读祝文 （引：俯伏 兴 平身 诣读祝所 跪）

11. 陪祭者皆跪

12. 宣圣谕 （祝宣：孝顺父母，尊敬长上，和睦乡里，教训子孙，各安生理，无作非为）

13. 俯伏 兴 平身 （引：复位）

14. 鞠躬拜兴 拜兴 平身

15. 行亚献礼 （引：诣酒樽所 司樽者举幂酌酒 诣神位前 跪 进爵 献爵 供上神位前 进馔 献馔 供上神位前 俯伏 兴 平身 复位）

---

① 民国《歙县志》卷一《风土》，民国二十六年版。

16. 鞠躬拜兴　拜兴　平身

17. 行终献礼　（引:诣酒樽所　司樽者举幂酌酒　诣神位前　跪　进爵　献爵　供上神位前　进馔　献馔　供上神位前　俯伏　兴　平身　复位）

18. 鞠躬拜兴　拜兴　平身

19. 侑食　（引:诣神位前　跪　执事者提壶　进酒　献酒　敬上神位前）

20. 歌曲　（引:俯伏　兴　平身）

21. 上酒　上酒　上酒　（引:复位）

22. 鞠躬拜兴　拜兴　平身

23. 主人以下皆出

24. 阖门

25. 祝噫歆　（祝呼:噫歆！噫歆！噫歆！）

26. 启门

27. 主人以下各复位

28. 献茶　（引:诣神位前　进茶　献茶　供上神位前）

29. 奏乐　（引:俯伏　兴　平身　复位）

30. 鞠躬拜兴　拜兴　平身

31. 饮福受胙　（引:诣饮福位饮福酒）

32. 宣嘏辞　（祝宣:祖考命工祝,承致多福无疆,于汝孝孙,来汝孝孙,俾汝受禄于天,宜稼于田,眉寿永年,勿替引之。拜兴　拜兴　拜兴　拜兴　平身）

33. 主人东立

34. 告利成　（祝:利成）

35. 执事者鞠躬拜　（四拜　引:复兴）

36. 辞神　鞠躬拜兴　拜兴　拜兴　拜兴　平身

37. 奠帛者捧帛、读祝者捧祝,各诣燎所化燎　（引:望燎复位）

38. 阖椟

39. 彻馔

40. 礼毕①

仪节程序由通赞生唱。祝文、圣谕、嘏辞由礼生宣读。徽州宗族祠堂祭祖礼仪，繁文缛节异常严重，每次祭祀时间长达数小时。所以，“日不足，继以烛跋（跋）倚临”。② 许多年老体弱支丁因体力不支，大都坚持不下来，或者不能参加。

祭毕，颁胙。主祭人，羊头1只，猪肉1斤，羊肉4两（16两秤），丁饼2个；礼生，猪肉1斤，丁饼2个；陪祭支丁，每人丁饼2个。60岁至69岁支丁，每人猪肉1斤，羊肉4两，丁饼2个；70岁至79岁，每人猪肉2斤，羊肉4两，丁饼2个；80岁至89岁，每人猪肉8斤，羊肉4两，丁饼2个；90岁至99岁，每人猪肉16斤，羊肉4两，丁饼2个；100岁和100岁以上，每人猪1只，羊肉4两，丁饼2个。凡是在宗祠里供奉有自己先人牌位的人家，每个牌位分发肉圆4只、寿桃6个。

月潭朱氏宗族远祖墓有：一、婺源县茶院朱氏朱瓌、朱举等墓；二、休宁县临溪朱氏朱瓒等墓。月潭朱氏宗族祖墓分布在村四周山场。修建讲究、规模较大者是朱瀛峰墓和朱月川墓。前者分上、中、下三层，上层是坟，中层是石桌、石凳，下层是祭祀场地。后者是石坟，有百步天梯登临。

墓祭是徽州宗族“展亲大礼”。月潭朱氏宗族墓祭每年3次。一、正月初三日，各房子孙到自己祖墓拜年；二、清明标祀（又曰“挂钱”、“标挂”、“挂纸”等）；三、十月，各房子孙至自己祖墓送“寒衣”。其中，以清明标祀最为隆重。按族规规定，由族长率领，宗族的青壮年支丁全部都要参加。族长、乡绅、司年乘轿前往，租赁轿子的费用从祠堂支付。同清明祠祭一样，也行“少牢馈食之礼”，有全猪、全羊，还有6盘、4碗（有人曰：6盘、10碗）。祭品由小户抬至墓地，祠堂付给劳务报酬。祭礼开始，首先向观礼儿童散发

① 歙县《桂溪项氏祠谱》卷上《祭仪》，清乾隆二十六年木刻本。我们认为，“月潭朱氏宗族宗祠祭祖，与此完全相同”，不太可能；“基本相同”，没有问题。因为，徽州世家大族“祭礼，俗守文公《家礼》，在昔小异大同”。（民国《歙县志》卷一《风土》，民国二十六年版）。

② 民国《歙县志》卷一《风土》，民国二十六年版。

“清明粿”,祈求乡亲关照坟墓。祭毕,颁胙。与祭支丁,每人发钱若干枚,“清明粿”2个。守墓小户,发猪肉若干斤,“清明粿”若干个。

赴临溪标祀,祠堂备米、菜、肉等食品,在守墓的小户之家烹调。中午,与祭支丁在小户家用餐。

每年清明节,派4名支丁——每门1人——代表宗族赴婺源县远祖墓标祀。祭品由祠堂筹办,由小户担去,支付服役报酬。民国《新安月潭朱氏族谱》卷九记载,清乾隆十二年(公元1747年),朱元安、朱元宁兄弟二人至婺源县,“稽考图册,得举公墓于荒垅中,首倡捐赀,修葺完整”;并捐墓田,定祀规,“清厘税亩,请示勒石”,“俾后世子孙,永守勿替”,“岁往致祭”。据调查,这一活动直至解放后始取消。

月潭朱氏宗族祭祖活动的宗旨是什么呢?

一、为了追远报本,实现尊祖敬宗。

饮水思源,追远报本,不忘所自,因而崇拜祖先,是中国人的传统观念和道德,月潭朱氏宗族亦然。民国《新安月潭朱氏族谱》卷二二上《怀本堂记》,深刻地阐述了这种思想观念。其文曰:“祖,亲之本也;身,亲之枝也;子孙,亲之叶也。本之深固,枝叶必繁;本之孤露,枝叶必瘁,理势则一。景高族出婺源,茶院府君瓌初迁祖也;临溪府君瓒二迁祖也;月潭府君兴三迁祖也;至提举公汝贤兄弟者出,赫赫为一时闻人,可谓有所本……吾今日之福,皆祖之所荫,吾必于此而怀之,益以衍其福;吾今日之业,皆祖之所置,吾必于此而怀之,益以嗣其业……譬诸木然,茶院府君种植之,临溪府君封培之,月潭府君又从而灌溉之、保护之,其本愈深固,其枝其叶愈繁,岂浮沙浅土本之孤露者所可拟哉?”

徽州人认为,“祠宇宗祖神灵所依,墓冢宗祖体魄所藏”。[①] 祠祭、墓祭就是为了追远报本,就是为了实现对祖先的崇拜。徽州人在讲到祭祀时说:“报本之礼,祠祀为大。为之寝庙以安之立之,祏主以依之陈之,笾豆以奉之佐之,钟鼓以飨之。登降拜跪,罔敢不虔;春雨秋霜,无有或怠;一世营之,

① 《休宁宣仁王氏族谱·宗规》,明万历三十八年家刻本。

百世守之,可云报矣。”①

二、增进亲疏情感,加强宗族团结。

宗族是以父系血缘关系为纽带的社会人群共同体。宗族成员之间的感情和团结是以血缘关系为基础,这是毫无疑义的。但是,仅有这种血缘关系,而没有相应的重要措施,也会出现“子姓散逸”、“视若路人”的情况。②如果“昭穆紊而名分失序,亲疏隔而情受不通,方圆相合而判然不相联属,秦越相视而邈然不相关系,则路人而已矣,何族之有?”③

民国《新安月潭朱氏族谱》卷二二下《任衡朱公义田记》曰:“后世宗法不行(指周朝典型宗法制——引者),一本之戚视若路人,识者忧矣。”解决这个问题的一个重要措施,就是不间断地定期举行祭祖活动。徽州人认为,祭祖的一个重要目的是“联属亲疏,惇叙礼让”。岁时蒸尝,朱氏宗族支丁齐集宗祠和祖墓,登降拜跪,增进了亲疏情感,加强了宗族团结。一个宗族要“求其合族众而咸知尊祖,尊祖而敬宗,敬宗而睦族”,不举行祭祖活动是达不到目的的。祭祖活动是促进朱氏宗族族众尊尊亲亲、雍雍睦睦的一个重要手段。

三、宣传宗法制度,巩固宗族统治。

昭穆世次是宗法制度的一个重要内容和根本。徽州人认为,“一本之义不明,则世系不可考;世系之考不详,则昭穆不可叙;昭穆失叙,则尊卑之分不定;夫分不定,则称谓之名不正;名分既泯,则彼此相视皆为路人。无所见闻,而同本之恩不作;无所感触,而孝悌之良不生,人且不知其有族矣,而况望其或相亲睦耶?”④

祭祖活动是为了宣传宗法制度,巩固宗族统治。朱氏宗祠寝室神龛中神主是以朱瓌为“本”,以下神主以昭穆世次为序;朱氏宗族祭祖活动是以主祭人族长为首领和核心,与祭支丁依昭穆世次排列。龛室中神主的排列规制和与祭支丁的排列规制,是对与祭支丁生动、形象的宗法教育和宗法

① 歙县《潭渡黄氏族谱》卷六《祠祀·潭渡黄氏享妣专祠记》,清雍正九年补校刻本。

② 民国《新安月潭朱氏族谱》卷五、卷二二下,民国二十年活字本。

③ 歙县《方氏族谱》卷七《家训》,清康熙四十年刻本。

④ 歙县《方氏族谱》卷七《家训》,清康熙四十年刻本。

宣传。

“明世系,序昭穆”是加强宗法制度,巩固宗族统治的重要措施。所以,徽州的宗族统治者,“必明始祖以来之世系,详五服既穷之昭穆,使服虽穷,而尊卑之分在,世虽远,而称谓之名存,则触之而孝悌之心油然而生,玩侮之心闇然而沮矣”。① 与修谱的宗旨一样,祭祖也是为了“明世系,序昭穆”。

五、修谱活动与修谱宗旨

徽州人认为,族谱是“家之大典”。“立族之本,端在修谱。族之有谱,犹国之有史也,国无史不立,族无谱不传”。② 康熙《新安月潭朱氏族谱·成化壬辰重修朱氏会谱序》对纂修谱牒的意义作了阐述,其文曰:“夫谱牒之作,所以原本始,序昭穆,隆宗支,别亲疏,属涣散,而厚人伦,其于风化之系重矣。”

晋朝以来,徽州宗族即有“三世不修谱,便为小人”之戒。这一观点经理学大师朱熹倡导之后,便成了徽州宗族的金科玉律。许多名宗右族每隔一段时间即修一次族谱。据我们了解,历史上月潭朱氏宗族共纂修过 4 部族谱。

第一部,修于元大德九年(公元 1305 年),朱汝贤纂修。康熙《新安月潭朱氏族谱·月潭朱氏修谱启》曰:“我竹溪远祖(按:竹溪为朱汝贤号——引者),联九族以成书”,“首创家谱”。民国《新安月潭朱氏族谱·月潭朱氏族谱序》说,月潭朱氏族谱“一举于宋”,值得商榷。第一,朱汝贤在月潭朱氏族谱凡例中,讲到元人陈定宇的《陈氏谱略》。而《陈氏谱略》撰于大德四年(公元 1300 年),所以,朱汝贤的月潭朱氏族谱一定纂修于大德四年以后。第二,康熙《新安月潭朱氏族谱·月潭始祖世系图》记载,朱汝贤“乙巳编辑家谱,自序其端,以诏后生”。这里说的“乙巳”年,即是元大德九年。这时,正是朱汝贤“弃官归隐于颜公山”之时。

① 歙县《方氏族谱》卷七《家训》,清康熙四十年刻本。

② 绩溪《盘川王氏宗谱》卷之首《凡例》,民国十年活字本。

虽然朱汝贤纂修的月潭朱氏族谱已佚，但是，他撰写的《月潭朱氏族谱序》和这部族谱的《凡例》还保存在后来纂修的族谱之中。从这些资料来看，朱汝贤纂修的月潭朱氏族谱为"欧、苏谱体"。其重要特点和内容有六：一、断自可知。《凡例》曰："以茶院府君为始祖，盖据文公谱，不敢轻臆冒载远祖。苏老泉所谓断自可知者始则善矣。文简公程泰昌、东皋翁陈定宇二氏之谱，皆法其遗意。世之作谱者，往往多迹华胄，岂可信哉？"二、一图一录。《凡例》曰："五世一图，下加一世，以起第二图，盖有便于易览"；"以五世为则，若其下或一世二世，不再起图，即附其下载之"。"小传，行，叙其齿也；事，纪其略也；生，表其年也；殁，考其寿也；葬，著其地也；娶，明其配（也）；子某，嗣其传也；女适某，重其姻也"。三、继嗣规定。《凡例》曰："伯叔从子继者，书某子绍，示当绍也；外姓继者，书其来绍，示不当来者；继外姓者，书某出绍，示不当出也；以弟继兄者，书某下绍，示不当下也。"四、尊卑有别。《凡例》曰："世以继世曰系，有官书官，重爵也；无官书公，尊称也；已下直书名，降卑也。"五、支派迁徙。《凡例》曰："小序，序其祖迁徙事由。开卷一览，则知其所自，庶无妄引之弊。"六、祖德文翰。《凡例》曰："子孙以显祖宗之令德为孝；有令德而子孙不知者，非孝；知而不传者，亦非孝也。先世文翰，皆巨儒所撰，谨为辑录，以诏于后，庶几表子孙之孝耳。"

第二部，修于明成化八年（公元 1472 年），朱长宗纂修。这部族谱是继承朱汝贤谱的重编本。谱中载有夏时正撰写的《成化壬辰重修朱氏会谱序》和《成化壬辰修谱凡例》。夏文阐述了婺源茶院朱氏始祖朱瓌后裔的繁衍迁派，值得重视。其文曰："茶院以下五世至芦村府君振，生四子中立、绚、发、举。绚为文公先生曾大父，而生森，森生韦斋先生；韦斋去尉尤溪，生文公先生，因家建阳，遂为建阳朱氏。举之长子瓒，亦徙休宁之临溪，是为临溪朱氏；瓒之孙时，与时之从孙兴，同徙月潭，是为月潭朱氏；时之子垍，又徙歙之杏城，去黄墩三里而远，即环溪也，是为环溪朱氏。"这篇序文，不仅记载较详，而且与康熙《新安月潭朱氏族谱·家谱弁言》有很大不同。前文说，"瓒之孙时，与时之从孙兴，同徙月潭，是为月潭朱氏。时之子垍，又徙歙之杏城……即环溪也，是为环溪朱氏"。后文曰，"至兴公自临溪东徙十里曰月潭，是为月潭府君；同时，有时公者，自月潭徙居歙之环溪，是为杏城府君”。《成化壬辰修谱凡例》一再强调写信谱。例如,“寿文奠章,类多庸词,存之不足为其人重,旧谱不登,良有以也,兹故仍之”;“名贤赠答,诗、记、序、铭、传、赞,亦必于其人肖、其事真乃可传后,不然则纂辑者能毋审慎乎哉?”

第三部,修于清康熙四十六年(公元 1707 年),朱国兰纂修,名曰《新安月潭朱氏族谱》,10 卷 5 册,木刻本。这部族谱仍然是欧、苏谱体,是朱汝贤谱的继承与发展。魏学诚在《月潭朱氏族谱序》中,将这部族谱的特点概括为八点:“表章绝学”,“推扬义节”,“山川景物”,“起居风俗”,“岁终伏腊”,“四时家祭”,“宦于四方”,“官于京师”。

作者针对社会上纂修谱牒的歪风邪气,强调要写信谱。《书族谱后》曰:“惟谱牒之修,联世系,志祖德,其意于宗法,庶几为近古。然今日之谱牒,或自耻其家之衰落,则扳援望族而强附之;或欲侈其族之繁盛,则搜罗异派而杂编之,所以谱牒之修,名虽存而实又亡。”

第四部,修于民国二十年(公元 1931 年),朱承铎纂,名仍曰《新安月潭朱氏族谱》,22 卷 14 册,木活字本。这部族谱的体例与朱国兰纂修的康熙谱的体例基本一致,只是篇幅大大增加。谱中《月潭朱氏族谱序》一文强调“尊祀考亭”的观点,值得注意。其文曰:“新安则里各别姓,姓各有祠,祠各有谱牒,阅岁千百,厘然不紊。用能慈孝敦睦,守庐墓,长子孙,昭穆相次,贫富相保,贤不肖相扶持,循循然,彬彬然,序别而情挚。试稽其朔,固由考亭先生定礼仪,详品节,渐渍而成俗。吾徽人食考亭之泽深且远,宜今之旅于外者,为馆舍必尊祀考亭也。”朱熹生于福建尤溪,祖籍徽州婺源县。朱熹思想对徽州人的影响特别深远,徽州人对朱熹异常崇拜。历史已迈进 20 世纪 30 年代,徽州人还大力倡导要尊祀朱熹,可见朱熹思想的影响何等根深蒂固。

月潭朱氏宗族修谱的宗旨是什么呢?一言以蔽之,是“原本始,序昭穆,隆宗支,别亲疏,属涣散,而厚人伦”。①

一、追本溯源。《成化壬辰重修朱氏会谱序》、《家谱弁言》、《月潭朱氏族谱序》、《迁平湖支弁言》等文献,对月潭朱氏宗族的“木本水源”都有阐

---

① 康熙《新安月潭朱氏族谱 · 成化工辰重修朱氏会谱序》,清康熙四十六年木刻本。

述。《月潭朱氏族谱序》说:“祖瓌居新安之阙里,考亭所谓茶院府君者也。传七世有瓒者,始迁休宁之临溪。十一世有兴者,始迁月潭,是为月潭祖。”

二、辨别昭穆。徽州人认为,“世系明则宗法立,宗法立则族敦”。① 昭穆世次是宗族的一个基本特征。昭穆失序,宗族就不存在了。怎样辨昭穆、明世次呢? 最重要的一个方法和手段是修族谱。月潭朱氏4部族谱都是采用欧、苏谱体。“五世一图”,就是为了达到辨昭穆、明世次的编纂目的。据调查,今天月潭朱氏的老年支丁个个都清楚地知道,他们在月潭朱氏宗法组织中的昭穆世次和位置。可见族谱的作用大矣。

三、记述派别。繁衍裂变是宗族发展的一个基本规律。纂修族谱的一个重要目的,就是要阐明宗族的繁衍裂变,支分派别。民国《新安月潭朱氏族谱·月潭朱氏族谱序》记载:“明万历中,有茂然者迁浙之定海,后又迁镇海。清康熙中,有明仪者迁浙之桐乡,后又迁平湖。此二支皆祖月潭,而镇海以商著,平湖以宦显,人文蔚然,与本支相辉映。呜乎! 使非有宗乘,则易地而疏,易代而不相识,孰知其初固同出一源也哉?”

四、联属亲疏。从始迁祖朱兴的曾孙朱汝贤、朱汝清、朱汝弼、朱汝辅以后,月潭朱氏宗族即分为孟房、仲房、叔房、季房,又称上门、下门、里门、外门。依据宗法制度,到朱汝贤、朱汝清、朱汝弼、朱汝辅的曾孙,还在五服之内,属于“亲”。玄孙即出了五服,属于“疏”。按苏洵的说法,“无服则亲尽,亲尽则情尽,情尽则喜不庆、忧不吊;喜不庆、忧不吊,则途人也”。② 为了将五服以外的族人团结起来,使亲尽、情尽、喜不庆、忧不吊如同“途人”的亲族不散,最重的措施是纂修族谱。通过修谱,会使五服以外的亲属知道,“子孙千亿,其初兄弟也,又其初一人也;犹水之千溪万壑而源同,木之千枝万干而根同”。③ 历经8个多世纪沧桑巨变,月潭朱氏宗族始终聚族而居,没有流散,不断纂修族谱起了重大作用。

五、惇厚人伦。宗族内部,强欺弱、众暴寡、富吞贫、恃尊凌卑、以下犯上、藐视族人而仇雠之,是宗族组织、宗族制度的腐蚀剂。为了使族人之间形成

---

① 徽州《汪氏渊源录》,明刻正德十三年重修本。

② 苏洵:《嘉祐集》卷一四,四部丛刊初编本。

③ 歙县《托山程氏家谱》卷二一,明崇祯九年刻本。

一个父慈子孝、兄爱弟悌、尊敬长上、家庭和睦、喜庆相贺、忧戚相吊、周急恤贫、疾病相问、岁时问遗、伏腊合食、尊尊亲亲、雍雍睦睦的亲属关系,必须重视族谱纂修。只有通过族谱纂修,才能阐明宗族成员之间的血缘关系。血缘明则人伦厚;人伦厚则族谊敦。纂修族谱是惇厚人伦、增进族谊的重要手段。据我们调查,民国时期,月潭朱氏宗族内部强欺弱、众暴寡、富吞贫、恃尊凌卑、以下犯上、藐视族人而仇雠之的现象虽然有之,但父慈子孝、兄爱弟悌、尊敬长上、家庭和睦、周急恤贫、疾病相问、尊尊亲亲、雍雍睦睦是主流。

六、族田族山和家庭经济

月潭朱氏宗族的族田和族山有4类:一,祠田、祠山;二,墓田、墓山;三,义田;四,寺田。祠田、墓田又统称为祭田,或统称为祀田。

朱熹在《家礼》中规定:"初立祠堂,则计见田,每龛取其二十之一,以为祭田。亲尽则以为墓田。后凡正位祔者,皆仿此。宗子主之,以为祭用。上世初未置田,则合墓下子孙之田,计数而割之。皆立约闻官,不得典卖。"明清时期,人们大都崇拜朱熹,奉朱熹之言论为经典,月潭朱氏宗族对朱熹的崇拜有过之而无不及。

据调查,月潭朱氏祠堂拥有的祠田、祠山数量很大,遍布月潭村周围许多地方。因休宁县档案馆土地改革档案资料不全,我们无法确知月潭朱氏宗祠祠田、祠山的具体亩数。

康熙《新安月潭朱氏族谱》卷五记载,朱齐龙、朱世龙"暨诸昆季造承志堂,以奉瀛峰公祀;增祀产,定礼仪,迄今岁时伏腊,厥典独隆"。又载:"资田不给",朱世龙"悉出橐以应"。

民国《新安月潭朱氏族谱》卷九记载,清乾隆十八年(公元1753年),龙卷风毁朱氏宗祠一角。诰授中宪大夫、候补知府朱元宽"倡首捐资修葺。由是合族踊跃,数千金之工,仅数月而蒇事。计有羡余,置田以充蒸尝"。

康熙《新安月潭朱氏族谱》卷十《仲父茂春公祀田记》说:"坟墓之为世重,尚矣。顾墓而不祀,与无墓同;祀而不田,与无祀同。而郡之著旅,展墓荐鬯,辄有膏腴之田,以供祀事。"

清代,月潭朱氏宗族因墓祭经费不足,“宋墓元茔春秋祭扫,子孙不得躬拜者甚多”。支丁朱瑗“乃捐田紫阳文昌祠,每年于新正晴日,凡子孙之居绅矜者,咸登丘垄而与祭焉”。① 乾隆十二年(公元1747年),朱元安、朱元宁兄弟二人“至婺源,稽考图册,得举公墓于荒垅中,首倡捐赀修葺完整,并会婺邑族人拜始祖茶院府君墓下;又捐举公墓田,严定祀规,岁往致祭,更清厘税亩,请示勒石,俾后世子孙永守勿替。事载婺邑志”。②

从康熙《新安月潭朱氏族谱·月潭始祖世系图》的记载来看,早在宋代,朱汝贤、朱汝清、朱汝弼、朱汝辅昆季4人即置有义田。他们收取义田田租,“置义仓义库,以赈贫乏。出入皆有执掌,井然不紊”。明清时期,月潭朱氏宗族的义田又有所增加和发展。民国《新安月潭朱氏族谱》卷二十二下《任衡朱公义田记》记载:

> 自宋范文正公创立义田,规模具备。明荆川唐氏以为,得立宗之遗意。厥后,希风往哲,接踵代兴。至我朝(即清朝——引者),世家大族有能遵行者,经大府题达,例得旌奖。其为风俗人心计,至深长也。然必厚有力者始得为之. 故世卒不多觏。

月潭朱氏宗族寺田产生于宋元之际。康熙《新安月潭朱氏族谱·月潭始祖世系图》记载,月潭朱氏宗族十四世祖朱汝贤,官权浙西常平提举。宋末,“元兵南下,弃官归隐于颜公山,别号‘全真’以见志,舍田为山僧常住计”。

民国时期,月潭朱氏宗族有多少族田呢?据调查,月潭朱氏老人众口一词,都说以月潭村为轴心,东、西、南、北半径10华里以内土地,80%归月潭朱氏宗祠、支祠(或曰“厅堂”)和支丁所有。此外,龙湾还有一些土地,屯溪有一大片房屋。月潭村周围山场,绝大多数都归朱氏宗族祠堂所有。

月潭朱氏宗族族田全部实行租佃制,实物地租和定额租是基本的地租形态。据中岩溪村佃户俞聚说,民国时期,村中有70%农民佃种月潭朱氏宗族的族田。每亩田租谷10砠(每砠30斤,每斤16两)。

---

① 民国《新安月潭朱氏族谱》卷九,民国二十年活字本。

② 民国《新安月潭朱氏族谱》卷九,民国二十年活字本。

月潭朱氏宗族族田产权绝大多数都“一分为二”，即分割为地骨权和地皮权，前者俗称“大买”（又称“大买田”），后者俗称“小买”（又称“小买田”）。朱氏宗族绝大多数族田只拥有地骨权，佃户拥有地皮权和永佃权。佃户们只要按时按量缴纳地租，朱氏宗族祠堂即无权撤佃。

管理族田的机构称“庄”。朱氏宗祠设“同仁庄”，管理供祭祀用的宗族公有土地和山场。宝善堂设“心逸庄”，管理培士会、周义会和学校的土地和山场。承志堂设“敦厚庄”，宏训堂设“春鹤庄”……分别管理各支祠的土地和山场。每一个庄都设经理1人，负责总管庄的一切事务。下设司账1人，管理收支账目；司秤1人，收租和粜谷时负责掌秤；检查1人，收租时负责检查稻谷质量。

稻谷成熟时，各庄都派管理人员赴四乡田间检查稻谷生长状况。如因水灾、旱灾、风灾、虫灾、冰雹等减产，酌情减免地租。每年稻谷收割以后，四乡佃户即纷纷担谷赴月潭朱氏宗族各个庄缴租。稻谷验收、过秤以后，各庄都设专场雇佣雇工晒谷、入仓。

祠堂的山场有两种经营管理形式：一、月潭村附近的山场，由祠堂设立的同仁庄、心逸庄亲自经营，雇工管理；二、离月潭村较远的山场，出租给山农经营，双方签订租佃契约，年限20年。力坌实行三七开，即山农占有30%、祠堂占有70%。

田庄不管产权纠纷。出现土地、山场产权和租佃纠纷，由祠堂负责解决。

民国前期，月潭朱氏宗族支丁经商者约占总数的50%左右，文教工作者、政府官员、闲散人口约占总数的40%，种田的人家极少，约占总数的10%。抗日战争爆发以后，由于生意萧条，经商的支丁纷纷回归，支丁的职业和家庭成分有所变化。据土地改革时《休宁县第七区月潭乡月潭村私有土地房屋登记清册》记载，解放战争时期，月潭朱氏宗族共有104户人家，其经济结构如下：

地主26户。他们是：朱懋济、朱春生、朱道生、朱跃良、朱典禹、朱艾圃、朱懋祎、朱典翰、朱典章、朱典诗、朱典郁、朱趾仁、朱从震、朱从益室、朱羽堂、朱歧凤、朱羽泽、朱志远、朱宗培、朱敏树、朱景轩、朱言镐、朱荫生、朱仲镕(工商业兼地主)、朱厚生(工商业兼地主)、朱桂生(地主兼工商业)。

小土地出租者36户。他们是:朱余室、朱礼门室、朱为祖室、朱有道室、朱振泽、朱济柔、朱梦祉、朱有信、朱凌仙、朱宾四室、朱子如室、朱陈万、朱锦堂、朱三凤、朱敏俊、朱坚白、朱华生、朱发登、朱益三、朱启发、朱镇桃、朱顺祥室、朱有庆、朱连第、朱连科、朱训瑞、朱祖茂、朱少周室、朱有生、朱言钰、朱兆庭、朱舟全室、朱金声室、朱致祥、朱观进、朱叔堂(工商业兼小土地出租)。

中农6户。他们是:朱发、朱连进、朱天赐、朱全、朱意和、朱成虎。

贫农15户。他们是:朱善进、朱遇兆、朱丽娟、朱连登、朱命树、朱金英、朱致和、朱惠民、朱必显、朱启勤、朱冬梅、朱进财、朱茂鸣、朱惠泉、朱团。

贫民11户。他们是:朱秀贞、朱廉俊、朱仲和、朱培卿、朱桀孙、朱作民、朱天林、朱周伦、朱滋生、朱国英、朱丽泉。

工商业、小商贩、手工业者共5户。他们是:朱连生、朱家瑜、朱连年、朱连高、朱志坚。

政府官吏、迷信职业者各1户。他们是:朱祖荫、朱华淞。

雇工2户。他们是:朱志仙、朱健俊。

不明身份者1户——朱济柔。

月潭朱氏宗族子弟经济结构有4个特点,值得特别注意:一、月潭朱氏是一个非常富有的宗族。除了各个祠堂占有大量土地和山场以外,这个宗族有地主26户,占朱氏宗族总户数的25%,每4户人家即有1户地主,换句话说,就是每4户人家即有一家富户。二、小土地出租者很多。这个宗族104户人家当中,有小土地出租者36户,占总户数的34.6%还多。按月潭村土改时规定:靠地租为生,占有土地不足30亩者,即为小土地出租者。由此可见,小土地出租者大多为小康之家。三、种田的农民很少。在104户人家当中,农民共有21户,其中中农6户、贫农15户,占朱氏宗族总户数的20%多一点。据调查,朱氏宗族有贫民11户,这些人家虽然生活贫困,但是他们也不种田。农村贫民占了朱氏宗族总户数的10%还多,是朱氏宗族子弟经济结构的一个重要特点。四、外出谋生的人口很多。据《休宁县第七区月潭乡月潭村私有土地房屋登记清册》记载,中华人民共和国建国前夕,月潭朱氏宗族在外人口共计 104 人,其中地主在外人口 43 人,占总数的 41.25%;小土地出租者在外人口 36 人,占总数的 34.61%。地主和小土地出租者外出谋生者多,说明家庭富裕与外出创业是分不开的。

月潭朱氏宗族的地主和小土地出租者占有的土地绝大多数都分布在月潭周围一些村庄,在本村占有的土地数量极少。据《休宁县第七区月潭乡月潭村私有土地房屋登记清册》记载,26 户地主当中,在本村占有土地情况分别是:朱懋济 8.447 亩,朱春生 4.123 亩,朱道生 0.853 亩,朱跃良 4.05 亩,朱典禹 1.08 亩,朱艾圃 0.05 亩,朱懋祎 0.356 亩,朱典翰 0.126 亩,朱典章 3.783 亩,朱典诗 2.85 亩,朱典郁 2.677 亩,朱趾仁 3.31 亩,朱从震 4.112 亩,朱从益室 3.596 亩,朱羽堂 6.074 亩,朱歧凤 5.151 亩,朱敏树 4.154 亩,朱羽泽 3.07 亩,朱志远 2.265 亩,朱宗培 6.23 亩,朱景轩 5.001 亩,朱言镐 1.08 亩,朱荫生 2.005 亩,朱仲镕 0.4 亩,朱厚生 0.794. 亩,朱桂生 1.777 亩。实际上,他们所占有的土地都在 30 亩以上。①

温情脉脉的血缘亲族关系的面纱,遮盖不了宗族内部的阶级对立和贫富分化。中华人民共和国建国前,在月潭朱氏宗族 104 户家庭中,富有阶层占 28 户(含地主 26 户、工商业 1 户、政府官员 1 户),中产阶级占 46 户(含小土地出租者 36 户、中农 6 户、小商贩 3 户、手工业者 1 户),无产者和半无产者 28 户(含雇工 2 户、贫农 15 户、贫民 11 户),迷信职业者和家庭成分不明者共 2 户。

清雍正至道光年间,朝廷虽然曾多次下令释放世仆(又曰"佃仆"、"小姓"、"小户"等),但是,直至中华人民共和国建国前,月潭朱氏宗族还占有不少世仆。据调查,中华人民共和国建国前夕,朱氏宗族世仆有:红俊、品止、秋开、福仂、喜仂、翠珠、春富、天祥、书祥、俞顺义、最有、寿仂、汪海仂、连仂、节仂、兴隆、观富、社九、朱全、就好、胡永、观兆等,共计 20 多户。

世仆都是世袭制,即世世代代都归朱氏宗族占有。有些世仆还改姓朱氏,如朱春富、朱天祥、朱书祥、朱最有、朱社九、朱全等。

朱氏与世仆是主仆关系。世仆称朱氏老年支丁和壮年支丁为"老爷",

① 根据当地政府土地改革政策规定,占有土地 30 亩以上家庭,才定为地主。

称少年支丁为“少爷”,称老年妇女和壮年妇女为“奶奶”,称女孩为“姑娘”。农历元旦,世仆要到朱氏宗族支丁家中拜年。主人赐予米粿、粽子等食品,俗称“拿利市”。朱氏办喜事,世仆要头插红花,为喜主抬嫁妆、抬轿子、吹唢呐、打火把、背新娘、担菜斟酒,等等。喜主酒菜招待,并赐给喜钱。朱氏办丧事,世仆要腰系白布带,为丧主洗尸、裹尸、入殓、掘圹、抬棺、抬祭、埋坟,等等。朱氏祠祭和墓祭,例行各种活动,世仆都必须服役。如打扫祠堂、清理坟墓、挑抬祭品,等等。宗族的乡绅、文人等外出,世仆要抬轿接送。民国时期,世仆服役都付给报酬。

这些世仆是怎样被朱氏宗族占有的呢?现在人们已说不清。世仆与朱氏子弟社会地位的极端不平等,是非常明显的。世仆不仅不能与朱氏通婚,就连他们的孩子也不能进学校与朱氏的儿童、少年一起读书。世仆为朱氏服役,如有失误和怠慢,或损坏器物,违犯工作规程,就要遭到朱氏的训斥和打骂。如果逃亡,捉获后要被严惩。

七、组织管理和族规家法

民国时期,月潭朱氏宗族的最高权力机构是宗祠管理委员会。管委会的首领称“经理”,大都是乡绅担任。经理的任职条件是:家庭富有、文化较高、德高望重,具有较强的组织能力和领导能力。其职权是:出任宗族祭祖大典主祭人,决定和领导宗族重大活动,决定宗族的经济和财务,惩处不肖子孙和族众,调解宗族成员之间的纠纷,代表宗族对外联络和交涉,等等。经理都是通过宗族支丁大会选举产生。

管委会具体工作人员有4人,每门(或曰“房”)推举1人,一年一换,俗称“司年”,或曰“值年”。工作人员的任职资格是:办事公正、家庭富裕、克己奉公,具有一定文化程度和一定办事能力。司年是经理的助手。除了管理财务账目以外,他们的重要工作有:筹办和组织宗族祭典,组织和执行宗族重大活动,召开族众会议,传讯不肖支丁和族众,等等。

月潭朱氏宗族中层组织为“门”(又称“房”),整个宗族分为4个门——上门、下门、里门、外门,又称为四房——孟房、仲房、叔房、季房。每一个门有一个族长(又称为"族老")。族长的任职条件是:辈高年长、德高望重。其职权是:决定本门的重大事务,主持本门的婚礼、丧礼、祭礼,教育本门的子弟和族众,调解本门族众之间的纠纷,等等。月潭朱氏宗族族长的权力虽然不大,但他们是宗族的代表和象征。在宗祠和支祠举行元旦团拜时,他们都坐在享堂正中太师椅上,接受全体支丁的祝福和叩拜。在参加宗族子弟的各种礼仪活动中,族长都被族众遵奉为活着的老祖宗,处于至尊者的地位。

培士会是发展教育事业和培养宗族子弟的组织。该会占有一大批族田,田租收入全部用于教育事业。月潭村有一所小学,即是培士会创办。宗族子弟入学全部免收学杂费。但后来女生要缴少量杂费。在外地读中学和读大学的子弟,都能得到培士会的资助。民国时期,一个大学生每年资助大洋 200 元。

周义会是救济贫困族众和居住、路过月潭村的外地贫困人的专门性慈善机构。该会拥有一大批土地,租谷全部用于赈灾恤患、扶孤恤寡、周急济贫。该会设"义冢"一处,路过月潭和居住月潭的外地贫困人死亡,尸体无人收管,周义会供应棺椁、衣衾,负责埋葬。

文会是知识分子的组织。民国时期,凡是初中毕业以上文化程度的支丁都可参加。参加文会要举行一定仪式,如请酒宴、放鞭炮。在徽州地区,文会不仅是一种文人的团体组织,同时,在一定程度上它又是宗族的一种权力机构。依据当地的风俗习惯,文会每年都举行"会文"活动。届时,小学毕业以上支丁齐集文会,按文化程度分组命题,举行作文比赛。参赛者都有一定奖励。赛后,张榜公布成绩和名次。此外,宗族有重大难决事务,都请文会讨论、议决;宗族成员间有难解纠纷,请文会调解、议处。文会具有宗祠管理委员会参谋和咨询机构性质。

月潭朱氏宗祠"紫阳世家"大厅,左右各有一块大粉牌。左边粉牌上书:"不孝、不弟、不忠、不信,勿许入祠";右边粉牌上书:"无礼、无义、无廉、无耻,勿许入祠"。这是月潭朱氏宗族族规家法纲要。据调查,月潭朱氏宗族族规家法的主要内容有 14 条:

一、孝顺父母。朱氏宗族以孝为本。子弟必须孝顺父母,赡养奉侍,问寒问暖，和颜悦色，不得有误。要表彰孝子，为孝子竖碑立传；孝行卓著者，公请旌表。严禁顶撞和遗弃父母，违者执至祠堂教育、训斥；教育不改，执至祠堂当众笞杖，革除族籍。对虐待和打骂父母的不肖子弟，严惩不贷。

二、尊敬长上。昭穆有序，长幼有别，尊卑有定。晚辈对长辈，幼者对长者，卑者对尊者，坐则立，行则让，不得直呼其名。对尊者、长辈和长者的教导和言行，要尊重，要服从；即使尊者、长辈、长者的教导和言行有误，也不得当面顶撞。如违，轻者要向尊者、长辈、长者赔礼道歉，重者要唤至祠堂在列祖列宗神主前罚跪。

三、婚姻要当。男婚女嫁，乃人生之大伦。择妇觅婿，必须门当户对，选择忠厚人家。父母之命，媒妁之言，天经地义。不嫌贫爱富，贪图金钱，不与不正当的人家联姻。同姓不婚的礼教，必须恪守。不准与小户婚配，不准与下流职业之人结亲。违者，革出祠堂。

四、闺门要严。男女有别，男主外，女主内。妇女要三从四德，孝敬公婆，尊敬丈夫，慈爱子女，安分守己。不准虐待翁姑，搬弄是非，打街骂巷。违者，依据情节轻重，严肃惩处。孀妇要从一而终，赡养公婆，扶孤守节。严禁妇女作风不正，有伤风化。违者，严惩不贷。

五、继嗣要当。不孝有三，无后为大。无后子弟，兄弟之子继嗣，以奉香火。外姓继者，谱书"来绍"，示继嗣不当。继外姓者，谱书"出绍"，示出继不当。以弟绍兄者，谱书"下绍"，示下继不当。不准以异姓螟蛉子为嗣，紊乱宗祏。违者，不准入祠。

六、要重祭祀。清明、中元、冬至祠堂祭祖，新年、清明、立冬墓祭，乃展亲大典，必须敬洁备物，至诚至敬。司年必须认真筹办祭品，组织祭祀活动，不得敷衍应付。支丁不得无故不参加祭祖典礼，不得不虔诚行礼。违者，罚胙。祭祀仪式，谨遵朱子《家礼》。

七、保护风水。坟墓乃祖宗藏魄之地，风水宝地，必须备加爱护。不经祠堂批准，任何人不准砍伐祖墓荫木，违者重罚，并革出祠堂。墓田租谷、墓山力坌为墓祭和修墓专用经费，任何人不得占有、不得挪用，经管人员违者撤职查办。墓田、墓山乃祖宗血食所依，永远不准典卖或私占，违者以不孝论处，革除祠堂，送官惩治。

八、和睦宗族。朱氏聚族而居,子弟之间虽有亲有疏,但追本溯源,都是同一始祖朱瓌的后裔。族众之间,要喜相庆、忧相吊、急相救、疾相问、贫相助,不得以途人视之。族人相互之间产生矛盾和纠纷,在所难免。出现矛盾和纠纷,要互让、互谅、互忍,不得轻易经官,对簿公堂。

九、恤孤济贫。朱氏以仁义为立族之本。子弟要严以处己,宽以待人,周恤贫困,栽培根本。邻里都有周急济贫之义,何况族人乎?宗祠设周义会,为周急济贫之专门机构。族中鳏、寡、孤、独生活困难者,每人每月救济稻谷 3 斗,每天铜钱 1 枚。族人因天灾人祸造成经济极端困难者,周义会酌情救济。不要使贫困族人背井离乡,以乞讨为生。

十、管好族产。各祠堂田庄,必须认真负责,管好族田、族山。管理人员要定期赴四乡巡视,以免族田、族山流失。同时,察看年成,如有天灾,酌情减租。收租时,要严格检查,公平过秤,不得徇私舞弊。稻谷必须认真晒干,妥善入仓;如发现稻谷霉烂和丢失,负责人以失职论处。族田、族山乃祠堂公有财产,任何人不准典卖。违者,以不孝论,革出祠堂,依法惩治。

十一、经理宗祠。宗祠为妥先灵、隆享祀的场所,设管理委员会作为管理机构。管委会设经理 1 人,司年 4 人,推举作风正派、克己奉公、忠于职守和热心宗族事业的富有支丁担任。司年一年一换,经理任期不限。祠堂器物和财产,必须严加保管,如有丢失,司年要按价赔偿。

十二、封山育林。月潭村四周山林,乃祖宗遗留下的基业。保护山场林木,不仅是为了保持水土和生态环境,而且还关系月潭村的风水龙脉。对祠堂的山场林木,必须严格保护。未经祠堂许可,任何人不准进山砍伐树木。违者,罚以猪头、鸡、鱼三牲祭树,并鸣锣封山,表示悔改。

十三、制御世仆。看守祠堂和墓地的小户,必须恪守乃职。祠堂和墓地祭祖,支丁婚礼和丧礼,宗族例行重大活动,小户必须按规定服役。服役时,不准迟到偷懒、敷衍应付、破坏器皿、违规行事,违者严惩不贷。主尊仆卑,亘古如此。但也不准以尊凌卑,虐待无辜。

十四、重视人才。族以人显,人以族荣。宗族子弟科第仕宦和经商致富,是宗族兴旺发达的标志。为此,必须重视教育事业和人才培养。宗族设立学校一所,子弟入学读书,学杂费全部减免。在外地读中学和大学的子弟,培士会定期给予资助。对小学、中学、大学学生,元旦团拜按级增发丁饼,祭祖颁胙按级增加胙肉,分别给予精神奖励。文会定期举办会文,促进人才的成长。

月潭朱氏宗族族规家法,重在“教”,不在“惩”。其中许多规条,是倡导、是要求,带有一定的道德色彩。这种族规家法,实质上是封建道德法规化。

月潭朱氏宗族的族规家法,是宗族统治者加强宗族管理和宗族统治的重要工具。据调查,由于执法认真,违犯族规家法的族人极少。

八、四时节庆和风俗民情

农历年三十(小月二十九日),宗祠、支祠和每个家庭都打扫卫生,张灯结彩。除夕,守岁。元旦天亮以前,家家户户都要到村头迎神。清晨,全体支丁——包括老人和小孩——俱着节日盛装,齐至支祠谒祖,团拜。拜毕,全宗族支丁齐集宗祠维则堂举行元旦团拜活动。首先谒祖,其次向4个门的族长拜年,然后支丁们相互拜贺。拜毕,4个族长端坐维则堂大厅中央太师椅上,支丁们围坐大厅四周,相互祝福,相互恭贺。在尊尊亲亲、雍雍睦睦的气氛中,大家一边吃花生、糖果、橘子、瓜子,一边饮糯米佳酿,每人1杯。同时,将一年出生的支丁填写《支丁清册》,以示人丁兴旺,宗族繁荣。最后,每个支丁发一对面粉制作的“和合饼”(俗称“丁饼”),每个半斤。小学毕业生2对,初中毕业生3对,高中毕业生4对,大学毕业生5对。早饭后,支丁和新娘到各家各户给长辈拜年。长辈要给少年支丁压岁钱和糖果、花生、橘子等食品;赠新娘5个米粿、2个银包。米粿上印麒麟送子、五子登科、珠宝盆、元宝等吉祥图案。银包用糯米制作,以箬叶包装,扎4道标树绳,意为清新甜蜜。因家数众多,收到的米粿和银包很多、很重,所以,要有一个人专门为新娘挑。

元宵佳节,举行舞板龙文娱活动。龙头和龙身都由长方形木板连结而成,每节木板上有4盏灯笼。板龙到达住户门前,站立不动。住户燃放鞭炮迎接、祝贺。鞭炮燃放结束,板龙开始起舞。有些富有子弟家庭鞭炮鸣放时间很长。人们都以此为荣。舞龙结束,每家都赠送舞龙人红包1只,内有货币不等。富有人家送的多一些,贫困人家送的少一点。

人丁兴旺,子孙满堂,是人们的普遍祈盼。元宵,四教堂赠送每个新娘一盏麒麟送子彩灯和两支红蜡烛,祝新娘早生贵子。

十八日,赴汪公庙参拜汪公大帝——汪华。汪公大帝是徽州地区的地方保护神,人们对其顶礼膜拜,祈求汪公大帝保护一方平安。拜毕,每个支丁分发面制麻仁桃3只,象征吉祥如意。

二月初二,家家户户参拜社公老爷。拜毕,送社公老爷出门,拿一只鸡蛋用力掷向照壁,名曰"打白虎",意为祛灾消禳。

清明节,祠堂祭祖,祖墓挂钱,是最重要的习俗。

五月十三日,参拜关圣帝君。拜毕,每个支丁分发小面桃3只。

中元节,祠堂祭祖,祭品为素,礼仪与清明同。家家户户买纸箱、纸包,内装锡箔,到先人坟墓焚烧。夜晚,在率水河滩举行隆重的"度孤"活动。一、家家户户都在三岔路口烧纸扎"仙衣",散洒稀粥,向孤魂野鬼施舍衣食。二、人人都在率水河面放纸扎"水灯",让孤魂野鬼乘舟到达西方极乐世界。三、搭制法坛,请道士诵经,作法事,超度孤魂野鬼。中元"度孤"活动虽然是一种迷信活动,但这一活动蕴含着月潭朱氏人民心地善良、好善乐施的优秀品德。他们不仅设周义会,周济背井离乡、生活困难的外地人,为无家可归的死亡者提供棺椁、衣衾和墓地,而且还一年一度举办"度孤"活动,超度孤魂野鬼,使其进入西方极乐世界。这一活动,是月潭朱氏宗族的人们爱心的体现。

中秋节,家家户户都举行家宴,吃月饼,赏月,表示阖家团圆。儿童舞"草龙"(用稻草扎制),到谁家舞,谁家以月饼赐之。

九月,在率水河畔草坪上举行盛大的"秋报会",搭彩台演戏3天3夜庆祝。十二日,迎请汪公大帝等四尊神像驾临秋报会会场。从汪王庙出发,四尊神像各坐一乘四人大轿。前有仪仗队,后有鼓乐队和万岁亭。仪仗队组成是:朱氏宗祠堂灯,肃静、回避牌,旗,锣、伞、铳等。鼓乐队组成是:长号、鼓、锣、唢呐、笙、管、笛子、箫等。从下村头到达上村头,沿街行进,鼓乐伴奏;长号低音远播,铁铳震荡山谷。最后,神轿抵达秋报会会场,神像在高大的神坛上就座。十三日上午请道士作法事，举行隆重的祭神仪式。下午，由宗族祭神。有主祭，礼生。祭品有全猪、全羊，有20个盘，20个碗，内盛各种菜肴，上插各种花卉，报答苍天保佑、诸神降福、风调雨顺、五谷丰登、丰衣足食。秋报会期间，率水河畔商贩麇集，人山人海，热闹非凡。

十月，送寒衣。家家户户用纸扎制冬服，送到先人墓地。祭拜毕，将纸衣焚化，名曰"送寒衣"，用以表达对先人的思念。

冬至，宗祠举行祭祖大典，这是一年三次祠祭中最隆重的一次。

腊月二十三曰，"辞灶"，即送灶神升天，俗称"过小年"。

二十四日，家家户户和各个支祠挂祖容像。四教堂、承志堂、树德堂分别举行祭祖仪式。祭毕，每个支丁分发"丁饼"一双。

民国时期，男女婚姻大事都决定于父母之命、媒妁之言。男孩到达结婚之年，由父母选定对象，由媒人从中穿线。先问"八字"，然后"求亲"、"纳采"、"定亲"。

结婚过程：先是"行聘"，其次是"送日子"，再次是"迎亲"。婚期，用轿夫4人抬花轿，晚饭后到女方迎娶。随同花轿一起的有：提灯2人、火把2人、提盒2人、乐队吹鼓手6人。花轿进入女方宗族祠堂，举行一定仪式以后，由女方宗族小户壮年妇女，将新娘背到祠堂上轿。花轿动身之前，父兄敬新娘3杯酒，然后起乘。花轿走出祠堂，大门立即关闭，意为女儿已是门外人，"肥水不能外流"。

迎亲花轿回到男方祠堂，不能放在地上，而要置于晒稻谷的竹编大箩筐上，以防沾走婆家的土。新郎向花轿三拜，由好命老孺打开轿门，踏着装谷麻袋由好命老孺从祠堂牵引到婆家。同时，宗族一位好命老人高喊："一代传一代，二代传二代，三代传三代……"下午，新郎、新娘举行"拜堂礼"。一拜天地，二拜祖宗，三拜父母，最后是夫妻对拜。然后，入洞房。晚上，举行新婚盛宴，"闹洞房"。

婚后3天，行"庙见礼"。在婆婆陪同之下，新娘赴祠堂谒祖，然后参拜宗族年长长辈。

丧事，老年人行七七祭礼。人死，由小户洗尸、裹尸、抬尸，在支祠入殓。三七，朱氏亲属吊唁；五七，亲戚朋友吊唁；七七，发丧。有功名人家，请名人点主。富有人家,请和尚、道士诵经,超度亡灵。

老人50岁、60岁、70岁做寿;80岁不做,90岁做。小孩1周岁、10周岁过生日。

重教崇文是徽州宗族的传统。民国时期,月潭朱氏宗族文化氛围还比较浓郁。擅长或爱好绘画的有:朱醉六、朱伯三、朱兆麟。擅长或爱好书法的有:朱岳生、朱延时、朱典麟、朱典凤、朱维钧。擅长篆刻兼工书法的有朱作民。爱好图书和文物收藏的支丁也不少。朱齐孙有3间书房,藏有《古今图书集成》、《粤雅堂丛书》、《戴东原集》等经、史、子、集数万册,还有董其昌、蒋廷锡、周天球、王仲、郑板桥、钱伯坰等名人书画。朱兆麟家藏有赵子昂、董其昌等名人字画,还有端砚、歙砚和名人篆刻。

附记:

调查时间:1995年10月,1996年10月,1997年10月。

调查地点:休宁县五城镇月潭村、休宁县电池厂职工宿舍朱懋祉家、万安休宁中学职工宿舍朱典尧家。

调查对象:

朱言钰	1920年生	三十三世
朱　实	1926年生	三十六世
朱懋祉	1929年生	三十六世
朱三凤	1911年生	三十七世
朱典尧	1928年生	三十七世
朱敏树	1925年生	三十八世

(原载《徽学》第三卷,安徽大学出版社2004年版,题为《休宁月潭朱氏宗族调查研究报告》)

歙县呈坎前后罗氏宗族调查研究

呈坎前、后罗氏宗族聚居的呈坎村，位于歙县西北黄山脚下，距县城约二十公里（今属黄山市徽州区）。这里峰峦叠嶂，澑水由北向南穿村而过，风光秀丽。

呈坎村名来源于什么呢？元朝知泰州事张旭在《罗氏族谱序》中记载，前、后罗氏宗族的始祖“择地得歙西北四十里，地名龙溪，改名呈坎，盖地仰露曰‘呈’，窊下曰‘坎’”①。歙县《罗氏历代祖宗谱·续谱凡例》（传抄本）记载：“以呈坎名村者，始于天锡公，因旧基被毁，徙居村中，凿渠以呈坎水，而火遂息，由是定厥名村焉。”

呈坎古村，明清古民居鳞次栉比，贞靖罗东舒先生祠巍峨壮观。全村有三条街道九十九条小巷．扑朔迷离，宛如迷宫。村民大多数是前、后罗氏宗族的后裔。

一、前后罗氏宗族的形成

唐末（或曰五代），江西豫章世家大族子弟罗玉崖的曾孙罗天真（字文昌）和罗天秩（字秋隐）二人，“同自洪都（今南昌市——引者）而来”歙县，定居呈坎。“二公之后，各自为宗”②。罗天真的后裔奉罗天真为前罗始祖，罗天秩的后裔奉罗天秩为后罗始祖。前、后罗氏各自有自己的宗祠、族谱、族田、族规家法、社屋、昭穆世次等，各自独立举行自己的元旦团拜、元宵灯会、清

---

① 《新安罗氏族谱》，（元）罗绮纂修，裔孙传抄本。

② 歙县《罗氏历代祖宗谱·呈坎编谱凡例》，民国二十一年罗会铭传抄本。

明标祀、春秋二祭、冬祭和迎神赛会等宗族活动。事实证明,呈坎村有两个独立的罗氏宗族:一个是前罗氏宗族,一个是后罗氏宗族。这是宗族繁衍裂变一个典型实例,它说明宗族繁衍裂变是一种普遍社会现象和普遍发展规律。

罗天真和罗天秩从兄弟二人为什么从江西南昌迁到呈坎呢?记载不同,说法不一。前罗《祖宗谱·呈坎始祖(即江西三十三世祖)》(罗炳基传抄本)记载,唐末社会动乱,罗天真"慕黄山灵胜,避地来游",见呈坎"山水秀丽,回驻不舍"。此时,从兄弟罗天秩正"随父任建业"。于是,罗天真诣建业谓天秩曰:"时逢变幻,稽验星文,奠靖尚窬一元,与其售艺求荣,不若藏拙之为幸也。歙之呈坎,有田可耕,有水可渔,脉祖黄山,五星朝拱,可开百世不迁之族,吾弟盍同往焉。"从兄弟二人遂迁居呈坎。后罗《潨西罗氏族谱·始迁祖秋隐公自叙》(传抄本)则记载,罗天秩与族人不和,离家出走,"浮彭蠡,渡扬子,帆转泾渭,走齐、鲁、燕、赵……历吴越之区……又溯浙游而上,见山形交错,水色澄清,人情庞实,伦理端严,旬日至歙治之郊,得□□观,询诸故老,云:'西乡胜于他地。'尾导者□至呈坎,但见□□陟降,山水潆洄,如入葫芦,颠而不知,其腹由小而大,大而宽,宽而旷,旷而平,四顾群峰峭拔,列境如壁……"遂定居于此。

据《罗氏宗谱》记载,前罗氏宗族始祖罗天真迁居呈坎以后,大约在南宋末年,到十二世时,才形成一个宗族。现将前罗氏宗族一世至十二世人丁繁衍情况列下:

一 世 罗天真
二 世 罗成
三 世 罗仁昉
四 世 罗文珐
五 世 罗爵
六 世 罗准
七 世 罗禧、罗裕(外迁)、罗冲(外迁)、罗祥(外迁)
八 世 罗务本、罗俊民
九 世 罗嘉谋、罗视礼、罗听礼、罗言礼、罗动礼、罗复礼
十 世 罗思文、罗文虎、罗思齐、罗思聪、罗三四、罗四四、罗思成、

罗三九、罗千六、罗绶、罗曮、罗义闻、罗义的、罗义荣、罗义和、罗义卨

十一世　罗之奇、罗之才、罗之美、罗之茂、罗泳、罗灏、罗潭、罗潮、罗深、罗淑、罗济、罗泾、罗崇

十二世　罗攀龙、罗支龙、罗梦龙、罗应龙、罗璟、罗琇、罗琳、罗珌、罗周、罗鼎、罗玠、罗瑞、罗璲、罗极、罗琦、罗继、罗智、罗隆、罗祖、罗权①

上述人丁繁衍情况告诉我们，呈坎前罗氏宗族自始祖——始迁祖——罗天真下传到六世，都是单传。第七世虽然有罗禧、罗裕、罗冲、罗祥兄弟四人，但是，罗裕迁容溪、罗冲迁黄冠塘、罗祥迁陈村，居呈坎守祖业者只有罗禧一人。每世只有一个人丁，因此不能形成宗族，这是不言而喻的。那么呈坎前罗氏宗族是在什么时候形成的呢？从《春秋左传集解》和杜预的注释来看，这个宗族是在始祖罗天真下传至十二世时才开始形成。因为呈坎前罗氏第十一世全体支丁——罗之奇、罗之才、罗之美、罗之茂、罗泳、罗灏、罗潭、罗潮、罗深、罗淑、罗济、罗泾、罗崇——都是第七世祖罗禧的玄孙，他们共高祖，换句话说，他们之间都是三从昆弟，均在五服之内，所以是“同族”。下传至第十二世，第八世祖罗务本和罗俊民变成为高祖，“高祖迁于上，宗则易于下”。这时，罗务本的儿子罗嘉谋；孙子罗思文、罗文虎、罗思齐、罗思聪；曾孙罗之奇，罗之才、罗之美、罗之茂、罗泳、罗灏、罗潭、罗潮；玄孙罗攀龙、罗支龙、罗梦龙、罗应龙、罗璟、罗琇、罗琳、罗珌、罗周、罗鼎、罗玠、罗瑞、罗璲、罗极组成一个长房五服圈。罗俊民的儿子罗视礼、罗听礼、罗言礼、罗动礼、罗复礼；孙子罗三四、罗四四、罗思成、罗三九、罗千六、罗绶、罗曮、罗义闻、罗义的、罗义荣、罗义和、罗义卨；曾孙罗深、罗淑、罗济、罗泾、罗崇；玄孙罗琦、罗继、罗智、罗隆、罗祖、罗权组成一个二房五服圈。五服圈之内的血缘亲属，为“同族”，五服圈之外的血缘亲属，为“同宗”。这时，呈坎前罗氏宗族才宣告诞生。如果按每世三十年计，呈坎前罗氏宗族形成的过程经历了三个半世纪左右。

---

① 歙县《罗氏宗谱·世系图》，罗汝声纂修，明正德二年刻本。

后罗氏宗族始祖罗天秩定居呈坎以后，大约在南宋中期，到第十世时，才形成了一个宗族。据后罗《新安罗氏族谱》（传抄本）记载，后罗氏宗族一至十世人丁繁衍情况如下：

一　世　罗天秩

二　世　罗太翁

三　世　罗三翁（外迁）、罗四翁（外迁）、罗五翁

四　世　罗八翁、罗九翁（外迁）、罗小翁（夭亡）

五　世　罗承事

六　世　罗元宝、罗守真、罗守忻、罗文赏、罗元广（外迁）、罗承吉

七　世　罗谏、罗玠、罗举

八　世　罗汝斌、罗汝淳、罗伯才、罗伯达、罗汝龚、罗汝为、罗汝诸、罗汝楫、罗汝霖、罗汝梅、罗汝功

九　世　罗璨、罗瑜、罗公瑾、罗公绰、罗景献、罗景初、罗宗尹、罗宗说、罗硕、罗颙、罗岫、罗颖、罗颢，罗吁、罗颉、罗颂、罗愿、罗颀、罗显、罗颋

十　世　罗适、罗竦、罗曮、罗晔、罗邦直、罗德臣、罗令臣、罗宗臣、罗尧臣、罗良臣、罗表臣、罗宁臣、罗介臣、罗克臣、罗世臣、罗恭臣、罗虎臣、罗力臣、罗信臣、罗似臣、罗儒臣、罗仪臣、罗任臣、罗阜臣、罗缙臣、罗睦臣、罗永臣①

上述人丁繁衍情况表告诉我们，呈坎后罗氏宗族自始祖罗天秩起，第二世罗太翁单传。第三世罗三翁、罗四翁、罗五翁兄弟三人，罗三翁迁宣城洞山（即罗村红林磅），罗四翁迁太平府，留居呈坎守祖业者只罗五翁一人。第四世罗八翁、罗九翁、罗小翁兄弟三人，罗九翁迁镇江市，罗小翁夭亡，居呈坎守祖业者只罗八翁一人。第五世罗承事又是单传。第六世罗元宝、罗守真、罗守忻、罗文赏、罗元广、罗承吉兄弟六人，除罗元广迁南陵以外，其他五人都居呈坎。虽然，罗守忻、罗文赏无传，但是从此罗元宝、罗守真、罗承吉兄弟三人开始雁序分行。到第十世时，六世祖罗元宝、罗守真、罗承吉三

① 《新安罗氏族谱》，（元）罗绮纂修，裔孙传抄本。

人都成为高祖,“高祖迁于上,宗则易于下”。罗元宝的儿子罗谏;孙子罗汝斌、罗汝淳;曾孙罗璪、罗瑜、罗公瑾、罗公绰;玄孙罗适、罗竦组成第一个五服圈。罗守真的儿子罗玠;孙子罗伯才、罗伯达;曾孙罗景献、罗景初、罗宗尹、罗宗说;玄孙罗曮、罗晔、罗邦直组成第二个五服圈。罗承吉的儿子罗举;孙子罗汝龑、罗汝为、罗汝诸、罗汝楫、罗汝霖、罗汝梅、罗汝功;曾孙罗硕、罗颙、罗峸,罗颖、罗颢、罗吁、罗颉、罗颂、罗愿、罗颀、罗显、罗颋;玄孙罗德臣、罗令臣、罗宗臣、罗尧臣、罗良臣、罗表臣、罗宁臣、罗介臣、罗克臣、罗世臣、罗恭臣、罗虎臣、罗力臣、罗信臣、罗似臣、罗儒臣、罗仪臣、罗任臣、罗阜臣、罗缙臣、罗睦臣、罗永臣组成第三个五服圈。五服圈内的血缘亲属是“同族”,五服圈外的血缘亲属是“同宗”。这样后罗氏宗族就形成了。按每世三十年计,后罗氏宗族的形成过程大约经过了三个世纪左右。

前、后罗氏两个宗族形成的基本原因是什么呢?

第一,人丁繁衍。宗族是以父系血缘关系为纽带的社会人群共同体。任何宗族,都是人丁繁衍到一定数量的结果。据前、后罗氏宗族族谱记载,大约在南宋中期后罗氏第十世和南宋末期前罗氏第十二世时,人丁均有了较大发展。只是在这两个时候,前、后两罗氏人丁繁衍和增长的数量,才具备了形成宗族的基本条件。

第二,自然经济。在封建社会,农村经济的一个基本特征是:自给自足的自然经济占统治地位。许多农民不仅是农业生产劳动者,而且还是封建土地的占有者。地主和农民都被牢牢地束缚于土地之上,成为土地的附属物,世世代代生活于同一块土地之上。这样就必然形成“聚族而居”的社会状况。封建社会的自然经济是前、后罗氏两个宗族形成的根本条件和根本原因。

第三,生活需要。同一个始祖的后裔,以血缘关系为纽带聚居在一个地方,为了使生活——包括物质生活、精神生活和人际关系等——能够正常运行,就必须有一种适当的组织管理形式,有一定的调节、约束亲族成员及其相互关系的习惯法或成文法,有使亲族集团成员团结一致的凝聚力,等等,否则人们的生活就无法运转。因此,宗族组织就应运而生。生活的需要,是前、后罗氏两个宗族形成的一个基本条件和基本原因。

二、前后罗氏宗族崛起的主要原因

朱熹曾说:“新安故家莫有盛于罗氏者,固见其文献之多也。”①朱熹说的罗氏,指的是呈坎后罗氏宗族。

据后罗氏宗族历史文献记载,这个宗族崛起的主要原因,是宗族重视教育,子弟文化素质高。后罗《传家命脉图·宗祊再造引言》(抄本)记载:“予宗当宋隆盛,人文蔚兴,其读书胜境,所称易安书院,实发祥焉。似续嗣音,贤才辈出,终宋之世不替也。”后罗《新安罗氏族谱·罗氏族谱序》(传抄本)指出:“(罗)秋稳传八世丁,大宋以诗书起家,累官封侯,为名卿大夫、为郎官者,第第相望。”

后罗氏宗族重视教育,是一个以重教崇文崛起的宗族,最有说服力的是呈坎“文献坊”。据后罗《新安罗氏族谱·牌坊》(传抄本)记载,明弘治十二年(公元 1499 年),徽州知府彭泽、同知邝璠、通判陈理,为罗汝楫、罗颢、罗吁、罗颉、罗颂、罗愿、罗颀、罗献右、罗表臣、罗虎臣、罗元臣、罗介臣、罗扈臣、罗似臣、罗宝臣、罗睦臣、罗永臣、罗世臣、罗力臣、罗阜臣、罗任臣、罗庞臣、罗鼎、罗榞、罗楠仲、罗鼒、罗梓、罗同祖、罗宏祖、罗洪祖、罗绮、罗传道、罗孟正、罗汝诸等 34 人建”文献坊”,以表彰这些人和后罗氏宗族重教崇文取得的辉煌成就。

罗汝楫、罗愿、罗士臣、罗楠仲、罗鼒、罗炌等人都是进士出身。罗汝楫著有《东山稿》,罗颂著有《狷庵集》,罗愿著有《新安志》、《尔雅翼》、《鄂州小集》。《宋史》卷三八〇《罗愿传》记载:“愿字端良,博学好古。法秦、汉为词章,高雅精炼,朱熹特称重之。”

后罗氏宗族“辈出冠盖,相望辉煌”②。据《新安罗氏族谱》中《牌坊》、张旭《罗氏族谱序》和歙县《罗氏历代祖宗谱·罗氏宗谱叙》等历史文献记载,罗汝楫官至吏部尚书、龙图阁学士、新安开国侯、少师,罗颢、罗吁并为福

---

① 《新安罗氏族谱·罗氏族谱序》,(元)罗绮纂修,裔孙传抄本。

② 《新安罗氏族谱》,(元)罗绮纂修,裔孙传抄本。

州判，罗颉为夔州判，罗颂知郢州，罗愿知鄂州，罗颀为蕲州判，罗廷臣为兰溪县丞，罗延臣为建康都税院事，罗庞臣为江淮等干官，罗似臣为安庆教授，罗睦臣为南康军录事参军，罗阜臣为奉直大夫，罗永臣为临江府判，罗椽知瑞州、官至侍郎，罗梓为江州推官，罗鼐为隆兴路判，罗楠仲为海盐县丞，罗同祖为会稽知县，罗沂祖为两浙运干，罗洪祖为容州文学、翰林直阁学士，罗绮官至国子监祭酒，罗宣明为山阳县知县，罗元臣为承直郎，罗介臣为修职郎，罗扈臣为文林郎，罗宝臣为修职郎，罗世臣为承务郎，罗力臣为修职郎，罗任臣为紫阳书院堂长，罗鼎为迪功郎，罗宏祖为通直郎，罗传道为文林郎，罗孟正为奉训大夫，罗汝诸为解元，罗炌为礼部主事，等等。

罗氏文献家庙——后罗氏宗族宗祠——有两幅楹联：一曰"新安侯封甲族，江左文献世家"；一曰"簪缨世族，文献名家"。这两幅楹联高度概括了后罗氏宗族崛起的主要原因。这个宗族《呈坎溁西罗氏文献家庙上梁文》说："窃惟豫章罗氏，肇自洪都。秋隐府君卜迁呈坎，一门忠孝，芳声播于前代；三朝文献，伟绩表于当今。"①歙县《罗氏系谱》（传抄本）记载："吾歙之呈坎罗氏（按：指后罗氏宗族——引者），簪缨巨族，文献名家，真所谓玄黎结绿，连城夜光，绝无而仅有者也。"②明洪武二年（公元 1369 年），宋濂题赠后罗氏宗族和罗氏文献家庙一"文献"匾额，现在还存放在前罗氏宗族"贞靖罗东舒先生祠"中。

与后罗氏宗族相比，前罗氏宗族入仕者较少，是一个主要靠经商致富崛起的宗族，而且开始兴盛的时间要晚三个多世纪。据前罗歙县《罗氏考世系本支谱》（罗运杰传抄本）记载，明朝中期，前罗氏宗族十九世支丁罗弥久，"早游江湖，经营贸易，佐父立家"。二弟罗弥秀，"急于向义，客于东吴、江淮，名士才人，多相契爱"。三弟罗弥富，"客游吴楚间，资业益振"。四弟罗弥四，"客于东吴、淮扬、临清者三十年余，涉历勤劳，克振家业"。从罗氏四兄弟起，前罗氏宗族子弟从商之人大增，而且不少人成为富商大贾。据前罗氏宗族历史文献记载，罗弥四"率侄震孙，谋于族长，创建家庙，以报始

① 《新安罗氏族谱》，（元）罗绮纂修，裔孙传抄本。

② 歙县《罗氏系谱》，罗式万纂修，乾隆六年传抄本。

祖,分岁祀尝"①。修建这样一座富丽堂皇的祠堂,不是腰缠万贯的徽商巨子是根本办不到的。罗元孙,建义宅197间,"以居族属";置上腴义田百余亩,以赡族人;修灵山、箬岭路,建石亭,"以憩行人"。② 此人不仅是个徽商,而且是个富比王侯的富商大贾,因此,他才能够有如此慷慨豪迈的义举。罗灌宗和罗准宗兄弟二人,贾广陵,"长于综理,业益大显"③。时倭寇猖獗,东南震动,罗灌宗不仅"助金犒师",同时,还"为糜以食避乱者"。④ 这些"义行"都不是一般中小商人能够办到的。罗元林,"少颖朴,善货殖,设启豫纸栈于赣之弋阳县石塘镇,积资百万,分号百余处,年有盈余,江淮、燕京多知名"⑤。罗士清,"幼聪敏,性孝友,善货殖,亲莅闽、赣,创置大业,经营日胜。三弟士滙放浪荡产("时已析居"),公甚忧焉。乃请之于父曰:'三弟贫甚,吾愿将历年所获,几已八十余万,再与诸弟重分之。'"得其父认可。⑥

一大批经营四方,富比王侯的富商大贾的出现,是前罗氏宗族崛起的主要原因。当然,罗应鹤历任监察御史、大理寺少卿、太仆寺正卿、都察院右佥都御史,封定国侯,殁后赠户部右侍郎,以及此后宗族子弟入仕者的增多,对前罗氏宗族的繁荣和社会地位的提高,也起了重大作用。

三、祠堂建设

前、后罗氏两个宗族建祠堂数十座(包括"香火屋"),其中规模宏大,构造精细,装饰华美的有前罗的罗氏世祠、贞靖罗东舒先生祠和后罗的罗氏文献家庙。

郑庄在《罗氏祠堂记》中记载:"人本乎祖,物本乎天。族之众尝欲为祠堂之创,所以为报本之图也。"又说:"《礼》曰:'尊祖故敬宗,敬宗故收族,收

① 歙县《罗氏考世系本支谱·呈坎世图》,罗运杰传抄本。
② 歙县《呈坎罗氏义宅集序》;歙县《罗氏考世系本支谱·呈坎世图》,罗运杰传抄本。
③ 歙县《罗氏考世系本支谱·呈坎世图》,罗运杰传抄本。
④ 歙县《罗氏考世系本支谱·呈坎世图》,罗运杰传抄本。
⑤ 歙县《罗氏宗谱》,汪明心辑,清光绪二十年刊本。
⑥ 歙县《罗氏宗谱》,汪明心辑,清光绪二十年刊本。

族故宗(庙)严。'由此观之,则一祠之建,非特为报本反始也,崇爱、敬谨、名分,咸于此出。"①

明弘治十一年(公元1498年),前罗富商大贾罗弥四和罗震孙叔侄二人,谋于族长尚本公,议建前罗氏宗族宗祠,"合诸族而效其力,庀材鸠工,各有司存。其年而正堂八楹,越明年而门屋十楹,两庑十楹,悉以次而就绪。缭以高垣,饰以丹雘,规模宏壮,其费烦矣。郡守彭公泽大书其额曰:'罗氏世祠'"②。罗氏世祠,又曰"罗氏家庙"③。嘉靖年间,"太师夏言题额曰:'罗氏家庙'"。④

罗氏世祠位于漈水西岸,环秀桥头。根据呈坎地形和村落布局,采取坐西向东,建筑用地长59米,宽28米。附属建筑用地长20米,宽9.5米。计占地1,462平方米。这是一座规模宏大,营造精细,装饰优美的徽派祠堂建筑。

罗氏世祠,祀前罗氏宗族始祖罗天真的神主于寝室中龛。侑食于旁者,则二世祖罗成、三世祖罗仁昉、四世祖罗文珏、五世祖罗爵;乡选士锐公、之茂公、朝英公;将仕郎琳公、承信郎珌公、处士东舒公、宣使子亨公、知府子山公、万户旻理公、簿尉德举公等。这些神主"百世不迁"。宗族子弟之高、曾、祖、考,四世设主,供奉左右昭穆室,"五世则迁"。

罗氏世祠是前罗氏宗族祭祖的场所,每年的祭祖大典都在这里举行。同时,罗氏世祠又是前罗氏宗族集体活动的场所,宗族元旦团拜、元宵庆灯等重要活动,都在这里举行。此外,以族长为核心的门长(亦即房长)、乡绅统治者也在这里议事。所以,罗氏世祠又是前罗氏宗族的议事厅。

贞靖罗东舒先生祠,俗名新祠堂,是前罗氏宗族一座支祠。据罗应鹤《祖东舒翁祠堂记》碑刻记载,贞靖罗东舒先生祠始建于明嘉靖二十一年(公元1542年),"后寝几成,遇事中辍"。过了七十年以后,即万历四十年(公元1612年)秋又第二次动工,于万历四十五年(公元1617年)全部

① 歙县《(罗氏)宗系支谱·罗氏祠堂记》,罗运恕传抄本。
② 歙县《(罗氏)宗系支谱·罗氏祠堂记》,罗运恕传抄本。
③ 前罗《祖宗谱·呈坎始祖(即江西三十三世祖)》,罗炳基传抄本。
④ 歙县《(罗氏)宗系支谱·呈坎事迹——始祖遁迹》,罗运恕传抄本。

落成。

这座巍峨宏大的贞靖罗东舒先生祠,坐落在呈坎东北角、潨水西岸。根据呈坎地形和村落布局,采取坐西向东。

祠堂最前面是棂星门。在徽州祠堂建筑中,绝无仅有。据说,是仿照曲阜孔庙建造。棂星门内为一小院,两边"列碑亭两座,翼然前趋"。后面是仪门,"大扃者三"。其颜曰:"贞靖罗东舒先生祠"。为兵部尚书郭子章题识。"左右各有厅事,以备聚食待馂之所"。仪门以里,是一个大庭院,两旁"各有庑,为楹二十有四",很有气派。

当中是享堂。"堂上度以筵。堂高四筵,广八筵,深进六筵"。其颜曰"彝伦攸叙",出云间董其昌手笔。贞靖罗东舒先生祠享堂气势非常雄伟,几类皇家宫殿。

堂后为寝。"寝度以寻,广十寻,深四寻。""寝因前人草创,益之以阁,用藏历代恩纶",因名"宝纶阁"。此阁高大宏伟,营造精细,雕梁画栋,非常优美,令人叹为观止。

除了主体建筑以外,贞靖罗东舒先生祠右方还建有一个女祠,左边建有一座厨房。全部建筑"缭以周垣,为一百七十六堵",占地五亩。气势恢宏,巍巍壮观,国内罕见。现在,仍保存完好。

贞靖罗东舒先生祠寝室中龛祀罗东舒及夫人神主。"左右按礼分曹,东西为夹室,东崇有德,西报有功,祔祠之主序列焉"。

明弘治十一年(公元1498年),后罗二十世祖罗正祥"倡建罗氏文献家庙"①。不久,后罗氏宗族创建的这座宗祠"被毁"②。弘治十八年(公元1505年),罗祺卿又"会合族彦",于易安书院故址,"改建宗祠,以祀始祖暨昭穆先灵,而本宗于是有专祠矣"。③ 罗祺卿"会合族彦"所建罗氏文献家庙,可能又毁坏。嘉靖年间,后罗二十三世祖罗若锦又"慨以蓄积,独建文献家庙;被毁,复协众建寝室。今家庙给胙,以报公功"④。这次重建的罗氏

① 《新安罗氏族谱·溧西罗氏宗谱》,(元)罗绮纂修,裔孙传抄本。

② 《新安罗氏族谱·溧西罗氏宗谱》,(元)罗绮纂修,裔孙传抄本。

③ 罗氏《传家命脉图·宗祊再造引言》,抄本。

④ 《新安罗氏族谱·溧西罗氏宗谱》,(元)罗绮纂修,裔孙传抄本。

文献家庙，为“太师夏言题额”①。

万历九年(公元 1581 年)，“众以祠在冈上，登涉为艰，遂徙于冈下平原”②。据王槐江《呈坎潨西罗氏文献家庙上梁文》记载，冈上旧祠，“庙貌偏安，恐先灵之未妥，敬选五月庚寅之吉，重建家庙辛巳之墟。梓匠经营，华材毕集”，终于落成。③ 但是，江西族叔罗篁庵来呈坎，礼谒祖祠，“登阶瞻眺，亟称祠基坐当界水，山逼见欺，人众不蕃……因言冈上旧祠，为一乡之胜，必当仍旧”。根据罗篁庵的建议，“秩下诸人，于是卜日会赀，鸠工董役，芟芜旧址，趋事忻忻然……不日寝成”。④

万历九年(公元 1581 年)兴建的罗氏文献家庙，明清两代多次增建和维修，今天虽已破旧不堪，但仪门、享堂、寝室建筑基本还在。这是一座三进七开间规模宏伟的徽派祠堂建筑，坐落在呈坎村西南角。根据呈坎地形和村落布局，采取坐西向东朝向。祠堂纵深 135 米，宽 21.3 米，占地总面积达 2,875.5 平方米。第一进是仪门，宽 21.3 米，进深 10.7 米，建筑面积 227.9 平方米，共用木、石立柱 34 根。第一进后面，是一个近 50 米长的大院。大院后面第二进是享堂，宽 21.3 米，进深 11.3 米，建筑面积 240.7 平方米，共用木立柱 32 根。第二进后面，又是一个近 50 米大院。大院后面第三进是寝室，宽 21.3 米，进深 14.15 米，建筑面积 301.4 平方米，共用硕大木柱 14 根。

罗氏文献家庙建筑纵深长达 135 米。在徽州地区，纵深这样大的祠堂建筑，还属少见。由于纵深长度非常大，在第一进和第二进之间，第二进和第三进之间，各有一个近 50 米长的大院，这种建筑布局不仅给人一种开阔、壮观和气派大的视觉，而且又令人感到阴森、神秘、崇敬。“新安侯封甲族，江右文献世家”的后罗氏宗族祠堂，规模宏大，气势雄伟，确实与众不同！

罗氏文献家庙是后罗氏宗族的宗祠。中龛祀始祖罗天秩。侑食于旁者，除了二世祖罗太翁、三世祖罗五翁、四世祖罗八翁、五世祖罗承事的神主

---

① 罗氏《传家命脉图》，抄本。

② 罗氏《传家命脉图·宗祊再造引言》，抄本。

③ 《新安罗氏族谱》，(元)罗绮纂修，裔孙传抄本。

④ 罗氏《传家命脉图·宗祊再造引言》，抄本。

以外,左为有德祖先,右为有功祖先。这些神主,“百世不迁”。宗族支丁之高、曾、祖、考,四世设主,供奉左右昭穆室,“五世则迁”

罗氏文献家庙是后罗氏宗族祭祖的场所,每年的祭祖大典都在这里举行。同时,罗氏文献家庙又是后罗氏宗族集体活动的场所,宗族元旦团拜、元宵庆灯等重要活动,都在这里举行。此外,以族长为核心的门长(亦即房长)、乡绅统治者也在这里议事。所以,罗氏文献家庙又是后罗氏宗族的议事厅。

四、族谱修纂

族谱修纂,是宗族头等大事。罗愿在《歙西罗氏宗谱序》中记载:“昔渊明赠族祖曰:‘同源分派,人易世疏,慨然悟叹,念兹厥初。’以见谱不可不作也。谱作可以序昭穆,可以别亲疏,可以联宗族,可以起孝思,可以励风教,亦可以使将来者知所自也。”①胡富《罗氏家谱序》说:“明世系,别尊卑,收人心于涣散,非谱牒其何如哉?”②

据《新安罗氏族谱》(传抄本)记载,早在北宋中、后期,呈坎罗氏即修过两次族谱,苏轼的《罗氏宗谱题词》,是为罗氏宗谱而作;杨时的《罗氏族谱序》,也是为罗氏族谱而撰。

南宋时期,罗愿曾为呈坎罗氏纂修过一部宗谱。虽然这部宗谱早已佚亡,但罗愿和朱熹二人为这部宗谱撰写的《歙西罗氏宗谱序》和《呈坎罗氏宗谱序》,现在还保存在呈坎前、后罗氏宗族一些传抄本族谱当中。这两篇序,是呈坎前、后罗氏宗族发展史上重要文献。第一,罗愿的《歙西罗氏宗谱序》告诉我们,最初,呈坎罗氏并没有分为两个宗族,所以,他将罗天真和罗天秩并列,用差不多同样多的笔墨,阐述了二人所自出,称前、后罗氏为“二支”。第二,朱熹的《呈坎罗氏宗谱序》告诉我们,最初,呈坎罗氏“二支”就不团结,“益富贵者自恃而不恤己,势焰盛者自肆而不恤人,以不恤己

① 歙县《(罗氏)宗系支谱》,罗运恕传抄本。

② 歙县《(罗氏)宗系支谱》,罗运恕传抄本。

之恃而行其不恤人之肆，流而不返，失其本心，非但族属昭穆不顾，宗祖根源之不思，且其家庭之间，偏爱私藏，以致背戾，分门割户，患若贼雠，上慢下暴，老者失其安，少者失其怀，朋友失其信”。所以，呈坎罗氏“二支”很快就分裂了，形成前、后罗氏两个独立的宗族。

十六世罗子山说：“窃闻先达有云：‘三世不修谱，则为下流人。’”①徽州宗族都把这个教条视为金科玉律，前、后罗氏宗族当然也不会例外。据《新安罗氏族谱·题罗氏谱像跋》(传抄本)记载：“呈坎罗氏族谱稽事，盖宋鄂州公创之，元罗贵及保寿公等续之，祭酒公又续之……明兴.传道公及寿永、祺卿、文渊、佐俨诸公，递有修本。至万历十年，佑公再续之，梓行。”清代，后罗氏宗族族谱又一而再、再而三地续修。

后罗氏宗族族谱已相当完整。明景泰三年(公元1452年)，商辂在《罗氏宗谱原序》中记载：“其谱法悉遵前代规模，祠厅有志，里居有文，规条有禁，风俗宜淳，父子有亲，君臣有义，夫妇有别，长幼有序，朋友有信，生卒有纪，婚娶有时，墓图有处，丧事有吊，继嗣相宜，昭穆相当，凡族谱之宜修宜补者，无不尽善尽美，而欲世世子孙无相忘也。”②

前罗氏宗族开始纂修族谱，是在南宋后期。据《罗氏考世系本支谱》(传抄本)记载，前罗氏宗族第十一世祖罗潮，字朝英，“聪敏好学，乡贡中亚选。罗氏族谱(按：实为前罗氏族谱——引者)之修，自其始也”。这部族谱是前罗氏宗族重要历史文献。罗荣祖在《重修家谱叙》中记载：“吾罗氏遭五季兵燹之后，文墨煨烬，渊源失传，若非朝英公遗谱谓派自豫章，则后世子孙虽有所闻，亦何所考哉？”③

前罗氏宗族族谱的纂修，十三世祖罗荣祖有很大贡献。罗应鹤在《祖东舒翁祠堂记》中记载：“余宗自唐季播迁，以迄我祖东舒公(即罗荣祖——引者)，历世十三，阅岁四百，遥遥华胄，谁则知之。幸有翁为宗之剡子，即宗国柏林，不难考镜。于是上下数百年，生者之秩序，死者之丘垄，无不系图载籍，灿如列眉。以故上朝英公宝庆之笔，得翁始著；下若珌公若文暕公之

① 前罗《祖宗谱·子山公修谱序》，罗炳基传抄本。

② 歙县《罗氏宗谱》，汪明心辑，清光绪二十年刊本。

③ 歙县《罗氏历代祖宗谱》，民国二十一年罗会铭传抄本。

纂修,汝声公之润,非翁则无所藉乎!”①

罗荣祖坚持修谱的传统宗旨和原则,并且有自己的观点。他在《重修家谱叙》中说:“谱牒之修,所以叙尊卑,别亲疏,明彝伦,厚风教。是族者,虽鹑结而不遗;非族者,貂珥而不入,是则无乖敬宗之义也。吾罗氏本素族,惟以一‘善’字为箴规,故未敢妄为扳附,自取遥遥华胄之讥。”②

根据“三世不修谱,则为下流人”的教条,前罗氏宗族曾一而再、再而三地编纂族谱。据一些族谱序文记载,有罗朝英谱、罗荣祖谱、罗珌谱、罗文暕谱、罗汝声谱,等等。

前罗氏宗族对修谱宗旨、原则和内容有系统的规定。现在,在宗族子弟后裔家藏传抄本族谱当中,还保存两个族谱“凡例”:一曰《呈坎编谱凡例》;一曰《续谱凡例》。这两个凡例内容有:始祖祖源,祖功祖德,罗氏二宗,呈坎得名,世系图表,小传,婚姻,继嗣,迁派,节妇,遗文,谱序,等等。

五、族田设置

据历史文献记载和宗族调查资料,前、后罗氏宗族族田共有三类,即祭田、墓田和义田。

朱熹在《家礼》中规定:“初立祠堂,则计见田,每龛取其二十之一,以为祭田。亲尽则以为墓田。后凡正位祔者,皆仿此。宗子主之,以给祭用。上世初未置田,则合墓下子孙之田,计数而割之。皆立约闻官,不得典卖。”

《罗文献家庙簿·文献家庙田字号》(抄本)记载,明万历年间,罗氏文献家庙田、地、山、塘分属于三个税户。

一、罗家庙户

本　　图　服字九百五十八号,田二分八厘五毛,土名石源段

　　　　　服字九百六十四号,田四分二厘六毛,土名石源段

本都一图　乃字三千八百六十五号,地二厘一毛,土名杨干寺殿

① 歙县《罗氏历代祖宗谱》,民国二十一年罗会铭传抄本。

② 歙县《罗氏历代祖宗谱》,民国二十一年罗会铭传抄本。

后坟

乃字四千三百八十四号,山二亩九分八厘七毛,土名黄龙坞

乃字四千三百八十五号,山一亩六分八厘八毛,土名同(上)

乃字一千三百六十四号,塘一分二厘五毛,土名寒鼻充

本都五图 裳字八百六十二号,田二分三厘六毛,土名方丘

裳字七百四号,地二分一厘七毛,土名西干路上

裳字一千七百卅一号,地一分五厘三毛,土名西干

裳字一千七百卅一号,地八分六厘二毛,土名同(上)

裳字一千七百卅三号,地三分二厘四毛,土名锄头丘

裳字一千七百卅四号,地一亩六分三厘三毛,土名西干

裳字一千七百卅号,地八厘六毛,土名同(上)

裳字一千二百八十九号,地九厘六毛,土名上马石村口

裳字七百二十二号,地一亩八分六厘,土名易安亭祠基

裳字五十四号,地三分八厘六毛,土名东里坟

裳字一千二百九十一号,地六厘七毛,土名文献坊基

裳字七百六十九号,地二分七厘,土名永兴社基

本都七图 推字一千二百四号,地四分三厘一毛,土名罗茂茔

推字一千二百八号,地二厘一毛,土名罗茂茔

十二都三图 翔字四千六百五十号,山三厘六毛,土名呈满充

十三都一图 始字一千八百四十四号,田九分三厘四毛,土名刘家充

始字一千八百四十六号,田四分一厘四毛,土名同(上)

十三都二图 制字二千七百卅八号,地三厘六毛,土名汪村罗家墓

制字二千六百七十九号,山四分二厘二毛,土名西山

三十七都一图 寸字四千三百二号,山三厘八毛,土名寺前汪龙源

寸字四千三百廿五号,山六分九毛,土名同(上)

计田2亩2分9厘5毫;地6亩4分6厘3毫;山5亩7分8厘;塘1分2厘5毫。

二、罗四丞户

本　　图　服字一百八十四号,山八厘,土名天尊坟东干

本都一图　乃字一千三百六十三号,田一亩六厘三毛,土名寒鼻充

乃字四千三百八十七号,山四厘七毛,土名同(上)

本都五图　裳字四百六十一号,田一亩六厘,土名高榜头

裳字五百二十一号,田一亩八分八毛,土名柿坑八亩段

十一都三图　翔字二千八十五号,山一分八厘八毛,土名西峰寺左边

计田3亩9分3厘1毫;山3分1厘5毫。

三、罗宦祠户

本　　图　服字九百六十四号,田四分四厘二毛,土名下四亩

服字一千三百十七号,地一分四厘三毛,土名乌石吴村

本都一图　乃字一千四百廿七号,田七分六厘五毛,土名后塘

乃字一千四百廿八号,田九分二厘三毛,土名同(上)

乃字一千四百卅号,田八分六厘二毛,土名同(上)

乃字一千四百卅三号,田七分四厘六毛,土名同(上)

乃字一千四百卅七号,田一亩三分六厘九毛三系,土名同(上)

地乃字一千四百卅八号,地四厘一毛,土名同(上)

乃字一千四百卅九号,地一亩六分四厘五毛,土名同(上)

山乃字四千三百九十五号,山八厘七毛,土名后塘青坞

塘乃字一千四百卅一号,塘,土名后塘

乃字一千四百卅四号,塘,土名同(上)

本都五图　裳字七百六十八号,地一分五厘,土名社屋左畔

十一都三图　翔字四千九百六十二号,田一亩一分三厘五毛,土名松本圩

计田6亩2分4厘2毫3丝;地1亩9分7厘9毫;山8厘7毫。

据后罗氏宗族老人说,民国时期罗氏文献家庙有祭田六七十亩。

徽州宗族对祖墓都非常重视。后罗氏宗族认为,祖墓是"传家命脉"。《传家命脉图·传家命脉图嘱语》(抄本)记载:"窃思,人本乎祖,水本乎源;故有源斯有流,有祖斯有孙。则祖宗坟墓,实与子孙命脉相关,为人子孙者,不可以不保守。"

后罗氏宗族祖墓,几乎都有或多或少墓田。租谷用于墓祭和维修祖墓经费。例如,"始祖秋隐公坟在通德乡,土名杨干黄龙山……至十三世祖通判鼐公,因见故家祖坟多为不肖子孙变售他姓,以秋隐公系一族之祖,日后子孙众多,不无有贤不肖,欲立良策,以为永远保守之计,就谋于岳翁槐塘丞相程公元凤。程公谓:'但立一僧院,将祖坟山地田亩税,装入僧院,使奉香灯,可免前患。'"在程元凤的策划和指导下,罗鼐将宁泰乡禅院"移立始祖坟前,其坟□田地税,悉付院解纳,至今坟墓保全,实程公所画之策也"。①

又如,罗汝楫父亲罗举坟墓"在通德乡隐儒里西峰寺后,其寺尚书彦济公募缘建立,以奉香灯,本家坟山税付寺经理。后僧背恩,将坟作践。告官惩治,其坟山税取回"②。

再如,罗汝楫墓"在孝女乡汪龙源后,因四通判嫡女,自幼为尼,结庵墓侧,名多宝,有茔田膳食,以奉香灯。至淳祐间,升庵为院。后至延祐间,有异姓叶嗣罗者,名隽孙,起发七世祖墓。得志又将本院茔田、祖墓山地税,悉付本院经理,以杜子孙不肖之患。院额后废入官,产土随之"③。

1950年土地改革时整理地籍登记清册中,有一份"罗宗祠"土地登记表,是前罗"罗氏世祠"的,还是后罗"罗氏文献家庙"的,不详。现将此表重要内容列下:

① 罗氏《传家命脉图·始祖秋隐公墓图》,抄本。

② 罗氏《传家命脉图·宋朝请大夫赐绯鱼袋举公墓图》,抄本。

③ 罗氏《传家命脉图·宋吏部尚书汝楫公墓图》,抄本。

1950 年罗宗祠整理地籍登记表

种类	坐落	亩数	每亩常年产量（市斤）	常年应产量（市斤）	业主收入（市斤）	佃户收入（市斤）	地租率%	业佃姓名
田	吴家龙	1.9	320	608	97	511	15.95	吴社苟
田	竹林下	1.5	320	480	99	381	20.62	王德辉
田	竹林下	1.7	320	544	140	404	25.73	王德辉
田	刘家充	1	320	320	37.5	282.5	11.71	陈金奎
田	王干寺前	2.2	360	792	118.5	673.5	14.96	范品三
田	吴充坑	0.4	360	144	37.5	106.5	26.04	胡智寿
田	王干社前	1.8	360	648	86	562	13.27	胡惠章
田	王干后塘	0.9	360	324	54	270	16.66	朱文炳
田	王干后塘	3	360	1080	227.5	852.5	21.06	朱文炳
田	王干后塘	3.2	360	1152	216	936	18.75	吴尼姑
田	王干后塘	0.8	360	288	43	245	14.93	罗替文
田	王干后塘	3	360	1080	151	929	13.98	罗来清
田	黄冠前	1.6	360	572	183.5	388.5	32.08	程端祥
田	�章岭	1	360	360	75.5	284.5	20.97	胡效先
田	吴成段	0.4	320	128	32	96	25	吴金来
田	神坞	1.8	320	576	97	479	16.84	吴有善
田	山泽坞	1.3	320	416	37.5	378.5	9.01	范荣海
田	行路下	1.2	360	432	70	362	16.2	范兰熙
田	王干路上	2	360	720	237.5	482.5	32.98	
田	石塝下	2.4	320	768	81	687	10.54	汪今本
田	郭坞岭	1.2	320	384	49.5	334.5	12.89	范元宝嫂
田	井丘	2.2	320	704	87	617	12.35	郑其林
田	三亩丘	3.1	420	1302	280.5	1021.5	21.54	吴松仂
田	后坑口	1	320	320	37.5	282.5	11.71	屠社安
田	狮岭下	0.6	320	192	37.5	154.5	19.53	汪万林
田	淡竹坑	3.1	320	992	248	744	25	罗观旺
田	箬坞	0.9	320	288	75.5	212.5	26.21	罗荣甫
田	庙前	1.5	320	488	86	394	17.62	罗时德

资料来源:《歙县第三区呈坎村整理地籍登记清册》(1950 年)。按:地租率为笔者所补。

上表共列田 28 宗，丘数不明，计田 46.7 亩。全部实行租佃制和定额租制。地租形态全部是实物。地租率 32.98%1 宗，32.08%1 宗，25%上下 5 宗，20%上下 7 宗，15%上下 9 宗，10%上下 5 宗。

前罗氏宗族族田较多。据我们调查，不论宗祠和支祠均有族田和山林，数量不等。罗氏世祠有祭田大约一百多亩，贞靖罗东舒先生祠和一善祠均有祭田数十亩。

1950 土地改革整理地籍登记清册中，有一份贞靖罗东舒先生祠土地登记表。现将重要内容列下：

1950 年贞靖罗东舒先生祠整理地籍登记表

种类	坐落	亩数	每亩常年产量（市斤）	常年应产量（市斤）	业主收入（市斤）	佃户收入（市斤）	地租率%	业佃姓名
田	碓丘	1.4	420	588	176	412	29.93	程根全
田	水碓后	1.2	420	504	151	353	29.96	吴社涛
田	禾田充	2.4	320	768	230	538	29.94	罗和喜
田	田山尾	1.2	360	432	129	303	29.86	吴社宝
田	松树下	0.6	320	192	57.5	134.5	29.94	方如仂
田	五亩丘	2.6	320	832	249.5	582.5	29.98	吴社禧
田	流丘	2.4	360	864	259	605	29.97	罗金寿
田	汪村东里	2.6	320	832	249.5	582.5	29.98	伯有嫂
田	东横横丘	2.1	360	756	226.5	529.5	29.96	罗春嫂媳
田	汪充英里	1.9			205			谢玉清
田	东杨浑丘	3			324			吴社竹
田	汪村社前	0.6			64.5			吴松涛
田	小溪	0.6	360	216	64.5	151.5	29.96	罗　原
田	杨干段	1.2			151			永慎坊
田	鹅颈丘	2			216			吴讨饭嫂
田	鹅子丘	1.8			226.5			胡志璋
田	枫树湾	1.2			151			
田	上下充	0.5			63			
田	程田	2.1			226.5			

续表

种类	坐落	亩数	每亩常年产量（市斤）	常年应产量（市斤）	业主收入（市斤）	佃户收入（市斤）	地租率%	业佃姓名
田	黄泥丘	0.7	360	252	75.5	176.5	29.96	汪连宝
田	埵下	1.6	320	512	153.5	358.5	29.98	胡富贵
田	白石坞	2.7	320	864	259	605	29.97	胡富贵
田	淡竹坑	1.8	320	576	172.5	403.5	29.94	罗观旺
田	埵下	1.6	320	512	153.5	358.5	29.98	吴有寿
田	里环	1.5	320	480	144	336	30	罗镇尧
田	后岗	3	320	960	288	672	30	罗时达
田	黄冠前	1.6	360	576	172.5	403.5	29.94	罗荣耀
田	宫培路下	1.4	360	504	151	353	29.96	罗会孝
田	东周路下	0.4	360	144	43	101	29.86	罗会孝
田	柿坑	3.2	420	1344	403	941	29.98	罗财垚
田	将军石	1.8	360	648	194	454	29.93	屠社安
田	士口段	2.4	360	864	259	605	29.97	长万嫂
田	西山社下	1.5	320	480	144	336	30	罗季颖
田	四亩秧充	1.3	320	416	124.5	291.5	29.92	吴根云
田	前埵下	2.6	320	832	249.5	582.5	29.98	吴有二

资料来源:《歙县第三区呈坎村整理地籍登记清册》(1950年)。按:佃户收入和地租率为笔者所补。

上表共列田35宗,丘数不明,计田60.5亩。全部实行租佃制和定额租。地租形态为实物。地租率都在29.86%至30%之间。

1950年土地改革整理地籍登记清册中,还有一份罗士元公祠祭田登记表。现根据此表重新制表列下:

1950年罗士元公祠整理地籍登记表

种类	坐落	亩数	每亩常年产量（市斤）	常年应产量（市斤）	业主收入（市斤）	佃户收入（市斤）	地租率%	业佃姓名
田	朱村塘丘	1	420	420	58	362	13.8	郑煌嫂
田	麻榨段	1.6	360	576	140	436	24.3	汪万林

续表

种类	坐落	亩数	每亩常年产量（市斤）	常年应产量（市斤）	业主收入（市斤）	佃户收入（市斤）	地租率%	业佃姓名
田	长春山	1.5	320	486	75.5	410.5	15.53	罗会俊
田	里结	0.6	360	216	32	184	14.81	罗会俊
田	下回溪边	2.1	360	756	108	648	14.28	吴扁仂
田	破溪碓	0.5	420	210	32	178	15.23	獬豸桥
田	下结	1.6	420	672	91.5	580.5	13.61	罗小明
田	东干段	1.3	320	416	54	362	12.98	罗仲英
田	宅基丘	2.4	320	768	226.5	541.5	29.49	汪社寿
田	桑园	2.3	320	736	124	612	16.84	罗小明
田	窑坑	1.6	360	576	21.5	554.5	3.73	罗玉明
田	荷叶塘	1.5	320	480	81	399	16.87	屠长五
田	寺后	1.4	280	392	97	295	24.74	郑永崇
田	洪田岭外坞	1.8	320	576	97	479	16.84	罗俊之
田	寺后	1.5	280	480	86	394	17.91	吴高利
田	刘家充	1	320	320	34	286	10.62	汪社寿
田	淡竹坑	1.7	320	224	67	157	29.91	
田	破溪滩	0.6	360	216	83	133	38.43	罗来元
田	三公坟	1.5	420	630	91.5	538.5	14.52	罗会清
田	下结	2.4	420	1008	97	911	9.62	罗来树
田	莲坑	5	320	1600	280.5	1319.5	17.53	罗基枝嫂
田	环里	2.8	320	896	148	748	16.51	罗观喜嫂
田	小岭下	5	320	1600	194	1406	12.12	吴苞户
田	八亩丘	0.6	360	192	27	165	14.06	胡德万
田	张儿坦	1.8	320	576	270	1074	20.28	罗五仂
田	柿者	2.4	320	768				
田	下结	1.5	320	480	23.5	456.5	4.89	罗小明
田	横田上	5	320	1600	297	1303	18.56	胡茶子
田	吴充口	2	360	720	108	612	15	程胜宝
田	下堂坞	1.2	320	380	32	352	8.42	罗义仂
田	下结方丘	1.6	420	672	97	575	14.43	罗来树

续表

种类	坐落	亩数	每亩常年产量（市斤）	常年应产量（市斤）	业主收入（市斤）	佃户收入（市斤）	地租率%	业佃姓名
田	桑园	1	320	320	38.5	281.5	12.03	吴观彩

资料来源:《歙县第三区呈坎村整理地籍登记清册》(1950年)。按:地租率为笔者所补。

上表列田32宗,丘数不明,计田58.8亩。全部实行租佃制和定额租。地租形态为实物。地租率38.43%、29.91%、29.49%、24.74%、24.3%各1宗,20%上下5宗,15%上下14宗,10%上下6宗,4.89%、3.73%各1宗。

徽州地区地租率一般为50%上下。罗氏宗族祠堂族田地租率为什么这样低呢?据我们调查,这是由两个原因造成的:一、民主革命时期——特别是民主革命后期——共产党实行减租减息,使地租率下降;二、罗氏祠堂为了恤贫济困,族田出租给贫困农民,均收取较低田租;对宗族的特困佃户和与宗族有特殊关系的特困佃户,只象征性地收取一点地租。

据《呈坎罗氏义宅集序》(横幅)记载,罗元孙"建义宅于居第之南,以居族属,规地七亩四分有畸,屋以间计者百九十有七,厅堂门庑,廪庾□湢,罔不具备。又割上腴之田百余亩,岁收所入,用为婚丧、疾病之资。择其廉谨有干局者,尸其出纳,大略仿范公之成规,而微有损益,宏大恤宗活族之志,则与范公无以异也。"

罗元孙置义宅和义田,是在明代。这些义宅和义田后来如何,因历史文献无征,已不可考。据调查,民国时期,前罗氏宗族已没有义宅和义田。

前、后罗氏宗族族田收取田租办法是:稻谷收割时,佃户向祠堂缴租。稻谷晒干后,一次性卖给本祠堂子弟开设的店铺,作为祠堂一年办货预付定金。出卖稻谷的钱,主要用于购买祭品、颁胙等支出。

罗氏世祠有祠仆1人,是卖身于祠堂的。祠仆主要劳动是打扫祠堂、祠祭时服役等。此外,族长、门长家婚丧,必须前往服役;不过,都给报酬,而且数额颇丰。民国时期,祠仆的人身还未完全自由,仍被称为"小姓",不能与罗氏子弟通婚。罗氏世祠祠仆的卖身文书:

立领文书人汪茂。因需用钱,愿将亲生子汪来富卖给呈坎罗家祠内守祠服役，领去银元四十元整。自后如有偷盗走失，俱身承当。天时不测，各安天命。空口无凭，立此存照。

民国十八年九月　日

立领文书　汪　茂
中见人　罗向手
代书人　罗时淦①

六、宗族集体活动

前后罗氏两个宗族，一年之内常规的集体活动，时间、次数、内容、形式大体相同。但是，都是各自独立举行。

元旦，阖族支丁都到宗祠“庆岁”。首先谒祖，而后团拜。拜毕，祠堂颁发用面粉做的”元宝”，每人一双，每个半斤。年六十岁以上，加一双；七十岁以上，再加一双；八十岁以上，又加一双，依此递增。初中毕业，加一双；高中毕业，加二双；大学毕业，加三双；留学生，加四双。有一个名曰罗履平的八十多岁老人，是秀才、举人、进士，留学日本，曾任清内阁中书、民国浙江省和安徽省教育厅厅长、同盟会孙中山秘书等职务。据历史档案记载，他一人领“元宝”共16份。

宗祠谒祖、团拜、领“元宝”之后，再到支祠、家祠谒祖、团拜、领“元宝”。传说，罗履平一人，每年元旦领“元宝”总共达数十份。

正月初七日晚，前罗氏宗族在长春社组织“春祈会”活动，后罗氏宗族在永兴社组织“春祈会”活动。春祈会主要内容有两个：一、在社屋举行灯会；二、吃“暖灯酒”酒宴。新娘在嫂子或小姑陪同下，到社内观灯。春祈会赠送新娘闺房内一盏莲花灯，祈求早生贵子。如果当年生个男孩，来年初七日晚上新娘要到社内“还灯”，每盏灯配红蜡烛2支。在许多花灯中，必须有一盏莲花灯作为主灯。

---

① 转引自叶显恩《明清徽州农村社会与佃仆制》，安徽人民出版社1983年版，第247页。

正月十四日,传说是社稷公公生日,前罗氏宗族在长春社举行祝寿活动,后罗氏宗族在永兴社举行庆寿活动。从凌晨一时至夜间十一时,全宗族逢祝寿之年的老年子弟,每人都在寿星前献一双红蜡烛,重量一斤至五斤不等。夜间,各种“会”组织举行寿宴,给社稷公公祝寿。

元宵清晨,前罗氏宗族将长春社神像用神轿抬到罗氏世祠享堂,后罗氏宗族将永兴社神像用神轿抬到罗氏文献家庙享堂。神轿一进祠堂,大门即关上四分之三,仅容一人通过。此时,全宗族男女老幼,手执乐器一件,拼命往门缝里挤。挤进祠堂者,即发给面粉做的寿桃一双,每只重半斤,名曰“挤馒头”。祠堂内外,鼓乐喧天,人声鼎沸,热闹非凡。

晚上,前、后罗氏宗族都举行盛大灯会、舞龙和游神活动。神轿轿顶红蜡烛 16 支,轿壁 8 支,轿座 8 支,神像前 1 对(每只重半斤),名曰“龙灯送神归坛”。游神队伍要走遍全村主要街道。凡路过新娘和头生儿子人家门前,神轿都要停下。新娘将管轿人点燃的一双红蜡烛接进闺房,然后赠送抬轿人一只红包。头生儿子人家,除了赠送神轿红蜡烛 34 支以外,还要设便宴招待抬轿人和宗族成员,并赠送鸡蛋和菜包。游神活动,要到下半夜结束。最后,将神像抬回长春社和永兴社。

从正月初七日至十七日,许多“会”组织还在祠堂举行春祈会,吃暖灯酒。

清明挂钱(又曰“标祀”,或曰“标挂”、“挂纸”,即清明扫墓),是前、后罗氏两宗族大事。

前、后罗氏宗族祖墓,都有墓田和山场,有的还有庄屋和庄仆。祖墓挂钱,宗族子弟大都参加。祠堂筹办祭品,分发胙钱。挂钱时,向老乡散“挂钱饼”,祈求老乡关照风水。路途较远的祖墓,族长和司年乘轿前往,支丁在祖墓庄仆家用午餐。由祠堂准备食品,在庄仆家烹调。前罗氏宗族到牛坑祖墓挂钱,因路途太远,还在庄仆家过夜。胙钱多达一银元。

祠祭,分春秋二祭和冬祭。罗氏世祠和罗氏文献家庙举行冬祭;贞靖罗东舒先生祠、一善祠等祠堂实行春秋二祭。罗氏世祠、罗氏文献家庙、贞靖罗东舒先生祠、一善祠祠祭最隆重,都行“少牢馈食之礼”,祭品主要是全猪、全羊,俗称”猪羊祭”;此外,还有许多祭盘,内盛各种菜肴和水果。祭品由司年筹办，从祭田租谷收入中开支。

祠祭行三献礼。族长主祭，有鸣赞（或曰“大赞”）、引赞（或曰“小赞”）、陪赞、司盥、司樽、司爵、司帛、司祝、司馔、司过（或曰“纠过”）等16名礼生，还有乐队。祭时，乐队伴奏，鞭炮齐鸣，香烟缭绕，庄严肃穆。祭仪谨遵朱熹《家礼》，节目有：一、降神；二、参神；三、进馔；四、初献；五、亚献；六、终献；七、侑食；八、阖门；九、启门；十、受胙；十一、辞神；十二、彻；十三、馂。

民国《歙县志》卷一《风土》记载：“祭礼俗守文公《家礼》，在昔小异大同。咸（丰）同（治）以后，踵事增华‘三献’也，而六行之。日不足，继以烛跛（跛）倚临。”

据郑庄《罗氏祠堂记》记载：“其为祭也，有田；其莅事也，有首。元旦则于斯而庆岁；元夜则于斯而庆灯。荐以首时，祭以仲月。子侄彬彬，罗拜祠下。馈食灌献者，诚敬之自如；助祭执事者，仪文之可睹。宗族相聚，世遂远其源流为可寻，人虽众其昭穆而不紊。”①

根据“喜相庆，忧相吊”的族规家法和当地风俗民情，人丁旺的“门”，每年都有许多婚丧活动。婚事，在主人的邀请之下，本门内家家户户都要前往贺喜和帮忙。丧事，本门内子弟和眷属不仅都要前往吊唁和帮忙料理后事，而且五服以内晚辈亲属还得戴孝志哀。

七、族规家法

在调查中，我们发现一篇前罗氏宗族《祖训》，共14条。其内容是：“敬祖”，“孝亲”、“刑妻”、“教子”、“悌长”、“奉公”、“怜孤”、“恤寡”、“睦族”、“和邻”、“慎交”、“择配”、“禁讼”、“坟墓”等。此外，贞靖罗东舒先生祠现存有《新祠八则》粉牌，载于《罗氏宗谱》之中者曰《宗仪八条》。其内容为：一、妥神灵；二、严非类；三、戒妄婚；四、勉右文；五、敦本业；六、勖长厚；七、警入祀；八、议综理。

这两部族规家法的指导思想和基本原则，都是封建伦理道德和儒家

① 歙县《（罗氏）宗系支谱》，罗运恕传抄本。

学说。

根据调查资料,民国时期前、后罗氏宗族族规家法,归纳起来,重要内容有十五条:

一、孝顺父母。“父母生身之本,故须事养,疾则医治”(引自前罗氏宗族《祖训》,下同),殁要祭葬。对不赡养父母和虐待父母、打骂父母者,轻则唤至祠堂训斥、教育;重则执至祠堂,当众笞杖,或族谱除名,革出祠堂;极恶者则送官府,处之以法。

二、尊敬长上。“长上之人,凡伯叔兄辈及期亲尊长虽有不同,为卑幼者当执弟侄之礼,言则让,行则随,毋斗殴相争”。同时,长上“毋凌卑压幼”,以“成悌让之风”。对不尊敬长上者,要根据情节轻重,处以不同程度的惩罚。

三、教训子孙。“子以传后,为子者不可不教以义方。幼稚即要择师,端其蒙养。有资者策励以玉成之;即庸常亦要训其识字,或货殖田亩,使各执一艺,切勿令酗酒、贪花、游手、赌博以取祸。苟为穿窬、乞丐,大都失于庭训,故致如此。为祖、父者不可不教训子孙”。

四、禁饬闺房。妇女要“孝事舅姑”,“待妯娌(以)礼”,尊敬和顺从丈夫;不准打街骂巷,“有犯盗、淫、嫉妒之条,轻则痛惩,重则逐退娘家”。提倡从一而终,孀妇守节。再婚妇女,死后神主不许入宗祠。

五、规范婚姻。婚姻要讲门第,门当户对。男不准娶轿夫、吹鼓手、理发匠、搓背工、修脚工等职业之女为妻;同时,女也不准嫁给从事这些职业的人为妻。严禁与“小姓”通婚和同姓为婚,违者族谱除名,革出祠堂。

六、崇尚节俭。要以节俭为荣,奢侈为耻。婚丧之事,一律从俭,不准违例。婚嫁喜宴,二荤六素八大碗;丧事,一律米饭、豆腐、青菜或萝卜招待。违者,族长、门长统一退席,以示惩罚。

七、周济贫困。宗族子弟贫富不等,要相互周济。贫者债台高筑,往往年关难过。除夕,“金锣”响过三遍,一律停止讨债。同时,罗氏子弟开设的肉铺才许封刀,以便赤贫子弟能买肉过年。

八、和睦族邻。“宗族虽亲疏不同,本吾祖一气,不可富欺贫,强凌弱,众暴寡,必以其伦按以礼可也”。“邻里居者,上下不一,其人贫富不同,其家皆要有无相通，守望相助，疾病患难相扶，冠婚丧祭，庆吊往来，可为美俗”。宗族子弟纠纷，要由族长、门长和乡绅调解处理；宗族成员与异姓纠纷，要在祠堂开“公局”调解处理，不准轻宜经官。

九、扶孤恤寡。孤子“最宜怜恤，富者可全其生，苟有贫者，不论亲疏，当扶持以活其性命，年长则令其学手艺，有力则令耕种”。孀妇“幸而有家财有子则可，倘两者俱无，众当协力扶持，以其成节”。宗族提倡从一而终，守节达 30 年以上者，呈请旌表。

十、表彰义行。好善乐施、扶孤恤寡、周贫济困、修桥铺路、捐资建祠、修谱、助学等热心宗族公益事业者，要呈请旌表。殁后族谱立传，牌位永远祔于宗祠，永垂后世。嫡亲后代永远享受宗祠优待。

十一、奖励学子。资助贫困学子，特别是聪明俊秀者。元旦谒祖、团拜，分发面粉做的“元宝”，秀才、举人、进士、仕宦一律从优领取，按等递增。初中毕业加 1 倍，高中毕业加 2 倍，大学毕业加 3 倍，留学生加 4 倍。

十二、依法继嗣。无子，要选近亲昭穆世次相当者继嗣；近亲无合适人选，则选远亲。外甥可以继嗣娘舅，内侄不准顶替姑父门户。不准异姓螟蛉子入绍，违者不准入族谱，不准进祠堂，不准参加宗族一切活动。

十三、封山禁渔。呈坎四周山林，为前、后罗氏宗族公产，关系两个宗族风水和自然环境，未经宗祠许可和批准，任何人不得进山砍伐。如违，严惩不贷。潨川河自官培亭至后湖河道河鱼，为“养生溪”，禁止捕钓。如违，一律严惩。

十四、保护公产。呈坎寺院、庵堂、亭阁、牌坊、祠堂、桥梁、学校等、乃宗族公共所有财产，必须爱惜保护，严禁破坏。祠堂、寺院、庵堂、桥梁等所属田地和山林收入，有的用于祭祀，有的用于维修，任何人不得挪用。违者，依情节轻重惩处。

十五、保留基业。土地、房屋是族人的命根子，必须尽量不外流。房屋和土地买卖，近亲有购买优先权；近亲不买，方能卖与远房；宗族子弟不买，方准卖给异姓。父母在世，出卖房屋和土地，必须征得父母同意，否则交易无效。

前、后罗氏宗族贯彻执行族规家法都十分严历。据调查，有一不肖子弟虐待母亲，经门长长期教育仍不悔改，族长即召开门长、乡绅会议，令司年将犯者执至祠堂，由本门门长掌板，受到笞杖20的处罚。有一不肖支丁，听说寺院东平大帝神像是“金胆”、“银喉”，财迷心窍，毁像窃取。事发，族长即召开门长、乡绅会议，将犯者族谱除名，革出族籍。环秀桥头墙上竖“禁渔”石碑。有破坏禁渔者，轻则香烛纸箔将鱼烧化，并沿着环秀桥至长春桥河岸燃放鞭炮，以示悔过；重者香烛纸箔将鱼烧化，沿环秀桥至官培亭河岸燃放鞭炮，并请五位道士沿河诵经，以示忏悔。同时，罚面粉13斤，猪肉13斤，豆腐三板（共300块），宴请族长、门长、检举人和五位道士。此外，犯者还得支付道士和祠仆工资。由于族规家法执行严厉，所以，环秀桥下，游鱼成群，往来悠悠，与人同乐。妇女在河边浣洗，有时伸手即可碰到一斤多重的游鱼。有砍伐山林者，罚以香烛纸箔将树墩烧化，绕山一周——小圈几里，大圈几十里——燃放鞭炮，并请道士上山作道场，以示忏悔。同时，罚面粉13斤，猪肉13斤，豆腐三板，供族长、门长、管山人员和道士用餐。如果砍伐一善祠（又名罗士元公祠）山林，除了上述惩罚以外，犯者还要杀猪宰羊“祭山”。由于禁山极端严厉，所以，呈坎大小山林，树木茂盛，郁郁葱葱，树围一抱或数抱的大树成片，成林。

据调查，对侵犯宗族和宗族子弟利益，造成重大损失者，严惩不贷。犯者不仅要族谱除名，革出祠堂，除销族籍，而且还要被处以酷刑。

八、组织管理

呈坎前、后罗氏宗族各自的最高首领是族长。担任族长的条件是；辈高年长、德高望重、有组织能力和领导能力。族长的职责和职权是：主持祭祖仪式，召开宗族会议，决定和处理宗族重大事务，监督祠堂财务和司年工作，教育和惩治不肖子孙，调解和处理宗族成员之间纠纷，代表宗族对外活动，等等。民国时期，族长都是选举产生。

中层领导是门长。担任门长的要辈高年长、有一定组织能力和领导能力。门长的职责和职权是：主持本门支祠祭祖仪式，召开本门子弟会议，监督或管理本门祠堂财务，教育本门子弟，调解和处理本门子弟之间的纠纷，代表本门参加宗族会议,等等。

负责祠堂日常事务的是司年。司年轮流担任,一年一换,所以又称"值年"、"轮年"。宗祠的司年由各门推选,支祠的司年有各房推选。担任司年的条件是:为人正派、秉公无私、家庭富裕、初通文墨。除人丁极少的门或房以外,宗祠每门,支祠每房都有代表。

宗族全体子弟,都依昭穆世次组织在宗法血缘体系之中。昭穆世次既是宗族的一个基本特征,又是宗族组织能够存在和巩固的一个重要保证。前、后罗氏宗族为了保证昭穆世次不乱,采取了两大重要措施:第一,每隔一定时间,续修一次族谱;第二,编制"行辈歌"、宗族子弟依"行辈歌"命名。《罗氏宗谱·柏林世称》记载,前罗氏宗族的行辈歌是:

盛应实用君,成彦伯公叔;以之懋宪光,秉兴克永福;亨运会时来,贤嗣序昭穆;富有本日新,德业世常禄。

忠孝全鸿烈,芳名振豫章;历朝荣甲第,奕代萃冠裳;礼学家声远,英才国瑞长;云礽同绍述,庆衍发麟祥。

以族长为核心的门长、乡绅统治者依族谱和行辈歌组织管理全体宗族成员。人们根据族谱和行辈歌,就可以清楚地了解宗族全部子弟的昭穆世次和每个宗族子弟在宗法血缘群体当中的地位。

文会是知识分子的组织。它不仅是知识分子的团体,在一定意义上它还是族长的参谋部。宗族许多重要决定和重要措施,大都是在文会人员的参与下制定的。

以族长为核心的门长、乡绅是宗族的统治者。

九、宗族精神

调查资料表明,前、后罗氏宗族子弟大都有高度的宗族集体主义精神。特别是当宗族的集体利益受到外姓、外族侵犯时,这种宗族集体主义精神表现得异常强烈,不是宗族集体武斗,就是诉诸词讼。民国初年,支丁罗会喜被许村人打死,罗氏宗族三百多子弟,闯进许村进行声讨和报复。后经双方族长和乡绅调解处理,才平息和避免了这场宗族集体武斗。30 年代,罗氏宗族琅琳坑山场竹林被汪村几个人盗砍了几百根竹子,宗族即集合了一帮子弟,闯进汪村将主犯绑赴歙县县政府治罪。

前、后罗氏宗族都是江西豫章罗氏宗族的后裔。前罗始祖罗天真和后罗始祖罗天秩是从兄弟,追本溯源,两个宗族本是一棵藤上的瓜。但是,两者之间的关系并不很好。后罗始祖罗天秩死后葬本乡杨干,后代产生了一批高官显宦,如罗汝楫,罗颂、罗愿、罗椒、罗洪祖、罗绮等。此外,还有一批一般官吏。所以,《(罗氏)宗系支谱》(罗运恕传抄本)记载:"辈出冠盖,相望辉煌。"堪舆风水先生认为:"这是因为杨干这块风水好,是个大发地。"对此,前罗的子弟异常嫉妒,于是在罗天秩墓边建了一座寺庙,让千手观音菩萨左手指着这个风水。据说,"这样后罗就再发不起来了"。为此,前、后罗氏宗族打了很长时间官司,最后打到南京。官府判定:"寺庙只能建,但是不准修。"后罗氏宗族子弟感到有机可乘,每年清明到祖墓挂钱,即对寺庙进行破坏。不久,千手观音菩萨大殿倒塌,前、后罗氏宗族之间这场集体斗争才宣告结束

宗族子弟之间,困难相助,贫富相济,喜庆相贺、忧戚相吊,都表现了宗族的集体主义精神。特别是当有的子弟遇到严重生活困难,难以活命之时,大都能得到富有子弟的经济资助。这种事例,比比皆是,举不胜举。

前、后罗氏宗族大都有强烈的荣宗耀祖思想。怎样才能光宗耀祖呢?第一,读书做官。十年寒窗,金榜题名,封官赐爵,衣锦还乡,这是祖先和宗族最大的光荣。如罗汝楫、罗士臣、罗玠,罗应鹤等等。第二,经商发财。如科举不成,即弃儒从商,发财致富,光耀阖闾,同样是祖宗和宗族的极大光荣。如罗弥久、罗弥秀、罗弥富、罗弥四、罗弥远、罗元孙、罗元林、罗士清、罗亨桐等等。第三,慷慨捐输,大兴宗族事业。前、后罗氏宗族子弟,无论是做官发财,还是经商致富,大都热衷于宗族的公益事业,把向宗族慷慨捐输,或视为孝的表现,或视为人生最大光荣。如,罗弥四和罗汝声带头倡建罗氏世祠,罗应鹤领头续建贞靖罗东舒先生祠,罗弥远兴建隆兴侨,等等。历史上,徽州人认为,祠堂是祖宗灵魂栖息之所,老祖宗的魂魄栖息于规模宏伟、富丽堂皇的祠堂里,这是宗族的无尚光荣。巍峨壮观的长春社、上观、下观、文会馆、文昌阁、藏经阁、隆兴桥……等建筑,是前、后罗氏宗族繁荣昌盛的

表现。

这里应该特别提到的是，富商大贾罗元孙的慷慨义举。据《罗氏考世系本支谱》（传抄本）记载："义官公，讳元孙，字仕珙，号东峰，寿官公（罗弥四——引者）长子。勤俭好义，得父欢心。因寿官公修砌灵山岭路，建石亭以憩行人，亭名'继善'；建义居百间（按：实际上是197间——引者）以居族人；设义塾以诲族之子弟；置义田百亩以助族之婚丧。当事高其谊，颜以'范蔡重辉'。详郡邑志。义建石桥于王干司，太史唐皋名其桥曰'关桥'。"这些义行，给宗族增添了极大的光辉。

据历史文献记载，呈坎前、后罗氏宗族的指导思想是封建孔孟之道。彰善瘅恶是他们立族之本和重要观念。被前罗氏宗族尊为圣贤的罗荣祖在《重修家谱叙》中记载：

> 《易》曰："积善之家，必有余庆。"吾族子孙蕃衍，历年滋远，无（非）祖宗积善余庆也。后之人，谨勿亏孝敬之行，以伤蠹此善根；谨勿贼骨肉之恩，以湮塞此善源；谨勿怀奸饰诈犯义侵礼，以斲丧此善根基，则仁积而弥厚，泽流而益深，此祖宗之望也。子子孙孙，尚冀识之。①

罗荣祖在《宗谱旧序》一文中记载："吾族来自洪都，家于歙之通德乡呈坎，更历一十六世，时经四百余年，家传世守，惟以一'善'字为箴规。"②

鸦片战争以后，西方资本主义思想在中国得到迅速传播和发展。但是，民国时期，呈坎前、后罗氏宗族遵奉的仍然是传统的儒家思想，朱熹的言论被视为金科玉律。宗族子弟的最高道德追求是，孝、悌、忠、信、礼、义、廉、耻等教条。封建道德仍然是人们的行为准则和行为规范。各个门和各个房都以封建道德概念起堂名。例如，崇厚堂、崇义堂、正伦堂、世德堂、怀德堂、承善堂、养正堂，乐知堂，等等。

郑桓在《罗氏族谱后叙》中记载，前、后罗氏"两族之盛，诗礼循循，冠于歙之西北。俯仰今昔，三十余年（世），虽当干戈抢攘之际，而罗氏之族为犹盛。今之云仍，咸能守其先业，岂非祖宗之积德焉？后东舒翁续其谱，以一

① 歙县《罗氏历代祖宗谱》，民国二十一年罗会铭传抄本。

② 歙县《罗氏历代祖宗谱》，民国二十一年罗会铭传抄本。

‘善’字为箴规。噫！孰谓非为善之效也。夫善，德之本也，存诸心而施之于外，以至于居家治民，无一不在于善”。①

十、罗氏女祠

据我们调查，呈坎前罗氏宗族建有4座女祠，这是一种非常引人注目的社会现象。这4座女祠是：一、罗氏世祠女祠，建于明弘治十一年（公元1498年）；二、贞靖罗东舒先生祠女祠，建于明万历四十年至四十五年（公元1612年~1617年）之间；三、一善祠女祠（又曰“士元公祠女祠”），清嘉庆十年（公元1805年）翰林院庶吉士罗廷梅倡率族人建；四、贞一祠女祠，建于民国二十三年（公元1934年），一说建于民国二十六年（公元1937年），一说建于民国二十八年（公元1939年）。

据历史文献记载和我们调查，歙县潭渡黄氏孝里享妣专祠和棠樾鲍氏清懿堂女祠都规模恢宏，巍峨壮观，雕梁画栋，处处都可以与男祠相媲美。呈坎前罗氏宗族的女祠与此不同，与男祠相比，都规模较小，建筑简陋。例如，贞靖罗东舒先生祠美轮美奂，宛如皇宫，已蜚声海内外。这是一座四进三个大院祠堂建筑，规模非常大，占地五亩。但是，贞靖罗东舒先生祠女祠建筑面积仅160平方米，还不到贞靖罗东舒先生祠建筑面积的十分之一。这座女祠没有正门，只有两个侧门。呈坎前罗氏宗族男祠与女祠这种天壤之别，令人费解。

呈坎前罗氏宗族为什么要为女祖先建造专祠呢？罗汝声在《罗氏宗谱·宗仪八条》妥神灵条（贞靖罗东舒先生祠《新祠八则》粉牌与《宗仪八条》内容同），对前罗氏宗族建造供奉女祖先专祠的原因和目的作了阐述。其文曰：

> 至于女主，当竣其防。盖言不逾闺，祭不受胙，男女素著远别之文。生则异室，主则同堂，幽冥宜有不安之魄。当专立一室，分妥诸灵。登贞烈者于左方，藏封诰者于右室，则祭仪斯尽，教本能敦矣。

① 歙县《罗氏宗谱》，罗汝声纂修，明正德二年刻本。

根据《宗仪八条》和《新祠八则》记载，罗氏世祠和贞靖罗东舒先生祠的右方各建一座女祠，都是因为男女祖先“生则异室”，而死后“主则同堂，幽冥宜有不安之魄”。所以，根据封建礼法，应当“专立一室，分妥诸灵”。

根据《宗仪八条》和《新祠八则》的规定，罗氏世祠女祠和贞靖罗东舒先生祠女祠的龛室之规都是，“登贞烈者于左方，藏封诰者于右室”。除了“贞烈者”和“封诰者”以外，其他女祖先的神主能不能入祠呢？看样子，不能入祠。但是，一善祠女祠和贞一祠女祠与此不同。据我们调查，凡是这两座祠堂所属支丁的配偶，不论是不是“贞烈者”和“封诰者”，其神主都可以进女祠。罗允刚在《缀锦叠翠——历史文化名村呈坎补遗》（打印稿）一文中说：

> 罗廷梅的母亲是一位再婚的女性。按宗祠、贞靖祠的祠规，再婚妇死后不得入主（按：即神主，下同——引者）祠堂。罗廷梅入仕后，一次乃母向儿哭诉：“你是做官了，而我死后做孤魂野鬼。”罗廷梅问明原因后，说：“你放心，我造一个祠堂就是了。”因此，他告老回乡后建“一善祠”。专门规定，凡罗家“善份”妇女死后，一律可入主祠堂。这一例开，呈坎除三个祠堂（文昌祠、文献祠、贞靖祠）外，一律开禁。

除了罗允刚提供的证据以外，还有书面调查资料也说：“一善祠……有男祠、女祠。其特点：男女祠均坐西朝东，而且凡是该祠女性族丁一律可以死后奉主入祠。”

徽州宗族为供奉女祖先神主兴建专祠有什么意义呢？有的学者认为，“女祠的出现和发展有其社会历史根源，是社会文明进步的必然结果”；“这一历史活化石记载了中国妇女抗争与觉醒的早期珍贵资料”①。与此完全相反，有的学者认为，“徽州女祠的建筑不仅不能说明徽州妇女地位的提高，相反它正说明了徽州以忠、孝、节、义为中心的封建伦理观念对妇女的束缚和压迫的加重”，是“封建伦理杀害妇女的见证”②。

事实证明，这两种观点都值得商榷。大量历史文献资料证明，徽州宗族绝大多数都是男女祖先神主均可入祠堂，男女祖先神主“同室”，“共享”。

---

① 毕民智：《徽州女祠初考》，《安徽大学学报》（哲学社会科学版）1996年第2期。

② 崔思棣：《徽州封建宗法考察与思考》，在首届国际徽学学术讨论会上发言稿。

男女祖先神主各自“专立一室，分妥诸灵”，是极个别现象。[①] 历史文献记载证明，徽州个别宗族建造专门供奉女祖先神主的祠堂，只是将男女祖先“共享祀”，改为男女祖先神主分别供奉两处。这个改变，既不是“社会文明的进步”和“中国妇女抗争与觉醒”，也不表明“封建伦理观念对妇女的束缚和压迫的加重”。

有的学者说：“徽州女祠一色坐南朝北或坐东朝西，与宗祠、男祠坐北朝南或坐西朝东相对，取男乾女坤、阴阳相悖之意。”[②]我们认为，这个结论值得商榷。

据我们调查，呈坎前罗氏宗族的罗氏世祠女祠和贞靖罗东舒先生祠女祠都是坐东朝西，与男祠遥遥相对。但是，一善祠女祠和贞一祠女祠与此完全相反，两座女祠均坐西朝东，与男祠同一朝向。我们认为，徽州女祠的朝向虽然与男乾女坤、阴阳向悖有关，但是，同时又受祠堂所处环境的制约，不能绝对化。

朱熹《家礼》卷一《通礼 · 祠堂》说：“凡屋之制，不问何向背，但以前为南，后为北，左为东，右为西。”按这种说法，徽州宗族祠堂——包括宗祠、支祠、男祠、女祠、专祠等——不论何种朝向，一律都是坐北朝南。

附记：

调查时间：1993 年 9 月，1994 年 9 月，1998 年 10 月。

调查地点：黄山市徽州区呈坎乡呈坎村。

调查对象：

罗会坤	1903 年生	会字辈	33 世
罗会炯	1915 年生	会字辈	33 世
罗会璋	1918 年生	会字辈	33 世
罗会铮	1930 年生	会字辈	33 世
罗会定	1942 年生	会字辈	33 世

---

① 赵华富：《徽州宗族祠堂三论》，《安徽大学学报》（哲学社会科学版）1998 年第 4 期。

② 毕民智：《徽州女祠初考》，《安徽大学学报》（哲学社会科学版）1996 年第 2 期。

罗允刚	1922年生	时字辈	34世
罗炳基	1924年生	时字辈	34世
罗时朋	1931年生	时字辈	34世
罗时锦	1934年生	时字辈	34世
罗根发	1936年生	时字辈	34世
罗承宗	1918年生	来字辈	35世

（原载《首届国际徽学学术讨论会文集》，黄山书社1996年版，题为《歙县呈坎前后罗氏宗族调查研究报告》，现为补充修改稿）

祁门渚口、伊坑、滩下、花城里倪氏宗族调查研究

徽州名宗右族倪氏聚居的渚口、伊坑、滩下、花城里,地处祁门县西部山区。渚口和滩下座落在沥河河谷,伊坑位于沥河支流,花城里地处南宁河支流。4个自然村东西相距20华里。这里峰峦叠嶂,烟云缭绕;河流清澈,鱼翔浅底,景色十分醉人。

宗族的繁衍裂变是一个自然和社会发展的普遍规律。据调查,渚口、伊坑、滩下、花城里倪氏宗族正处在繁衍裂变的漫长历史发展过程当中。一方面,4个村的倪氏宗族之间具有显著的统一性,另一方面,各个村的倪氏宗族又有很大的独立性。

我们认为,渚口、伊坑、滩下、花城里倪氏宗族是正处于繁衍裂变过程之中的一个典型。调查研究这4个村的倪氏宗族之间的相互关系,阐明它们之间的统一性和独立性,对认识宗族的繁衍裂变规律具有一定意义。

一、九祠联宗

渚口、伊坑、滩下、花城里4个村的倪氏宗族虽然各自都有很大的独立性,在一定意义上甚至可以说已经形成四个以血缘关系为纽带的社会人群共同体,但是,追本溯源他们都是倪时思(字康民)的后裔,相互之间具有血缘亲族关系,所以长期保持着千丝万缕的联系,具有明显的统一性。4个村倪氏宗族家喻户晓的"九祠联宗",就是这种统一性的高度概括和集中表现①。

① 清康熙年间倪氏宗族建"统祠"以前共有祠堂9座,建统祠时与"合一堂"联宗变为10座,不久,"集义堂"消失,又变为9座,后来,又陆续减少,最后变成6座。

渚口、伊坑、滩下、花城里4个村的倪氏宗族的统一性表现在哪里呢？据我们调查，主要表现在六个方面。

（一）一本同宗

渚口、伊坑、滩下、花城里倪氏宗族都是倪时思（字康民）的后裔。追溯“木本水源”，4个村的倪氏宗族是“一系相承”，“同宗一本”，同辈支丁，皆兄弟也。

据光绪《祁门倪氏族谱》卷上《始封得姓源流》记载，倪氏宗族的先世为河北省藁城县人。唐安史之乱，倪应携家南奔渡江，“闻新安名山胜地，至则乐黄山而居之”。倪应生衡之，衡之生康民。唐末黄巢大起义时，倪康民保障池、严、婺、饶、信等十州之地，“朝廷嘉其功，授兵部尚书”，辞谢不仕，告退还乡。康民生子16人，孙44人，“各因仕宦流寓他郡”，独携第十子倪匡安由歙县迁祁门，“居祁门伊川官人垣”。渚口、伊坑、滩下、花城里倪氏宗族都“尊康民公为始祖”。光绪《祁门倪氏族谱·建本堂重修支谱序》记载：“我倪氏为唐大司马康民公后。公以功成告退，卜居伊川。见夫地虽隘而负郭田可耕，山虽深而涓流之水可钓；士也歌，女也织，人心风俗绰然与古为徒，遂以为庞德之遗安不外乎是。”

唐末，倪康民携第十子倪匡安定居祁门县伊坑（按：伊坑原称伊川，徽州人所谓的“坑”，即是指川、河或水），但是，很长时间倪氏在此未站稳脚跟。据光绪《祁门倪氏族谱》世系表记载，从倪康民起下传至第十世，伊坑倪氏支丁大都外迁，除了第九世有五个支丁居伊坑，其他九世每世居伊坑者都是只有一个支丁。伊坑倪氏建本堂支祖为第八世倪兰卿，字兰三。大约到元代，建本堂支丁才开始逐渐兴旺。据《族谱》世系表记载，十一世有2人，十二世有4人，十三世有12人，十四世发展到31人。

倪康民的五世孙有3人：长曰倪四三，次曰倪三六，三曰倪社五。四三居伊坑，守始祖倪康民基业。社五“习青乌家言”，认为渚口——唐末倪康民“屯兵处也”——是风水宝地。大约在北宋中期，与次兄三六由伊坑迁此。这里“丹崖碧水，望之若锦，遂名其地曰‘锦城’”。

倪三六为合一堂支祖。此支人丁不旺，许多代都是单传。据调查，经过

900 多年的历史发展,直至今天只有两户人家。

倪社五这一支人丁兴旺,发展最快。其曾孙——第八世——已有支丁 12 人;玄孙——第九世——人丁多达 22 人。据《族谱》记载,八世祖倪荣甫,字龙一,为遗安堂支祖;倪俊甫,字龙二,为崇本堂支祖;九世祖倪振玉,字振老,为集义堂支祖;倪伯玉,字寿老,为贞一堂支祖。遗安堂人丁不旺,至二十一世以后绝嗣。明代,崇本堂、集义堂、贞一堂人丁增长都很快。崇本堂第十二世有支丁 23 人,十三世有支丁 50 人,十四世有支丁 83 人;集义堂第十三世有支丁 10 人,十四世有支丁 22 人,十五世有支丁 37 人;贞一堂第十三世有支丁 15 人,十四世有支丁 32 人,十五世有支丁 69 人。后来 3 个祠堂的人丁发生重大变化,崇本堂和集义堂人丁一代一代地减少,贞一堂人丁逐渐增长。民国时期,形成渚口倪氏宗族支丁百分之九十以上都属于贞一堂支丁的人口格局。

大约在宋元之际,倪四三的曾孙倪尚一——第八世——由伊坑迁鲁溪。尚一有孙 2 人:长曰富相,字传一,为继善堂支祖;次曰震二,由鲁溪迁牛山(俗称鲁溪和牛山为滩下),为乐善堂支祖。光绪《祁门倪氏族谱》卷下《继善堂重修族谱跋》记载:"我祖唐大司马康民公……迁祁……于伊川而家焉。五传至四三公,守伊川旧居,即我鲁溪与伊川、牛山支祖也。迨八世祖尚一公始迁鲁溪,其继善堂则建自十世祖传一公,始相沿至今,已数百年矣。"据《族谱》世系表记载,继善堂早期人丁发展很缓慢,第十五世才有支丁 6 人。至第十六世开始增长,有支丁 12 人;十七世有 16 人;十八世增长到 25 人。据调查,从清朝起,乐善堂这一支人丁,就不断迁徙休宁、绩溪和祁门各地;民国时期,全部迁走。所以,今天滩下倪氏宗族支丁近 200 户,全属继善堂这一支。

元代,倪社五的后裔倪友谅(属第十世),字佛生,"由锦城出赘十四都花城汪公子美女,因家焉"。光绪《祁门倪氏族谱·雍睦堂菊庵公传略》记载:"佛生公始由锦城复迁花城,即今洙源里也,距锦城二十里许。至今,人文彬郁,规模气象犹有司马(按:指倪康民——引者)遗风。"据《族谱》世系表记载,倪佛生有三子:长曰新祈,次曰□□,三曰新卢。倪新祈为雍睦堂支祖,倪新卢为世德堂支祖。雍睦堂这一支人丁增长较快,十二世有支丁 6

人，十三世有支丁 11 人，十四世有支丁 26 人，十五世有支丁 29 人。世德堂这一支人丁不旺，清朝后期已经绝嗣。据调查，今天，花城里倪氏宗族后裔全部属雍睦堂这一支。

根据上面叙述，我们看到，渚口、伊坑、滩下、花城里倪氏宗族共有 10 个祠堂，它们是：渚口的遗安堂、崇本堂、集义堂、贞一堂、合一堂；伊坑的建本堂；滩下的继善堂、乐善堂；花城里的雍睦堂、世德堂。民国《祁门倪氏族谱·续修族谱序》说："倪氏自唐季始祖康民公率第十子匡安公迁祁以来，历代千有余岁，子孙散居二十余里，一系相承，十祠相合。"但是，在调查过程中，四个村的倪氏宗族后裔都异口同声地说，是"九祠联宗"。清康熙二十六年（公元 1687 年）《修谱凡例》也记载，是"九祠联宗"，而不是"十祠相合"。

对这个问题怎样解释呢？

据我们考证，渚口、伊坑、滩下、花城里倪氏宗族祠堂有一个从"九祠联宗"发展为"十祠相合"，又从"十祠相合"变为"九祠联宗"的历史变化。根据倪氏宗族历史文献资料记载，最初 4 个村倪氏宗族祠堂共有 9 个，它们是：渚口的遗安堂、崇本堂、集义堂、贞一堂；伊坑的建本堂；滩下的继善堂、乐善堂；花城里的雍睦堂、世德堂。康熙四十六年（公元 1707 年），4 个村倪氏宗族共建"倪氏统祠"时，公议联合合一堂入祠，因此，由"九祠联宗"发展为"十祠相合"。"联入本宗，一体奉祀"文约如下：

立合同文约，倪康民公秩下崇本、贞一、建本、雍睦等，今因本宗建造统祠，凡属康民公秩下支派，理宜收集，以明尊祖敬宗之谊。向有合一祠，原系三六公支派；今念一脉流传，毋容遗弃。为此，合族公议：联入本宗，一体奉祀，日后毋得异言。今恐无凭，立此合文，永远存照。

康熙四十六年八月初八日

立合同文约倪康民公秩下

崇本（押）	雍睦（押）
贞一（押）	继善
集义（押）	乐善
遗安（押）	世德（押）
建本（押）	合一（押）

这张合同文约告诉我们,康熙四十六年(公元 1707 年)以前,合一堂没有与崇本堂、贞一堂、集义堂、遗安堂、建本堂、雍睦堂、继善堂、乐善堂、世德堂等九祠"联宗";康熙四十六年建造倪氏统祠时,"念一脉流传,毋容遗弃","合族公议:联入本宗,一体奉祀"。这样,就由原来的"九祠联宗"发展为"十祠相合"。

但是,时隔不久,又由"十祠相合"变为"九祠联宗"。对这一变化,倪氏宗族老年人有两种说法。有的老人说,集义堂人丁很少,后来全部迁往南京,所以由"十祠相合"变成"九祠联宗";有的老人说,有一个祠堂人丁不旺,最后绝嗣,因此由"十祠相合"变为"九祠联宗"。

对这两种说法,我们都找到了历史文献根据。

其一:雍正九年(公元 1731 年),建本堂支丁倪起聪等人于倪氏三世祖"珍公祖坟左臂盗篡一穴"。倪氏宗族认为,此事"实系大逆灭祖,理合当诛。为此,众议鸣官惩治"。为了筹集诉讼经费和保证官司胜利,倪氏宗族《立齐心合同文书》,公议:"所有费用……照各祠老幼人丁均出,不得累及出身并控告有名之人;或费不足,将祀田变易,亦无异税(说)"。经办人员"不得借端退缩,徇私推诿;如有退缩推诿等情,准□□(不孝)论,仍行众罚,永不给胙"。在这张《立齐心合同文书》上签名画押者,有"珍公秩下崇本、贞一、建本、雍睦、世德、继善、乐善、遗安、合一九祠人等",而没有集义堂。

其二:据《祁门倪氏族谱》世系表记载,八世祖倪龙一为遗安堂支祖;九世有丁 3 人,2 丁无传;十世单传;十一世有 2 丁,1 丁无传;十二世有 2 丁,1 丁无传;十三和十四世单传;十五世有 2 丁,1 丁无传;十六和十七世单传;十八世有 2 丁,1 丁无传;十九世单传;二十世有 2 丁,1 丁无传;二十一世有 1 丁,并且失传。这样,倪氏宗族 10 个祠堂中,就少了一个遗安堂。

事实证明,清朝中期,渚口、伊坑、滩下、花城里倪氏宗族祠堂,已经减为 8 个。同治十三年(公元 1874 年),倪氏宗族整祠规、隆享祀,制定《立齐心扶正祀典合文》。在这个合同文约上签名画押者,有崇本堂、贞一堂、雍睦堂、建本堂、继善堂、乐善堂、合一堂,而没有世德堂。这说明,经过一个多世纪的发展,倪氏宗族祠堂由 8 个又减至 7 个。据调查,民国时期,滩下乐善堂支丁全部外迁,渚口、伊坑、滩下、花城里倪氏宗族祠堂只剩下 6 个,它们是:渚口的崇本堂、贞一堂、合一堂;伊坑的建本堂;滩下的继善堂;花城里的雍睦堂。

渚口、伊坑、滩下、花城里倪氏宗族是一本同宗,都是始祖倪康民的后裔,相互存在着血缘亲族关系。为了保证 4 个村倪氏子弟昭穆世次明确不乱,按“行辈联”(又曰“行辈歌”、“排行联”、“排行歌”、“派行联”、“派行歌”等)给支丁命名具有重大意义。《祁门倪氏族谱 · 康熙丁卯修谱凡例》记载:“子姓派行,必先定某字,各祠便于依次取名,免致临期紊乱。今议:二十三世以‘昭’字为始,取‘昭前人伟望,启永世隆昌’,俟此世荣登,后起者不妨再议。”光绪《祁门倪氏族谱 · 重修族谱新增凡例》曰:“今议:三十三世以‘辅’字为始,取‘辅治英才萃,传经德泽长’十字以续之。”据《族谱》记载和我们调查,解放以前渚口、伊坑、滩下、花城里倪氏宗族子弟都依公议的行辈联命名。这样,每个支丁在宗法集团中所处的行辈,一看名字就一清二楚了。

(二)共建统祠

祠堂是宗族的象征,是“妥先灵,隆享祀”的地方。康熙四十六年(公元 1707 年),为了尊祖、敬宗、收族,倪氏宗族崇本堂、贞一堂、集义堂、遗安堂、建本堂、雍睦堂、继善堂、乐善堂、世德堂、合一堂等 10 个祠堂合议共建倪氏统祠。据调查,倪氏统祠位于渚口村中西部,座北朝南,是一座三进五开间徽派祠堂建筑。前为仪门,中为享堂,后为寝室。享堂是举行祭祖大典的场所,寝室为供奉祖先神主的地方。解放后,倪氏统祠改为渚口小学校址,不久被毁。今天,虽然这座建筑已荡然无存,但祠堂的基址还清晰可见。

对倪氏统祠的建造,有四个问题需要探讨和说明。

1. 关于祠堂的名称问题。

渚口、伊坑、滩下、花城里倪氏宗族共建的祠堂为什么曰“倪氏统祠”,而不称“倪氏宗祠”呢? 据我们了解,在徽州地区,一个始祖的后裔共同聚居于一个村落,他们编纂的谱书大都称为“宗谱”(或曰“族谱”),修建的总祠堂大都名曰“宗祠”;如果一个始祖的后裔异地分别聚居在几个村落,他们联合编纂的谱书大都称为"统谱"(或曰"通谱"、"会谱"),共同修建的总祠堂大都名曰"统祠"。渚口、伊坑、滩下、花城里倪氏宗族共建的总祠堂名曰"倪氏统祠",而不叫"倪氏宗祠",表明4个村的倪氏宗族之间,因长期异地而居,血缘关系已经疏远,他们正处在繁衍裂变为4个独立的宗族的发展过程之中。

2. 关于祠堂的地址问题。

根据封建宗法制度和徽州风俗习惯,宗祠(统祠)一般都建在始祖始迁之地或大宗所在之村。倪氏宗族始祖倪康民始迁之地是伊坑。九世以前,倪氏宗族大宗在伊坑;从十世起,宗子倪尚一迁居鲁溪,这样,滩下就成了倪氏宗族大宗所在地。但是倪氏统祠没有建在伊坑和滩下,而建在渚口,这又怎样解释呢? 对这个问题,4个村的倪氏宗族支丁有两种不同的说法。一种说法是:听先人们说,渚口地处龙脉,铜锣形,腰带水,夜间地面经常闪闪发光。堪舆风水家说,此乃龙气升腾,是块风水宝地。倪氏统祠建在渚口,10个祠堂都会人丁兴旺,荣华富贵,繁荣昌盛。所以,倪氏统祠就建在渚口。另一种说法是:听长辈们说,为选定倪氏统祠基址,伊坑与渚口争过。渚口倪氏主张建在渚口,伊坑倪氏主张建于伊坑。但因伊坑建本堂丁少、财寡、势弱,而渚口人多势众,财大气粗,并出了一些高官显宦,所以,伊坑争不过渚口。因此,倪氏统祠建造在渚口。我们认为,这两种说法就是倪氏统祠所以建造在渚口的两个原因。

3. 关于祠堂的建筑费问题。

据历史文献记载,倪氏统祠是4个村倪氏宗族子弟集资兴建的。现存合同文约一纸可以证明这一点。全文如下:

立合同文约人卯公祀秩下首人禧、仝、明,今因建造统祠,秩下众议:乐输费银九五色一百两整。其艮(银)照三殳(股)均出,每殳(股)签一人为首;首人各受各殳(股),不得累欠。倘若银两不齐,首人填出,不得务(误)事。自承之后,各要遵依,不得违拗,首人不得退缩。如有不遵,罚银五两入祠,仍依此文为准。今恐毋凭,立此存照。

再批:其银明一殳(股),出二十五两。仝一殳(股),银二十五两;禧一殳(股),银二十五两;明外乐输二十五两。

康熙五十年正月十八日

立文约人　卯公祀秩下开派于后：

思鼎(押)　贵

宗兆(押)　进　(押)

启　(押)　全　(押)

瑞　(押)

由于文献资料不足,建造倪氏统祠共耗银多少,每个支丁摊银多少,不得而知。

4. 关于祠堂兴建晚的问题。

据历史文献记载,明嘉靖十五年(公元 1536 年)礼部尚书夏言上《令臣民得祭始祖立家庙疏》,提出对《礼记·王制》的家庙制和朱熹制定的祠堂制进行改革以后,徽州地区即掀起大兴土木、兴建祠堂的热潮,大多数名宗右族都在这个时期建造了宗祠①。歙县人鲍象贤说:"若夫缘尊祖之心,起从宜之礼,隆报本之仁,倡归厚之义,则近世宗祠之立亦有取焉。"②但是,拥有南京户部尚书倪思辉这样高官显宦的倪氏宗族为什么落后了呢?我们认为这与 4 个村的倪氏宗族支丁长期异地而居,地缘关系和血缘关系已经疏远有关。第一,由于异地而居,地缘关系和血缘关系疏远,各个祠堂的人丁都热心于自己祠堂的建设和活动,对共建统祠不太积极。倪思辉的蓝底金字巨幅横匾"大纳言"高悬贞一堂,就说明了这个问题。第二,对共建统祠这种经费多、难度大的工程,10 个祠堂的支丁很难统一思想、统一意志、统一行动、齐心协力。围绕祠堂建于哪个村庄所展开的斗争,就是这个问题的具体表现。

渚口、伊坑、滩下、花城里倪氏宗族十祠联合共建倪氏统祠的宗旨是什么呢?一言以蔽之,为了妥先灵,隆享祀,尊祖、敬宗、收族。同治十三年(公元 1874 年),倪氏宗族《立齐心扶正祀典合文》谈到建造倪氏统祠的宗旨时,说:"倪崇本、贞一、雍睦、建本、继善、乐善、合一等祠,窃维春露秋霜之感,祀事维严;敬宗收族之文,《礼经》特重。此统祠之建,原所以尊尊亲

① 参见赵华富《论徽州宗族祠堂》,《安徽大学学报》(哲学社会科学版)1996 年第 2 期。

② 《新安黄氏大宗谱》卷二,清乾隆十七年刻本。

亲也。”

倪氏统祠寝室中龛供奉始祖倪康民神主。依据传统的宗法制度和徽州宗族的习俗，按左昭右穆规制，二世祖、四世祖为昭，其神主供奉倪康民神主之左；三世祖、五世祖为穆，其神主供奉倪康民神主之右。这些祖先创建宗族，泽利后裔，所以，其神主永世不迁。《立齐心扶正祀典合文》说：“我本一祠，设立烝祭，尊尚书公（倪康民——引者）为始祖，其下则以不迁之宗列之。”

嘉庆二十一年（公元1816年），倪氏统祠“立有条规，纤悉备举；第经年既久，未免积弊丛生”。同治十三年（公元1874年），《立齐心扶正祀典合文》规定：“凡在子孙备送神主配享，输租入祠”。“进特主者输实租，孝思各尽；得功名者捐小费，科分必详”。具体条文如下：

> 一、嗣后创立特主，各家愿送入统祠者，输租十秤，制钱二千四百文，以为整田、做牌之资。其税任本祠扒入，仍遵老例，每秤八厘。烝祭后一日，另设一祭。每主给胙四斤，饦一道，糖一支。其礼生用特主秩裔，每名一人，给胙一斤。本夜饮福祭仪，只备一席，以十二簋为率，寿烛一对，金艮（银）山一付，香、纸、炮酌用。
>
> 一、官居四品以上者，亦立特主入祠享祭。未输租者，颁胙二斤；已输租者，颁胙六斤，饦一道，糖一支。
>
> 一、秩下新进文武生员及新捐监生从九（品），每名输钱四百文，付存留首人收存，以便注簿挨科派祭。其上进功名照胙加捐。
>
> 一、以前浮交神主，限同治乙亥年冬至前，或租或钱，各家务照旧规补寔，不得逾限。其子孙寔在艰难者，另誊浮主神牌，安置右边下座，以示分别。嗣后进神主者，务先送钱与租契，交存留首人收贮，方准送主入祠。其租仍须本家包寔。

徽州地区宗族习俗，“特主”都永世不祧，换句话说，就是永远供奉于寝室神龛之中，享受子孙后代的祭祀。

为了规格统一，倪氏统祠统一制作方形木质神主。成年支丁及其配偶亡故以后，于每年冬祭之前至祠堂填写神主，俗称“入主”。据调查，入主要缴一定的“入主费”。这些神主都按左昭右穆供奉于左右神主架上，五世则迁，也就是说，玄孙死绝即从神主架上撤走。倪氏统祠的做法是：修谱时，将牌上的名字统一抹掉。

祠规规定,下列族众神主不准进祠堂:

1. 触犯国家法律,受到刑事惩处者;2. 触犯族规家法,被革出祠堂和族籍者;3. 未成年夭折者(即“四殇人丁”);4. 庶母;5. 异姓入继、入赘者及异姓螟蛉子。

但是,“庶母不可祔祠堂”有三种例外:第一,嫡母无子,由庶母之子“主宗祀”,主宗祀者之母的神主可以进祠堂;第二,庶母之子取得一定功名,向祠堂缴纳一定“入主费”,其母神主可以进祠堂;第三,庶母之子经商致富,向祠堂缴纳一定“入主费”,其母神主也可以入祠堂。为了辨嫡庶、正名分,倪氏统祠规定:庶母神主一律放在神主架最低一层的最边缘位置。

倪氏统祠祠规规定,统祠设“首人”一名,选举倪氏宗族廉洁奉公、无私正直支丁任之。一年一选,可以连选连任。首人为统祠总管,负责处理日常事务。倪氏统祠管理人员有两种:一种是“轮流经管”人员;一种是“存留经管”人员。按祠规规定:每年轮流经管4人,丙、戊、庚、壬、甲年,崇本堂、雍睦堂各派1人;丁、己、辛、癸、乙年,建本堂、继善堂各派1人。贞一堂每年坐派2人。存留经管公举贞一堂支丁2人任之。倪氏统祠祠规还规定:“经管存留、轮流薪水,迭年首人,每名给谷四秤食用,明支明算,不得滥用,不司事者各宜体谅。”①

统祠财务收入,“除办祭、并首人食用薪水开支外,余钱尽归存留内收贮”。存留经管人员“迭年烝祭后一日,与轮流同结账目;除正用外,余钱公置田租,不屯不借”。②

(三)共修族谱

徽州“居万山中,风淳俗古,城郭村落率多聚族而居,故于族谊最笃,而世家巨阀尤兢兢以修谱为重务”。③ 据历史文献记载,渚口、伊坑、滩下、花城里倪氏宗族很重视族谱的修纂。光绪《祁门倪氏族谱·崇本堂重修族谱

① 同治十三年倪氏《立齐心扶正祀典合文》。

② 同治十三年倪氏《立齐心扶正祀典合文》。

③ 歙县《桂溪项氏族谱》卷首《汪太傅公序》,清嘉庆十六年木活字本。

跋》记载:"谱之系于族也,上而表彰先德,下而开示来兹,为奕代纪载之书,有不容少忽者也;况乎始祖、支祖之分,大宗、小宗之别,世系由以传,次第赖以定,析源流,睦宗族,莫不存乎是焉。"

根据"三世不修谱,便为小人"的戒条,渚口、伊坑、滩下、花城里倪氏宗族曾多次联合共同纂修族谱。《祁门倪氏族谱·康熙丁卯修谱凡例》记载:"宗谱创自永乐、景泰间,迨嘉靖文昌公、廷凤公,万历间道贤公、大谟公复各有续谱,迄崇祯朝木隽公、大司农实符公又重辑考订,彰明较著。"明朝以后,又有清康熙谱、光绪谱和民国时期谱。

经过一次又一次的纂修,倪氏族谱愈来愈完善。康熙《祁门倪氏族谱·曹实庵先生序》说:"永乐嘉万以来,先贤类辑谱书,惟崇祯间大司农实符公评定宗牒为大,彰明较著。观其宗制明,宗祊肃,宗法严,宗谊笃,诚仿曲阜而轶欧苏法;法图书而详世系,不犯北方肉谱之讥,不贻崇韬拜墓之诮,更不以鱼目乱珠,致非其族类者得以影响窃附,而乱其宗派也。至若义以率祖,原本详明,各知其身之所自出;仁以率亲,支派清析,群识其宗之所由分,谱孰有过于此乎?"

为了光宗耀祖,拔高社会地位,有的宗族纂修族谱时攀龙附凤的陋习时有发生。康熙《祁门倪氏族谱》的编纂者敢于反潮流。他们在《康熙丁卯修谱凡例》中公开宣布:"始封姓源及旧谱、诸会谱所载汉唐名贤冒之以为祖者,俱不敢援入。吾谱断自迁祁之有墓者始,尊康民公为始祖,示可征也。"光绪《祁门倪氏族谱》的编纂者继承了这一传统和精神。他们在《重修族谱新增凡例》中说:"儒林、文苑、忠烈、武功、孝子顺孙、义夫节妇以及隐逸、技艺之士,必有实行可征,始大书特书,以示奖劝。"这种实事求是编纂信谱的精神,在编修族谱攀龙附凤陋习屡见不鲜的时代,是难能可贵的。

由于渚口、伊坑、滩下、花城里倪氏宗族地缘关系和血缘关系已经疏远,4个村倪氏诸祠堂都具有很大的独立性,倪氏族谱采用的修纂方法是:先由"各祠汇稿",然后汇交统祠,开局校核,编辑付梓,即所谓"各祠汇辑之以为分,而后综理之以为合"。① 同治十三年(公元1874年)《立齐心扶正祀典

① 光绪《祁门倪氏族谱·建本堂重修支谱序》,清光绪二年刻本。

合文》,对光绪《祁门倪氏族谱》纂修过程和经费筹集方法有具体规定。其文曰:“本族宗谱自康熙年间修辑后,经今已久,公议急宜重修。自乙亥年(即光绪元年——引者)春,各祠趱紧汇稿,准于冬祭前一日送至祠内誊录。限丙子年(即光绪二年——引者)二月内齐稿,以便开局校核、发雕。其费用,每丁份一文;愿法有力之家,不论丁数,随愿加输。自来年元旦起,按月征收。各祠暂贮祀(祠)内,俟开局之日,汇送公所,收贮支用。如各祠中有玩愒迟延,不汇稿、不集费者,即以不孝论。”

由于渚口、伊坑、滩下、花城里倪氏宗族地缘关系和血缘关系已经疏远,各个祠堂都具有很大的独立性;同时,又由于采用“各祠汇稿”的编纂方法,光绪《祁门倪氏族谱》出现了《建本堂重修支谱序》、《崇本堂支谱序》、《崇本堂前谱序》、《继善堂支谱原序》、《继善堂支谱续序》、《崇本堂重修族谱跋》、《继善堂重修族谱跋》等篇章。这是《祁门倪氏族谱》一个重要特点。这些序文和跋语主要都是概述本支派——本祠堂——的分迁和历史发展。例如,《建本堂重修支谱序》记载:“至我五世祖社五公,由伊川复迁锦城,即司马公屯兵处。自是而迁鲁溪,迁牛山,以及锦城之分迁花城,人日众而居日广,固其宜也。惟兰三公支派世守伊川,其子孙之究心圣道、奋志功名、超群而轶俗者,谱中历历纪之,夫何容赘?”《继善堂重修族谱跋》曰:“我祖唐大司马康民公……迁祁……于伊川而家焉。五传至四三公守伊川旧居,即我鲁溪与伊川、牛山支祖也。迨八世祖尚一公始迁鲁溪,其继善堂则建自十世祖传一公,始相沿至今,已数百年矣。”《崇本堂支谱序》记载:“数传至社五公,自伊川复迁锦城。迄万八公诞四子,其次子讳龙二公,号俊甫,盖崇本堂之支祖也。”

《祁门倪氏族谱》纂修的宗旨是:奠世系,序昭穆,尊祖,敬宗,收族。倪望重在光绪《祁门倪氏族谱·建本堂重修支谱序》中说:“族之大者,或析居于一乡,或远徙他郡。询其祖宗之自出,则莫辨谁何;考其世系之攸分,则莫识称谓,其不视吾宗为秦越也者几希。其至弃先人而援他姓,如刘后以答父戾;滋他族而冒我族,如林甫以赵郡为宗。此无他,无谱可证也,故亲疏可得而倒置也。”倪人銮在光绪《祁门倪氏族谱·跋》中说:“族谱与统祠相表里者也,萃一族涣散之祖灵于祠,与萃一族存殁之丁数书于谱,所以事人而事鬼者,道胥在乎是。"

光绪《祁门倪氏族谱》,倪望重纂修,分卷首、卷中、卷终,三册,木活字本。卷首内容包括:新旧谱序、始封得姓源流、肖像、实录、传记、纪事、纪录、新旧凡例、修谱启事;始迁世系图;继善堂、乐善堂、建本堂、遗安堂、崇本堂、集义堂世系图;卷中是:贞一堂世系图;卷终内容包括:雍睦堂、世德堂、合一堂世系图;传记、赞、墓志铭、行状、实录、诰敕、文、疏、墓图、谱跋、领谱编号。

民国《祁门倪氏族谱》,倪望隆纂修,分前卷、后卷,二册,木活字本。内容包括:谱序、传记、行状、墓志铭、呈文、世系图、领谱编号等。

光绪《祁门倪氏族谱》和民国《祁门倪氏族谱》,对倪康民从歙县迁居祁门伊坑以后,人丁繁衍、迁徙分居、经济发展、科第仕宦、宗族嬗变作了比较系统的阐述,是研究渚口、伊坑、滩下、花城里倪氏宗族的主要资料和依据。

《祁门倪氏族谱》对巩固倪氏宗族制度和倪氏宗族统治产生了一定作用和影响。清吏部尚书李鸿藻在光绪《祁门倪氏族谱·序》中说:"先朝大司农实符前辈汇集族谱,中经诸君子缵而成之,使之序长幼,定尊卑,而孝弟之道达;辨亲疏,明嫡庶,而礼让之俗成;励忠节,兴廉耻,而仁义之教明;出入相友,往来相宾,而亲睦之情洽。传之既久,其人心风气依与古为徒。诚哉,倪氏为新安望族也。"据调查,今天渚口、伊坑、滩下、花城里倪氏宗族60岁以上的老年支丁,绝大多数都清楚地知道他们是倪康民的后裔,了解4个村倪氏之间的血缘亲族关系,个个都知道自己在倪氏宗族这一宗法体系中所处的昭穆世次,了解自己与其他族众之间所处的尊卑长幼、亲疏远近的亲族关系。这些情况,与族谱的作用和影响是分不开的。

族谱是"家之大典"。谨慎、妥善地保存好族谱,防止佚失和涂改,是宗族一项要事。康熙《祁门倪氏族谱》凡例和光绪《祁门倪氏族谱》凡例对族谱的保藏都作了详细而严格的规定。《康熙丁卯修谱凡例》规定:"族谱之修,所以惇伦彝谨匪类也。支衍既繁,其间弊有不可胜言者。今九祠谱成之日,凡各祠所领及好事愿领者,俱编成字号,某字号某人领,即将人名、字号刊列于后,其板即公同焚毁。所领之谱,每篇上必用某人领三字图章,日后有事稽查。如有一字号失落,并改移不对者,定合众鸣官,逐出族外。"光绪《重修族谱新增凡例》规定:"谱书既已印订,其板即焚。各祠领谱,谨遵旧例，编成字号，每篇用某字号、某人领印章。至递年冬至之日，各祠均将谱书带入统祠，公同照验；验毕，付原领者，各自收藏。如有变移，合众逐出族外，仍须追还谱书；其人殁后，谱中不得载人。”

（四）共有祭田

朱熹在《家礼》中规定：“初立祠堂，则计见田，每龛取其二十之一，以为祭田。亲尽则以为墓田，后凡正位祔者，皆仿此。宗子主之，以给祭用。上世初未置田，则合墓下子孙之田，计数而割之。皆立约闻官，不得典卖。”历史上，徽州人对朱熹异常崇拜，大都将朱熹的话视为经典。他们认为，“祠而弗祀，与无同；祀而无田，与无祀同”。[①]“凡祭田之设，所以敬洁备物，诚不可缺”。[②]

渚口、伊坑、滩下、花城里倪氏宗族共有的祭田有两类：一类是祠田；一类是墓田。其田来源有三：

1. 九个祠堂出银购置的田地

明隆庆五年（公元1571年），渚口、伊坑、滩下、花城里倪氏9个祠堂集资为始祖倪康民购置祀田。光绪《祁门倪氏族谱·始祖康民公墓图》记载：“公墓原葬大北驿，俗云‘尚书庇’，距锦城五里许，后因江魁宗之变，株连吾宗者数十人，凡邱墓遗址在荒烟断草中有年矣。至隆庆辛未间，始为公建神道碑，镌文立石，置祀田，并附近山地，使子孙永守。”《各堂出银立祀股分》如下：

建本堂5股	继善堂3股
乐善堂2股	遗安堂1股
崇本堂5股	集义堂4股
贞一堂7股	雍睦堂2股
世德堂1股	

总计30股。各个祠堂摊银多寡，显然是根据人丁数确定的。隆庆年

① 《重修古歙城东许氏世谱》卷七《朴庵翁祭田记》，明崇祯七年家刻本。
② 黟县《环山余氏宗谱》卷一《余氏家规》，民国六年木活字本。

间，合一堂还未加入渚口、伊坑、滩下、花城里倪氏宗族联盟，所以诸祠出银为始祖倪康民墓竖碑立石、购置祀田山地，合一堂没有出资。

2. 支丁入主输纳的田地

嘉庆二十一年（公元1816年），倪氏统祠条规规定："凡在子孙各送神主配享，输租入祠。"①这里所谓的"输租入祠"，实际上是"输田入祠"，换句话说，就是向统祠输纳田地，作为祭田。

同治十三年（公元1874年），倪氏统祠"创立特主"。为此，倪氏宗族在《立齐心扶正祀典合文》中作了两项规定：第一，"嗣后创立特主，各家愿送入统祠者，输租十秤，制钱二千四百文，以为整田、做牌之资。其税任本祠扒入，仍遵老例，每秤八厘"；第二，"官居四品以上者，亦立特主入祠享祭。未输租者，颁胙二斤；已输租者，颁胙六斤，饱一道，糖一支"。这两项规定中所说的"输租"，实际上都是"输田"，即向统祠输纳田地，作为祭田。

3. 统祠购置的田地

同治十三年（公元1874年），倪氏宗族《立齐心扶正祀典合文》规定：统祠"迭年收租，订定十月二十日起，二十三日止。其谷听凭首人出粜，每秤照时价减十文交众。"租谷出粜钱，主要用于统祠的祭祀费用。每年烝祭后一日，存留经管人员与轮流经管人员"同结账目，除正用外，余钱公置田租，不屯不借"。

由于祁门县档案馆土地改革档案资料不全，我们无法确知倪氏统祠祠田数量。但是，从同治十三年倪氏崇本堂、贞一堂、雍睦堂、建本堂、继善堂、乐善堂，合一堂等7祠《立齐心扶正祀典合文》中，可以窥见一斑。其文记载，同治元年（公元1862年），"洪水为灾，田亩类多损坏"。为了保证祭祀经费，"将神主、租数详加考核，已阅六日夜，计其沙积之田若干亩，浮交之谷若干名，一一分别注载。乃集合族商订善后事宜，维持祖祀，仍分设存留、轮流。司事者毋怀私以肥己，毋称贷以及人。其田已坏，举而修之；其谷浮交，令其实之。至于田租间有遗失，亦须稽查，而复收之。斯事一定，则族内之要务可图。进特主者输实租，孝思各尽；得功名者捐小费，科分必详"。

① 同治十三年《立齐心扶正祀典合文》。

从这段文字当中，我们可以看到倪氏统祠祠田不会很少，因为，如果数量很少，就不会出现“田租间有遗失，亦须稽查，而复收之”的现象。

光绪《祁门倪氏族谱》有始祖倪康民、二世祖倪匡安、三世祖倪珍墓田、墓地、墓山的详细记载，现分别列下。

始祖倪康民墓田土名、税亩（念一公附祀）：

一号	上方丘	田五分三厘三毫
一号	葫芦丘	田一亩五分
一号	西　岸	田四亩一分
一号	窟　里	田六分
一号	方　丘	田四分
一号	方　丘	田三分
一号	方　丘	田六分①

以上共7号，总计田8亩零3厘3毫。

倪康民墓地一亩，土名馆驿坦。明隆庆六年（公元1572年）编制黄册，“俱入锦城贞一堂倪伯玉户内供解”。②

此外，隆庆四年（公元1570年），买石潭汪以集土名汪家住后山，并茶萪地一号。“其山系集父汪熊同兄汪马、弟汪法共买汪达十六股得一股，汪福德、汪四二十四股得三股。三人分藉，集该三股，一股卖讫”。③

二世祖倪匡安墓田座落、税亩：

一号	十四都七保土名庄背坞后	租十六秤
一号	十四都七保土名陈树坞	租九秤
一号	十四都七保土名上北坞	租二十九秤四斤八两④

以上3号，共计田税3亩6分3厘9毫2系2忽，“九祠分税共解”。⑤

倪匡安墓山座落十四都七保土名余坑口，共7号：

① 光绪《祁门倪氏族谱·始祖康民公墓图》，清光绪二年刻本。
② 光绪《祁门倪氏族谱·始祖康民公墓图》，清光绪二年刻本。
③ 光绪《祁门倪氏族谱·始祖康民公墓图》，清光绪二年刻本。
④ 光绪《祁门倪氏族谱·匡安公墓图及祀田亩税》，清光绪二年刻本。
⑤ 光绪《祁门倪氏族谱·匡安公墓图及祀田亩税》，清光绪二年刻本。

驹字一千十一号	山一亩	程三七名目
驹字一千十二号	山一角	刘明夫名目
驹字一千十三号	山一亩	倪兰卿名目
驹字一千十四号	山一亩	倪振祖名目
驹字一千十五号	山一亩	倪振庆名目
驹字一千十六号	山一亩	倪尚智名目
驹字一千十七号		胡教谕山①

三世祖倪珍夫妇墓田、墓山土名和税亩：

一号	土名檀树坞	田六分
一号	土名寺基上	田一亩
一契	买国良等墓后山	分股②

倪氏统祠的祠田、墓田、墓山，是渚口、伊坑、滩下、花城里倪氏宗族的公共财产，任何人不得典卖和侵占。如果这些田地和山场的产权受到侵犯，不论侵犯者来自宗族以外，还是来自宗族内部，全体支丁都要团结一致坚决保护和斗争。雍正九年（公元1731年），建本堂支丁倪起聪等人“在珍公祖坟左臂盗篡一穴”，为此诸祠“鸣官惩治”。为了保证这场官司的胜利，倪氏9祠联合《立齐心合同文书》一纸。其文曰：

立齐心合同文书，珍公秩下崇本、贞一、建本、雍睦、世德、继善、乐善、遗安、合一九祠人等，因建本祠秩下倪起聪等，突于本月十二（日）夜在珍公祖坟左臂盗篡一穴，寔系大逆灭祖，理合当诛。为此，众议鸣官惩治，所有费用，公议照各祠老幼人丁均出，不得累及出身，并控告有名之人。或费不足，将祀田变易，亦无异说。再，出身在官并敷合□□之人，皆不得借端退缩，徇私推诿；如有退缩推诿等情，准不孝论，仍行众罚，永不给胙。恐后人心不一，立此合同文书九纸，各收一纸存照。

众议：每丁暂出九色银三分。

雍正九年十一月十四日

① 光绪《祁门倪氏族谱·匡安公墓图及祀田亩税》，清光绪二年刻本。

② 光绪《祁门倪氏族谱·珍公夫妇墓图》，清光绪二年刻本。

立齐心合同文书

崇本祠	思朋等(押)
	思增等(押)
贞一祠	国达等(押)
	国录等(押)
建本祠	
雍睦祠	国璋等(押)
世德祠	宗通等(押)
继善祠	国宾等(押)
乐善祠	起从等
遗安祠	国衍等(押)
合一祠	国禧等(押)

今将各祠出身并任事敷费人名列后:

崇本祠	思朋(押)	思增(押)
	德亮(押)	国惇(押)
	国龙(押)	国高(押)
贞一祠	国达(押)	国炘(押)
	国亨(押)	宗棘(押)
	起荃(押)	起遴(押)
	瓒(押)	起奇(押)
	起填(押)	起钰(押)
	精一(押)	光阳(押)
	光岳(押)	定瑜(押)
	光祚	昭先(押)
	起和(押)	
雍睦祠	英(押)	光升(押)
	起傅(押)	文遇(押)
继善祠	起伦(押)	
遗安祠	国衍(押)	

世德祠　　国祥(押)
乐善祠　　起从
合一祠　　国禧(押)

《立齐心合同文书》,特别是在文书上签名画押的支丁之众多,充分地反映了渚口、伊坑、滩下、花城里倪氏宗族支丁为保卫共有财产产权所表现的团结一致、同仇敌忾的精神。

(五)共同祭祖

渚口、伊坑、滩下、花城里倪氏宗族共同祭祖活动有两类,即祠祭和墓祭。

我们已经说过,4个村的倪氏宗族建造倪氏统祠的宗旨,就是为了"妥先灵,隆享祀"。同治十三年(公元1874年)《立齐心扶正祀典合文》记载:"倪崇本、贞一、雍睦、建本、继善、乐善、合一等祠,窃维春露秋霜之感,祀事维严;敬宗收族之文,《礼经》特重,此统祠之建,原所以尊尊亲亲也。"建造统祠,就是为了"设立烝祭"。

据调查,倪氏统祠祭祖典礼,于每年冬至举行。渚口、伊坑、滩下、花城里诸祠堂支丁联合统一行动。

民国时期,倪氏统祠祠规规定:参加统祠祭祖典礼的支丁,必须具有小学毕业以上的文化程度;或者是清朝的秀才、举人。有的村老人说,60岁以上老年支丁,不限文化程度;有的村老人说,无论多大年纪都必须具备一定文化水平。

冬至之前,轮流经管人员与统祠服役小户要将统祠里里外外彻底打扫干净,并认真清洗祭器。祭日,祠堂张灯结彩,享堂悬挂字画。

祭品由轮流经管人员筹办,在统祠厨屋做,经费从统祠租谷钱中支付。根据徽州一般习俗,行"少牢馈食之礼";祭品以全猪、全羊为主,俗称"猪羊祭"。猪、羊置于木制的"猪羊架"上,放在享堂左右两边。此外,祭桌上的祭品还有8盘、16碗,内盛各种各样菜肴和时鲜果品。

祭日,参加祭祖活动的支丁,必须俱着礼服——礼帽和长衫。首先在各自祠堂集合,然后由族长或族老率领,共同前往统祠。

主祭者都是宗族乡绅——族长。清末秀才倪迁乔、倪南桂等都曾担任过主祭人。

礼生有:通赞(俗称"鸣赞")、引赞(又曰"引礼")、司樽、司爵、司祝、司帛、司盥、司馔、司过(又称"纠仪")等。担任礼生必须是:作风正派、具有一定文化水平、体形匀称、面貌清秀的年轻人。通赞类似今天的司仪,其职责是:根据祭祀仪式节目发号施令,指挥祭祀礼仪的全部过程。引赞的职责是:引导主祭、礼生、陪祭等人,按时按序各就各位。司樽、司爵、司祝、司帛、司盥、司馔、司过礼生,各司其职。根据徽州的习俗,司馔礼生要由晚辈、年轻的少年儿童担任,俗称"司馔儿童"。司过礼生要认真负责,敢于批评,敢于汇报,保证人人不失礼。祭时有音乐伴奏。乐队由 5 人组成,有司鼓、司钟、司号、吹唢呐等。乐师由小户担任。

祭祀开始,首先鸣钟击鼓,以形成庄严隆重的气氛。

在钟鼓声中,主祭、礼生、陪祭支丁庄严肃穆、队形有序、徐徐步入统祠。队伍先后次序是:领先者是主祭和礼生,后面是大宗继善堂支丁,再后面依次是乐善堂、建本堂、崇本堂、贞一堂、雍睦堂、合一堂支丁。进入统祠以后,主祭和礼生列享堂两侧;陪祭支丁按昭穆世次和年龄大小排队,站立享堂前大院(徽州称"天井")。

行祭期间,统祠内香烟缭绕,鼓乐齐鸣,庄严肃穆,只有通赞、引赞二人高亢的令声。

祭祀仪式,遵朱熹《家礼》,行"三献礼"。但又踵事增华,繁文缛节,使祭祀活动时间长达三四个小时之久。因此,造成许多年老体弱的支丁不能参加冬祭典礼,有些人虽然参加了,但也很难坚持到底。

祭祖活动,贵在一个"诚"字。祭礼进行过程中,不准说笑打闹、脱帽跣足、搔痒伸腰、耸肩呵欠、回头四顾。拜时,必俟通赞声尽再起;拜毕,不得拂尘抖衣,一哄而散。违者罚胙。司过要认真负责,不得徇情庇护。违者议罚。

祭毕,颁胙。民国时期祠规规定:参加祭祖的支丁(包括主祭、礼生、陪祭等),每人颁发胙肉 1 斤;60 岁以上老年支丁,加羊肉一份——约 4 两;高小毕业者另发香糖尖 1 支,初中毕业者发 2 支,高中毕业者发 3 支,大学毕业者发4支。

夜晚,举行冬祭"合食"。同治十三年(公元1874年)《立齐心扶正祀典合文》曰:"惟冀产业丰盈,奉明禋以光望族;本支亲睦,欣合食以绍前休。"诸祠堂的支丁,不分贵者与贱者,富者与贫者,强者与弱者,恩者与仇者,在一层温情脉脉的血缘亲族关系的面纱遮盖之下,欢聚一堂,同饮共餐,共同享受祖宗的"德泽"。据民国30年和31年(公元1941~1942年)参加过合食的倪启安、倪望旭说,每年合食都有十几桌,参加的支丁达100多人。

冬祭"合食",是消除宗族矛盾、加强宗族团结的重要举措。通过这一活动,加强了支丁之间尊尊亲亲、雍雍睦睦的血缘亲情关系。据调查,解放战争时期,倪氏统祠冬祭典礼大大简化,合食活动停止举行。

冬祭次日,为特主"另设一祭"。夜晚饮福祭仪,"备一席,以十二簋为率,寿烛一对,金艮(银)山一付,香、纸、炮酌用"。每个特主给胙4斤,饱1道,糖1支。礼生每人给胙1斤。

渚口、伊坑、滩下、花城里倪氏宗族祖墓有:始祖倪康民墓(位于馆驿坦)、二世祖倪匡安墓(位于余坑口)、三世祖倪珍墓(位于伊坑店)。守墓者为小户人家。清明到来,看坟小户要负责清理墓地,给坟培土。

清明墓祭,为倪氏宗族"展亲大典"。与统祠祭祀一样,参加墓祭的支丁必须具备高小以上文化水平,或者是清末的秀才、举人。

祭日,渚口、伊坑、滩下、花城里倪氏宗族各祠参加墓祭的支丁,均在各自祠堂集合,然后由宗族乡绅——族长——率领,按时抵达墓地。

主祭人由声望、地位最高的宗族乡绅——族长——担任。祭祀仪式与祠祭同,只是节目简单得多。4个村7个祠堂(按:民国时期,只有7个祠堂)统一举行。

祭品由统祠轮流经管人员筹办,经费从统祠租谷钱中支付。

参加倪康民墓和倪匡安墓祭祀的支丁,每人发"清明粿"若干个,"清明肉"(胙肉)1块,铜钱若干枚。倪匡安墓祭祀,每个支丁还发鸭蛋1枚。中午与祭支丁全在看墓小户家用餐,食品由统祠准备。

《各祠清明规则》规定:倪康民墓祭,散给山邻"清明粿"和胙肉八份——每份"清明粿"20个,胙肉4大片。给看墓的小户"清明粿"30个,胙肉 8 片;此外,递年还给米 2 升,作柴钱。担挑祭器和祭品的小户 3 人,每人给“清明粿”20 个,胙肉 4 片。

抗日战争爆发以后,国土沦丧,经济萧条,民生凋敝。倪氏宗族祖墓清明祭祀简化,钱币停止发放,中午也不在看墓小户家用餐。

据《各祠清明规则》记载,倪氏宗族每年清明墓祭经费,主要祭品不算,总计多达租谷 70 秤 15 斤,相当于七八亩田的田租。现据《各祠清明规则》将倪康民、倪匡安两墓祭祀经费列下:

康民公祀例:

彩粿 80 斤(4 筹秤) 饭米 4 斗	谷 15 秤
熟肉 22.5 斤(带骨秤)	谷 24 秤
生盐鱼 4 斤	谷 3 秤
豆腐 6.5 斤	谷 1 秤
金银纸 2 份 白纸 2 份 红蜡烛 4 支	谷 1 秤 8 斤
腊酒 20 瓶	谷 4 秤
盐随用	
	共计谷 48 秤 8 斤

上列物品,系贞一堂大秤称。

匡安公祀例:

彩粿 20 斤	谷 2 秤 5 斤
饭米 2 斗	谷 1 秤 2 斤
腊酒 17 瓶	谷 3 秤
肉 12 斤	谷 10 秤
纸、腐、香、盐	谷 1 秤
盐鱼 3 斤	谷 3 秤

鸭蛋 40 个　　　　　　　　　谷 2 秤

鸡 1 只(献过归还主人)

　　　　　　　　　　　　　　共计谷 22 秤 7 斤

上列物品,系崇本堂大秤称。

清明墓祭,是倪氏宗族"展亲大典"。民国时期,迁徙到绩溪县的倪氏宗族支丁,年年清明节都挑着祭品远道来渚口祖墓祭祖。统祠轮流经管人员负责接待。这一习俗,解放后还延续了很长时期。

民国时期,渚口、伊坑、滩下、花城里倪氏宗族分裂迁徙已达 20 代左右,支丁之间都早已"无服"。苏洵说:"无服则亲尽,亲尽则情尽,情尽则喜不庆、忧不吊;喜不庆、忧不吊,则途人也。"①

(六)统一族规

族规家法是巩固宗族统治、加强宗族管理的主要工具。徽州的名宗右族都有自己的族规家法,有的载在族谱,有的还单独付梓。光绪《祁门倪氏族谱》和民国《祁门倪氏族谱》虽然内容相当丰富,但是都没有记载倪氏宗族的族规家法。在调查过程中,渚口、伊坑、滩下、花城里倪氏宗族老年支丁众口一词地说,倪氏宗族有族规家法,9 个祠堂是统一的。通过调查,我们获得民国时期许多成文的和不成文的族规家法资料。这些资料,综合起来共有 13 条。

1. 孝顺父母

孝为百行之原。人子对待父母,生前必须赡养、侍奉、顺从;殁后应该安葬、祭祀,此乃为人之道。对不孝顺父母的不肖子孙,轻者唤至祠堂教育、训斥;重者执至祠堂,当众笞杖、罚跪;情节特别恶劣者,处以极刑——活埋。

倪氏宗族对不孝顺父母的不肖子孙,惩处很严。据调查,因不孝顺父母被唤至祠堂教育、训斥者,有之;因虐待父母被执至祠堂笞杖、罚跪者(罚跪时间:3 柱香燃尽),有之;因打骂老母,宗族决定对犯者活埋惩处,后经其母讲情从宽惩处而笞杖 40 者,有之,等等。

---

① 苏洵:《嘉祐集》卷十四,四部丛刊初编本。

2. 尊敬长上

世次、长幼、嫡庶、尊卑、上下，礼所重也。在族众之间，一切依辈份行事。对长上，要坐必起，行必让，不得直呼其名。要尊重长上的教导和言论，即使不当，也要默受，不得辩解，更不得顶撞。如果有的族众不尊敬长上，轻者由家长教育；重者唤至祠堂，由族长、房长训斥；情节特别严重者，要向长上叩头认错，犯者的家长要向长上赔礼道歉。

3. 婚姻要当

婚姻乃人伦之首。为子女择偶，必须“门当户对”，要选择有教养的敦厚人家，不要富贵、金钱至上。不准同姓婚配，严禁与小户联姻。“如有与新旧奴仆为婚者，实行逐出祠外，其夫妇没后，各祠亦不得收入”。①

倪氏宗族对支丁与小户婚配或与小户有不正当男女关系者，处分很严。据调查，一个祠堂的族长曾与一个小户女子有暧昧关系，有一次这个族长为此女子担东西，被族人见到，倪氏宗族诸祠族长集会议决：将犯者革出族籍，族谱除名。这是一个非常典型的事例。

4. 闺门要严

家庭不和，邻里不睦，多数来自闺门。妇女要孝敬公婆，尊敬丈夫，教育子女，和睦妯娌，善处邻里，三从四德；不准虐待公婆，搬弄是非，打街骂巷，偷鸡摸狗，行为不轨，有伤风化。违者，酌情惩处。

倪氏宗族对触犯族规家法的妇女之惩处，是很严厉的。据调查，因搬弄是非被唤至祠堂教育、训斥者，有之；因打街骂巷、偷鸡摸狗被唤至祠堂烧香、罚跪者，有之；因虐待公婆和子女被执至祠堂罚跪、笞杖者，有之，等等。

5. 继嗣要当

不孝有三，无后为大。子弟无子，应当过继兄弟之子，此为“应继”；兄弟之子无适当者，可选择近亲兄弟之子，此为“爱继”。不准过继异姓，也不得以异姓螟蛉子入绍，以乱宗祏。违者，族谱不收，生死均不准入祠。

6. 勤俭持家

勤以生财，俭以节流，此乃治家之道。士、农、工、商，都要各安所业，自

---

① 同治十三年《立齐心扶正祀典合文》。

强不息，勤奋创业。不准游手好闲，吃喝玩乐；卖妻鬻子，破坏家庭；聚众赌博，败坏祖业；滋事生非，扰乱治安。违者严加惩处。

有的祠堂在执行这条族规时毫不手软。据调查，因游手好闲、吃喝玩乐受到族长、族老训斥者，有之；因不务正业、家产败落、沦为土匪受到祠堂严惩者，有之；因聚众赌博、倾家荡产、沦为盗贼受到祠堂严厉惩处者，有之，等等。

7. 和睦宗族

木有本，水有源，人有祖。子弟之间虽有亲有疏，但都是始祖康民公的后裔，大家皆叔侄、皆兄弟也，不要以路人视之。五服以内子弟，应喜庆相贺，忧戚相吊，困难相助，疾病相问。支派之间和子弟之间，不准众暴寡，强凌弱，富欺贫。产生矛盾和纠分，要请族长调解和处理，不准打架斗殴，轻易诉诸公堂。

8. 扶孤恤寡

失怙而孤，丧夫而寡，甚可悯也。各个祠堂要酌情救济生活困难的孤儿寡母，勿使流离失所，冻饿而死。对失怙的孤儿，富有近亲应念一本之情，扶养栽培，使其成家立业，“继承父辈香火”。对丧夫的孀妇，特别是孝敬公婆、抚养子女、从一而终的孀妇，所在祠堂要给予支持和帮助。不准欺凌孤儿寡母。违者必究。

9. 救灾恤患

天有不测风云，人有旦夕祸福。子弟之中，有遭到天灾人祸、造成生活困难者，应当尽力周济、帮助，不得视为路人，漠不关心。祁门处万山中，山多田少，粮食不足。大灾之年，青黄不接之时，族人多忍饥待食；富有支丁应念亲族之情，好善乐施，尽力救济，勿使族人背井离乡，乞讨为生。

光绪《祁门倪氏族谱》和民国《祁门倪氏族谱》中，有关救灾恤患的事例，举不胜举。例如，光绪十年（公元1884年），渚口一带“洪水为灾”，倪启恒运米于江西，廉价出粜。“巨浸之后，居民嗷嗷待哺”。倪启恒“廉其值以出之，不居平粜之名，受惠者众，而名曰‘高商’”。倪秀亭见到“族党中之被灾害者，恒不惜资粟以济之”。他一生“屯积谷、施棺木……赈恤贫穷，美不胜举。以故邑宰王公誉为‘善士’，金曙泽大令赠以‘乐善好施’字额。此皆彰彰在人耳目间者”。

10. 重视文教

要重视子弟教育。培养人才，显亲扬名，光宗耀祖。祠堂兴办小学，宗族子弟免费入学。家庭困难的子弟，祠堂资助学习用品。祠堂祭祖颁发香糖尖，高小毕业生发 1 支，初中毕业发 2 支，高中毕业发 3 支，大学毕业发 4 支，以鼓励上进。每年统祠统一会文，举行文章比赛，会后颁奖。

倪伟人和倪望重父子是倪氏宗族文人中之佼佼者。前者著《四书疑句辑解》、《辍耕吟稿》、《〈诗经〉草木鸟兽虫鱼参义》、《姓氏编》、《笔耕消暑录》、《敦复堂文集》、《乐府辑解》等 11 部。后者著《慎余斋全集》，其中有《文集》、《诗集》、《笔记》、《祁门县志补》、《祁谚考》、《谕民纪要》等 10 种；建慎余斋书室，“藏书百余箧，多宋元旧本”。①

11. 保护山林

渚口、伊坑、滩下、花城里周围山场，大都是倪氏祖先留下的基业，是倪氏宗族的风水龙脉，必须严加保护。乱砍乱伐山林，生态破坏，水土流失，必然造成自然灾害。为了保护山林，所有山场“只准鸟雀飞过，不准刀斧入山”。不论何人乱砍乱伐山林，一律严惩不贷。盗砍山林者，要给被砍山坡上的树木披红（即用红布缠树），在盗砍树木的地方烧纸箔、读祭文，表示认罪；还要五花大绑，燃放炮竹，游街示众。

今天，在渚口村水口还有一块历史上立的“禁养水口”石碑，在滩下村中心还竖立着一块道光十八年（公元 1838 年）“封山禁碑”。由于对盗砍山林者打击有力，所以，倪氏宗族的山场，处处古木参天，郁郁葱葱。

12. 制御世仆

主尊仆卑，其理尚矣。小户住倪氏屋，种倪氏田，葬倪氏山，必须为倪氏宗族服役，不准背主潜逃。元旦、婚礼，服役小户要腰系青布带，以为卑贱者标志。祭祖、庆典、婚嫁、丧葬等活动，服役小户不准误时，不准偷懒，不准敷衍，不准偷食，不准窃物，不准破坏器物，不准违抗主命。如有违犯，酌情惩治。

据调查，小户的工作，因不符合主人的心意和要求，而受到训斥和谩骂

① 新编《祁门县志》卷三十《人物》，安徽人民出版社 1990 年版，第 701 页。

的事，时有发生；因违犯主人的规定，损坏主人的器物，而受到罚跪和笞杖的事，也曾发生过。

13. 经理统祠

统祠为妥先灵、隆享祀的圣地，不准堆放杂物和作他用。公议《条规》必须遵守，任何人不得违背。设轮流经管4人，存留经管2人。经管人员必须作风正派，认真负责，克己奉公，忠于职守；不准消极怠工，损人利己，玩忽职守，更不准假公济私，贪污公款、公粮和公物。如有此类丑行，一经发现，立即革职查办。

民国前期，渚口、伊坑、滩下、花城里倪氏宗族族规家法的执行都比较严格。抗日战争爆发以后，4个村族规家法执行的情况产生了很大差别。滩下倪氏宗族族规家法的执行仍然比较严格，尤其是对触犯族规家法的不肖子孙，惩处时毫不手软。与此相反，渚口倪氏宗族对触犯族规家法的族众之惩处则比较软弱，有时甚至陷入无人过问的状态。我们认为，滩下社会治安与社会风气比较好，与这个村的倪氏宗族严格执行族规家法是分不开的。

二、四族独立

宗族虽然是以父系血缘关系为纽带的社会人群共同体，但是，地缘关系对宗族又有很大影响和制约。渚口、伊坑、滩下、花城里倪氏宗族的支丁都是倪康民的后裔，由于支丁之间具有血缘亲族关系，4个村倪氏建立了宗族联合和宗族联盟。同时，倪氏支丁长期分别聚居在东西相距20华里的4个自然村，超出“五服”已达20代左右，血缘关系已经极为疏远。按苏洵的说法：“无服则亲尽，亲尽则情尽；情尽则喜不庆、忧不吊；喜不庆、忧不吊，则途人也。”据我们调查，民国时期渚口、伊坑、滩下、花城里已经形成4个独立的倪氏宗族。

渚口、伊坑、滩下、花城里四个倪氏宗族的独立性表现在哪里呢？

（一）宗族组织和宗族权力

渚口、伊坑、滩下、花城里倪氏没有一个统一的最高宗族组织。他们虽然共建统祠、共修族谱、共有族田、共同祭祖、统一族规,但是,宗族组织都是独立的。民国时期,4 个村只剩下 6 个祠堂,这就是:渚口的贞一堂、崇本堂、合一堂,伊坑的建本堂,滩下的继善堂,花城里的雍睦堂。渚口虽然有 3 个祠堂,但是,崇本堂、合一堂人丁极少。据民国《祁门倪氏族谱》世系图记载,合一堂只有人丁 23 人。所以,人丁众多的贞一堂就成了渚口倪氏宗族的核心和代表。

每个祠堂各自都有自己的族长。贞一堂、建本堂、继善堂、雍睦堂的族长,实际上也就是渚口、伊坑、滩下、花城里 4 个倪氏宗族的族长。

倪氏宗族族长的任职条件是:辈高年长、德高望重、具有一定的文化水平和工作能力。民国时期,族长都是由族众选举产生。被选者,绝大多数都是倪氏宗族的乡绅,或者是宗族中有钱、有势的支丁。

族长的职权是:主持祠堂和祖墓祭祖仪式;决定和执行宗族的重大活动和重要事务;惩罚和处置触犯族规家法的族众;教育和管理广大族众;调解和处理族众之间的纠纷;代表本宗族与其他宗族以及地方政府进行谈判、交涉、联络;监督祠堂管理人员的工作和账目;代表本祠堂参加四村倪氏宗族诸祠堂联合会议,等等。

中层组织是"房"。据调查,渚口贞一堂分 7 大房,伊坑建本堂分 3 大房,滩下继善堂分 4 大房,花城里雍睦堂分 6 大房。

房的首领称"房长"。房长的任职条件是:辈高年长、德高望重。其职责是:主持本房小祠堂的祭祖仪式;领导、组织本房族众的集体活动;教育本房不肖子孙和族众;监督本房祀会人员的行为和账目;代表本房参加宗族祠堂的会议和活动。民国时期,担任房长者也大多是倪氏宗族的乡绅,或者是宗族中有钱、有势的支丁。

每个祠堂的支丁,全部组织在宗法组织体系之中。为了辨昭穆,明世系,巩固宗法组织体系,全体支丁都必须依据"行辈歌"命名,任何人都不准违背。在调查过程中,只要知道被调查者姓名之中排行那个字,他在倪氏宗族组织中属于哪一世,就不言而喻了。

宗法组织最讲究亲疏关系。五服以内为"亲",五服以外为"疏"(或曰"亲尽")。亲者,喜庆相贺,忧戚相吊,疾病相问,困难相助。

倪氏宗族血缘社会群体组织,表面上看很松散,实际上非常严密。其严密性主要表现在三点:第一,全体支丁都按昭穆世次严格地组织在宗法体系之中,并处于这个宗法体系的固定位置,永远不能改变——不但活着不能改变,即使死后也不能改变。第二,无子支丁,必须过继兄弟之子;兄弟之子无适当者,过继从兄弟之子;从兄弟之子无适当者,才准过继再从兄弟之子或三从兄弟之子。不准过继其他辈份的子弟,以防紊乱昭穆世次。第三,不准过继异姓,也不准以异姓螟蛉子为嗣。如违,嗣子生前不准参加祭祖,死后神主不准进祠堂;同时姓名不准入族谱,以防异姓乱宗。

管理祠堂土地和财务的组织是"公堂祀会"。祁门县档案馆档案资料记载,解放前,渚口村有祀会 163 个,伊坑村有祀会 32 个。无论是渚口,还是伊坑,在人口总数当中,倪氏宗族人口都占多数。所以,这些祀会多数都是倪氏宗族祠堂和族众管理公共土地和财务的组织,大概不会有什么问题。

祀会组织的职责有:1. 管理祠田、墓田,征收地租,保藏和出粜稻谷;2. 筹备祭祀,购置祭品,颁胙分胙,举办合食;3. 筹办四时节庆活动,采购节庆用品;4. 管理祠堂账目,定期向宗族统治者和全体支丁作财务报告。

祀会人员曰"轮流经管",从祠堂支丁中产生,一年一轮。轮流经管人员产生的方式,不完全一样。滩下继善堂采用抓阄的办法。这个祠堂规定,每年正月初二日,新添丁的人家要到祠堂《支丁名册》登记新丁。登记以后,这些人家抽签;抽到一、二、三号的人家,即为本年度的轮流经管。渚口、伊坑、花城里等祠堂都是用选举的办法。他们认为,这种方式能够将作风正派、廉洁奉公、忠于职守、为人敦厚的支丁推举到祀会之中,从而杜绝或减少损公肥己、贪污盗窃、玩忽职守现象的发生。

以贞一堂族长为核心的渚口倪氏宗族统治者,以建本堂族长为核心的伊坑倪氏宗族统治者,以继善堂族长为核心的滩下倪氏宗族统治者,以雍睦堂族长为核心的花城里倪氏宗族统治者,实际上是这 4 个村各自的倪氏宗族的统治者和管理者。这 4 个村的倪氏宗族族权,基本上都分别掌握在这 4 个祠堂族长和房长、乡绅手里。

倪氏宗族的族权主要表现在哪里呢?

1. 支配和控制宗族的族田和山场

虽然由于祁门县档案馆土地改革档案资料不全,我们不能确知渚口、伊坑、滩下、花城里各个倪氏宗族祠堂占有的族田和族山的具体数量,但是,档案资料和调查资料证明,4 个村各个倪氏宗族祠堂都占有或多或少的族田和族山,是确凿无疑的。这些族田和族山虽然都分别归各自祠堂的祀会经营管理、收取地租,但是,产权都分别归各个祠堂的宗族统治者所支配和控制。祠堂族田和族山的购买、出售、出租、撤佃等等权力,都掌握在以祠堂族长为核心的各个宗族统治者手里。如果族田和族山产生产权纠纷,都是分别由各自宗族统者处理。

2. 决定和执行宗族重要事务和重大活动

据调查,渚口、伊坑、滩下、花城里倪氏宗族的重要事务和重要活动有:修建学校、庙宇、祠堂、桥梁、道路、路亭、河堤、塘堨、街道等公共工程,举办元旦团拜、元宵庆灯、中元度孤、仲秋舞龙、迎神赛会等群众活动。以祠堂族长为核心的宗族统治者不仅是决策者,而且还是执行者。凡有重要工程和重大活动,宗族统治者即在祠堂议决,祠堂是宗族统治者的议事厅。宗族的统治者是公共工程的主持者和族众活动的领导者。民国时期,渚口村虽然有三个祠堂——贞一堂、崇本堂、合一堂,但是,由于崇本堂和合一堂人丁极少,渚口倪氏宗族重要事务和重大活动的决定权和执行权完全被人丁众多的贞一堂所控制和把持,以贞一堂族长为核心的宗族统治者实际上成了渚口倪氏宗族公共工程和族众活动的决定者和执行者。

3. 掌握和监督宗族的财务收入和支出

渚口、伊坑、滩下、花城里倪氏宗族各个祠堂的财务活动虽然都归祀会经营管理,但是,所有的重大收入和重大支出,都必须经以族长为核心的宗族统治者审批,并接受宗族统治者的监督。据调查,祀会必须按时向宗族统治者提交族田收入、族山收入、租谷出粜的年度报告,元旦团拜、元宵庆灯、中元度孤、仲秋舞龙、迎神赛会等族众活动的财务预算和财务支出报告。修建学校、庙宇、祠堂、桥梁、道路、路亭、河堤、塘堨、街道等公共工程的财务预算和财务支出,都必须经宗族统治者议决、审批和监督。按倪氏宗族族规家法规定,冬祭前一日,各个祠堂的祀会都要向宗族统治者和全体支丁作财务收支年度书面报告。渚口、伊坑、滩下、花城里倪氏宗族的财权,实际上分别掌握在4个村的倪氏宗族统治者手里,以祠堂族长为核心的宗族统治者是财务收支的当权者和监督者。

4. 惩罚和处置触犯族规家法的族众和小户

徽州宗族惩罚和处置触犯族规家法的族众和小户,都是在祠堂进行。祠堂是宗族的"法庭"。但渚口、伊坑、滩下、花城里倪氏宗族族众和小户触犯族规家法,不是在倪氏统祠惩治,而是在各自所属的祠堂处罚,这些祠堂都是倪氏宗族的"法庭"。据调查,渚口贞一堂有的支丁打骂老母,有的儿媳虐待婆母,有的小户触犯族规,都在贞一堂惩处。伊坑建本堂有的支丁与小户有暧昧关系,在建本堂处理。滩下继善堂有的支丁不务正业,为非作歹;有的支丁聚众赌博,盗砍山林;有的儿媳工作不慎,误伤婆母;有的母亲心地不善,致女丧命,全在继善堂惩治。花城里雍睦堂有的支丁不孝,打骂老母,在雍睦堂惩罚。这种现象说明,渚口、伊坑、滩下、花城里倪氏宗族虽然还存在这样或那样的宗族联系,但是,他们惩罚和处置触犯族规家法的族众和小户的族权已经完全独立,以祠堂族长为核心的房长、乡绅是执法者。

民国时期,渚口与水村发生的两件大事,是渚口、伊坑、滩下、花城里倪氏已经分裂为4个独立的宗族,拥有各自的独立族权的典型例证。

第一件事:民国时期,水村倪伟成任渚口乡乡长。乡公所设在渚口村贞一堂附近的文会馆。有一天,倪伟成回水村去了,乡丁失火烧了乡公所。经族众奋力扑救,贞一堂幸免祝融。第二天,渚口倪氏贞一堂族长倪望隆号令青年支丁到水村,将倪伟成五花大绑捉到贞一堂,绑在立柱上惩治。后经倪氏宗族的乡绅和族老从中调处,才将倪伟成释放。

第二件事:民国36年(有的人说是民国37年),水村村民汪英九在村边历河捕鱼,拿到渚口村出售,被倪氏宗族的族众发现。因为,渚口的历河(又曰"沥河")河道,上流从大北埠起,下流至周家坝胭脂窟止,归渚口倪氏宗族管辖,所以,倪氏宗族认为,汪英九侵犯了他们的权利。在贞一堂族长号令下,一些青年支丁将汪英九捉到贞一堂,吊打惩治。水村的倪伟成为汪鸣不平,上告到祁门县政府。贞一堂族长又号令青年支丁,到水村抄了倪伟成的家,并将他家房子上的瓦从屋顶掀起,全部摔到地上摔碎。经祁门县法院审理,渚口倪氏宗族败诉,支丁倪荣生自告奋勇代替族长去坐牢。

这两件事,都是以贞一堂族长为核心的渚口倪氏宗族统治者单独决定和一手策划的;同时,也是渚口倪氏宗族支丁单独执行的,没有伊坑、滩下、花城里倪氏宗族统治者和支丁参与。它有力地证明,渚口、伊坑、滩下、花城里倪氏宗族已经分别独立,各有各自的独立族权。

据伊坑倪氏宗族一些老年支丁说,解放以前倪氏宗族与外姓发生田地、山场纠纷,出了人命案件,有时也寻求其他村倪氏祠堂支丁的声援,但那只是为了人多势众、壮大声势而已,决定权和执行权还是在本村倪氏宗族统治者手里。怎样处理这些案件和纠纷,完全由本村倪氏宗族统治者说了算。

(二)四祠地位和春祭仪式

祠堂是宗族的象征。渚口、伊坑、滩下、花城里倪氏宗族除了共同建造了一座倪氏统祠以外,还分别建有十座祠堂,它们是:渚口的崇本堂、遗安堂、集义堂、贞一堂、合一堂;伊坑的建本堂;滩下的继善堂、乐善堂;花城里的雍睦堂、世德堂。10 个祠堂支下,又各自建造了一批小祠堂。由此形成了一个金字塔式的多层次的祠堂群格局。

与徽州宗族的一些支祠不完全相同,一方面,崇本堂、遗安堂、集义堂、合一堂、贞一堂、建本堂、继善堂、乐善堂、雍睦堂、世德堂都属于支祠,另一方面,它们又都具有宗祠的一些特点和功能。首先,徽州宗族元旦团拜,一般都在宗祠举行;渚口、伊坑、滩下、花城里倪氏宗族不同,他们都分别在各自的祠堂举行。其次,徽州宗族冬祭都在宗祠举行,仪式特别隆重;渚口、伊坑、滩下、花城里倪氏宗族不同,他们除了在统祠共同举行冬祭以外,还分别在各自的祠堂举行冬祭。各个祠的春祭特别隆重,其仪式与统祠冬祭同。复次,徽州宗族处置触犯族规家法的族众,都在宗祠进行;渚口、伊坑、滩下、花城里倪氏宗族不同,他们都分别在各自的祠堂进行。渚口的贞一堂、伊坑的建本堂、滩下的继善堂、花城里的雍睦堂除了具有以上三点以外,还具有两个特点和功能:一是这 4 个祠堂都是宗族统治者的议事厅,四个村的倪氏宗族有重要事务和重大活动,宗族统治者即分别在各自的祠堂议决;二是这 4 个祠堂都是族众集会和活动的场所,四个村倪氏宗族的元宵庆灯、中元度孤、仲秋舞龙、迎神赛会等族众活动，都分别由这4个祠堂主办。

渚口、伊坑、滩下、花城里倪氏宗族10座祠堂，现在仅存3座，它们是：渚口的贞一堂、伊坑的建本堂、滩下的继善堂。

贞一堂始建于明朝前期。倪宗维在《重建贞一祠纪事》中记载："余族始祖尚书公，自歙迁祁，初居伊川官人垣，后卜居渚口之锦城。宗分九祠，余祠名'贞一'，构自文本支派。庙貌峥嵘，子姓繁衍，人文蔚起，咸称为倪氏望族。"①光绪《祁门倪氏族谱》卷中《锦城贞一堂寿老公秩下世系派三》记载，十四世支丁倪文瓒"构祠祀先，聿新堂构，而族始大"。倪文瓒是明前期人。

明清鼎革之际，"兵火为祟，祖庙邱墟"。过了"十有余载，秩下思爰等，倡义鸠工，聿成寝室，以妥先灵"，但是，"怀建祠之念而未逮也"。康熙十二年(公元1673年)，倪思谨、倪宗椿、倪宗炳、倪宗衮、倪国训、倪国正等"首事，暨合族绅耆，立文告祖，齐心协力，慨然兴建祠之举。材木取自祖茔，工费征之丁粮，扛运资之少壮，众志翕聚。期月间，梁柱完备，几几望其有成"，但是，"突又遭邻贼蹂躏，大木付之灰烬"。支丁倪宗衮"毅然持复举之议"，并且"独力担当"。在倪思谨、倪宗炳、倪国训的"协力筹画"之下，经过两年的努力，于康熙十四年(公元1675年)落成告竣。②

宣统二年(公元1910年)元宵次日，贞一堂又"不戒于火，付之一炬"。族众惊恐之余，人人"束手无策"。惟独富商大贾倪尚荣倡言："此天予我以去旧更新之象。吾族虽贫，而子姓繁衍，众志可以成城，出资出力，各尽乃心。仆虽衰年，不得不捐金以为之倡。"他慷慨解囊，首捐巨资，为复建工程创造了条件。③ 各房房长"集商恢复"，④族人倪化麟、倪兆熊、倪望漳等，"力任其劳，庀材鸠工，经之营之，不逾年而光复旧物，家庙依然"。⑤

① 光绪《祁门倪氏族谱》，清光绪二年刻本。

② 光绪《祁门倪氏族谱》卷上《重建贞一祠纪事》，清光绪二年刻本。

③ 民国《祁门倪氏族谱》下册《清授奉直大夫五品衔例贡生倪公秀亭行状》，民国十四年活字本。

④ 民国《祁门倪氏族谱》下册《书与贵公传》，民国十四年活字本。

⑤ 民国《祁门倪氏族谱》下册《清授奉直大夫五品衔例贡生倪公秀亭行状》，民国十四年活字本。

这就是今天岿然屹立在渚口村的名闻遐迩的倪氏贞一堂。

贞一堂是一座三进、七开间的徽派祠堂建筑，位于渚口村中心，座北朝南，建筑面积976.25平方米，占地面积1,267平方米。整个建筑有108根立柱，巍峨壮观，气势恢宏、为祁门县一大景观。

祠堂前为广场，东西两侧列旗杆数对。这是支丁具有功名的宗族祠堂的一个重要标志。

祠堂建筑群分前、中、后三进。前进为仪门（又曰“大门”、“门厅”、“过厅”），是宣统火灾的劫余。此门为康熙十四年（公元1675年）重建，据古建筑史专家考察，该门还保存有一些明代建筑的风格和传统。

中进是享堂，它是贞一堂的主体建筑，这里是举行祭祖仪式和庆典活动的地方。前面是露台，东西两边是廊庑，中为天井（即大院）。重要节日和庆典，天井是搭台演戏的地方。整个建筑，用10根2人合抱的高大木柱和硕大的梁架构成。美轮美奂，宛如皇家宫殿。

后进是寝室，是一幢二层楼阁式建筑，这里是供奉祖先神主的地方。

民国三年（公元1914年）落成的贞一堂，不仅建筑用料精良，结构严谨，营造精细，规模恢宏，而且建筑雕刻设计精美，形式多样，古朴典雅，美不胜收。我们认为，这座祠堂称为“徽州民国第一大祠堂”，不是誉之过甚。

贞一堂内最引人注目的是为倪思辉竖的“大纳言”巨幅横匾。据光绪《祁门倪氏族谱·尚书实符公实录》记载，倪思辉，字韫之，号实符，晚号石乔。万历丁未进士。历官太常寺博士、户科给事中、礼科给事中、吏科给事中、福建按察使知事、兵科给事中、大理寺左寺丞、大理寺右少卿、南京通政使司通政使、北京通政使司通政使、北京刑部右侍郎、左侍郎、南京户部尚书、兼都察院右副都御史。

徽州祠堂祭祖，最隆重的是冬至宗祠祭祀典礼，支祠春祭仪式一般都比较简单。与此不同，渚口、伊坑、滩下、花城里倪氏宗族除了冬至在倪氏统祠共同举行隆重的祭祖活动以外，各个祠堂不但各自还举行冬祭，而且腊月二十八日各个祠堂分别举行的春祭仪式与统祠冬祭一样，也十分隆重。

各个祠堂的主祭人都是祠堂族长——乡绅。礼生有：通赞、引赞、司樽、司爵、司祝、司帛、司盥、司馔、司过等。

各个祠堂都行“少牢馈食之礼”，有全猪、全羊。此外，还有8盘16碗，内盛各种菜肴和时鲜果品。只有花城里倪氏宗族，因当地不产羊，所以用猪代羊，享堂两侧每一边供一头猪。

贞一堂规定：参加祠堂祭祖的支丁必须具有小学毕业以上的文化，或者是清朝末年的秀才、举人。其他祠堂，因为人丁较少，所以都规定：年满10岁以上的全体支丁，都可以参加。雍睦堂还规定：有文凭的陪祭支丁，站在享堂前露台上；没有文凭的陪祭支丁，站在享堂前面的天井里。

参加祭祀的支丁必须俱着礼服——长衫、礼帽。与统祠一样，祭时，与祭支丁不准打闹说笑，脱帽跣足，回头四顾，搔痒伸腰，耸肩呵欠；拜时，必俟通赞声尽再起；拜毕，不得拂尘抖衣。违者，在列祖列宗神主前罚跪，并取消领胙资格。

祭时，各个祠堂均有乐队伴奏。乐师数目不等，全都由小户担任。

祭礼开始，击鼓3通，鸣金12响，奏乐3声。

祭时，祠堂内香烟缭绕，鼓乐齐鸣，庄严肃穆。

与统祠冬祭一样，渚口、伊坑、滩下、花城里倪氏宗族各个祠堂腊月二十八日春祭，都遵朱熹《家礼》，行“三献礼”——初献、亚献、终献。但又钟事增华，繁文缛节，时间长达3个小时之久。

祭毕，颁胙。有功、有德配享和立特主者，颁胙4斤。参加祭祀的支丁（包括主祭、礼生、陪祭）每人发胙1斤，金花饼（即“丁饼”）2枚；60岁以上没有参加祭祀的老年支丁也发胙1斤，金花饼2枚。抗日战争爆发以后，由于国土沦丧，经济萧条，民生凋敝，生活困难，祭祀大大简化，少牢礼不行。祭毕，不颁胙，每丁只发金花饼2枚。

渚口、伊坑、滩下、花城里倪氏宗族各自在本祠堂举行的春祭典礼与共同在统祠举行的冬祭典礼，不仅礼仪相同，而且受到同样重视，同样隆重。这个现象说明，4个村倪氏宗族在分裂、独立的发展道路上，已经走得很远。

（三）族众活动和风俗民情

在徽州地区，同一个宗族不论分多少房（或曰门），族众活动都是统一的，风俗民情都是一致的。与此不同，渚口、伊坑、滩下、花城里倪氏宗族由于分别聚族而居,近者相隔 5 华里,远者相距 20 华里,因此,不仅族众不能一起活动,而且风俗民情也出现了许多差异和特点。

徽州宗族有元旦团拜的风俗习惯。农历元旦,全体支丁或者是男女老幼都到宗祠谒祖、团拜,以达到"叙昭穆,秩名分,重本慎始之道"的目的。与此不同,渚口、伊坑、滩下、花城里倪氏宗族元旦团拜,都是在各自的祠堂举行,并且各有各的特点。据调查,伊坑建本堂元旦团拜是正月初一日举行。清晨,全体支丁都到祠堂,首先谒祖,然后团拜。拜毕,发丁饼,每丁 1 双。小学毕业生加 1 双,初中毕业生加 2 双,高中毕业生加 3 双,大学毕业生加 4 双。此外,当年新添丁人家要带着蜡烛到祠堂点灯,名曰"添孙灯"。祠堂发给新添丁人家丁饼 4 个。花城里雍睦堂元旦团拜,也是正月初一日举行。黎明,先到张王庙接菩萨到祠堂过年。支丁到祠堂拜过菩萨以后,再到外公、外婆(汪子美夫妇)墓地给外公、外婆拜年。拜毕,返回祠堂举行团拜,喝甜米酒(又曰"利市酒")。渚口贞一堂元旦团拜,是正月初二日举行。清晨,7 大房支丁各自在自己的小祠堂集合。到齐以后,先谒祖,再团拜。拜毕,分发鞭炮和丁饼。然后,由房长率领,到贞一堂团拜。这天,贞一堂张灯结彩,香烟缭绕,旌旗招展,仪门洞开。7 大房支丁按顺序排列,进入祠堂。首先是一房谒祖,然后依次进行。谒毕,举行团拜。最后,饮甜米酒,分发丁饼,每人一双。有学历者,与建本堂同。抗日战争爆发后,饮甜米酒习俗停行,只发丁饼。滩下继善堂正月初一日拜四方。元旦黎明,支丁至祠堂谒祖。谒毕,到村前历河岸拜四方。族长首先向东方一拜,喊:"东方遇财!"众和:"好!"再向西方一拜,喊:"西方遇宝!"众和:"好!"再向南方一拜,喊:"南方置买田庄!"众和:"好!"再向北方一拜,喊:"北方添丁进口!"众和:"好!"。在每次众支丁同和"好"时,几个青年人同时向空中散撒彩色纸屑,以示吉祥。拜毕四方,燃放鞭炮,庆贺元旦。初二日上午,全体支丁到祠堂举行元旦团拜。按规定,最长辈支丁在享堂站成一排,晚辈支丁立露台和天井向长辈叩头拜年;拜毕,受拜者退出,次长辈支丁在享堂站成一排,接受晚辈支丁叩拜,按辈份依此类推。拜毕,饮甜米酒,颁发丁饼,每人 1 双。有学历者,与建本堂同。

元宵庆灯,渚口、伊坑、滩下、花城里倪氏宗族也是各自独立举行,各具特色。渚口倪氏宗族元宵不仅舞龙,而且还舞兽。兽有:青狮捧球、麒麟送子、獬豸送宝、白象长青、独角兽望月等等。他们用京鼓京锣伴奏,七击一个节奏,周围村庄都是三击一个节奏。伊坑倪氏宗族闹元宵,只舞龙,不舞兽。龙非布制,而是草扎,俗称"舞草龙"。滩下倪氏宗族元宵佳节,既不举行灯会,也不舞龙。传说,燕子是滩下倪氏宗族的吉祥物。龙灯像条大蛇。燕子怕灯,蛇吃燕子。元宵舞龙,燕子就要飞走或被蛇吃掉。滩下村南历河年年都要搭浮桥,以便倪氏宗族族人渡河通往蛇山。如果燕子飞走或被蛇吃掉,浮桥就搭不起来,人们就无法过河。同时,倪氏宗族就要人丁不旺,开始败落。因此,滩下倪氏宗族元宵既不举行灯会,也不舞龙。

农历三月三日,渚口倪氏宗族举行迎神赛会。他们将少华山下社坛里祖师庙的祖师菩萨接到贞一堂,举行祭神仪式。同时,演戏 3 天,以娱神、娱人。闰年三月三日,则举行"保安善会",俗称"打平安醮"。这是徽州地区许多名宗右族举行的一种大型迎神赛会活动。届时,渚口倪氏宗族用隆重的迎神仪式到观音堂中迎接观世音菩萨。迎神队伍:书有"倪"、"贞一堂"一对大宫灯为前导;后面是粗、细乐队;再后是旗、锣、伞、铳;最后是迎神大轿。在乐队的伴奏下,观世音菩萨乘坐八抬大轿徐徐进村,到达贞一堂享堂。菩萨坐定后,即举行隆重的祭神典礼。同时,演戏 7 天。迎神赛会期间,周围村庄的男女老幼,成群结队地前来赶会、看戏;各种商贩,麇集渚口,大街小巷,熙熙攘攘。

保安善会是一种迷信活动。由于人们对自然现象和社会现象不了解,在自然灾害和社会灾难面前无能为力,所以,转而祈求菩萨保佑。举行保安善会的宗旨,就是祈求菩萨赐给人们风调雨顺,五谷丰登,人畜兴旺,社会太平。

中元节,渚口、伊坑、滩下、花城里倪氏宗族都各自独立地举办"度平安孤"——简称"度孤"——活动。这个活动全部在夜间进行。4 个村倪氏宗族的度孤活动包括三个重要内容:一是撒稀粥:煮数桶稀粥,夜晚担到一些重要道路的十字路口,往地上散撒,向孤魂野鬼施食;二是放"水灯":用纸扎制一些小舟,上置蜡烛,夜间点燃,置于河中,顺水而下,让孤魂野鬼渡向彼岸——西方极乐世界;三是作法事:夜间,请道士诵经,作道场,超度孤魂野鬼,脱离阴间地狱诸苦难,升入天堂。据调查,滩下和花城里倪氏宗族的度孤活动不但比较隆重,而且具有特色。他们的度孤活动有两种:一种曰“度大平安孤”(简称“大孤”);一种曰“度小平安孤”(简称“小孤”)。闰年举办“度大平安孤”;常年举办“度小平安孤”。“度大平安孤”除了举行撒稀粥、放“水灯”、作法事以外,还要举办“跑五猖”活动。五猖是徽州地区的地方神。届时,滩下倪氏宗族在历河岸边搭5个台子,台上设香案。夜晚,扮演五猖的青年支丁,身着戏袍,头戴木制假面具,手执法器,由鼓锣伴奏,在5个台子上表演驱赶牛鬼蛇神的舞蹈,俗称”跑五猖”。

仲秋节,除了滩下以外,渚口、伊坑、花城里倪氏宗族都各自独立地举行舞龙灯活动。渚口倪氏宗族的龙灯是用布制作,不仅色彩斑斓,而且龙身庞大。贞一堂老年支丁说,我们的龙灯象征渚口的龙脉。龙头是仿渚口地形制作的,只有一角,又大又怪。在调查中,我们在贞一堂见到的龙头像个犀牛头,很有特色。

渚口、伊坑、滩下、花城里倪氏宗族的婚俗,大同小异。民国时期,中国传统的门当户对婚姻观仍然根深蒂固,父母之命,媒妁之言,被视为天经地义,都得遵守。

婚礼有“三书”和“六礼”。所谓“三书”,即是用红书和礼盒“行聘”、“送日子”、“迎娶”;所谓“六礼”,即是“问名”(又称“问八字”)、“纳彩”(又称“下聘礼”)、“求亲”(又称“问日子”)、“过书”(又称“送日子”)、“送通知担”(又称“送猪扁担”,即婚前两日,男方赠女方一瓣猪肉,一斛米,通知婚期)、“迎娶”。①

4个村的倪氏宗族迎娶新娘,都用轿抬。轿分两种:一种曰“大轿”(又曰“花轿”、“四人轿”);一种曰“小轿”(又曰“青布轿”、“二人轿”)。大轿又分两类:一类曰“开锣轿”(即鸣锣轿);一类曰“不开锣轿”(即不鸣锣轿)。有功名的人家用大轿,开锣;富有人家和小康之家虽用大轿,但不开锣;贫穷人家和二婚者,都用小轿。大轿抬轿者和执事人员有16人、14人、

① 古代确立婚姻关系的六礼是,纳采、问名、纳吉、纳征、请期、亲迎。渚口、伊坑、滩下、花城里的六礼与古六礼已不完全相同。

12 人不等。执事人员有:吹唢呐者、提锣者、提灯者、提蓝者、抬箱者、打火把者等。小轿抬轿者 2 人,吹唢呐者和提蓝者二三人,或三四人。抬轿者和执事人员都是小户,他们虽都是为主人服役,但都能得到一定的报酬。如果本宗族的小户人手不够用,即由小户到外村去雇佣外族的小户。

婚前一天夜晚,轿从祠堂出发,前往女方迎娶。第二天,轿子回到村口,由"好命老孺"——夫妻双全、子孙满堂、"八字"好——喂新娘一口甜饭(这口饭要含到入洞房以后吐掉)。轿子到达祠堂门前,一个人站在高处杀一只红公鸡,将鸡血从轿顶洒过去,传说是袪邪气。然后轿子抬进祠堂,一人拿一只筛子对着轿门左三转、右三转,赞礼官唱"开轿诗",新郎对轿一拜,验封条,开轿门。新娘下轿以后,花城里是由小户女子立即将新娘背回家,新郎打开家门,作一个揖,表示迎接。渚口、伊坑、滩下则是先在祠堂拜天地。拜毕,渚口、滩下是由小户女子将新娘背回家,伊坑则是由新郎背回家。新娘进洞房时,好命老孺散撒红豆,同时,唱吉祥歌:"一洒满地金花;二洒遍地金钱;三洒三元及第;四洒四方大利;五洒五男二女;六洒六六大顺;七洒八子八孙;八洒八仙过海;九洒公婆千万岁;十洒夫妻万万年。"下午,渚口、伊坑、滩下都是在家里拜父母,拜长辈,夫妻对拜;花城里则是到祠堂拜天地,拜祖宗,拜父母,拜长辈,夫妻对拜。次日,渚口、伊坑、滩下都是先到祠堂拜祖,然后到祖墓拜祖;花城里则只到祖墓拜祖。第三天.是"回门"——新娘回娘家探亲和新郎拜见岳父、岳母。二人各乘一乘小轿。去时,新郎轿在前,新娘轿在后;回来时,新娘轿在前,新郎轿在后。

女儿出嫁,头天是送嫁妆。大富大贵人家陪送的嫁妆包括女儿终生使用的器物;送嫁妆的队伍很长,俗称"十里红"。最前面是两口棺材,用红布披盖,俗曰"官(棺的谐音)财(材的谐音)开路"。

迎亲夜晚,男方来轿进入女方宗族祠堂,新娘即开面梳妆。同时,父母嘱词——叮嘱女儿到婆家以后应怎样待人处事。第二天,天还未明即发亲。渚口和滩下是由小户妇女将新娘背到祠堂上轿;伊坑和花城里是由哥哥将新娘背到祠堂上轿(没有哥哥者,由弟弟背)。为什么要背着新娘去上轿呢? 当地有一种习俗:女儿穿上结婚红鞋或绣花鞋以后,足即不能沾地;因为踩地鞋上必然沾土,这样就会带走娘家的财气。

轿子起乘时，父兄敬新娘三杯酒，并曰："一杯孝敬公婆；二杯尊敬丈夫；三杯立志做人。"伊坑是："三杯疼惜儿孙，和睦家庭。"

轿子出发时，父兄拉着轿后退三次，以示难舍难分之情。抬出祠堂大门，迅将大门关闭，表示女儿已是"门外人"。

渚口、伊坑、滩下、花城里倪氏宗族的丧礼，也是大同小异。族人亡故，由小户洗尸、裹尸、穿衣。渚口在家中入殓，祭礼也是在家中举行。伊坑、滩下、花城里都是在祠堂入殓，祭礼也在祠堂举行。祭期不等，大多为 3 天。经济富有人家的丧礼，有的进行 7 天。祭祀期间，设礼生 12 人，除了接受亲朋好友的吊唁以外，还请名人"点主"，请和尚、道士诵经，超度亡灵。根据"凡事死之礼，当厚于奉生者"的准则，丧礼极为隆重，耗资近中产之家。

4 个村倪氏宗族的丧礼虽有一点不同，但指导思想和祭祀的目的是完全一致的，都是表现一个"孝"字。根据倪氏宗族的习俗，父母亡故，要做一个"哭丧杖"（用一根长一尺三寸的苦竹，外面缠绕白纸制作）。伊坑、滩下、花城里都是丧祭开始以前，孝子用红托盘端着"玉牌"和"哭丧杖"，跪着走出家门，然后起来端到祠堂灵台前，读祭文开祭。据说，孝子双手捧着"哭丧杖"，象征自己刚生时只有一尺三寸长，是父母将其养大成人，恩重如山。倪氏宗族有一习俗，父母亡故，孝子送父母"上路"，要做 10 个纸包，内装锡箔；送一段路烧 1 个纸包，跪拜 1 次；共送 10 段路，烧 10 个纸包，跪拜 10 次，俗曰"送十程"。这一习俗，既表现了孝子对父母的崇高敬意，又表现了孝子对父母难舍难分的深厚感情。

丧祭期间，孝子孝孙都要披麻戴孝，守灵致哀；五服以内的晚辈亲属，要戴孝陪灵；族人要帮忙料理丧事。

附记：

调查时间：1995 年 11 月，1996 年 10 月，1997 年 10 月，1999 年 11 月。

调查地点：祁门县渚口乡渚口村、伊坑村、滩下村、小路口乡花城里。

调查对象：

渚口：	倪伟亨	1934 年生	合一堂	26 世
	倪永资	1920 年生	贞一堂	29 世

	倪永沐	1923 年生	贞一堂	29 世
	倪永联	1933 年生	贞一堂	29 世
	倪永年	1936 年生	贞一堂	29 世
	倪永彻	1945 年生	贞一堂	29 世
	倪世德	1925 年生	贞一堂	30 世
	倪世澍	1941 年生	贞一堂	30 世
伊坑：	倪永富	1919 年生	建本堂	29 世
	倪永藻	1921 年生	建本堂	29 世
	倪永盛	1926 年生	建本堂	29 世
	倪永忠	1939 年生	建本堂	29 世
	倪世宽	1938 年生	建本堂	30 世
	倪世敏	1946 年生	建本堂	30 世
滩下：	倪启英	1929 年生	继善堂	28 世
	倪启鑫	1938 年生	继善堂	28 世
	倪永庆	1926 年生	继善堂	29 世
	倪永美	1936 年生	继善堂	29 世
花城里：	倪伟滔	1929 年生	雍睦堂	26 世
	倪望旭	1921 年生	雍睦堂	27 世
	倪望锐	1923 年生	雍睦堂	27 世
	倪启安	1923 年生	雍睦堂	28 世
	倪启鸿	1938 年生	雍睦堂	28 世
	倪永元	1928 年生	雍睦堂	29 世

（原载《徽学》2000 年卷，安徽大学出版社 2001 年版，题为《祁门县渚口、伊坑、滩下、花城里倪氏宗族调查研究报告》）

黟县西递明经胡氏宗族调查研究

青山云外深，白屋烟中出；
双溪左右环，群峰高下密。
曲径如弯弓，连墙若比栉；
自入桃源来，墟落此第一。
——曹文埴《咏西递》

这首诗所描绘的西递村，是黟县西递明经胡氏宗族聚居的地方。有的专家学者说，这里布局讲究、营造精细、结构巧妙、装饰精美的徽派建筑是"国粹"；有的专家学者称，西递古朴典雅、文化浓郁、鳞次栉比、别具一格的建筑是"明清民居博物馆"。

在一个穷乡僻壤的山谷之中，有如此富丽堂皇的建筑群，许多人感到是个谜。历史事实告诉我们，西递美轮美奂的徽派建筑是明经胡氏宗族繁荣昌盛的结果和表现。因此，对这个宗族进行一些考察和研究，就成为有一定意义的工作了。

历史文献记载，明嘉靖以后，西递明经胡氏宗族开始崛起；清乾隆、嘉庆、道光年间，进入鼎盛时期。

一、宗族来源

西递，位于黟县城东南8公里。历史上，西递名曰西川。一说附近有一所"铺递所"，又地处徽州府城之西，所以改称西递；一说因村"水向西流，遂名村曰西递"。

西递,处于崇山峻岭夹谷之中。这里重峦叠嶂,群山回环,景色十分优美。

明经胡氏宗族本是李唐后裔。据《胡藤圃杂著·始祖明经公传》记载,唐昭宗天祐元年(公元904年),朱全忠(即朱温)表称:"邠岐兵逼畿甸,请上(昭宗——引者)迁都洛阳。"二月,昭宗至陕州,因东都宫阙未成留止。三月朔,皇后何氏生子。四月,全忠奏:"宫室已成,请车驾早发。"昭宗遣宫人谕:"皇后新产,未任就路。"全忠疑昭宗"徘徊俟变",谓牙将寇彦卿曰:"汝速至陕,即日促官家发来。"何皇后谓昭宗曰:"自今大家夫妇,委身贼手矣。"窃以新产子"效裤中儿,获以御衣,侑以宝玩,匿讳民间"。时婺源县人胡三(又名清)宦游长安,"匿之以归",义养为子,遂从胡姓,取大得覆翼之义,名曰昌翼。后唐同光三年(公元925年),以明经登第。胡三"授以御衣宝玩,示之以实"。昌翼"遂不仕,隐居考川"。取考槃在涧之义,字里曰"考水"。昌翼"倡明经学,为世儒宗,尤邃于《易》"。著《周易传注》三卷,《周易解微》三卷,《易传摘疑》一卷,人称"明经翁"。子孙世以经学传家,署其族曰"明经胡氏"。胡昌翼即是婺源考水明经胡氏宗族始祖。

明经胡氏宗族以"经学传家","尤精于《易》"。① 宋元期间,先后出了7位理学名儒——胡伸(号环谷)、胡方平(号玉斋)、胡斗元(号勉斋)、胡次焱(号梅岩),胡一桂(号双湖)、胡炳文(号云峰)、胡默(号石邱),世称"七哲名家"。

宗族繁衍裂变是一种自然发展和社会发展的普通规律。胡昌翼下传四世,有子弟十人,"乃取天干十字,以名其行派"②。因此,明经胡氏宗族的后裔分成甲派、乙派、丙派、丁派、戊派、己派、庚派、辛派、壬派、癸派。

宋神宗元丰年间(公元1078~1085年),明经胡氏第五世壬派支丁名曰胡士良(字季臣)者,因公务往金陵,道经西川,被这里"山多拱秀,水势西流"的景色所吸引。于是偕堪舆家前往,遍观形势,见西川"岭霞东蔚,涧水西流;虎阜前蹲,罗峰遥峙;天马踊泉之胜,犀牛望月之奇;左环右抱,外密中

① 《五世传知录》。

② 黟县《明经胡氏支谱》,传抄本。

宽”①;“产青石而如金,对霭峰之似笔;风滢水聚,土厚泉甘”②。胡士良欣然喜曰:“吾常欲卜居,此可以长子孙也。遂自婺源考水来迁此间。因水向西流,遂名村曰西递。”③曹振镛在《西递明经胡氏壬派宗谱》序中说,胡士良是西递明经胡氏宗族的“始祖”。他所谓的“始祖”,实际上是“始迁祖”。

二、宗族形成

西递明经胡氏以婺源考水明经胡氏宗族始祖胡昌翼为始祖、以婺源考水明经胡氏宗族的世系为世系。始迁祖胡士良不是一世,而是五世。自五世胡士良下传至九世胡常,四世单传。胡常生胡淳六和胡七九,开始“雁序分行,于是有上下门之别”④。大约在明朝初年,胡淳六和胡七九下传至十四世,西递明经胡氏宗族已经形成。请看下列西递明经胡氏宗族世系表:

西递明经胡氏五至十四世世系图表

世	名
五世	胡士良
六世	胡汉清
七世	胡一
八世	胡思

① 西递明经胡氏宗族《道光五年修族(谱)账录》,传抄本。

② 黟县《明经胡氏存仁堂支谱》卷首《五世祖六世祖谱》,清同治八年活字本。

③ 黟县《明经胡氏存仁堂支谱》卷首《五世祖六世祖谱》,清同治八年活字本。

④ 黟县《明经胡氏存仁堂支谱》卷首《十世祖七九公》,清同治八年活字本。

续表

世																								
九世	胡常																							
十世	长子 胡淳六					次子 胡七九																		
十一世	长子 胡等甫				次子 胡仪甫	长子 胡申甫	次子 胡广甫	三子 胡干甫																
十二世	长子 胡子童			次子 胡子纯	无传	胡子真	胡荫二	长子 胡祖一				次子 胡周三						三子 胡愚四				四子 胡礼五		
十三世	长子 胡伯牛		次子 胡伯间	无传		胡仲达	胡仲琳	长子 胡奔	次子 胡善童			长子 胡仲恭				次子 胡仲芳	三子 胡仲安	长子 胡仲宽		次子 胡仲魁		长子 胡仲坚		次子 胡仲远
十四世	长子 胡思圭	次子 胡思贤	胡思忠			外迁	无传	无传	长子 胡庆元	次子 胡有贤	三子 胡辰宗	长子 胡辉	次子 胡明	三子 胡袒	四子 胡赫	无传	无传	长子 胡仕亨	次子 胡仕全	长子 胡永富	次子 胡永元	长子 胡和	次子 胡苍	外迁

资料来源：黟县《西递明经胡氏壬派宗谱》

胡淳六之子胡等甫、胡仪甫，孙胡子童、胡子纯，曾孙胡伯牛、胡伯间，玄孙胡思圭、胡思贤、胡思忠形成一个长房五服圈；胡七九之子胡申甫、胡广甫、胡干甫，孙胡子真、胡荫二、胡祖一、胡周三、胡愚四、胡礼五，曾孙胡仲达、胡仲琳、胡奔、胡善童、胡仲恭、胡仲芳、胡仲安、胡仲宽、胡仲魁、胡仲坚、胡仲远，玄孙胡庆元、胡有贤，胡辰宗、胡辉、胡明、胡袒、胡赫、胡仕亨、胡仕全、胡永富、胡永元、胡和、胡苍组成一个二房五服圈。五服之内的血缘亲属为“同族”；五服之外的血缘亲属为“同宗”。有了”同族”，同时又有“同宗”，西递明经胡氏宗族完全形成。

当然，在很长一段历史时期，这个新形成的西递明经胡氏宗族与婺源考水明经胡氏宗族仍然保持着千丝万缕的联系。他们不仅与考水明经胡氏宗族实行统一的世系，而且还联宗祭祖，共同纂修徽州明经胡氏统宗谱。

西递明经胡氏宗族形成的原因是什么呢？

首先，是人丁繁衍。宗族是以父系血缘关系为纽带的社会人群共同体。任何一个宗族的形成都是血缘亲族群体人数发展到一定数量的结果。从胡士良起，西递明经胡氏经过长期历史发展，到第十二世，人丁增加到 8 人；第十三世，人丁增加到 13 人；第十四世，人丁增加到 16 人，既有“同族”、又有“同宗”。人丁繁衍是西递明经胡氏宗族形成的首要条件。

其次，是自然经济。封建的自给自足的自然经济必然造成生产资料所有者和生产劳动者牢牢地束缚在土地上，成为土地的附属物。《明经胡氏存仁堂支谱》卷首《地理谱》记载：“自来民不土著则生息不长。吾徽古姓旧族，皆土著数千年者。君子爱枌榆，小人敬桑梓，井里可不重乎？”生产资料所有者和生产劳动者世世代代生活在一块土地上，必然造成聚族而居。据《西递明经胡氏壬派宗谱》记载，从胡士良下传至第十四世，总计有支丁 49 人，除了胡仲达和胡仲远 2 人外迁，其余 47 人全部聚居西递。《明经胡氏支谱》（传抄本）记载：“西递一村，皆明经壬派聚族而居者也。”自给自足的自然经济是西递明经胡氏宗族形成的根本原因。

再次，是生活需要。明经胡氏血缘亲族集团众多支丁，集中生活在西递一个地方，为了生活，必须有一个相应的组织管理形式，必须有一种使亲族群体的人团结起来的凝聚力，必须有一定的调整亲族群体人际关系的适当形式，必须有一定的成文或不成文的族规家法，否则人们的生活就会产生很多困难。这样宗族组织就应运而生。生活需要是西递明经胡氏宗族形成的第三个原因。

西递明经胡氏宗族形成初期，社会地位就比较高。据《西递明经胡氏壬派宗谱》记载，胡仕亨娶城西柏山刑部贵州清吏司主事王仕得女为妻，胡廷俊和胡廷佐俱娶珠川广东道监察御史王静孙女为妻，胡荣娶监察御史、广东布政司左布政使王俊得孙女为妻,胡廷起娶王俊得曾孙女为妻。在婚姻论门第的时代,如果没有较高的社会地位,怎么能与这些达官贵人联姻呢?《时庸公行状》(按:时庸公即胡廷俊)记载:"西川廷俊公承祖仲宽公、父仕亨公以来之盛业,钱贯朽而壤膏腴。"①由此可见,西递明经胡氏宗族的经济实力已经很强,社会地位已经较高。

十年寒窗,金榜题名,这是中国封建时代绝大多数知识分子的最高追求。明嘉靖四十四年(公元1565年),西递明经胡氏宗族十八世支丁胡文光中举,授江西万载县令,官至胶州知州、荆王府长史,授朝列大夫,加四品。万历六年(公元1578年),敕建四柱、三层、五楼"恩荣"牌坊。

胡文光是西递明经胡氏宗族一个重要历史人物。他官居胶州知州和荆王府长史. 授朝列大夫,给西递明经胡氏宗族带来极大的光荣。胡文光牌坊建于本始堂(又称"明经祠")前、西递村口,远在西递"水口",巍峨壮观的胡文光牌楼首先映入眼帘,即说明胡文光在西递明经胡氏宗族发展史上的显赫地位。

三、人丁繁衍

据《西递明经胡氏壬派宗谱》记载,北宋中期,胡士良迁西递以后,支丁发展很慢。从明朝初年起,西递明经胡氏宗族支丁才开始大量增长。嘉靖以后,成为黟县和徽州一个大族。清武英殿大学士、军机大臣曹振镛在《西递明经胡氏壬派宗谱》序中说:"夫胡氏壬派一支,自有宋历元明至今更七百数十年,积三十余世,族姓蕃衍,支丁近三千人。"历史上,西递明经胡氏宗族有所谓"三千烟灶,三千丁"之说。②

西递明经胡氏宗族支丁增长,与黟县地理环境是分不开的。明嘉靖年间,一位叫徐中行的政府官员,对徽州地理环境与宗族繁荣的关系作过精辟的阐述。他说:

---

① 黟县《明经胡氏存仁堂支谱》卷首《十五世祖谱(附《行状》)》,清同治八年活字本。

② 按:这里所说"三千烟灶,三千丁",是指从北宋中期胡士良迁居西递至清道光年间西递明经胡氏宗族历代人丁总和。

> 余昔奉诏,恤刑南畿,入新都境内,见村落不二三里,鸡犬相闻,居民蜂房鳞次,若廛市然,一姓多至千余,少亦不下数百。盖以地僻大江之南,万山回环,郡称四塞,即有兵火,不至延久。故其民多生全,而庶甲海内。隋唐世家,历历可考,且家各有谱。余每喜其乐土,而诵其善俗也。①

"徽州处万山中,而黟又在徽州群山之隘,略无平处"②。这里几类蜀之剑阁,兵燹鲜经,世称"小桃园"。这种地理环境为人口增长提供了一个极为有利的条件。

支丁增长是宗族繁荣的一个重要表现。据我们调查,徽州许多名宗右族大都是人丁兴旺,族人众多。清代,西递明经胡氏宗族著名收藏家胡积堂下传四世,总计繁衍人丁多达97人,其中子8人,孙18人,曾孙32人,玄孙39人。村里老年人说,民国时期西递明经胡氏宗族族众多达600多户。但是,黟县档案馆馆藏民国时期户口调查资料记载,西递明经胡氏宗族仅有400多户。西递老人记忆的户数与黟县档案馆资料记载的户数为什么不同呢?这是因为老年人记忆的户数包括抗日战争和解放战争时期大量外迁人口。

四、祠堂林立

历史上,徽州人认为,"举宗大事,莫最于祠,无祠则无宗,无宗则无祖,是尚得为大家乎?"③他们认为:"追远报本,莫重于祠"④;"崇本枝,萃涣散,莫大于建祠"⑤。从明朝末年起,西递明经胡氏宗族即大兴土木,建造祠堂。据胡星明《西递村祠堂寺庙庵堂书院一览》(手稿)记载,明清两代西递明经胡氏宗族建造的祠堂有:本始堂、敬爱堂、常春堂、仁让堂、元璇堂、惇典堂、

---

① 歙县《桂溪项氏族谱·旧谱序跋》,清嘉庆十六年木活字本。

② 嘉庆《黟县志》卷一五《艺文志·西园记》,清嘉庆十七年刻本。

③ 程一枝:《程典》卷一二《本宗列传》第二下,明万历二十六年家刻本。

④ 程昌:《窦山公家议》卷三《祠祀议》,明万历刻本。

⑤ 《新安歙西溪南吴氏世谱·续刻溪南吴氏世谱叙》,明末清初抄本。

维新堂、崇礼堂、存仁堂、惇化堂、种德堂、追慕堂、中和堂、绎思堂、继述堂、凝秀堂、时化公祠、含元堂、贻翼堂、锄经堂、霭如公祠、鸿公厅、培芝轩、葆善堂、七哲祠、节孝祠，总计26座。其中本始堂是宗祠，敬爱堂和常春堂是总支祠，其余是分支祠、家祠和专祠。西递祠堂林立，是一个祠堂世界。

西递明经胡氏宗族建造的祠堂，大都规模宏大，营造精细，装饰精美。坐落在西递村中心街道上的追慕堂，现在还基本保持完好。中外旅游参观的人们，对这座祠堂恢宏的规模、精细的营造、精美的装饰，无不叹为观止。但是，以建造之规模、营造之精细、装饰之精美相比，第一位是本始堂，第二位是仁让堂，第三位是敬爱堂，第四位是元璇堂，第五位是存仁堂，第六位是惇化堂，第七位是维新堂，追慕堂只能排列在第八位。

建造这些富丽堂皇的祠堂，耗费了巨大的人力、物力和财力。据本始堂遗址现存《乐输建造宗祠》石碑记载，建造本始堂耗资：

买祠基地银	783两7钱6分
买光祖公会田凑基址银	100两
买三德公会田凑甬道银	80两
买蓝址基址典首二处银	6两7钱9分
杂木杉木料银	2,925两5钱4分2厘
石柱墙脚及各样石料银	652两2钱9分
砖瓦门楼料银	420两9钱5分2厘
石灰黄黑泥假地沙河石子银	178两1钱8分1厘
雕工并梁拱银	168两1钱2分7厘
木工并上手酒货银	860两2钱9分4厘
石工银	55两9钱9分3厘
砖工并酒货银	168两1钱7分2厘
粗工等项银	264两3钱4分5厘
漆工颜料金箔银	86两1钱9分7厘
铁钉银	85两2钱零7厘
回谢贺礼银	6两7钱
账簿铁锁梧皮棕索茶叶畚箕银	26两4钱9分6厘

做祠外旁银	18 两 5 钱
联匾银	29 两 5 钱
门神银	1 两
代赎基址契价银	2 两 3 钱
买社屋桥头豆租银	3 两
买社屋桥头豆租银	2 两 7 钱 4 分
买社屋桥头典首银	3 两零 5 分
豆租及典首中赀银	5 钱 1 分 5 厘
石碑并镌字砖工银	8 两
总共支银	6, 940 两 8 钱 4 分 7 厘

西递盛产木材和石料,因此大大降低了本始堂的造价。如果从外地千里迢迢运木材和石料,这座祠堂的造价要远远超过银 6, 940. 847 两。

五、祭祖活动

祭祀祖先,是宗族最重要的活动。民国初年,西递明经胡氏宗族祭祖还十分隆重:抗日战争爆发后,已大为简化。

历史上的徽州人认为,祖墓"系祖宗藏魄之所"①;标祀是"展亲大礼,必加敬谨"②。一年一度的清明扫墓是西递明经胡氏宗族重要的祭祖活动。祭品由祀会筹备。按规定,成年支丁都要参加,实际上大都一户出一人代表。

西递明经胡氏宗族祖墓有的在西递附近,有的在八都,有的远在渔亭。参加祖墓标祀活动的支丁,由祀会颁发"胙钱"。参加西递附近祖墓标祀的支丁,每人发 10 枚铜钱;参加八都祖墓标祀的支丁,每人发 20 枚铜钱;参加渔亭祖墓标祀的支丁,每人发大洋 1 元。60 岁以上老年支丁参加八都和渔亭祖墓标祀活动,一律乘轿前往。轿子从轿行租赁,租费由祀会支付。因渔

① 黟县《环山余氏宗谱》卷一,民国六年木活字本。

② 《休宁宣仁王氏族谱 · 宗规》,明万历三十八年家刻本。

亭祖墓路途较远,参加渔亭祖墓标祀的支丁,在渔亭用午餐,祀会准备食品,在守墓庄仆家中做。

历史上的徽州人认为,祠堂系“宗祖神灵所依”;祠祭属“展亲大礼,必加敬谨。”①西递明经胡氏宗族重大的祭祖活动是祠祭。中元、冬至、祖先诞辰和忌日祭祀活动最为隆重。

民国二十年(公元1931年)胡廷俊五百周年诞辰,西递明经胡氏宗族举行隆重的祭祀活动。祭日,敬爱堂悬灯结彩,大门扎松柏门楼。祠堂内张挂书画,陈设古玩;天井遮盖蓬布,地铺火红毡条。长房、二房、三房、五房、六房、四家、严岭支派分7天致祭。

祭日,各房支丁在各自支祠集合,然后集中到一处。队伍绕村一周,最后到达敬爱堂。队伍最前头是一对大红宫灯,一个上书“胡”,一个上书堂名。后面依次是大锣两面,用它开路。乐队,有粗、细乐两班。仪仗队,有“肃静”、“回避”牌,有旗、锣、伞、铳。文艺队,有长房“秋千”2台,三房、五房“地戏”2台,六房“花船”2艘,四家“台阁”4座。② “锣鼓棚”,每房1班,每班7人,共6班42人。祭品,有全猪、全羊;有“祭盘”一百,内盛山珍海味。后面是执事,礼生,进馔儿童。最后是房长、乡绅,支丁群众。队伍沿街行进,鼓乐伴奏,鞭炮齐鸣。最后到达敬爱堂门前广场,活动进入高潮。

中午,由长房房长、乡绅陪同,全体支丁举行盛大宴会。下午,在敬爱堂开始举行祭祀活动。祠宇第一进左右两边是粗细乐队。房长主祭,左右两边有通赞(又曰鸣赞)引赞(又曰引礼)、司祝、司帛、司樽、司爵、司盥、司过(又曰纠过、纠仪)、司馔(又曰进馔儿童)18人。祭时,鼓乐齐鸣,香烟缭绕,庄严肃穆。礼仪谨遵朱子《家礼》规定的三献礼。全部祭祀活动长达两个多小时。夜间,按房头选中年媳妇在敬爱堂“守夜”。各房“寿烛”都是10斤重。整个敬爱堂灯火通明,如同白昼。

7天祭祀,主祭者均为各房房长,祭祀礼仪基本相同。

祭祀期间,西递明经胡氏宗族请两个专业戏班来西递演戏。7个夜晚,

① 《休宁宣仁王氏族谱·宗规》,明万历三十八年家刻本。

② 据胡星明《西递民俗风情录》(油印本)记载,“秋千”、“地戏”“花船”是表演艺术;“台阁”是由儿童扮演的造型艺术。

天天两台戏同时演出。各家亲朋好友，大都到西递观礼、看戏，热闹非凡。

六、谱牒修纂

徽州“居万山中，风淳俗古，城郭村落率多聚族而居．故于族谊最笃，而世家巨阀尤兢兢以修谱为重务”①。历史上的徽州人认为，“立族之本，端在修谱。族之有谱，犹国之有史。国无史不立，族无谱不传”②；“谱者，家之大典，姓氏之统于是乎出，宗祖之绩于是乎章，子姓之绪于是乎传，宗法于是乎立，礼义于是乎兴，胡可缓也。”③徽州宗族把修纂谱牒视为“盛典。”④

明嘉靖以来，西递明经胡氏宗族纂修过 4 部谱牒。明嘉靖年间是第一部，清康熙年间是第二部，乾隆年间是第三部，道光年间是第四部。

清道光五年（公元 1825 年），西递明经胡氏宗族纂修《西递明经胡氏壬派宗谱》，翌年定稿付梓。为庆贺谱牒修成，举行隆重的祭祖盛典。据《道光五年修族（谱）账录》（传抄本）记载，西递明经胡氏宗族于本始堂、敬爱堂两祠张灯结彩，以为祭祀之地。九月初三日，祭义祖胡三及族祖七哲；初六日，祭始祖胡昌翼；初九日，祭始迁祖胡士良，“皆以谱祔”。从祭祀开始之日，请黄山和尚大启道场，在本始堂唪经三日，“诵经谢神，以迓神庥，以邀厚福”。同时，“合村禁屠，斋戒三日，以昭虔敬”。

为了表示祭祀典礼“事至重也，礼至隆也”，西递明经胡氏宗族公议演戏致祭。据《道光五年修族（谱）账录》（传抄本）记载，戏有 3 班：曰庆升，曰有庆，曰小春。戏台设 3 处：一在本始堂前，一在双溪口，一在上厅坦。自九月初三日至十二日，共演戏 10 天，唱 60 余本。初六日大祭之日，“三处演戏，自辰至暮；自暮达旦，一日一夜，共演戏十本”，各方“来观者不下四万人”，乃黟县前所“未有之事”。

---

① 歙县《桂溪项氏族谱》卷首《汪太傅公序》，清嘉庆十六年木活字本。
② 绩溪《盘川王氏宗谱》卷之首《凡例》，民国十年活字本。
③ 程一枝：《程典》卷一二《本宗列传》第二下，明万历二十六年家刻本。
④ 婺源《詹氏宗谱》卷首《会修宗谱公启》，清光绪五年刻本。

《道光五年修族（谱）账录》（传抄本）记载："凡大神会必有台阁，此我徽之风气使然也。"在举行祭祖之前和祭祖期间，西递明经胡氏宗族于敬爱堂门外"设台阁四座"。台阁有"扮戏之孩童"，有"上梯之勇士"。前者"以兆孩童之腾达"，后者"以表壮年之先登"。

道光五年（公元1825年），西递明经胡氏宗族纂修《西递明经胡氏壬派宗谱》，共集资银4,602.746两，最后总支出银5,344.77两，兑除透用银742.024两。①

七、族田设置

朱熹在《家礼》中规定："初立祠堂，则计见田，每龛取其二十之一，以为祭田。亲尽则以为墓田。后凡正位祔者，皆仿此。宗子主之，以给祭用。上世初未置田，则合墓下子孙之田，计数而割之。皆立约闻官，不得典卖。"在明清时期，朱熹的话就是经典，人们大都奉行不悖。徽州人认为，"祠而无祀，与无同；祀而无田，与无祀同"②；"凡祭田之置，所以敬洁备物，诚不可缺。"③

西递明经胡氏宗族共有26座祠堂，每座祠堂都有祠田，大都设有"祠会"。祀会是管理祠田和祠堂经济的组织。

据清乾隆五十六年（公元1791年）《敦本祀会》石碑（碑在本始堂遗址残墙断壁中）记载，本始堂祀会组建时购置田亩如下表：

本始堂初建时祭田表

土名	字号	田租	税亩
三圣庙前（基址）	菜字670号		地税8分1厘4毫
三圣庙背后（基址）	菜字670号		田税1分

① 西递明经胡氏宗族《道光五年修族（谱）账录》，传抄本。

② 《重修古歙城东许氏世谱》卷七《朴庵翁祭田记》，明崇祯七年家刻本。

③ 黟县《环山余氏宗谱》卷一《余氏家规》，民国六年木活字本。

续表

土　名	字　号	田　租	税　亩
蓝丘(基址)	莱字 686 号		田税 2 分 8 厘 1 毫
牌楼下(甬道)	莱字 658 号		田税 2 分 4 厘
神山下	莱字　号	田租 3 砠	田税 2 分 1 厘
石家坑	重字　号	田租 6 砠	田税 3 分 2 厘
乌石坦	重字 119 164 165 号	田租 3 砠	田税 2 分 4 厘
苎骨垅	重字　号	田租 3 砠	田税 2 分 9 厘
春山坞	重字　号	田租 4 砠	田税 3 分 2 厘
下鱼丘	重字 860 号	田租 5 砠	田税 5 分
江坞口	芥字 19 号	田租 6 砠	田税 5 分
和祥	皇字 378 号	田租 4 砠 5 斤	田税 3 分 6 厘
枫塘	重字 854 号	田租 2 砠	田税 2 分 8 里
何家坞	重字　号	田租 2 砠	田税 2 分
亭前	重字 919 号	田租 12 砠	田税 1 亩 3 分
奢公坑	莱字　号	田租 7 砠	田税 6 分 3 厘
社屋桥头(三姑殿基址)	莱字　号		田税 1 分 1 厘 6 毫
三圣庙前(基址)	莱字 669 号		田税 8 厘 7 毫 5 丝
三圣庙前(基址)	莱字 669 号		田税 1 分 3 厘 5 毫
三圣庙前(甬道)	莱字 656 号		田税
马鞭丘(甬道)	莱字 650 号		田税 3 厘
松木段	莱字　号	田租 6 砠	田税 4 分 8 厘 8 毫 5 丝
铜锣坟	莱字 298 299 号	田租 18 砠	田税 1 亩 2 分 5 厘 5 毫 5 丝
鹅子边	重字 185 186 号	田租 15 砠	田税 1 亩零 2 厘 7 毫
塘坞	重字 969 975 号	田租 9 砠	田税 9 分 3 厘 9 毫 1 丝
上鱼丘	重字　号	田租 13 砠 10 斤	田税 1 亩零 7 厘 5 毫 4 丝

续表

土名	字号	田租	税亩
小岭	重字 375 号	田租 12 砠 15 斤	田税1 亩 4 分零 2 毫 8 丝 7 忽
春山坞	重字 223 号	田租 5 砠	田税 4 分 6 厘 8 毫
丫头丘	重字 568 号	田租 10 砠 16 斤	田税 9 分 7 厘
小羊丘	菜字 282 号	减硬 14 砠	田税 1 亩 8 分 2 厘
冷水塘	重字 852 号	田租 2 砠 10 斤（本田典首利租 2 砠）	田税 1 分 9 厘 7 毫
亭前	重字 914 号	田租 4 砠 10 斤	田税4 分 2 厘 8 毫 8 丝
小岭	重字 378 379 号	田租 2 砠	田税4 厘 4 毫 3 分 5 厘 5 毫
社屋桥头	菜字　　号	豆租 15 斤	田税 1 分 1 厘 6 毫

上表共列田 40 号，田税 15. 91267 亩，地税 0. 814 亩。

据调查，明清两代西递明经胡氏宗族购置的族田总共有 500 多亩，其中各个祀会占有的祠田近 300 亩，学田近 200 亩，义田近 100 亩。

八、族规家法

在道光《西递明经胡氏壬派宗谱》中，没有记载西递明经胡氏宗族的族规家法。据调查，这个宗族不成文的族规家法，内容相当丰富。其重要条目有：

1. 孝顺父母。孝为百行之原。昏定晨省，人子之礼。生养死葬，子弟之责。必须孝顺父母，尊敬公婆。如有遗弃、虐待、打骂父母者，轻则唤至祠堂教育、训斥；重则洞开祠堂大门，当众笞杖；恶逆显著者，笞杖之后，革出祠堂。

2. 尊敬长上。昭穆世次、尊卑长幼、上下嫡庶，礼所重也。族人必须尊重长上，待之以礼，听从教诲。对长上的教导，不得辩解，不得顶撞。如违，轻则家长教育，重则族长、房长训斥，情况特别恶劣者，要向长上叩头认错。

3. 春禋冬祀。祭祀祖先，展亲大典，“事至隆也”，必须敬谨。适龄子弟，要全体参加。祭日，沿街鸣锣三遍，通知支丁。三遍锣响不至者，族长和房长要进行教育。祭时，必须至诚至敬。不参加祭祖者，罚胙。

4. 睦族和邻。族人者，无论亲疏，均为明经公后裔。不准恃众暴寡，恃富欺贫，恃尊凌卑，恃强欺弱，更不准视族人为秦越而仇雠之。五服以内亲族，要喜庆相贺，忧戚相吊，疾病相问，困难相助，贫富相济。

5. 恤贫济困。人生天地间，天灾人祸，在所难免。族人有富贵，有贫贱，富者对乡里贫者，有帮助、周济、扶持之义，而况族人。不准视贫困族人为路人。在外地开办店铺和企业的子弟，要携带贫困青年子弟外出谋生。生活富裕的支丁，要扶持、周济贫困支丁。

6. 门第婚姻。男婚女嫁，人生大伦，必须门第相当。父母之命，媒妁之言，不准违背。男不得娶“小户”之女，女不得嫁“小户”为妻。违者，族谱除名，革出祠堂。西递明经胡氏宗族本李唐后裔，胡李不得通婚，阖族必须遵守。

7. 依法继嗣。不孝有三，无后为大。立继要择兄弟之子，是为“应继”；兄弟之子无合适者，应选从兄弟之子或二从、三从兄弟之子，是为“爱继”。不准招赘异姓和螟蛉子入绍，乱族乱宗。如果异姓入绍，不准进祠堂，不得上族谱，不能参加宗族一切活动。子弟一般不得出继异姓，如出继异姓，须经族长和房长同意。同意出继者，族谱留名；反之，族谱除名。

8. 孀妇守节。妇人要一与之齐，终身不改，三从四德，做贤妻良母。不幸夫君早亡，要白首冰霜，苦志贞守。生活困难，宗族周济。如果要求改嫁，必须夜间出走，不得乘轿；改嫁之后，永远不得回西递村。

9. 瘅恶惩逆。子弟要读书识礼，作风正派，勤俭持家，自强不息。不准游手好闲，不务正业，赌博吸毒；不准偷情乱伦，侮辱妇女。如有不肖支丁，族长要执至祠堂，当众笞杖。“恶逆显著”、“弃毁祠墓”、“鬻卖宗谱”者，族谱除名，革出祠堂，以正族风。

10. 守住基业。土地房屋乃祖宗遗留基业．必须尽力保守、爱护。如果出售，近亲有购买优先权；近亲不买，然后卖给同族同宗，不得出售异姓。买卖土地和房屋契约文书，除立卖契人画押以外，卖主的叔伯、兄弟、子侄画押,方才有效。

11. 封山育林。西递附近的山林系祖宗之遗业,宗族公有财产,龙脉山关系西递的风水和环境,严禁乱砍乱伐。如有乱砍乱伐山林者,轻则砍1棵罚栽5棵,并罚以烧纸箔祭树,直至将砍伐树墩烧尽;重者洞开祠堂大门,当众笞杖,送官究治。

12. 保护水源。西递四周群山环抱,村中溪流清澈,井水甘冽。要保护水源,讲究卫生。村里溪流附近和水井周围,严禁倾倒垃圾,洗涤脏物,污染水源。如有在"井前坦上……倒垃圾"和在井泉水边"搀粪"者,"公罚银一两"。①

13. 发展教育。为了宗族的兴旺和发展,必须重视教育,重视子弟的培养。这是亢族亢宗的大事。凡到达读书年龄的子弟,必须上学读书。贫困子弟减免学杂费。赤贫子弟由宗族资助学习用品和生活费用。

西递明经胡氏宗族执行族规家法是很严的。一次,有个不肖支丁猥亵女学生,族长即将犯者召于祠堂,当众笞杖,并声言要革除族籍。因此,子弟鲜有不孝顺父母、不参加祭祖礼仪者。晚辈人见长辈人、同辈年少者见年长者,坐必起,行必让,并不直呼其名。逢年过节,贫困支丁的门缝里常有富有支丁送去的"红纸包"。婚姻绝大多数都门当户对,无有与"小户"联姻者。村中有明清时期建造的节孝坊9座,孀妇改嫁的极少。山林郁郁葱葱,无一人敢乱砍乱伐。族众之间,尊尊亲亲,雍雍睦睦。

九、组织管理

西递明经胡氏宗族的首领是族长。以族长为核心的房长、乡绅是宗族的统治者。族长由选举产生,被选者都是辈高年长、德高望重,有工作能力的支丁。其职权是:主持宗族祭祀典礼,召开宗族会议,主管宗族重大事务,教育和管理宗族成员,执行族规家法,调解宗族内部纠纷,代表宗族与社会各方面联系与交往。

西递明经胡氏宗族实行族长领导下的房长、乡绅宗族统治者议事制。

---

① 道光十七年西递《公议禁碑》。

凡遇宗族重大事务，族长、房长和乡绅在敬爱堂讨论决定。中层组织是“房”。十五世胡廷俊和胡廷杰兄弟二人的子孙分为“九房、四家”。九房中四、七、八、九房外迁；四家实为一房。所以，西递明经胡氏宗族实际上只有六大房。房有房长。房长都是本房辈高年长、德高望重的支丁担任。其职权是：主持本房祠堂祭祀，掌管本房重大事务，教育和管理本房子弟和成员，调解本房内部纠纷。

宗族祭祖、节庆和日常工作，由六大房轮流担任，一年一房，即所谓“轮值”。大都选举年富力强、严于律己、家庭富裕、热心宗族事业的支丁担任。

宗族财务由祀会经管。宗祠祀会由族长领导，支祠祀会由房长领导，并接受乡绅的监督。抗日战争爆发以后，由于宗族组织管理削弱，个别祀会头目侵吞祀会财产，化公为私，变成“公堂地主”的现象，时有发生。

民国时期，西递明经胡氏宗族虽然没有进行大规模土木工程建设，但是，大规模宗族活动不断举行。如，元旦团拜，清明扫墓，中元、冬祭、祖先诞辰和忌日祭祀，闰年接观音菩萨等。这些大规模的活动，不仅要花费大量人力、物力和财力，而且是宗族领导者的繁重任务。

昭穆世次是宗族的生命线。维护和巩固封建宗法制度是宗族统治者的重要任务。为了明确和巩固宗法世系，道光六年（公元 1826 年）西递明经胡氏宗族制定了《西递明经壬派排行》百字歌，一个字代表一个行辈。民国时期，这个排行百字歌仍然是巩固宗法世系的一个重要工具。

圣世长清，兆锡嘉名；
逢时辅赞，家学汝成；
懋德常宏，大文昭炳；
笃志敦修，惟良仰景；
泰遇兴贤，建树必先；
自新其本，毓秀联延；
书传卓立，朝宗元吉；
洪庆有钟，寿高福积；
守道崇增，瑞云允升；
咸思克济，祖述继承；

作式绍之，益征厚泽；

麟耀祥晖，凤鸣腾达；

百代同发。

十、商业繁荣

据历史文献记载，黟县徽商兴起较晚。明代，这里还是“户口少，地足食，读书力田，无出商贾者”①。到清代，才出现“生齿日增，始学远游，权低昂，时取予，为商为贾，所在有之；习业久，往来陈椽，资以衣食”②。

历史文献记载和宗族调查资料告诉我们，明末西递明经胡氏宗族子弟从商的人逐渐增多，商业资本开始发展。清代，从商的人巨增，商业资本开始腾飞。乾隆、嘉庆、道光三朝，是西递明经胡氏宗族子弟商业资本发展的鼎盛时期。

西递明经胡氏宗族子弟商业资本的繁荣，可以从西递明经胡氏宗族公共建筑、居民住宅和从商子弟的“义举”中看到一斑。

明朝末期以后，西递明经胡氏宗族共建公共建筑有：祠堂 26 座，庙宇 3 座，牌坊 13 座，此外，还有魁星楼 1 座，文昌阁 1 座。③ 这些建筑大部规模宏大．营造精细，装饰精美，造价很高。建筑费大多数是宗族商人的捐输和义举④。44 座富丽堂皇的宗族公共建筑，从一个侧面反映了西递明经胡氏宗族子弟商业资本的雄厚。

明朝末期以后，西递明经胡氏宗族商人，大兴土木，广建豪华民居。例如，古槐别墅建筑群，除了主体建筑以外，还有庭院、回廊、鱼池、书房等等；建筑古朴典雅，木雕、砖雕、石雕美不胜收。秋实山房建筑群，除了厅堂楼房以外，还有花园、私塾等等，建筑布局之工、结构之巧、装饰之美，令人叹为观

① 嘉庆《黟县志》，清嘉庆十七年刻本。

② 嘉庆《黟县志》，清嘉庆十七年刻本。

③ 胡星明：《西递村祠堂寺庙庵堂书院一览》，手稿。

④ 据胡氏《乐输建造宗祠》石碑记载，建造本始堂共秏银 6,940.847 两，富商胡学梓一人捐输 3,959.07 两。

止。瑞玉庭建筑群,规模宏大,仅厅堂就有正厅、别厅、书厅等等,此外,还有花园、佣人和雇工住房。尚德堂建筑群,规模宏大,主体建筑五开间,有石制八字龙川大门楼。枕石小筑建筑群,有正厅、小便厅、书房、花园、花房等等,幽雅别致,极富诗意;木雕、砖雕、石雕玲珑剔透。此外,履福堂、大夫第、膺福堂、仰高堂、青云轩、桃李园、西园、东园等等建筑群,无不是规模宏大,营造精细,装饰精美。这些造价昂贵、富丽堂皇的民居,从一个侧面反映了它们的主人个个都是腰缠万贯的富商大贾。

在徽州府志和黟县县志中,西递明经胡氏宗族商人赞助公益事业的"义举"资料很多。现举例如下:

胡丙培,"以千金修石山并西递路,五百金助建凤凰桥,又移建学宫,岁饥捐赈,多勷义举"。①

胡学梓,"好善乐施,邑议建书院,首捐白金五千两。遇岁歉,赈族党.前后计米六千余石。造齐云山下登封桥、霭冈桥,襄造渔亭永济桥,修造本邑及歙、休、祁邑大路九处,前后费白金逾八万两。他如,置义渡义冢、舍棺助瘗、散药施茶诸事,阅教十年为之不倦"。②

胡尚熷,"捐万五千金倡造碧阳书院。既竣,邑人循紫阳书院例,请准设位,以配卫道。又捐建东岳庙及潭口癸酉桥(按:据调查,胡尚熷准备为母庆寿,其母用庆寿银建此桥——引者),襄成考棚,缮学宫,培祀会,修治歙、休、祁、黟道路,捐助府紫阳书院膏火,惠济义仓,施汤药,置义渡,舍棺埋胔,助饷赈饥,垂五十年,善举不可殚述。尝于村北隅造亭阁,以培水口;重刊先儒胡炳文《纯正蒙求》"。③

胡文铎,"好义乐施,尝捐钜赀修歙、休、祁、黟大路。侨居休宁,见梅林、叶祁两岸水决道圮,寻旧途经,袤延十余里,鸠工改造,往来德之。道光八年,捐资重造本邑八都永济桥,累石架木,规模宏敞,设路灯,置木栏,桥木朽者,岁一易。他如,襄修渔亭永济桥,重建六都夹翦亭,舍棺置渡,散药施

① 嘉庆《黟县志》卷七《人物·尚义》,清嘉庆十七年刻本。
② 嘉庆《黟县志》卷七《人物·尚义》,清嘉庆十七年刻本。
③ 同治《黟县三志》卷七《人物志·尚义传》,清同治十年刊本。

茶,历二十余年不倦”。①

胡荣命,“贾于江西吴城,亲属依以资生,贫者岁往贷,无靳色。贾五十余年,临财不苟取,遇善举辄捐赀为之,名重吴城……在乡,置义冢,助葬赀,施药膏”。②

胡禄彩,“好义与兄同志,拯灾恤贫。尤刚直好善,恶不善不避嫌怨。道光甲辰,与(兄)福彩共造严岭,乙巳告成。督工弗避寒暑,化险为平。咸丰三年,独修浮梁东乡锦溪石桥,道路十余里,费千余金”。③

胡崇福,贾于浙江,“直耿有士行,临财不苟……同乡人客游于浙者,崇福馆之,授餐赠费;殁者,殡之。捐置义冢,倡修连岭,广施棺木,善行甚多。年老还黟,齿于西川,胡族最长仪型。其乡赈贫修路,乐善好施”。④

胡康彩,“好义亦与兄同,而圆通不忤人。道光甲午,江西景德镇灾,官绅捐赈施粥,属康彩总理五厂。临江会馆、建昌会馆二男厂,凡四千余人;地藏庵一厂,皆瞽废笃疾者,凡千二百余人;城隍庙、水星阁二女厂,凡三千余口”。⑤

西递明经胡氏宗族商人义举,事例众多,举不胜举。这些义举,从一个侧面反映了西递明经胡氏宗族商人的富有。

据调查,清乾隆年间,大富商胡学梓有36个当铺,好几个钱庄,资金有白银600万两(一说800万两)。在休宁县占有大量土地,兴隆庄店铺和佃户住房占了隆阜半条街。传说,他富比王侯,是当时江南六大富豪之一。

西递明经胡氏宗族子弟的商业资本是一种封建宗族性商业资本,带有浓厚的封建宗族色彩。这主要表现在四点上:一、宗族子弟资本股分制。有的店铺是宗族子弟合伙组建,一开始就是股份制;有些店铺,老子开店,死后传给几个儿子,儿子死后又传给众多孙子,由于人口繁衍和家庭分析造成股份制。二、店主与雇工之间的宗族亲属关系。有的小店铺的雇工都是宗族子弟,有的大店铺雇工中有宗族子弟,店主与雇工双方不仅是劳资关系,而

---

① 同治《黟县三志》卷七《人物志·尚义传》,清同治十年刊本。
② 同治《黟县三志》卷七《人物志·尚义传》,清同治十年刊本。
③ 同治《黟县三志》卷七《人物志·尚义传》,清同治十年刊本。
④ 同治《黟县三志》卷七《人物志·尚义传》,清同治十年刊本。
⑤ 同治《黟县三志》卷七《人物志·尚义传》,清同治十年刊本。

且还存在宗族亲属关系。三、城镇形成宗族商业集团。许多西递明经胡氏宗族子弟的店铺集中在某一个城镇,甚至集中于一条街,形成城镇宗族商业集团。如在江西景德镇,那里不仅有众多西递明经胡氏宗族商人开店经商,而且他们还组建了一个宗族团体"明经会",经常举行各种宗族活动。四、商业资本为宗族服务。许多宗族商人致富不忘宗族,大量商业资本利润流回宗族故地,用于宗族事业,为西递明经胡氏宗族的发展和繁荣创造了一个极为有利的条件。

十一、仕宦辈出

在封建社会,决定一个宗族社会地位的高低,最重要的一个因素是宗族有没有出现"要人"。是否"累世簪缨","代有闻人",是衡量一个宗族社会地位高低的一个重要标准。

据《西递明经胡氏壬派宗谱》卷一《六甲图》记载,明嘉靖四十四年(公元 1565 年)胡文光任万载县知县以前,在西递明经胡氏宗族 500 多年历史上,由于人丁较少,所以只有仕宦 9 人;从明嘉靖四十四年胡文光任万载县知县到清道光六年(公元 1826 年)261 年间,西递明经胡氏宗族通过考选、捐职、封赠出了 130 多个官吏。后一个历史时期是前一个历史时期的 14 倍多。如果按年平均计算,后一个历史时期近乎前一个历史时期的 30 倍。这个统计数字说明,明嘉靖四十四年胡文光任万载县知县以后,西递明经胡氏宗族仕宦人数有了突飞猛进的发展。

在 130 多官吏中,有王府长史和知州 1 人,知府 3 人,上书房行走 1 人,州同知 11 人,中城兵马司指挥 1 人,知县 5 人,巡检 5 人,县丞 6 人,都尉 1 人,州判 2 人,守备 1 人,总兵 1 人,巡道 1 人,千总 6 人,典史 1 人,经历 10 人,吏目 1 人,照磨 3 人,理问 4 人,都事 2 人,供事 1 人,中书科中书 1 人,库使 1 人,翰林院待诏 1 人,翰林院孔目 1 人,教谕 4 人,训导 7 人,翰林院四译生 1 人,朝列大夫 1 人,奉直大夫 5 人,中宪大夫 2 人,通议大夫 5 人,登仕郎 3 人,徵仕郎 2 人,儒林郎 9 人,承德郎 2 人,文林郎 3 人,修职郎 2 人,员外郎 6 人,郎中 3 人等。

同治《黟县三志·选举志》记载,从道光二十九年(公元1849年)到同治八年(公元1869年),仅仅20年时间,西递明经胡氏宗族敕授封赠大夫即多达17人。他们是:胡发芳,貤封朝议大夫;胡惇典,封朝议大夫;胡应钟,赠朝议大夫;胡尚琪,授朝议大夫;胡春缙,赠奉直大夫;胡承潭,授奉直大夫:胡承浩,授奉政大夫;胡时澂,貤赠奉政大夫;胡崇福,赠奉政大夫;胡崇朴,貤赠奉直大夫;胡宗腾,赠奉直大夫;胡守墉,封奉直大夫;胡禄彩,貤赠奉直大夫;胡之彦,赠奉直大夫;胡文镐,封奉直大夫;胡承源,授奉直大夫;胡元,封奉政大夫。

道光年间,三朝元老(乾隆、嘉庆、道光)、武英殿大学士、军机大臣曹振镛的女儿嫁给巨商胡学梓的儿子胡元熙为妻。为迎接宰相亲家曹振镛到西递走亲戚,西递明经胡氏宗族大兴土木。村口修建的凌云阁气势恢宏,曹振镛见了称赞说,"这上面可以走马",所以,又名"走马厅"(按:中华人民共和国成立后拆毁,现在的凌云阁为改革开放后重建)。村中心修建规模宏大的迪吉堂,俗名"独厅",专为宰相亲家举行宴会用,所以,又名"宴会厅"(有人说,迪吉堂建于康熙年间)。宰相曹振镛的女儿下嫁胡学梓的儿子胡元熙为妻,极大地提高了西递明经胡氏宗族的社会地位和政治势力。以后到黟县任知县的县太爷,都到西递明经胡氏宗族拜访,拍族长、乡绅的马屁。

十二、家庭经济

民国时期,西递明经胡氏宗族子弟绝大多数是是徽商,从事文化教育和军政工作的人数居第二位,种田人极少。我们对这个宗族支丁的职业做过抽样调查。二十六世支丁胡芝龄有子4人,孙6人(2人不知名字未计),曾孙12人(不知名者未计),三代支丁总计22人,除官员2人、教师1人、职业不明1人、未成年者3人,其余15人都是徽商。二十六世支丁胡鹤龄有子1人,孙4人,曾孙3人,三代支丁总计8人,全部是徽商。二十六世支丁胡延龄有子9人,孙10人(有3人不知名字未计),曾孙8人(不知名字者未计),三代支丁总计27人,除1人夭亡外,其他26人全部都是徽商。从这三个抽样调查来看,民国时期西递明经胡氏宗族是一个典型的商人宗族。

西递明经胡氏宗族商人子弟有两类:一是企业主和店主,二是职员和店员。企业主和店主有大、中、小三类。民国时期,西递明经胡氏宗族子弟开办的大企业有十几家,中、小店铺有数十家。这些企业和店铺大都分布在长江中、下游城市之中。上海、蚌埠、芜湖、贵溪、景德镇,都有西递明经胡氏宗族支丁开办的大型企业。

在外经商的西递明经胡氏宗族子弟,通过"民信局"和"信客"将大量货币,艺术品和生活用品源源不断运到西递,在家乡大兴土木,建造豪华住宅。① 绥福堂建筑群就是一个典型。这是一座中西合壁式建筑群,楼、房近30幢,有亭、台、楼、阁,有花园、草坪、养鱼池,等等(中华人民共和国成立后拆毁)。民国时期,西递明经胡氏宗族有豪华徽派民居近800所。中华人民共和国成立后拆毁很多,现只有清代古民居124所。

西递明经胡氏宗族富商大贾家庭生活极其豪华,宴请女婿有"燕窝席"、"鱼翅席"、"海参席"三个等级。据胡星明《西递民俗风情录》(油印本)记载,所谓燕窝席就是以大碗炖燕窝为主肴的筵席。这种筵席菜肴有:"四炖",即炖燕窝,炖大爪,凤打牡丹,清炖金银蹄:"四烧",即烧海参,红烧醋鱼,红烧狮头,红烧鸡;"四炒",即炒羊杂,炒三冬,炒银鱼,炒肚丝;"四烤",即烤鸡,烤鸭,烤肉,烤鳖裙;"十二热吃",即"四甜"(西米糊、山楂糊、糖银耳、糖莲子),"四咸"(炒鸡杂、炒鱼卷、炒腰花、干贝),"四点心"(八宝饭、油洗沙、烧麦、水晶锅贴);"十六坐地",即"四水果"(荸荠、甘蔗、桔子、蜜桃),"四冷盘"(海蜇、松花、火腿、香肠),"四干果"(桔饼、金豆、红绿果、蜜饯枣),"四闲嗑"(椒盐长生果仁、五香瓜子、油炸兰花豆、椒盐葵花子)。

为供应西递明经胡氏宗族富商大贾家庭豪华生活,西递村各类店铺鳞次栉比。计有绸缎、布疋、南北杂货、糕点店六七家;华洋杂货店七八家;文具店2家;轿行3家;理发店4家;纸扎店4家;花轿、礼服、彩品店1家;香

① "民信局"和"信客"是邮局前身,类似近代邮局,是徽商经办的。

烛坊三四家；染布坊1家；锡铜加工坊2家；糕点作坊四五家；纸牌作坊3家；堪舆风水2家；民信局——邮政代办所——1家。据说，黟县四乡群众在县城店铺买不到的东西，都到西递村购买。

民国时期，西递明经胡氏宗族子弟开设的企业和店铺，大多数已资本主义化了。上海的乾记茶栈，经营红绿茶国内外贸易，年销售量达数十万箱。蚌埠的捷益货栈，专营铁路运输、出口报关和对外贸易。这些企业不仅是典型的资本主义企业，而且还带有浓厚的"洋商"味道。

土地改革时，西递明经胡氏宗族有68户支丁定成地主。他们之中有的只占有几亩土地，但是都是大富翁。因为他们的财富主要不是来自土地，而是来自商业。土改时，没收地主的浮财，堆满敬爱堂、种德堂、继述堂、惇化堂四座大祠堂。西递村周围几十里的贫下中农都到西递分"胜利果实"。

当然，宗族关系温情脉脉的面纱，不能掩盖西递明经胡氏宗族支丁之间的贫富差异和阶级分化。在400多户村民中，富有户约占30%多，中等户约占50%多，贫困户约占10%。土地改革前，西递明经胡氏宗族子弟近30户务农，其中有一些是缺吃少穿的佃农。庄仆制仍然存在。西递明经胡氏宗族有红白喜丧之事，庄仆必须前来服役。按规定：总支祠服役者是熊姓、黄姓、唐姓庄仆；长房、二房服役者是熊姓庄仆；三房，五房服役者是唐姓、王姓庄仆；六房服役者是吴姓、黄姓庄仆；四家服役者是黄姓、查姓庄仆；吹鼓手是王姓庄仆。服役一律给报酬。庄仆称西递明经胡氏宗族老年支丁曰"官人"，称少年支丁曰"小官人"。

追慕堂和锄经堂祖墓都有庄仆。庄仆为宗族守墓，祖墓房屋免费供庄仆居住，田地归庄仆耕种，免收地租。

十三、文教昌盛

西递明经胡氏宗族非常重视教育和文化。在这个宗族的祠堂和宗族子弟的民居中，到处都有这样楹联："传家无别法非耕即读，裕后有良图惟俭与勤"；"欲高门第须为善，要好儿孙必读书"；"读书经世文章，孝悌传家根本"；"第一等好事只是读书，几百年人家无非积善"；"读书好营商好效好便好，创业难守成难知难不难”……富丽堂皇的七哲祠，矗立于本始堂前，是西递明经胡氏宗族重教崇文的象征。

清乾隆年间，胡学梓建万印轩，为读书习文、修身养性和子弟肄业之所。这里“厅堂高敞，楼阁玲珑，前后隙地，樊为园圃”。清户部尚书曹文埴至西递，过而爱之，题其额曰：“万印轩”。潘逵南《万印轩记》说：“余惟古之学者，藏修游息有其地，安亲乐信有其方。故进而齿，术序学校，群居萃处，春诵夏弦，此时教以正业也。若夫半亩之宫，萧然环堵，拥图书翰墨，日使子弟涵育薰陶，循循矩镬，则退息有居，学亦惟由其诚，尽其材焉耳。”①胡学梓之子、曹振镛之婿，历署衢州、湖州、嘉兴、严州、处州、杭州知府的胡元熙，幼年就在万印轩读书成长。

道光年间，胡积堂建笔啸轩，为读书习文、修身养性、收藏书画和子弟肄业之所。据《笔啸轩记》记载，道光十五年（公元1835年），胡积堂“营构书馆于（丁）峰之麓，峰峙馆后，如卓笔然，故曰‘笔啸轩’，以为子弟肄业之所”②。轩分上、中、下三楹，左右皆有房。这是一座园林建筑，内有亭、台、楼、阁，景色宜人。一年四季，书馆主人胡积堂，“或抚琴而鉴古，或饮酒而赋诗，子弟颂书声相与和答，其喜可知也”。③

据《西递明经胡氏壬派宗谱》卷一《六甲图》记载，从宋神宗元丰年间（公元1078~1085年）胡士良定居西递到清道光六年（公元1826年），通过考选和捐职，西递明经胡氏宗族有廪生、太学生和监生共392人。其中明嘉靖四十四年（公元1565年）胡文光任万载县知县以前10人，嘉靖四十四年以后382人，后一个时期是前一个时期的39倍多；如果按年平均计算，后一个时期是前一个时期的75倍。

明清时期，西递明经胡氏宗族产生了许多文人学士，胡成俊、胡积堂，胡朝贺三人是姣姣者。

胡成俊，字在郊，又字雪眉。博学多才，通经史、书法，尤擅诗词。“读书黄山龙峰精舍，博通经史。书法出入颜平原、李北海，诗文见称于当涂黄

---

① 《五世传知录》。
② 《五世传知录》。
③ 《五世传知录》。

勤敏。”著有《雪眉诗钞》,“得唐人法”。道光乙酉《黟县续志》,“多出其手”。“儒行所谓多文为富者”。① 其《题汤烟樵松山书屋图》诗曰:

最爱当年玉美堂,传家何有只文章;
层轩邃宇怀先业,黄卷青灯毓后祥。
地隔尘氛三经曲,风吹松桂一山香;
何时与客携筇竹,来听书声绕屋长。

这首诗清新优美,被编人《黟县三志·艺文志》

胡积堂,字汝华,一字琴生,号洄坞山人。程堂《洄坞山人笔记序》记载:“山人好藏书,积至数千卷,朝披夕阅,有所得辄以笔记之,岁久汇成四册,题曰《洄坞山人笔记》……观其所采,曰天象,曰分野,曰书画,曰卜筮,曰星命,曰諏吉,曰医药,曰阴阳二宅之类,不可枚举。要皆钩其元而抉其奥。其余所录,精理微言,足以植纲常而扶名教。”②胡积堂“性嗜书,务流览,尤究心于星历算学。后知其耗心力也,乃留意于书画。岁久既积,过眼益多,所见益精;篋笥藏弆以千计,皆精妙入品”③。著《笔啸轩书画录》。王泽《笔啸轩书画录序》说:“今夏小琴(积堂长子,名文铨——引者)、茂才过芜,出琴翁(胡积堂——引者)所著《书画录》一编见示,因得一一展玩,以宋、元年久赝本较多,断自前明及近今,作者慎之至也。”④除《洄坞山人笔记》、《笔啸轩书画录》,胡积堂还刻《腐谭集》,著《致知一得录》。曾国藩曾为《致知一得录》作序。

胡朝贺,通经史诸子百家,学问广博精邃,尤其对孔孟著作,阐述较深。著述颇丰,有《胡藤圃时文》初集、二集、三集,《胡藤圃杂著》,《胡藤圃杂诗》等著作问世。曾参与《黟县三志》的编纂,任婺源紫阳书院主讲多年,桃李满天下。

民国时期,西递明经胡氏宗族仍保持重教崇文的历史传统。民国初年,这个宗族私塾有秋实山房、育才、西川、依仁、卓峰、贡廷、连科、善明、霭溪、

① 同治《黟县三志》卷六上《人物志补·宦业》,清同治十年刊本。
② 《五世传知录》。
③ 《五世传知录·琴生贤弟四十初度序》。
④ 《五世传知录》。

绍书、畅春、福善、绍吉、寄蘅、宝佛、蓉甫、荫南等近20所。还有,胡銮云、胡蓉甫、胡畅春相继创办的明经小学和西川小学;胡大衍夫人黄杏仙创办的崇德女子学堂和胡文龙儿媳陈淑宝创办的萃文女学。民国二十七年(公元1938年)起,胡寿杏任萃文女学校长。

无论明经小学、西川小学,还是崇德女子学堂,萃文女学,都是近代西方性质的学校。开设的课程不仅有国文、算术、常识、地理、历史,而且还有美术、音乐、手工、体育等。教育者不但把受教育者的德育和智育培养作为教育宗旨,而且还注意到受教育者的体育锻炼。

西递明经胡氏宗族非常重视文化教育。村里有个谚语曰:"三钱买板,二钱买书"。意思是请求老师对学生严加管教。许多家长不但叫自己家女孩入崇德女子学堂,而且还将外村一些亲戚家女孩接到西递读书;更有甚者,有的人家的儿媳还未"过门",即接到家中送进崇德女子学堂上学。这所学校在校女学生多达200多人。

据不完全统计,中华人民共和国成立前西递明经胡氏宗族大学生有:胡和康、胡柏康、胡庆荪、胡钟英、胡玲荪、胡兴孝、胡兴廉、胡桂枝(女)、胡鹏荪、胡荫德、胡汉兴、胡钟颐、胡叔文、胡季文、胡开来、胡元芳、胡巧淑(女)、胡同书、胡锦雯(女)、胡淑芬(女)、胡汝康、胡纪澄、胡辅中、胡英昌、胡超然、胡丽儿(女)、胡名一等。留学生有:胡名亨(留德)、胡名贵(留美)、胡逢立(留日)、胡继昌(留日)、胡关金(留日)等。专家有:医学家胡名亨、电子学家胡名贵、医学家胡关金、工程技术专家胡钟颐、大学教授胡辅中、社会科学家胡庆荪、高级工程师胡季文、剧作家胡玲荪、水利建筑学家胡兴廉、高级医师胡桂枝、经济学家胡荫德、高级工程师胡汉兴、高级医师胡鹏荪、总工程师胡名一等。

西递明经胡氏宗族重教崇文不仅表现于规模宏大的七哲祠(族人称文庙),还表现在家家户户的厅堂陈设。每户人家厅堂都是:厅正中悬挂中堂,两边有对联和抱柱楹联;左右各张挂4张条幅,有字、有画。厅堂正中摆设条几和八仙桌;左右两边是太师椅。条几上中为座钟,左摆瓶、右设镜,取"钟声"、"瓶"、"镜"谐音,象征全家"终身平静"。这种陈设,表现了浓郁的传统文化氛围。

十四、风俗四则

民国时期,西递明经胡氏宗族风俗内容极为丰富,这里仅对元旦团拜、婚礼、丧礼、接观音作简单介绍。

农历元旦,举行宗族团拜活动。这天清晨,阖族男女老少着节日盛装诣祠,先行谒祖礼,男丁再按昭穆世次排列,行团拜礼。抗日战争以前,拜毕共饮"利市酒",然后按人头分发"合和饼"。每人 2 个,60 岁以上 4 个,70 岁以上 6 个,依次递增。抗日战争爆发以后,只发"合和饼"。元旦团拜是要达到"叙昭穆,秩名分,重本慎始之道"。

西递明经胡氏宗族子弟结婚,新娘要在祠堂下轿。下轿后,由伴娘搀扶踏着青布袋走到婆家。两个青布袋从新娘头顶抛过,抛袋人喊:"一代胜过一代"。到达婆家之后,举行拜天地、拜高堂、夫妇对拜等仪式。第二天,举行"新妇庙见"礼。族长和近亲长上先到达祠堂,由婆婆陪同新娘在祠堂一一拜见长上。族长赠送新娘两个桔子(无桔时节,用别的水果代)和花生、红枣、莲子等,表示宗族承认是"明媒正娶"。西递明经胡氏宗族女儿出嫁,要到祠堂上轿。男方来接新娘的仪仗队、乐队和执事人等进村,将轿放在祠堂内一个特制竹编垫上,随来的"红婆"到新娘家,举行一定仪式后,将新娘背到祠堂,送上花轿。上轿后,父亲和兄长敬新娘 3 杯酒,然后起乘。花轿出祠堂之后,立即关闭大门。一个宗族子弟在门内用扫帚往里扫 3 下,表示宗族的财富不能外流。

西递明经胡氏宗族族人亡故,有的在家里殡殓,有的在分支祠殡殓,丧祭在总支祠举行。大户人家丧礼,时间长达 49 天。根据族规家法"忧戚相吊"的规定和亲族感情,除了死者的直系后裔要"守灵"和"陪祭"外,死者五服以内晚辈亲属也要参加"陪祭"活动。

闰年接观音是西递明经胡氏宗族一项极其隆重的活动。据胡星明《西递民俗风情录》(油印本)记载,原来迎观音菩萨神像,同时接婺源考水始祖明经太子塑像。明嘉靖年间,海瑞奉命清查严嵩父子奸党,族人怕胡文光受株连,将白脸明经太子塑像涂改成红脸海瑞塑像(一说,涂改成红脸药王神像）。从此，即变为迎观音，同时接海瑞（或曰接药王）。接观音活动异常隆重，队伍前有仪仗队，包括堂灯、旗、锣、伞、铳、提炉、香亭、遮阳伞、万民伞、诸天伞等；中有文艺队，包括台阁、秋千、花船、地戏、锣鼓棚等；后是观音大士神像和海瑞塑像（一说，药王神像）。神驾从水口观音庙动身，沿路爆竹连天，鼓乐齐鸣。全村族众聚集村口，手提香屯（即香炉），恭迎神驾。队伍绕村一周，最后到达敬爱堂，将神像安放祭祀大厅，举行祭神仪式。

迎神活动大都请戏班演戏。一次迎神活动，最少7天，有时十天半月，甚至长达一个月。

附记：

调查时间：1992年12月，1993年5月。

调查地点：黟县东源乡西递村。

调查对象：

胡云保	1914年生	29世	嘉字辈；
胡贺元	1921年生	29世	嘉字辈；
胡纪棣	1932年生	29世	嘉字辈；
胡桂英	1906年生	30世	名字辈；
胡星明	1914年生	30世	名字辈；
胡晖生	1937年生	30世	名字辈；
胡福基	1928年生	31世	逢字辈；
胡稼荪	1931年生	31世	逢字辈。

（原载《安徽史学》1994年第4期，题为《明清徽州西递明经胡氏的繁盛》；《安徽大学学报》1995年第4期，题为《民国时期黟县西递明经胡氏宗族调查研究报告》，现为合编补充修改稿）

婺源游山董氏宗族调查研究

游山村，又称“凤游村”，“濬源村”，位于婺源县城西六十五公里处。这里群山环抱，峰峦叠嶂，东有文笔山，龙盘虎踞；南有天马、狮形、旺林、九甲石林、马鞍诸山，群峰崇峙；西有凤游山，高插云端；北有大尖、凤形、旗形群山，婉延起伏。濬源河自西向东，穿村而过。两岸徽派民居鳞次栉比，儒林、题柱、庆远、环溪、茂林五桥横卧，瞻远、函谷二亭飞檐翘角，与苍翠的林海相辉映，组成一幅典型的徽州农村村落画卷——小桥、流水、人家。

游山，又名“凤游山”、“濬源山”。传说，唐天宝年间（公元742~755年），“有彩凤来游，故名‘凤游’”①。因山“悬崖下有乳泉，从石罅中出，涓涓不息，又名之曰‘濬源山’”②。游山之巅，有静隐寺，乃真武帝君道场。近几年，香火颇旺。游山村，因山得名。

游山村是董氏宗族聚族而居的地方。据《董氏宗谱》记载，董氏宗族来源于江西省银城县海川（今属德兴县），奉董万洪为始祖。万洪生三子，长曰知智，次曰知仁，三曰知义。宋太平兴国年间（公元976~983年），董知仁“始游太学，续拜荆南节度判官，升授奉议大夫，暮年致仕，游新安，喜山水之胜，遂偕弟知义公肇迁凤游。未几，知义公由凤游复迁浮南槎潭”③。游山董氏宗族子弟都是董知仁的后裔。

游山董氏宗族是徽州一个名宗右族，被程尚宽列入《新安名族志》。据调查，游山村现有村民920多户，3, 800余口，其中董姓占96%以上。

民国时期，游山村乡镇企业开始崛起。在徽州地区，这是一种极少见的

---

① 民国《董氏宗谱 · 凤游宗谱序》，民国二十年活字本。

② 民国《董氏宗谱 · 凤游养生记》，民国二十年活字本。

③ 民国《董氏宗谱 · 凤游董氏宗谱序》，民国二十年活字本。

社会经济现象，特别引人注目。我们认为，调查研究婺源游山董氏宗族历史发展变化，尤其是资本主义乡镇企业的兴起和繁荣，对于认识徽州宗族历史发展具有一定意义。

调查研究文章共分7个部分，阐述了14个问题。

一、宗族祠堂与祭祖活动

祠堂是妥先灵、隆享祀的场所，同时，又是宗族的象征。明清时期，徽州名宗右族都把祠堂建设视为宗族的头等大事。《董氏宗谱·泉亭董先生传》曰："上萃祖灵，下联子姓，惟家祠为族中要务。"同书《庆远堂记》说："吾族自迁居以来，至俊、济二公始立祠宇。嗣后，各念其祖，各建其祠……统祠之外，又各族有统祠；支祠之外，又各支有支祠，由来久矣。盖人生之德，莫厚于慎终追远；天下之孝，莫善于继志述事。先人遗泽尚存，后嗣敢数典而忘哉？"

董氏宗族的祠堂，大都建于明清时期。有些祠堂曾遭火灾和兵燹焚毁，又重新建造。《董氏宗谱·重造贞和堂记》记载，贞和堂"惨遭回禄，梁摧栋折，瓦毁墙倾，一炬燎原，可怜焦土，噫嘻悲矣"。支丁董荣怀曰："有祖而无祠，无以妥先灵也；有祠而不祀，几于斩血食也，忍乎哉？"于是，"邀集族友成会，慷慨独任，土木大兴；不畏艰难，不辞劳苦；起造于壬午之夏，落成于甲申之冬，额仍其旧，曰'贞和堂'，示不忘先人创始也"。据《董氏宗谱》记载，太平天国运动时间，清军与太平军长期在徽州激战，保和堂"变为煨烬"①；敦彝堂"又成焦土"②；崇本堂"尽成灰烬"③。咸丰十一年（公元1861年），董氏宗族支丁"将保和祠集议重建，不二年而功遂成。栋宇煌煌，固足以安祖魄而展孝思矣"。同治六年（公元1867年），众议重建敦彝堂，照丁敛费，"踵事以增华，地仍旧基，且鸠工而式拓"，自春至冬，"厥功告竣"④。光绪

① 民国《董氏宗谱·竹林保和堂祠记》，民国二十年活字本。

② 民国《董氏宗谱·竹林重造敦彝堂祠记》，民国二十年活字本。

③ 民国《董氏宗谱·北山重建祠宇记》，民国二十年活字本。

④ 民国《董氏宗谱·竹林重造敦彝堂祠记》，民国二十年活字本。

年间(公元 1875～1908 年),重建崇本堂,经过二十六年,终于建成。①

民国时期,董氏宗族共有祠堂 24 座,它们是:嘉会堂、著存堂、荫槐堂、继思堂、树德堂、叙伦堂、怀德堂、光烈堂、听彝堂、庆远堂、种德堂、勤诒堂、叙庆堂、敦彝堂、崇德堂、永思堂、保和堂、光裕堂、贞训堂、贞和堂、双节堂、崇义堂、崇本堂、志礼公祠。

据《董氏宗谱·怀德堂记》记载,民国九年(公元 1920 年)落成的怀德堂,“历时二载,需缗巨万,其基址之佳,规模之远,奂轮之美,堂构之工,他祠罕与为俪”。但是,今天我们看到的董氏宗族祠堂,规模最大、构造最精、装饰最美的是嘉会堂。

嘉会堂,俗称“统祠”、“总祠”、“大祠堂”,它是董氏宗族的宗祠。这座祠堂座落在游山村村中心,座南朝北,二进、三开间。第一进是仪门,俗称“门厅”、“大门”。这里竖立的一块董氏宗族《义田记》碑刻,特别引人注目。可惜已年久风化,字迹不清,失去史料价值。第二进分前、后二厅,前厅是享堂,俗称“大厅”、“正厅”、“正堂”,是举行祭祖典礼和举行宗族活动的地方;后厅是寝室,又称“寝”、“正寝”,是供奉董氏宗族列祖列宗神主(又曰“主”、“木主”、“牌位”、“神位”)的地方。前、后进之间是天井,天井两边是廊庑。

嘉会堂寝室供奉的神主,依中国家庙左昭右穆传统礼法排列。始姐董万洪的神主供奉中龛正中;二世祖、四世祖为昭,其神主供奉于中龛左边;三世祖、五世祖为穆,其神主供奉于中龛右边。按徽州宗族左功右德的习俗,取得一定功名、道德可垂训后人和对宗族有重要贡献的祖先之神主,列中龛左右配享。中龛中神主,都“百世不迁”。

其他祖先的神主怎样入祠、怎样排列呢?据调查,依董氏宗族习俗,父母亡故,即立一木制神主,上书“显考×××之神位”或“显妣×××之神位”,供奉于堂屋,早晚焚香奠献,历时三载,称“三年守孝”。期满,子孙购买纸扎的灵屋、衣箱、车马等,在村口火化,并将孝服从火堆上抛过,名曰“除灵免孝”。然后,将神主供奉于楼上“香火宫”;同时,至支祠、宗祠去“上神主”。

---

① 民国《董氏宗谱·北山重建祠宇记》,民国二十年活字本。

所谓上神主，即是将先人的名字书写于祠堂特制的粉牌上。每块粉牌上书写二十位祖先的名字，一块粉牌一张供桌，按昭穆世次分别供奉于寝室中左右昭穆室。根据徽州的风俗，上神主都要缴纳一定数量的“入主费”。

董氏宗族族规规定，从事以下职业的支丁的神主不准进入祠堂：一、戏子；二、吹鼓手；三、理发匠；四、开饭馆者。董氏宗族认为，为子孙者应该荣宗耀祖，而这四种职业是下流工作，是给祖先脸上抹黑。

董氏宗族每隔三十年修一次族谱。修谱时，将粉牌上祖先的名字抄写到一块称为“团拜图”的大布上，同时，将粉牌上祖先的名字擦掉。祠堂举行祭祖礼仪时，将“团拜图”悬挂寝室，让宗族子弟祭拜。

祠堂祭祀是展亲大典。董氏宗族祠祭有清明、冬至、除夕（是与元旦团拜联系在一起的一次祭祖活动，俗称“团拜”）三次，以除夕祭祀礼仪最为隆重。

各个祠堂清明、冬至、除夕祭祖活动，都有各自的祭祀组织——清明会、冬至会、团拜会。《董氏宗谱·竹林琳公清明序》记载，琳公冬至会、团拜会“早已各立”，而清明佳节“反无专祀，揆之于礼，甚觉有歉”。支丁董雝喈“忽兴水木之思，克尽仁孝之意，欲为公创立清明（会），谋之伯叔兄弟辈。幸我祖有灵，众志如一，卒然捐赀，以成此举。共计五十七名，编作七挈，并议立章程，永远咸遵此例。递年于清明前十一日，各人整肃衣冠，入祠恭行祭礼，而后共登坟拜扫，以展孝思”。《董氏宗谱·竹林玉保公崇礼冬祭序》记载，自琳、珮二公分派以来，竹林以琳公为鼻祖，“等而下之，至玉保公凡十世，以享以祀，春秋匪懈，诸祖有之，独玉保公无专祀享，奉先之谓何？”支丁董本晶、董本光、董本明、董荣润、董昌求等，“矢慎矢公，任劳任怨，特于光绪戊寅岁，挺身领袖而询谋支下，又复佥同，爰独创立冬祭，名曰‘崇礼’。共百二十五名”。

宗祠祭祖，设主祭1人，陪祭2人。担任主祭和陪祭者的条件是：文化水平高、年龄大、能力强、德高望重、家庭富有的绅士。

清明、冬至，设礼生28人；除夕“团拜”，设礼生52人。清明、冬至礼生中有：通赞（俗称“鸣赞”、“唱班”）2人，引赞（又称“小赞”、“引礼”）2人，司祝、司帛、司樽、司爵、司盥、司馔、纠仪各2人，侍神10人。具有小学毕业文化水平的支丁，即可担任通赞、引赞、司祝、司帛、司樽、司爵、司盥、司馔；担任纠仪和侍神的礼生，除了具有一定文化水平之外，还必须是年长支丁。

有资格参加祠祭的支丁有两类：一、具有小学毕业以上文化水平者；二、年龄满六十岁以上者。

与徽州的一些名宗右族一样，董氏宗族祠祭也行“少牢礼”，主要祭品为全猪、全羊，俗称“猪羊祭”。但因游山一带养羊的人家极少，所以，采用以猪代羊的办法，主要祭品成为两头猪。

祭桌上祭盘内的祭品有：鸡、鱼、米粿、豆腐、豆芽、米饭、米、豆、茶等，还有一盘猪毛和一盘羊毛。除了祭盘以外，每张祭桌上都有一个精雕细刻、油漆描金的木方食品盒，内盛花生、大枣、糕点、糖果等祭品。

祭时，有乐队伴奏。乐师由小姓担任。乐器有：长号、短号；大锣、小锣；大钹、小钹；大鼓、豹鼓；唢呐、笙、管等。

祭日，嘉会堂张灯结彩，仪门洞开。“乡佑”（即族长和房长的助手）沿街鸣锣，通知支丁在各自支祠集合。然后由房长率领到嘉会堂，循序进入祠堂天井，按昭穆世次排列站队。

参加祭祖礼仪的支丁，都要俱着礼服（长衫、礼帽），文质彬彬。祭时，不得交头接耳、抓头摸腮、伸腰呵欠，更不准打闹说笑、自由活动。祭毕，不准拍打衣裤，一哄而散。违者，纠仪要当场批评教育；情节严重者，要在列祖列宗神主前罚跪，并取销领胙资格。

祭礼在下午二时左右开始。首先鸣长号，放铁铳，同时，击鼓鸣钟，以形成壮严隆重的气氛。

祭礼仪式，遵朱熹《家礼》，行三献礼——初献、亚献、终献。但又踵事增华，繁文缛节，全部祭祀时间长达三个多小时。

祭时，香烟缭绕，鼓乐齐鸣，壮严肃穆。虽然仪节繁琐，但是秩序井然。

祭毕，颁胙。按嘉会堂祠规规定，全体支丁，不论老幼，每人胙肉一斤。参加祭祀典礼的主祭、陪祭、礼生和支丁，每人增加胙肉四两。年满六十岁以上的老年支丁，不论是否参加，每人也都增发胙肉四两。

清明、冬至、除夕“团拜”，不仅嘉会堂——宗祠——举行祭祀大典，而且各个支祠也都举行祭祖活动。但是，支祠祭祖礼仪简单．，除了主祭、陪祭以外,只设礼生8人,没有乐队伴奏。

支祠除夕“团拜”祭祖活动与宗祠有三点不同:一、宗祠除夕“团拜”祭祖典礼于除夕举行;支祠除夕“团拜”祭祖仪式于除夕前一天进行,大月是二十九日,小月是二十八日。二、参加宗祠除夕“团拜”祭祖典礼的主祭、陪祭、礼生和支丁,每人胙肉一斤四两;参加支祠除夕“团拜”祭祖仪式的主祭、陪祭、礼生和支丁,每人胙肉两斤。三、宗祠除夕“团拜”祭祖典礼结束后,不举行“合食”;支祠除夕“团拜”祭祖仪式结束后,举行“合食”,老幼支丁,一律参加。一年一次的支祠“合食”,不仅有美酒佳肴,而且每个支丁还分发一支猪肉串——用筷子穿,在锅里蒸制。

董氏宗族各支祠举办除夕“团拜”、“合食”的目的,是为了增进宗法观念,加强宗族团结,巩固宗族统治。参加“合食”的全体支丁,欢聚一堂,共饮同餐,尊尊亲亲,雍雍睦睦。大家不仅都以董氏宗族子弟的身份出现,而且都以董氏宗族血亲关系相称呼。族众之间,富者与贫者、贵者与贱者、强者与弱者的差别,剥削者与被剥削者、统治者与被统治者的对立,被温情脉脉的血缘关系的面纱遮盖了。事实证明:宗族“合食”是缓和宗族矛盾、巩固宗族统治的最好方法和有力措施。

二、昭穆世次与族谱修纂

昭穆世次是宗族的生命线——世次乱,宗族亡。所以,自古以来,宗族统治者都非常重视奠世系,序昭穆。明清时期,“排行联”(又称“排行歌”、“行辈联”、“行辈歌”、“派行联”、“派行歌”)的制定,成为宗族巩固昭穆世次的重要手段。

董氏宗族支分派衍,聚居游山村者计有八派,它们是:竹林派、儒林派、溪北派、黄荆岭派、前街派、后街派、街上派、店背何家墩派等。此外,还有迁徙到梅田村的田内派和迁往镇头王封村的王封湖天井派。董氏宗族各派曾经“各取行派”,结果造成行辈“排列淆乱,几使尊卑倒置,昭穆莫辨矣”。民国二十年(公元1931年),为了改变排行紊乱的局面,挽救宗族的危亡,董氏宗族发布《重改行派合一议》,全文如下:

夫别尊卑，固以世次为凭，而序昭穆，亦以派行有定。窃见吾宗，各取行派，排列淆乱，几使尊卑倒置，昭穆莫辨矣。今公议五十六字，上溯所先，下逮后裔，如世数则起于万洪公，派行则起于从秣公，名下仍注原行，不没其旧也。寻源及流，按世挨加，庶几行第吻合，群派如一家焉，则昭穆序而尊卑明矣。爰列派行于左：

从川述祖，继起成行；
尚崇先德，孝友一堂；
宗兴祚焕，鼎盛传芳；
世承广远，树本荣昌；
振家华国，道谊文章；
高明正大，绳武贤良；
嘉猷永绍，长发其祥。①

排行联是奠世系、序昭穆的重要工具。一个行辈用一个字作为行辈代号。同一行辈的支丁命名时，必须用规定的同一行辈代号字。这不仅是对支丁世次的规范，同时，行辈代号将全体支丁的世次都一清二楚地表现了出来。在调查过程中，我们只要知道被调查者的名字，他所属的行辈就不言而喻了。

在宗族内部，一切都依行辈行事。无论是元旦团拜、祭祖、婚礼、丧礼，还是人际关系，日常生活，事事都不准违背行辈。

今天，虽然中华人民共和国成立已半个多世纪，但是，董氏宗族制定的排行歌仍在起作用，大多数子弟仍依排行歌命名。现在，董氏子弟最长辈为荣字辈，属三十一世；中间为昌字辈，三十二世；振字辈，三十三世；家字辈，三十四世；华字辈，三十五世；国字辈，三十六世；道字辈，三十七世；谊字辈，三十八世；文字辈，三十九世；最小辈为章字辈，属四十世。

宗族统治者利用排行歌组织族众，管理族众，排行歌是统治族众的工具。

但是，为了奠世系、序昭穆、别尊卑和尊祖、敬宗、收族，达到加强宗族组

---

① 民国《董氏宗谱》，民国二十年活字本。

织、巩固宗族统治的目的，仅仅依靠排行歌还是很不够的。

因为排行歌不能反映宗族的木本水源和传承繁衍，更不能反映父子关系、亲疏关系、支房关系、继嗣关系，等等。因此，纂修族谱就成为必要之举了。历史上，徽州人对纂修族谱的必要性和重要意义有大量论述。《歙西溪南吴氏世谱》的作者说："家有谱，犹国之有史也。国而非史，则君臣之贤否，礼乐之污隆，刑政之臧否，兵机之得失，运祚之兴衰，统绪之绝续，无由以纪；家而非谱，则得姓之源流，枝派之分别，昭穆之次序，生卒之岁月，嫁娶之姓氏，出处之显晦，无由以见，国何以治，而家何以齐哉？"程一枝在《程典》中记载："谱者，家之大典，姓氏之统于是乎出，宗祖之绩于是乎章，子姓之绪于是乎传，宗法于是乎立，礼义于是乎兴，胡可缓也。"族谱是奠世系、序昭穆、别尊卑的重要工具；纂修族谱是尊祖、敬宗、收族的重要措施。

董氏宗族对纂修族谱的重视，在徽州名宗右族中具有一定的典型性。《董氏宗谱》跋曰："欧阳文忠有言，'二世（按：可能是"三世"之讹——引者）不修谱，为不慈不孝'。吾宗阅一世即修，其笃于孝慈也至矣。"在这一思想指导下，董氏宗族曾一而再、再而三地纂修族谱。民国《董氏续修宗谱序》记载："我族宗谱，自元大德以来，而明而清而民国，凡九修矣。"①

据《董氏宗谱·续修家乘序》记载，董氏宗族先后九次纂修的族谱是：

1. 元大德七年（公元 1303 年）谱；
2. 明正统六年（公元 1441 年）谱；
3. 明正德六年（公元 1511 年）~万历辛未（？）谱②；
4. 清乾隆六年（公元 1741 年）~乾隆四十二年（公元 1777 年）谱；
5. 清嘉庆十六年（公元 1811 年）谱；
6. 清道光二十一年（公元 1841 年）谱；
7. 清同治十年（公元 1871 年）谱；
8. 清光绪二十七年（公元 1901 年）谱；

---

① 民国《董氏宗谱》，民国二十年活字本。

② 民国《董氏宗谱·续修家乘序》记载："（明）正德辛未，先进骞公议将辑修，犹草序图，以俟万历辛未，徽光公集五六同志，编校刊刻，而谱书始克告成。"按："万历辛未"为讹误。

9. 民国二十年(公元 1931 年)谱。

董氏宗族纂修族谱有一条规定:“新谱告成,前谱缴焚”,“以杜污废典卖之弊”①。因此,前八种族谱的内容,均不得而知。民国修谱时,宗祠设“谱局”作为纂修机构。《董氏续修宗谱序》记载:“民国辛未夏,会于儒林嘉会之堂,修氏族志(即族谱——引者)也。”②族谱纂修期间,常驻谱局的人员有:总理 3 人,管库 3 人,赞理 6 人,辑校 2 人,分校 4 人,考核 6 人,誊稿 9 人,谱师 6 人。③ 据说,这些人不但在谱局吃、住,而且还不准与家人会见。

民国《董氏宗谱》,25 卷,卷首 1 卷,卷末 1 卷,宣纸,木活字本,27 册,开本 26. 5 厘米×41 厘米,共重 18. 65 公斤;纸张优良,装帧、印刷、版式均十分精致。

民国《董氏宗谱》内容十分丰富,它包括:谱序、谱例、迁居、村图、诰制、簪缨、世系、记、行状、传、墓志铭、墓表、肖像、像赞、寿文、杂录、跋等。与大多数族谱一样,《董氏宗谱》绝大部分篇幅也是《世系》——共 20 卷,20 册,占整部族谱篇幅的 74%以上。

谱例部分是对纂修族谱应该遵循的一些基本原则和宗法制度一些重要理论问题的论述。这些原则和理论有:“谱牒最严冒滥”、“人生平,盖棺乃定”;“新谱告成,前谱缴焚”;“名下填注议”;“掌谱珍重议”;“庵寺祖坟议”;“绍继不可混乱议”;“重改行派合一议”;“五世再提,实十世序例”;“始祖宗子专尚议”;“绍继不可紊昭穆议”;“推戴各派迁祖”;“三殇序不序议”;“序谱不可虚誉议”;“书讳字行号官职议”;“书婚娶姓氏暨墓所山向例”;“分别支派存所例”,等等。《董氏宗谱》谱例部分内容之丰富,在徽州族谱之中实属少见。

宗族是以父系血缘关系为纽带的社会人群共同体。防止“异姓乱宗”和“同姓非宗”,保持血缘关系的纯洁性,是宗族的大事。在《绍继不可混乱议》中,族谱的编纂者阐述道:

> 古人继嗣,大宗无子则以族人之子续之,取其一气脉相为感,通此

① 民国《董氏宗谱·谱例》,民国二十年活字本。

② 民国《董氏宗谱》,民国二十年活字本。

③ 民国《董氏宗谱·董氏续修宗谱序》,民国二十年活字本。

大公至正之举,圣人所不讳也。后世理义不能,人家以无嗣为讳,不肯显立同宗之子,多是潜养异姓之儿,阳若有继,而阴已绝其后矣……吾族自修谱以后,敢有同姓非宗、异姓觅立一切以赝作真者,混入宗谱,尤为不孝子孙,宜戒之慎之。至有取女子之子为后,以姓虽异,而有气类相近,似胜于姓异而属疏者……气类虽近,而姓氏虽异,此说亦断不可行。①

此文对"绍继不可混乱"问题,作了重要理论阐述。文章指出,为了保持宗族血缘关系的纯洁性,继嗣必须是"同宗之子",不仅不准许"异姓觅立"和"取女子之子为后",即使继嗣"同姓非宗"之子,也必须禁止。

昭穆世次是宗族的生命线,昭穆乱,宗族亡。为了保证昭穆世次不乱,不但要不断地纂修族谱,而且还必须对继嗣作出严格规定。因为继嗣不当是造成昭穆世次紊乱的一个重要原因。《董氏宗谱》的编纂者在《绍继不可紊昭穆议》中指出:

或觅立,或应继,务无取混于昭穆者。如以兄弟之子为子是矣,求诸兄弟之子不得,然后由从兄弟、再从兄弟、三从四从兄弟求之;又不得,然后求诸同姓无服者,咸令昭穆相应,斯为权之经变之常。

在徽州地区,因财产继承、感情关系等原因,"爱继"是司空见惯的社会现象,甚至有以弟继兄者。因此,常常紊乱了昭穆世次。为了巩固昭穆世次,董氏宗族对继嗣作了严格规定。

族谱是宗族的大典。妥善保存族谱,历来是宗族的要事。中国的先贤早已指示,发生天灾人祸,首要之事是抢救族谱,不使毁坏。为了保藏好族谱,董氏宗族在《掌谱珍重议》中规定:

掌谱乃一族之纲领也,族内公同推议正直贤达、不阿毁誉、颇通文墨者,以执厥事,用心收藏,毋致损坏。如或不以宗法为重,轻易更改,变乱宗族,甚至浪游远方,摇尾乞怜,卖物肥自者,众议以忘祖不孝,追取谱牒,逐出其族。②

---

① 民国《董氏宗谱》,民国二十年活字本。

② 民国《董氏宗谱》,民国二十年活字本。

董氏宗族为了使支丁“用心收藏，毋致损坏”，将印制族谱都按字编号，将收藏支丁的姓名和其收藏族谱的编号印于族谱卷末。宗族规定，每年祠祭，收藏者都要将族谱搬到祠堂，请族佑一一检查。如发现有“更改”、“变卖”者，即以“忘祖不孝，追取谱牒，逐出其族”论处。

在《董氏宗谱》中，行状、墓志铭、传、寿文、像赞等文章，不仅内容丰富，而且其中有许多经济资料，特别引人注目。例如，《澹川董绳武公行状》、《耀廷公传》、《孔光舅翁传》、《祥光翁传》、《远俊公及德配赵氏孺人合传》、《国学生海山翁传》、《竹林派清诰授翰林院待诏册讳雠喈字鸣凤号梧冈翁五十寿文》、《竹林派本光公像赞》、《竹林派清国学生董廷贵翁传》、《竹林派清翰林院待诏加二级董荣桐翁传》、《绥万先生传》、《荣椿公传》、《凤游董世觉公传》、《慎斋公暨德配戴孺人合传》、《步爵公暨德配洪孺人合传》、《蔚其公传》、《董粎菜公传》、《荣选公夫妇合传》、《凤游董慕舒先生传》、《仰宽公传》、《董健元先生家传》、《文山董君传》、《荣随公暨德配汪孺人合传》、《绥万君传》等，都有宝贵的经济资料。据我们所知，徽州族谱之中，行状、墓志铭、传、寿文、像赞的内容，绝大多数都是记载忠、孝、节、义封建伦理道德，经济资料极少。《董氏宗谱》中这类文章，虽然也以记述封建伦理道德为主，但是，也记载了不少经济活动，为我们提供了不少经济资料。这是十分可贵的。

《董氏宗谱》中的序、记和杂记，不仅内容异常丰富，而且其中有许多十分珍贵的资料。例如，《凤游养生记》、《凤游山书屋记》（清嘉庆十六年撰）、《凤游世仆引》、《庆远堂记》、《竹林琳公清明序》、《竹林玉保公祟礼冬祭序》、《竹林重造敦彝堂祠记》、《重造贞和堂记》、《北山重造祠宇记》、《禁赌小引》、《凤游山书屋记》（清同治十年撰）、《义仓记》等文章中，有关风俗、教育、世仆、祠堂、祭祀、祭田、学田、义仓、禁赌等记载，特别是关于世仆、学田、禁赌的资料，是非常难得的。

当然，《董氏宗谱》也有很多不足之处。一、祠堂是妥先灵、隆享祀的场所，是宗族的象征。董氏宗族祠堂林立，总计共达二十四座。《董氏宗谱》对这样一种重要的宗族文化现象，没有作专项记述。二、祭田是宗族祭祀的物质保障，义田是宗族统治的物质基础。据调查，董氏宗族祭田、义田很多。《董氏宗谱》对这一重要的宗族经济现象，没有专门记载。三、族规家法是宗族统治的工具，是宗族成员行为和言论的规范。从一定意义上讲，没有族规家法宗族即很难存在。在《董氏宗谱》之中，没有记载董氏宗族的族规家法，这不能不说是一个缺点。

三、组织管理与族规家法

董氏宗族的最高首领是族长——绅士。担任族长的支丁，都是族内文化水平高、年龄大、能力强、德高望重、家庭富有的绅士。所以，当地人不叫族长，而称“绅士”。在我们调查过程中，甚至有许多老人说：“我们董氏宗族没有族长，只有绅士。”

族长的职权是：主持宗族祭典，召开和主持宗族会议，决定和执行宗族重大事务，教育和惩处触犯族规家法的族众，监视“管众”的经济活动与账目，监督元旦“大团拜头首”尽职尽责，代表宗族与异姓或地方联络、交涉、抗争，等等。

据调查，董氏宗族族长不仅权力很大，而且社会地位也很高。民国时期，婺源县参议院议员、商会会长董顺如担任族长期间，县长和县政府来游山村办事，如征粮、征兵、抓人等，必须事先与董顺如商量，征得董的同意，才能实行；否则，谁也不敢办，包括县长在内。当过国民党上校参谋长、许昌县县长的董理和担任族长期间，国民党来游山村抓兵，理和指示“乡佑”接待。宴请结束，给来客一人一个红包。这时，理和突然出现，问抓丁者：“你们是来抓丁，还是来抓钱?”随即一声令下，七八十手持枪刀的董氏宗族青年子弟立即出现，缴了抓丁者的钢枪，抓丁者只好匆匆溜走。

中层组织称“房”。据《董氏宗谱》记载，清道光年间（公元1821~1850年），董氏宗族共分8大房。据我们调查，后来支分派衍，到民国时期发展分裂为24房。房有房长。担任房长要具备三个条件：一，辈份高；二，年龄大；三，办事公道。房长的职权是：主持本支祠的祭祖典礼；代表本房参加宗族会议；协助族长教育和惩处本房触犯族规家法的族众；与“乡佑”一起调处本房族众或本房族众与另一房族众之间的纠纷；监视本房支祠“管众”的经济活动与账目；以房长的身份参与本房族众土地买卖、婚丧礼仪、分产析居等活动;监督支祠元旦“团拜头首”尽职尽责,等等。

协助族长和房长工作者称“乡佑”,他们是族长和房长的助手。每房1人,计24人。族长、房长决定的事,大都由乡佑去执行。例如,召集宗族会议,管理土木工程,传讯触犯族规家法的族众,调解族众之间的纠纷,检查“管众”账目,组织支丁清理河道,到邻村和县城送信、送财物,等等。

管理祠堂的人称“管祠众”(简称“管众”),管理祠堂账目的人称“管账”。管众和管账的任职条件是:有一定的文化、公正无私、有一定的工作能力、家庭经济小康、年富力强。管众的职责是:管理祠堂的田地和山场,征收地租和力坌,管理稻谷的储存和出粜,等等;发生土地纠纷和租佃纠纷时,报告族长和房长议决,协助乡佑处理。管账的职责是:管理祠堂账目,记载货币收支和稻谷出人。管众和管账都由选举产生;发现营私舞弊,贪污公款、公物,即罢免惩处。

负责筹备祠祭和墓祭的称“司年”。每个祠堂有司年数人,由年富力强的支丁担任,一年一换。他们的主要任务是:选购祭品、加工祭品、筹办祭祀、举办“合食”、负责颁胙,等等。

董氏宗族农历新年团拜异常隆重。宗祠团拜曰“大团拜”,支祠团拜曰“小团拜”。为了举办新年团拜活动,每年都要成立临时性的团拜组织。宗祠大团拜的临时性组织称“大团拜当头”,由24人组成,每房出1人,由当年20岁的青年支丁担任。24人中,生日最大者任“头首”。支祠小团拜的临时性组织称“小团拜当头”,由8人组成,也是由当年20岁的青年支丁担任。8人中,也是生日最大者任“头首”。当头支丁每人要向祠堂缴纳三种物品,用于颁胙和合食:一、一头能出80斤无骨净肉的毛猪;二、三四斗糯米酿的甜酒;三、三四斗黄豆做的豆腐。这对当头者是一项极其沉重的经济负担,特别是对那些贫穷的支丁,实在无力承担。《董氏宗谱·日昇族叔传》记载:

> 我族八大房建嘉会祠,丁有几千,每年于岁杪二十四日入祠,照丁颁胙,荤腥酒充腐,“首”办出,名曰“团拜”。有力者固可充当,无力者恐有推累,种种苦情,悉数难终。翁(即董日昇——引者)见此,郁郁已久,将生存所置之租,笔之于书,输之入祠。

由于负担太重,当头者“种种苦情,悉数难终”。但是,宗族还有人美其名曰:“纳一次,吃一辈子。”据调查,尽管董日昇“将生存所置之租,笔之于书,输之入祠”,资助祠堂团拜经费,但是,还是有当头者缴纳不起。董氏宗族为了保证团拜经费,对缴不起物品的当头者制定了两条规定:一、捆绑祠堂立柱示众;二、扣发所属支祠全体支丁胙肉。族众都视此为丢脸面,大都大家代为缴纳。所以,虽然宗族有此规定,但是从未发生过这种事件。

以族长为核心的房长、乡绅统治者是董氏宗族的管理者和统治者。族规家法是他们管理宗族、统治族众的重要工具。据调查,董氏宗族族规家法的重要内容有:

一、孝顺父母。孝为百行之原。为人子者,必须听从父母的教诲;对父母必须和颜悦色,赡养服侍。不准遗弃,不准虐待,不准打骂。违者,洞开祠堂大门,执至祠堂,依据情节轻重,或训斥教育,或烧香罚跪,或当众笞杖。屡教不改者,革出祠堂,生死不得入祠。

二、尊敬长上。卑者对尊者、幼者对长者,要坐则起,行则让,不准直呼其名。对尊者、长者的教诲,要虚心接受;即使不当,也要默受;不准辩解,更不许顶撞。如违,轻者由家长教育,责令悔改;重者,家长、犯者要向长上赔礼道歉。

三、婚姻要当。男婚女嫁,人生大伦。父母之命,必须恪守。联姻结亲,要选择忠厚人家,门当户对;不要嫌贫爱富,贪婪钱财。同姓不婚,不准违背。不准与戏子、吹鼓手通婚,不准娶小姓之女为妻。违者,逐出祠堂;死后,神主不准入祠,名字不准上谱。

四、闺门要严。妇女必须孝顺公婆,尊敬丈夫,教育子女,和睦妯娌,勤俭持家;不准虐待公婆,搬弄是非,打街骂巷,好吃懒做,到处玩耍。严禁乱伦败俗,有伤风化。违者,根据情节轻重,严肃惩罚。要支持孀妇守节,生活困难者,给予周济。

五、继嗣要当。无子者,“或觅立,或应继,务取无混于昭穆者,如以兄弟之子为子是矣;求诸兄弟之子不得,然后由从兄弟、再从兄弟、三从四从兄弟求之;又不得,然后求诸同姓无服者,咸令昭穆相应”。“敢有同姓非宗、异姓觅立”者,“尤为不孝子孙,宜戒之慎之”。①

---

① 民国《董氏宗谱·绍继不可紊昭穆议》,民国二十年活字本。

六、元旦团拜。正月初一日，全体支丁欢聚祠堂，举行元旦团拜，是宗族大典。当头者必须按规定缴纳毛猪、甜酒和豆腐，不得误时，不得短少。如违，不仅要严惩当头者，而且要扣发该当头所属支祠全体支丁的胙肉。当头者要忠于职守，尽职尽责，办好元旦团拜庆典。违者，酌情惩罚。

七、勤俭持家。士、农、工、商，都要自强不息。士要勤读，农要勤耕，工要勤作，商要勤贾，人人都要树立敬业精神。不准游手好闲，吃喝玩乐；聚众斗殴，惹事生非；更不准聚众赌博，败坏家业。违者，酌情惩处：或唤至祠堂教育、训斥；或执至祠堂焚香罚跪；或绑缚万年台立柱示众。

八、周济贫困。鳏、寡、孤、独和贫穷族人，生活困难，不能坐视不管，让其背井离乡，乞讨为生，冻饿而死。宗祠设义仓一所，周济鳏、寡、孤、独和贫穷族人。贫困户一年一评，张榜公布。每人每月可以从义仓中廉价购买稻谷三斗。凡是触犯族规家法者，虽贫也不准粜，以示惩罚。

九、禁止新年讨债。贫穷族人，债台高筑，年关难过。腊月二十四日，二十四个头首的二十四只爆竹在儒林桥畔万年台前响过，债主即要停止向贫穷族人讨债，让贫穷子弟与族人一同辞旧迎新。为了让贫穷族人欢度新春佳节，不出正月二十四日，债主不准向债务人讨债。

十、奖励人才。子弟要努力读书，光宗耀祖。小学毕业，每年支祠奖励"灯油租"三担六斗。初中毕业，每年支祠奖励三担六斗，宗祠奖励三担六斗。高中毕业，每年支祠奖励三担六斗，宗祠奖励四担八斗。大学毕业，每年支祠奖励三担六斗，宗祠奖励六担四斗，文会奖励二担；或者支祠奖励四担八斗，宗祠奖励五担二斗，文会奖励二担。全部"灯油租"，都是终身享用。

十一、保护寺墓。寺庵是祖先的香火院。先人购置寺庵田地，是为"供佛饭僧，以垂久远"。祖墓是藏祖先体魄的风水宝地。先人购置墓田，是为春露秋霜，百世守之。要垂戒子孙，保护寺庵和祖墓田地，不准"视为己业"，"典卖肥己"；不准"斩伐荫庇树木，因而侵造风水"。如违，"执此呈究，以不孝出族"。①

---

① 民国《董氏宗谱·庵寺祖坟议》，民国二十年活字本。

十二、封山育林。游山村四周山场，乃祖宗基业，皆属祠堂公有财产。龙脉山是游山村的风水，关系宗族支丁的兴旺发达。严禁任何人携带刀斧进山，滥砍滥伐。私自砍伐山场林木，特别是龙脉山和水口的风水林木，严惩不贷。犯者要“杀猪封山”，每户分发三斤猪肉。

十三、保护村溪。濬源河流经村中地段，为宗族的“养生溪”。禁止在河中洗衣、洗菜、洗刷器具。河中红鲤鱼是行善人家放生，禁网，禁钓，禁捕。违者，处以用锡箔将鱼烧成灰烬的惩罚。每年八月十三日为“清洗河道日”，届时，适龄支丁必须参加挖土、运土等劳动。报酬按量计算，从义仓中支付。

十四、严禁赌博。“聚赌成群，不分昼夜，坑族子弟，多陷其阱，为患酿祸，非细故也。族人佥议，捐赀请示申禁。各家父教其子，兄诫其弟，无得偶犯”，“凛遵恪守，各安本业”。敢行聚赌者和窝赌者，即行重罚，并绑缚万年台立柱示众，“决不轻恕”。“或犯赌无力罚出者，叫街抽辱”。捉获聚赌、窝赌者，即行重赏。①

十五、植“树人”树。由于祖先积德，所以董氏宗族人丁兴旺。只有人才辈出，才能亢族亢宗。支丁生子都要在村北植树一株，名曰“树人”。父母要为树设置防护，防止人畜破坏。如有敢于毁树者，严惩不贷。

十六、制御世仆。世仆隶于主人门下，“住主屋，佃主田，葬主山”，受主人豢养，必须世世供役。服役项目，必须恪守，不准抗拒。服役时，要老老实实，努力工作；不准迟到，不准偷懒，不准敷衍，不准破坏器物，不准违反规定。如有违犯，视情节轻重，或当场训斥，或事后罚跪，或执至祠堂笞杖。要主仆分明，贵贱、尊卑有别。世仆之女，只准嫁给本族世仆，不准他适。世仆叛主，严惩不贷。

十七、经理祠堂。“管祠众”和“管账”要克己奉公，忠于职守，管好祠堂的田地、山场和财物，每年冬至祠祭前向全体支丁报告稻谷出入和财务收支账目。不准假公济私，损公利己，贪污公款，盗窃公物。如违，一旦发现，立即罢免，严厉惩处。

---

① 民国《董氏宗谱·禁赌小引》，民国二十年活字本。

村中万年台(即古戏台,今毁)右边竖青石碑刻十余方,高三米,宽一米。都是"永禁赌博"碑、"封山育林"碑、"濬源养生"碑……这些碑刻都是董氏宗族族规家法的重要规条。

董氏宗族贯彻、执行族规家法,实行严肃认真、机动灵活、严以律己、宽以待人的方针。

清嘉庆、道光、光绪年间,董氏宗族为了遏制赌博恶习,一而再、再而三地发布禁赌通告,并制定了有力的奖惩措施。道光十年(公元1830年)的通告中规定:"敢行窝赌者,罚钱四十千文;聚赌者,每人罚钱十千文;或犯赌无力罚出者,叫街抽辱;倘抗拒不遵者,约族指名呈究,费用众敷无异。"①捉获族人赌徒,赏钱十千文;捉获外村赌徒,赏钱五千文;捉获十五岁以下青少年犯者,赏钱一千五百文。②

董氏宗族在族规家法中规定,为了保护山林,对滥砍滥伐山林者,要严加惩处。但是,民国十八年(公元1929年)小游山村村民王高德砍伐董氏宗族大游山山场松树杂木,却"从轻议罚"。现将王高德的悔过书列下:

浮邑小游山王高德盗砍大游山树木悔过字

立悔过字人小游山王高德,今立到悔过字董濬源众名下,原因误砍董姓大游山松树杂木,被董姓一经查获,自知理亏,托中调理,有董姓经理人宽,系姻表交情,从轻议罚得英洋七元正。自今日后,与大小人等,永不入山侵害。倘若后有人侵害,系身负责,任董姓重罚,无得异说。今欲有凭,立悔过字为证。

民国十八年九月十三日

立悔过字人　小游山王高德(押)

中见人　胞　兄

子　笔(押)③

董氏宗族在族规家法中规定,为了族人都有饭吃,过上好日子,不准游

① 民国《董氏宗谱·禁赌小引》,民国二十年活字本。

② 民国《董氏宗谱·禁赌小引》,民国二十年活字本。

③ 民国《董氏宗谱》,民国二十年活字本。

手好闲,吃喝玩乐,不务正业。有的支丁贪睡懒觉,起来晚了,不敢到井上担水,怕受到族长、房长的训斥和责骂,偷偷跑到田里,将腿脚沾上泥,并将水桶用泥弄脏,然后回村到井上担水。族长、房长见了,则慌称刚下田回家,担水晚了,以此逃脱训斥和责骂。

董氏宗族族规家法产生了很大社会作用。宗族成员之间喜则相庆,急则相救,疾病相问,死葬相恤,困难相济。所以,民国十六年(公元 1927 年)婺源县政府赠送董氏宗族"士民敦厚"匾额。游山村村头四面八方路口约有牌坊 17 座左右(今已全毁)。其中多为孝子坊、节烈坊。

四、族田族山和义仓稻谷

据我们调查,民国时期游山村共有耕地五千多亩,而董氏宗族祠堂和支丁占有土地多达三万余亩。这些土地,除了游山村五千多亩,其余都分布在游山村周围地区。据说,以游山村为中心,半径十华里以内的土地和山场,百分之八十以上都归董氏宗族祠堂和支丁所有。此外,还有一大批土地分布在浮梁县和乐平县。因土地分布太广,土地改革的档案资料又不全,所以董氏宗族占有土地和山场的具体数字,已无法统计和确知。

董氏宗族的族田,包括祭田(含祠田和墓田)、学田和义田三大类。

据调查,董氏宗族二十四座祠堂,个个都占有或多或少的土地,作为祭田。《董氏宗谱·竹林琳公清明序》记载:"清明佳节,凡支下各祖,俱立祀田数亩,以为省墓之资。届期,少大咸集邱陇,爱慕之心常与祖宗神灵相接于白云松楸间。旋而颁胙燕馂,彬彬礼让,仪典极隆。"光绪二十六年(公元 1900 年),董氏宗族创立董琳"清明会",设置祭田,"输银价买藻睦方汉霜户仪字一千三百二十九、三十、三十一、三十二号桑林塅早田三亩五分零九毛五系正,付与公正人收租管理。倘从兹矢公矢慎,协力维持,将所余赀而拓充之,亦犹木之发荣滋长,水之流奔不竭,夫孰非培本濬源之所在乎?"光绪四年(公元 1878 年),董本晶、董本光、董本明、董荣润、董昌求等购置祭田,创立冬祭"崇礼会",祭祀先祖董玉保。《董氏宗谱·竹林玉保公崇礼冬祭序》记载,五人"矢慎矢公,任劳任怨……挺身领袖，而询谋支下，又复佥同，爰独创立冬祭，名曰‘崇礼’。共百二十五名，每名捐租一兜。如是者六年，至今人力协和，卒置产业若干”。现将崇礼会祭田列表如下：

表一：玉保公崇礼冬祭田亩表

序号	字　号	土　名	税　亩	税　户
1	业字 1215 号	程八公塅	田 1.15 亩	本图九甲本生户付
2	业字 1027 号	墩林背	田 1.054 亩	本图甲清波户付
3	孔字 357 号	戴家坞	田 0.634 亩	本图甲荣馨户付
4	犹字 601 号	西充梨树山下	田 1.5 亩	本都图十甲汪步清户付
5	气字 135 号	仓坞口	田 1.54724	城九图一甲旋吉户付
6	气字 348 号	汪村坦	田 1.316 亩	城九图一甲文履户付
7	气字 679 号	龙河塘	田 1.2 亩	城九图一甲元吉户付
8	荣字 773 号	田内大坞	田 1.4 亩	
9	荣字 912 号	笼　里	田 1.626 亩	

资料来源：民国《董氏宗谱·竹林玉保公崇礼冬祭序》。

上表所列九宗田，共计税亩 12.42724 亩。这些土地，“虽曰聿兴祀事、报本追远之常，而后来子孙得于冬至前一日，骏奔在庙，荐时食以展孝思，非数人之力不及此”也①。

清同治十年(公元 1871 年)，董氏宗族兴建凤游书屋，作为宗族子弟讲习养正之地。为了保证书屋有足够的经费，宗族支丁慷慨解囊，捐献了一批土地，作为学田。现根据《董氏宗谱·凤游山书屋记》列学田表如下：

表二：凤游山书屋学田表

字　号	丘　数	土　名	税　亩	租　额	捐输人
犹字 986 号		余祥坞	田 1.6 亩	30 秤	董院佑
儿字 789 号		上　坞	田 0.86175 亩		董院佑

① 民国《董氏宗谱·竹林玉保公崇礼冬祭序》，民国二十年活字本。

续表

<table>
<tr><th>字号</th><th>丘数</th><th>土名</th><th>税亩</th><th>租额</th><th>捐输人</th></tr>
<tr><td>同字1167号</td><td></td><td>吴窑塘</td><td>田1.5亩</td><td rowspan="3">30秤</td><td>董道长</td></tr>
<tr><td>同字1169号</td><td></td><td>吴窑塘</td><td>田0.76亩</td><td>董道长</td></tr>
<tr><td>同字1538号</td><td></td><td>汤　冲</td><td>田1.172亩</td><td>董道长</td></tr>
<tr><td>兄字150号</td><td>二丘</td><td>义男坞</td><td>田1.63亩</td><td rowspan="4">30秤</td><td>董肇基</td></tr>
<tr><td>兄字158号</td><td rowspan="2">二丘</td><td>义男坞</td><td rowspan="2">田1.5945亩</td><td>董肇基</td></tr>
<tr><td>兄字159号</td><td>义男坞</td><td>董肇基</td></tr>
<tr><td>兄字158号</td><td>一丘</td><td>义男坞</td><td>田1.03亩</td><td>董肇基</td></tr>
<tr><td>业字719号</td><td></td><td>榉树墠</td><td rowspan="2">田0.84亩</td><td rowspan="3">30秤</td><td>董树仁</td></tr>
<tr><td>业字720号</td><td></td><td>榉树墠</td><td>董树仁</td></tr>
<tr><td>业字619号</td><td></td><td>程家门口</td><td>田1.86亩</td><td>董树仁</td></tr>
<tr><td>业字738号</td><td></td><td>罗家冲</td><td>田0.8605亩</td><td rowspan="4">30秤</td><td>董树绂</td></tr>
<tr><td>同字611号</td><td></td><td>西　园</td><td>田1.17亩</td><td>董树绂</td></tr>
<tr><td>同字614号</td><td></td><td>西　园</td><td>田0.2亩</td><td>董树绂</td></tr>
<tr><td>同字619号</td><td></td><td>西　园</td><td>田0.634亩</td><td>董树绂</td></tr>
<tr><td>怀字139号</td><td></td><td>南山下</td><td>田0.54亩</td><td rowspan="2">20秤</td><td>董其昙</td></tr>
<tr><td>怀字380号</td><td></td><td>真坑坞口</td><td>田1.28亩</td><td>董其昙</td></tr>
<tr><td></td><td>二丘</td><td>朱家大
丘上则</td><td>田3亩</td><td>28秤</td><td>董益公</td></tr>
<tr><td>怀字911号</td><td></td><td>塘冲坞</td><td>田2.1亩</td><td>28秤</td><td>董风池</td></tr>
<tr><td>业字86号</td><td></td><td>十亩陂</td><td>田0.82575亩</td><td>12秤</td><td>董志枢</td></tr>
<tr><td>怀字932号</td><td></td><td>寮塆口</td><td>田1亩</td><td>10秤</td><td>董远翰</td></tr>
<tr><td>业字866号</td><td></td><td>汪家门口</td><td>田0.977亩</td><td>10秤</td><td>董福河</td></tr>
<tr><td>怀字1151号</td><td></td><td>河源坞</td><td>田0.79亩</td><td>6秤</td><td>董树庭</td></tr>
<tr><td>犹字134号</td><td></td><td>西　冲</td><td>田0.9224亩</td><td>6秤</td><td>董树权</td></tr>
<tr><td>怀字1352号</td><td></td><td>羊充坞</td><td>田0.8415亩</td><td>8秤</td><td>董本烈</td></tr>
<tr><td>孔字1273号</td><td></td><td>塘　下</td><td>田0.29382亩</td><td rowspan="2">5秤</td><td>董永僖</td></tr>
<tr><td>孔字1302号</td><td></td><td>塘　下</td><td>田0.23725亩</td><td>董永僖</td></tr>
<tr><td>儿字909号</td><td>一丘</td><td>上曲坞</td><td></td><td>6秤</td><td>董天智</td></tr>
<tr><td>同字613号</td><td></td><td>西　源</td><td>田1.4亩</td><td>16秤</td><td>董树涞　董树涌
董树洋　董本仰</td></tr>
</table>

续表

字号	丘数	土名	税亩	租额	捐输人
业字598号		南源深丘	田0.4亩	4秤	董宗瑶
业字900号		上湾门口	田0.34亩	4秤	董朝英
		浮邑洪家坞口上则	田0.8亩	3秤	董树绣
业字77号		庆远桥	田0.258亩	4秤	董远枝
怀字1781号		汪冲口	田0.4237亩	4秤	董树模
怀字1786号		汪冲口	田0.388亩	4秤	董天萃
业字1319号		烟竹坞	田0.655亩	4秤	董永庆
孔字798号		宋　村	田0.34875亩	4秤	董道正
业字1797号		汪　坞	田0.57185亩	4秤	董本烛
业字1777号		汪　坞	田0.53155亩	4秤	董本豫
孔字644号		汪家林	田0.8亩	8秤	董正治　董一轮
孔字1049号		杨　村	田0.37775亩	4秤	董南枝
业字599号		庙　后	田0.303571亩	4秤	董廷傑
怀字1112号		河源坞	田0.4亩	4秤	董树畅
业字1034号		埛　林	田0.269亩	4秤	董元勋
儿字787号		上　坞	田0.3755亩	4秤	董有蓉
连字390号		葛塘充	田0.4亩	4秤	董荣桂
孔字382号		方家坞	田0.5165亩	4秤	董振远
子字487号		史家源	田1.227亩	30秤	董起龙
子字496号	三丘	史家源	田1.61亩		董起龙
业字1539号		大坞充	田0.969亩	30秤	董兆瑞
业字1524号		大坞充	田0.4亩		董兆瑞
仪字235号		程家陇	田0.965亩		董兆瑞
仪字258号		瓦屑丘	田0.99亩		董兆瑞
仪字385号		塘　坞	田0.321亩		董兆瑞
儿字263号		枫树坞	田0.4亩	4秤	董杨芬
犹字134号		西　冲	田0.4亩	4秤	董敬玉
孔字1056号		杨　村	田1.119亩	12秤	董树樊　董树桂　董本闵

续表

字　号	丘　数	土　名	税　亩	租　额	捐输人
业字 536 号		大塘坞	田 0.4 亩	4 秤	董本裘
兄字 44 号		下　充	田 2.452 亩	20 秤	董焕彰　董廷位 董廷修　董树谷 董树藩
仪字 1051 号		和尚丘	田 0.7 亩	7 秤	董树庆　董荣模
		浮邑潘冲 坞口靴丘	田 0.6 亩	4 秤	董廷英
同字 1534 号		汤　充	田 0.427 亩	4 秤	董树定

上表共列田 63 号,捐输者 57 人,共捐田 51.09178 亩,田租 499 秤。此外,还有捐“钱田租”者,现列名如下:

文公大会钱五千文　　墨香文会钱十千文
董　帷钱九千文　　董廷诏钱十千文
董本錤钱十千文　　董南雄钱十千文
董廷显钱十千文　　董远宇钱十千文
董一钱钱十千文　　董其楫钱十千文
董本豪钱十千文　　董树麟钱十千文
董本伟钱十千文　　董廷俊钱十千文
董廷升钱十千文　　董廷干钱十千文
董本林钱十千文　　董树阶钱十千文
董应寅钱十千文　　董宗升钱十千文
董一经钱十千文　　董天栋钱十千文
董雄飞钱十千文　　董荣敦钱十千文
董本祐钱十千文　　董树烎钱十千文
董远俊钱十千文　　董树毓钱十千文
董本格钱十千文　　董远询钱十千文
董本松钱十千文　　董树炳钱十千文
董荣征钱十千文　　董树嘉钱十千文

董本伯钱十千文　　董本糕钱十千文

董南金钱十千文　　董本从钱十千文

董天盛钱十千文①

上列捐输共计有39例,总计捐输“钱田租”384贯。捐输者除了组织团体以外,绝大多数都是董氏宗族支丁。

除了捐“钱田租”以外,还有捐“银基地租课”者。他们是不是捐“银田租”和“钱田租”呢?这些捐输者是:

董勋铭银五十两　　董有禅银十两

董天礼银五十两　　董树耑银十两

董肇基银五十两　　董树贤银十两

董焕阳银二十两　　董树沂银二十两

董焕然银五十两　　董国仍银十两

董朝英银十两　　董荣聪银十两

董树乐银十六两　　董本荣银十两

董祖佑银十五两　　董本烈银六两

董其昌银二十两　　董树绣钱三千文

董树采银五两　　董永僖钱一千文

董兆祚银二两②

上列捐输者共21人,其中捐银者19人,共捐银374两;捐钱者2人,共捐钱4贯。

清道光二十四年(公元1844年),董氏宗族一些支丁奋然振兴义仓,“举而行之,谋诸族人,佥有同志,或慷慨以输金等,指囷而赠粟,酿花集腋,襄成厥举。丰年、常年、荒年定其制,上户、中户、下户异其规。向之告籴于邻封者,今且见出粜于异地”。③

因文献阙如,我们无法确知董氏宗族占有义田的具体数字。但是,从义仓开支稻谷项目之多和数量之大,可以看出董氏宗族义田的数量很大,是毫

① 民国《董氏宗谱·凤游山书屋记》,民国二十年活字本。

② 民国《董氏宗谱·凤游山书屋记》,民国二十年活字本。

③ 民国《董氏宗谱·义仓记》,民国二十年活字本。

无疑义的。

我们已经讲过,董氏宗族对读书人实行终身奖励。小学毕业,每年支祠奖给稻谷三担六斗。初中毕业,每年支祠奖给三担六斗,宗祠奖给三担六斗。高中毕业,每年支祠奖给三担六斗,宗祠奖给四担八斗。大学毕业,每年支祠奖给三担六斗,宗祠奖给六担四斗,文会奖给二担;或者支祠奖给四担八斗,宗祠奖给五担二斗,文会奖给二担。这些稻谷全部从义仓中支付。民国时期,董氏宗族有四百多户人家,如果按每户有一个小学毕业生计算,每年支祠奖给四百多个小学毕业生的稻谷,总数即达一千四百四十多担。据调查,当时田租每亩约一担左右。这就是说,每年奖给小学毕业生的稻谷,需要一千四百四十多亩义田的田租。

董氏宗族修桥铺路、清洗河道、戏班演戏、路亭供茶等经费,都从义仓中支付。这些公益事业开支很大,每年要消耗大量义田田租。据调查,董氏宗族月月都请小戏班(俗称"三脚班")演戏,每次演出三天。元宵、仲秋、冬至都请大戏班演戏,每次演出七天七夜。小戏班由数人组成,大戏班由数十人组成。演员和工作人员的住宿费、伙食费和工资,全都来自义田田租。

董氏宗族对鳏、寡、孤、独和贫困户的周济,是义仓一项重大支出。我们已经讲过,他们对鳏、寡、孤、独实行生活包干制,每人每月周济稻谷三斗,一年三担六斗。死后,供给棺材,负责埋葬。对宗族中的贫困户,一年一评,张榜公布。列入贫困户的人家,按人定量,可以从义仓中廉价购买稻谷。这些稻谷和经费,都来自义田田租。

民国时期,天灾人祸,频频发生,游山村常有外来难民和乞丐。董氏宗族的义仓常施衣散粮,周济这些饥寒交迫的人们。宗族设义冢一处,义仓供给棺材,用来埋葬外来死亡的难民和乞丐。所有这些费用,也都出自义田田租。

董氏宗族设"慈善会",作为管理义仓的机构。义仓设仓库一座,专门用于存放稻谷和棺材。

五、商人企业与村落繁荣

董氏宗族支丁的最高追求是,十年寒窗,金榜题名,衣锦还乡,荣宗耀祖。但是,能够进入官僚集团中者毕竟是少数人。于是,“弃儒业贾”就成为大多数读书人的重要出路。《董氏宗谱》之中,对此有许多记述。《濬川董绳武公行状》载,董绳武“中年以家贫弃儒业贾。尝谓人曰:‘丈夫有志,当壮游四方,乌能郁郁久居牖下?’为人倜傥有志节,善气迎人。遂挟赀走白下、游姑苏,商于江湖十数年,沐雨栉风,拮据经营,业骎骎日起”。《慎斋公暨德配戴孺人合传》载,董慎斋“世居婺西凤游,父廷杰公,始业儒,后业商”。《步爵公暨德配洪孺人合传》载:“公少业儒,工时文,历十七试,竟不售;愤而习估,动辄折阅,叹曰:‘名利非吾有也。’命子佐唐受读。佐唐甫冠即青一衿;科举废,从事茶业,又战无不利。今已饶余,华厦高筑矣。”《荣选公夫妇合传》载:.“荣宠公困于名场,遂弃儒而服贾,积株累寸,而家道日丰。”《凤游董慕舒先生家传》载,董慕舒“以清诏停科举,不能以功名显,为贫故,遂不得不变计,弃儒而商。业茶二十余年,奔走于江右德安、浮梁间,恒一昼夜奔走数百里,足皲体瘁,不以为苦。自是家日裕……其通权达变,卒致丰饶”。《董健元先生家传》载,董健元“未及壮,补博士弟子员,益溺苦于学,期于科目中,崭然见头角……成人后,家累日重,修脯所入不足以给事蓄,乃稍稍习计然术,以茶商起家,往来溢沪间,舟车劳顿,不废弦诵,间为诗歌以自娱”。

据《董氏宗谱》记载,董氏宗族子弟经商,大都以小本起家。例如,《凤游董世觉公传》载,“少家贫,业农……耕所得,兼营囤贩。迨稍赢余,又联络知己二三,而共营茶号。春秋屡度,获利颇丰。公在商界遂巍然露头角矣。精书算,善理财,公其有焉”。《蔚其公传》载,“少綦贫,倜傥有大志,不屑以琐琐谋生活。禀性聪敏,善机变,尤长于持筹,人皆目之为殖货才,以故乡间之绌行者,多倚赖之。壮岁操绿茶业,能耐苦任劳,累占优胜”。《文山董君传》载,董文山“年及冠,改商,操茶业,以资斧绌,志不遂,乃谋之妇;质妆奁,罄私蓄,得集数百金,破釜经营;历数十载,而囊橐以充,仓箱以裕”。《国学生海山翁传》载,董海山“尝慨然曰:‘吾苟守故园,家声何克丕振?尝闻端木氏连骑,陶朱公致富,皆留情于货殖间也。况余也,贾用亦可养亲,贸迁亦云继志,余独何心亦何必拘拘于此哉?’乃逐什一之利,通贵贱,征有无,未几而家小康。厥后,兼为阳武商,不余十年,利获三倍,而名列成均,门庭自此光耀矣！"《竹林派清国学生董廷贵翁传》载，董廷贵"随母而再醮，备受咸酸。稍长旋里，遂谋以自立，习纸札，攻染坊，勤谨有年，始获谋娶。旋赖内助之贤，因立居贾之志，积分成寸，积寸成尺，由小渐大，由大渐广，以故家势日裕，田产时增，非翁之精神与翁之信义，曷为而至此乎？"《竹林派清翰林院待诏加二级董荣桐翁传》载："父以贫故，年十三令习计然术，操奇赢，权子母，精敏勤慎，虽童稚无异老成；父喜其能早卓然立也……中年复以茶业，累置万金。"

董氏宗族子弟经商，大都经营茶叶业。《董氏宗谱》记载，董孔光"开茶号，家渐丰"。[1] 董韹喈，"中年肩家政……夙夜匪懈，拮据十余载，由是家渐裕，营业绿茶，常往来澎湖、沪海间，跋涉之劳，风涛之险，已饱尝矣，然未尝稍损其壮志"。[2] 董荣椿，"悉禀母命而行，奔走于茶商之间，往来于屯、饶之地，坐无暇晷，寝不就衾"[3]。董以成"惟是勤俭持家，日则以身先之，不敢自暇自逸，俾一家咸愿勤劳；夜则教习书计，待异日有志货殖者，可持是以光启门庭。幸也，弟荣炽果务茶而得财"。其外甥因而"亦称殷实"[4]。董仰宽，"能大川涉利，舟车南北得出，其数十年茶商，余蓄良田华屋。孙子蒙庥，创业兴家"[5]。董蔚其与董昌朋，"刎颈交也……曾合伙业茶"。董昌朋"追随数十年，相依如家人"[6]。董廷杰，"运茶广东"，适遇"洪杨乱"，"道梗不得归，羁粤省七年"[7]。我们已经讲到的董佐唐、董慕舒、董健元、董世觉、董文山、董荣桐等，都是茶商。

董氏宗族子弟经营茶叶贸易，敢与洋人争高低。《董氏宗谱·董健元先生家传》记载："先生齿居长，成人后，家累日重，修脯所入不足以给事蓄，乃稍稍习计然术，以茶商起家，往来溢、沪间……婺茶与外洋互市，利权为外

① 民国《董氏宗谱·孔光舅翁传》，民国二十年活字本。
② 民国《董氏宗谱·竹林派清诰授翰林院待诏册讳韹喈字鸣凤号梧冈翁五十寿文》，民国二十年活字本。
③ 民国《董氏宗谱·荣椿公传》，民国二十年活字本。
④ 民国《董氏宗谱·以成舅翁传》，民国二十年活字本。
⑤ 民国《董氏宗谱·仰宽公传》，民国二十年活字本。
⑥ 民国《董氏宗谱·蔚其公传》，民国二十年活字本。
⑦ 民国《董氏宗谱·慎斋公暨德配戴孺人合传》，民国二十年活字本。

商操纵,先生负亿中之,用钩距之术,行商十余年,获利倍蓰,而家道骎骎殷盛矣。"《董氏宗谱·绥万君传》的作者单致中说:"我婺地瘠民贫,厥田下下,厥产惟茶,艺者、贾者几千万人,皆恃此为生活,奈为白皙人所贬抑,价日以削,予甚咎。夫操斯业者不省自拔,思得一二良贾,讲求挽救之方,顾不可邂逅。甲寅,客沪,于友人座上见有衣褐宽博施施而来者,友乎其为孔明先生,予怪而诘之。友曰:'此同乡董绥万君也,业茶二十余载,操奇计赢,战无不利,众故以此誉之。'既而与谈茶经,果非凡悟心焉。"《绥万先生传》载,董绥万"年三十,组织万春茶号,制茶销售欧美",并"运茶赴申","独力创设利亨茶号,悉心研究茶务"。他不但"有独得之秘",而且"确有一种不可思议之妙用,凡号中进茶数目之盈蹜,无不暗合申江市情之隆替。茶市即至败坏,利亨独有羡余,人均誉先生为孔明"。

民国时期,游山村乡镇企业开始崛起,这是一种非常引人注目的社会经济现象。据调查,那时这里有:石灰窑厂2家,砖瓦窑厂6家,小煤矿2家,茶厂多达12家。此外,还有棉布厂2家,麻布厂2家(三十年代停业),篾厂5家(景德镇包扎瓷器用)。游山村不产原茶,茶厂的茶胚都是购自婺源各地。每个茶厂都雇佣300多个工人——多数是外来打工者;年创利润一二万至三四万银元不等。总计12家茶厂有工人3,600多人,年创纯利二三十万银元。12家茶厂全部都是生产"婺源绿茶"。大多数茶厂已经转化为外向型企业,产品除了行销饶州、九江、武汉、上海、广州等城市,还大量出售给许多外国茶商,出口"销售欧美"。

乡镇企业的崛起和发展,促进了游山村商业的繁荣。民国时期,游山村沿河街面店铺鳞次栉比,计有200多家。其中有:布店3家,南货店20多家,杂货店20多家,饮食店和食品店40多家,油坊8家,肉铺3家,野味铺2家,百货店近30家,家禽蛋品店2家,木器铺5家,竹器铺4家,铁匠铺6家,油漆铺6家,理发店4家,药铺6家,豆腐坊4家,糟坊5家,冥器店和扎纸店8家,瓷器店6家,皮匠铺3家,裁缝铺4家,锡皮铺10多家,铜匠铺3家,银匠铺6家。

工商业的发展,造成了游山村的繁荣。民国《董氏宗谱·凤游续修族谱序》记载:"一入吾宗聚族之域,栋宇云连,丁口星繁,每值茶市登场,往来之人，肩摩趾错，如入五都之衢。人有恒言，吾邑自咸同兵燹，元气大伤，无论城乡，户口皆咸衰飒，独凤游超出常例，视前特加繁硕。惟其然也，人才辈出，财产滋丰。”据婺源县人民政府的同志说，游山村是婺源县第一大村落。民国时期，这里人丁兴旺，各式各样的大小店铺林立，富丽堂皇的祠宇连云，美轮美奂的徽派民居鳞次栉比。游山村与婺源县城乡迥异，“超出常例，视前特加繁硕”，其主要原因是什么呢？一言以蔽之，是工商业发达的结果。

民国时期，游山村还没有通电，为了店铺营业和村民生活的需要，宗族在大街小巷均设置煤油路灯和菜油路灯（当地人称这种路灯为“添灯”，与“添丁”谐音，意为人丁兴旺）。宗祠和每个支祠大门口两旁，都有用砖建造的“灯塔”。塔顶部四面各有一个洞，每个洞一盏灯，俗称“四方添灯”（与“四方添丁”谐音，意为人丁兴旺）。路灯和祠堂门灯，都有专人管理，按时加油。油钱从义仓支付。民国时期，农村夜晚大都伸手不见五指，一片漆黑；与此不同，游山村入夜，大街小巷处处有灯火，到处见光明。

与徽州许多名宗右族一样，董氏宗族对村落的建设和美化，十分重视。《董氏宗谱·昆山董先生传》记载，早在清乾嘉年间（公元 1736~1820 年），支丁董昆山“以村之水口为聚族根本，泉自游阜奔流，绕村而东，复折而西，如大环然；其初出也，泉驰直，而若环之缺。先生乃创义，叠石为桥，建亭其上，旁植花卉，俯窥潜鳞，山色四围，烟光一片，为乡人之壮观，而悉当水口之缺”。据《董氏宗谱》记载和我们调查，游山村濬源河上共有石桥 5 座，分布在约一公里的水面上。它们是：儒林桥、庆远桥、题柱桥、环溪桥、茂林桥。小桥横卧，溪水潺潺，鱼翔浅底，是游山村一大景观。茂林桥座落在水口，桥亭为清光绪三十年（公元 1904 年）重建；题柱桥座落在村口，桥亭是解放后重建。二桥均为半圆形单孔石桥，桥面上的桥亭长与宽都与桥面相等，实际上是 2 座廊桥。

游山村亭子很多。据调查，除了 5 个桥上有 5 个桥亭以外，上下村头共有四个路口，每个路口都有一个亭子。在去县城的大路上，距游山村十华里以内，设有两个茶亭，一年四季，免费供应过路人用茶。

在游山村的亭子中，座落在村落入口处的函谷亭特别引人注目。这座亭子是砖木结构，呈正方形；设计简洁优美，突出飞檐翘角。亭子与周围的濬源河、题柱桥和徽派民居相辉映，组成一幅别具特色的徽州农村村落画卷。

儒林桥畔的万年台，是宗族常设的戏曲演出场所。戏台美轮美奂，是游山村重要的人文景观。可惜，前些年被破坏殆尽。

六、阶级阶层与世仆生活

董氏宗族工商业的繁荣，扩大了族众之间的贫富差别，促进了宗族内部的阶级分化。据婺源县档案馆资料记载，土地改革时，董氏宗族族众划定的家庭成分如下：地主 50 户，富农 3 户，小土地出租者 20 余户，富裕中农 40 多户，中农 60 余户，佃中农 40 多户，贫农 140 余户，雇农 15 户，工商业者 10 余户，小商贩 10 余户。

民国时期，董氏宗族族众的生活，"一靠地租，二靠工商业，三靠种田"。董氏宗族不仅地主众多，而且许多地主占有的耕地数量都很大。据调查，民国时期，董氏宗族共占有三万多亩耕地，除了祠堂所拥有的公有土地以外，绝大多数土地都归地主所有。许多大地主的土地，不仅散布在以游山村为轴心、半径十华里以内的广大地区，而且还分布在浮梁县和乐平县。例如，浮梁县洞口村和乐平县周坑村、仙槎村的土地和山场，绝大部分都归董氏宗族的祠堂和地主所有。有的大地主，在浮梁县和乐平县占有的土地，多达七百多亩。

明清以来，徽州地区土地所有权分割日益严重，"一田二主"的现象愈来愈普遍。与其他五个县一样，婺源县的土地所有权，也大都分为"大买"与"小买"——"田骨"与"田皮"或曰"田底"与"田面"两部分。董氏宗族地主（包括公堂地主和私人地主）的土地，绝大多数都是"大买"田，换句话说，就是他们只拥有"田骨"权，而没有"田皮"权；很少一部分土地既是"大买"田，又是"小买"田，也就是说，他们既有"田骨"权，又有"田皮"权。董氏宗族土地的"田皮"权大都归佃耕者——佃富农和佃农所有。

民国时期，董氏宗族地主的土地，全部实行租佃制。地租形态是实物地租，定额租制。地租率一般都在 50%左右；一般年景，每亩一担上下。如果天灾歉收,酌情减免。这是约定成俗。

小土地出租者有两类家庭:一类是青壮年外出谋生,家里缺少劳动力,将土地出租给佃耕者耕种;一类是鳏、寡、孤、独,家中没有劳动人手,将土地出租,收取地租。小土地出租者,大都是小康之家,或者是接近小康之家。

中农(包括富裕中农和中农)都占有一定数量的土地和生产工具。他们日出而作,日入而息,辛勤劳动,勤俭持家。一般年景,虽然不很富裕,但也不饿肚皮。

董氏宗族族众中有一百四十多户贫农。这些人只占有很少一部分土地,他们除了耕种自己的土地以外,主要是靠出卖劳动力或租种一些土地维持生活。丰年,他们可以免强生活;荒年,就得靠宗族义仓的周济过日子。贫农是董氏宗族族众中的贫困者阶层。

自清雍正年间(公元 1723~1735 年)开始,清朝政府虽曾多次下诏豁免世仆(又称"佃仆"、"庄仆"、"奴仆"、"伴当"等等),但是,民国时期董氏宗族还保留世仆制。《董氏宗谱·凤游世仆引》记载:"军民之有主仆良贱之所攸分,冠履之不容倒置者也。故古来有靠身而为仆者,有豢养而为仆者;有仆随主姓者,有别为氏族者。其投靠名为伴当,可以赎身,而为良民;其世仆则受主豢养,隶于门下,虽属在子孙世世供役,无敢背叛者也。"

董氏宗族的世仆(俗称"小姓",或称"小户"),有余、吴、施、程、朱、胡六姓。余姓和吴姓外居上塆,距游山村三华里许;程、施、朱、胡都世居游山村,与徽州世仆多居村外周围的"庄"有所不同。六姓世仆,皆"住主屋、佃主田、葬主山"。①

据《董氏宗谱·凤游世仆引》记载,乾隆四十二年(公元 1777 年),董氏宗族总计共有世仆 39"灶",换句话说,即 39 户。这些世仆分别隶属于以下三派:

1. 儒林派俊、济二公支下有:余、吴、朱、程、施、胡六姓。
2. 竹林派文宗户有:吴、朱、程、施、胡五姓。
3. 溪北派文兴户有:吴、朱、程、胡四姓。

---

① 民国《董氏宗谱·凤游世仆引》,民国二十年活字本。

现据《董氏宗谱·凤游世仆引·豢养六姓伙佃并坟山》的记载列表如下：

表三：六姓伙佃并坟山表

世　仆	字　号	土　名	税　亩	税　户
程姓伙佃	怀字981号	塘冲口	地1.55亩	联德、俊、济、文兴户完纳
余姓葬所	怀字1167号	乌龟山	山0.23亩	建策完纳
胡姓伙佃	怀字1791号	溪　北	地0.146亩	时光、文兴户完纳
余姓伙佃	怀字1828号	溪　北	地0.564亩	俊、济户分纳
程姓伙佃	怀字2009号	溪　南	基地0.264亩	俊、济户分纳
施姓伙佃	怀字2011号	溪　南	地0.72亩	寿庆、贵九户完纳
吴姓伙佃	业字455号	社子坞	地0.125亩	
吴姓伙佃	业字477号	董家山	地4.326亩	
吴姓伙佃	业字477号	董家山	地0.305亩	
吴姓伙佃	业字455号	社子坞	地0.94亩	
吴姓伙佃	业字1313号	上　塆	地0.605亩	
朱姓伙佃	比字523号	唱船山	地0.54亩	董俊众户分纳

经过一个半世纪的历史发展，董氏宗族世仆的姓氏和“灶”数均有所变化。现将民国二十年（公元1931年）“公议五姓照灶领胙烧火人名”列后：

程

朱

施　嘉善　嘉礼　灶林　灶焰　树春。

余

吴　社万　富科　金寿　振源　振清　善金

逢春　明春　法春　春福　法林　森林

振根　振火　振柏①

《董氏宗谱》这个记载表明，董氏宗族的世仆已由原来的余、吴、朱、程、

① 民国《董氏宗谱·凤游世仆引》，民国二十年活字本。

施、胡六姓,减为程、朱、施、余、吴五姓。但是,从烧火世仆多达20人来看,董氏宗族世仆户口总数,可能不是减少而是增多了。

乾隆四十二年(公元1777年),六姓——39“灶”世仆共佃种董氏宗族多少田地,民国二十年(公元1931年)程、朱、施、余、吴五姓世仆共佃种董氏宗族多少田地,因《董氏宗谱》和档案资料阙如,不得而知。

董氏宗族族规家法规定:辞年庆岁、元宵庆灯、春秋二社、小戏大戏、婚嫁丧葬、祠墓祭祀、乡试送考、亲朋庆贺、往来肩舆……“皆仆人供役”。岁逢元旦,无论男妇老少世仆,每人都“给以鱼、肉、酒、腐”。辞年庆岁、春秋二社、傩戏傩舞,“俱有赏赐”。亲朋庆贺、往来肩舆,“靡不给以酒肉,与以工食,供役之劳,为不虚矣”。①

董氏宗族世仆当中,有些是会演奏鼓乐、能歌善舞的“傩仆”。在董氏宗族一些庆典活动中,他们身着古老的戏装,头戴各式各样的木雕面具(据说,有数十种)演出傩戏傩舞。节目有开天辟地、后羿射日、判官醉酒、张飞祭枪、耕耘丰收等二十多个。舞蹈场面壮观,夸张粗犷,古朴简练。傩戏傩舞流行于徽州地区西部黟县、祁门、婺源农村。它是古越人文化的遗存和原始文化的活化石,与巫舞有千丝万缕的联系,带有巫祭色彩。董氏宗族使用傩仆演出傩戏傩舞的宗旨是驱魔祛灾,保佑平安。傩仆演出时,不仅宗族有赏赐,而且家家店铺给红包。

乾隆四十二年(公元1777年),余、吴、施、程、朱、胡诸姓世仆,特集东主三面言定:“因婚娶艰难”,“日后各姓倘生有女”,“只许六姓结亲,不得他适”。这个协定,六姓世仆立有议墨。因资料珍贵,全文录下:

六姓因婚娶艰难,际兹修谱,会集三派东主,自立议墨七张,余元忿收执一张、吴起互收执一张、程发茂收执一张、朱起亮收执一张、施有祝收执一张、胡有成收执一张,仍一张付东主载谱,桂生收。

立议墨余、朱、施、吴、程、胡六姓人名等,今因婚娶艰难,特集东主三面言定,日后各姓倘生有女,俱至东主众祠报名领胙,毋得隐秘。只许六姓结亲,不许他适。倘有外戚乳养者,已往勿究;以后倘有私行他

① 民国《董氏宗谱·凤游世仆引》,民国二十年活字本。

适叛墨不依者,会同东主众罚公堂银五两,付与六姓收执。此系公议,各宜凛遵。今欲有凭,立此议墨,一样七张,六姓各执一张,内一张付东主,永远存照。

大清乾隆四十二年八月初二日

立议墨人 余元应 元忿 士迎 士乌

士求 士达 士富 联喜

容宝

吴有生 有明 有为 起互

天保 细虎 细嘉 起盛

起星 起仙 起胜 天享

朱起高 起亮 起兴 起广

起美 三十

程发忠 发禄 发晋 发茂

施有祝 天祥 福生 文兴

文斗 天保

胡祝感 有成

已上共三十九灶,俱有花押①

以上世仆共39"灶",俱有花押。他们相互保证,倘生有女,决不他适。如"有私行他适叛墨不依者,会同东主众罚公堂银五两,付与六姓收执"。

董氏宗族六姓世仆婚姻制度这一特殊规定,既解决了六姓世仆的"婚娶艰难",又保证了董氏宗族世仆制的延续。因为,世仆是世袭制,如果世仆都终生觅不到配偶,没有子孙后代,那就是董氏宗族世仆和世仆制的灭亡。

董氏宗族有一种特殊风俗,每当世仆妇女怀孕,各个支祠都争先定购世仆妇女腹中的婴儿。民国时期,一个婴儿定金约一亩田市价,先付50%,产后再付50%。据一些老年支丁说,这是一种风险押宝。因为,如果世仆妇女生女孩,长大嫁人以后即归丈夫支祠,定购的支祠即落空了。按规定,定

① 民国《董氏宗谱·凤游世仆引》,民国二十年活字本。

购的支祠,不但得不到人,预交定金不退,而且还要再付产后的定金。只是产后定金由宗祠和定购的支祠共同负担。

董氏宗族族众与世仆之间是主仆关系,人身不平等十分明显。世仆尊称董氏宗族的老年支丁为"大老爷",青少年支丁为"少爷";老年妇女为"夫人",青年妇女为"少夫人",未出嫁的女孩为"小姐"。自称"小介"。民国时期,世仆服役大都有报酬。据说,有些富有东主给予的赏赐,有时还相当丰厚。部分世仆的生活已经达到董氏宗族中农的水平。但是,他们的社会地位没有变。他们是被奴役者、被压迫者阶层。他们见到董氏宗族的支丁和妇女,坐必起,行必让;如有违犯,则要被唤到祠堂罚跪。他们必须按规定服役,不准拒绝,不准抗拒。服役时,要忠于职守,谨慎工作;不准迟到,不准失礼,不准消极怠工,不准破坏器具和财物。如违,轻者唤至祠堂罚跪,重者执至祠堂笞杖。董氏宗族规定:每年三月十三日和十四日,人人都可以对世仆进行惩罚。因此,常出现一些还不太懂事的孩子对世仆实施罚跪,世仆都不敢反抗的现象。世仆不但绝对不能与董氏通婚,而且孩子都不准进濬源小学读书。所以,全体世仆都被剥夺了受教育的权利,即使家庭经济较富裕一些,也都是文盲。世仆都隶属于董氏宗族各个祠堂,严禁叛主逃亡。如违,严惩不贷。

七、教育事业与民俗风情

董氏宗族重视教育事业。早在清嘉庆十三年(公元1808年),即在新源坞凤形山下建凤山书屋。《凤游山书屋记》(清嘉庆十六年文)记载:

岁丁卯,乃延衿耆集议,于是倡首思共立家塾,随以捐簿商之。族人见斯举也,踊跃腾欢,不数日而捐金数百,捐租三百余秤。越明年春,卜择基地,有业者亦欣然输将恐后,庀材鸠工,靡不毕举。同董其事则有肇基、朝英、其崑、天树、树采、凤池、广见、树秀、本武、兆祚等。经营构造,壮其规模,方数月而堂告竣;更起层楼,以奉文昌帝君;旁筑余舍、小楼,以祀先达及捐赀有功书屋者。爰议立规例,延师讲席,俾子弟日就月将……帝君默相之址,居新源坞凤形山下,故名凤山书屋;屋系里人共造，又名董氏家塾。①

董氏宗族为什么要建立凤山书屋呢？《凤游山书屋记》（清同治十年文）记载：

> 古者，家有塾，党有庠，术有序，国有学，由来尚矣。我郡邑曾建紫阳书院，以甄别取士。四乡或间立书院，以讲学、会文。下而一村一家，亦各有其书屋。书屋者，即古所谓家塾也，族师掌之，尤为子弟讲习养正之地，学业之造成，人文之聿起，皆由此始……②

民国时期，董氏宗族创建濬源高等小学。在校学生全部免缴学杂费，生活特别困难的学生还有助学金和生活补助。

前面已经讲过，董氏宗族对有学历的子弟实行重奖制度。按族规家法规定：小学毕业生，每月支祠奖给稻谷3斗（俗称“灯油租”，又称“毕业租”），全年3担6斗。初中毕业生，每月支祠奖给3斗，宗祠奖给3斗，全年7担2斗。高中毕业生，每月支祠奖给3斗，宗祠奖给4斗，全年8担4斗。大学毕业生，每月支祠奖给3斗，宗祠和文会奖给7斗；或支祠奖给4斗，宗祠和文会奖给6斗，全年12担。全部奖励都实行终身享有制。亡故者，当年享有，第二年取消。

文笔山上高达数丈的“文笔”（一个形如毛笔的建筑物）是游山村十景之一，名曰“文笔捍门”。它是董氏宗族重教崇文的象征。

董氏宗族风俗民情有自己的特色。

辞旧迎新，举行团拜。腊月二十日，俗称“小团拜当头”（即支祠团拜组织）的8个二十岁支丁驻进支祠。二十三日，被称为“大团拜当头”（即宗祠团拜组织）的24个二十岁的支丁（每房一人）进驻宗祠。这天深夜十二时，“大团拜当头头首”率领24个当头到儒林桥畔，每人燃放一枚俗称“天地炮”的大爆竹，这就是宣告辞旧迎新拉开帷幕。24响，象征人丁兴旺，宗族和睦；五谷丰登，生意兴隆；吉祥如意，歌舞升平。

二十九日（小月是二十八日）下午，各支祠举行祭祖仪式，即除夕“团

---

① 民国《董氏宗谱》，民国二十年活字本。

② 民国《董氏宗谱》，民国二十年活字本。

拜"。

除夕下午,宗祠举行祭祖大典,又称除夕"团拜"。

元旦,支丁都到支祠集合,首先谒祖,然后团拜,俗称"小团拜"。拜毕,集体列队到宗祠——嘉会堂,也是首先谒祖,然后团拜,俗称"大团拜"。拜毕合食——饮水酒,吃豆腐。24 家当头缴纳的甜酒和豆腐,愿吃哪家的,就吃哪家;愿喝哪家的,就喝哪家。合食时,大家都彬彬礼让,雍雍睦睦,相互祝福。

初二日,房长与六十岁以上的老年支丁在各自祠堂接待、回拜前来拜年的族人;青壮年支丁依辈份和年龄大小列队到各支祠拜年。这一天,各支祠都根据支丁女儿出嫁时上缴"公堂银"的名单,颁发"祭饼"。这种饼都是在景德镇糕点店定做的,上面印有堂名。每人两对,大的曰"公堂饼",小的曰"添丁饼"。

初三日开始,家家户户都用书有堂名的精制吊盆箩担着饼,看女儿、走亲戚。

十二日,大戏班进村演戏,元宵灯节拉开帷幕。

十四日夜,各支祠的世仆演出傩戏。他们从各支祠出发,在鼓乐的伴奏下,顺沿河街行进。每经过一家店铺门前,店家即燃放鞭炮迎送。最后,在宗祠——嘉会堂——集中汇演。傩仆们在这里各显其能,鼓乐齐鸣,通宵达旦,热闹非凡。

十四日夜,除了傩舞表演,还有各支祠当头和青壮年支丁"出龙灯"(简称"出灯")。事先,宗祠制作一只白身翠纹龙头,长 5 米,高 3 米,置于九龙庙内。龙身为一块块长一米的长方形木板连接而成,每个当头和青壮年支丁制作一块。板下有柄,板角有铃。板上前后有花灯两盏,中部有一盒,内盛火柴、香烛、爆竹和食品。这天庙里,舞龙者身着青衣、绿带、绑腿,两腿挂铃,将自制的一节龙灯置于住宅正厅,点灯、烧香、焚纸、叩拜,接着手持龙灯快步跑到九龙庙去"接灯"。所谓"接灯",就是将一块一块的长方形木板连在龙头上。

十五日元宵佳节,在粗细乐队的伴奏下,一条约 200 米至 300 米长的巨大龙灯从九龙庙出发,沿着沿河街向余家地进发。同时,用八抬神桥抬着汪公大帝和关圣帝君的神像,随龙灯之后前往余家地观看舞龙表演。沿路,族众对着神轿焚香叩拜。到达余家地一丘田中,舞龙开始。在锣鼓的指挥下,一条巨龙,或蟠或伸,或起或伏,或旋转或翻腾,或缓走或飞行,慢时但见阵式有方,快时令人眼花缭乱。锣鼓震荡山谷,爆竹响彻云霄。大约二个小时,舞龙结束。然后,从北街返回九龙庙。

十七日夜,举行提灯会。从九龙庙出发,走在队伍前边的是宗祠当头24个人高举的4个红色“百子灯”。灯用全株毛竹制成,每根挂红灯25盏。百子灯后面,是众支丁的“提灯”。队伍按学历排列,最前头是大学生,后面依序是高中生、初中生、小学生,每人用竹竿高举彩灯一盏。彩灯有鱼灯、兔灯、虎灯、凤灯、鸟灯、莲花灯、蝴蝶灯、走马灯……千姿百态。队伍最后头,是龙灯。这天,宗祠制作的龙头是黄身黑纹,长3米,高2米,龙尾换成虎尾。提灯游行沿游山村大街绕行一周,最后返回九龙庙。提灯人熄灯回家时,家人于门口迎接,燃放爆竹,烧香焚纸,元宵佳节结束。

清明,祠堂祭祖,扫墓挂钱(又曰“标挂”、“标祀”、“标识”等)。董氏宗族最重墓祭。许承尧在《歙事闲谭》卷十八《歙风俗礼教考》中指出,徽州的习俗是“族祖则合族祭之,支祖则本支祭之。下及单丁小户,罔有不上墓者”。董氏宗族也是这样。

仲秋,村中演大戏,共唱七天七夜。

冬至,祠堂举行祭祖大典。同时,村中演大戏,也是唱七天七夜。

支丁出生,做“三朝”、“满月”;周岁、十岁、二十岁、三十岁、四十岁过生日;五十岁、六十岁、七十岁、八十岁……做寿,妇女也做。富有人家,正堂挂寿轴,大摆酒席,乐队伴奏。

婚娶,父母之命、媒妁之言是天经地义。先要定亲——分小定和大定。大定之礼,男方除了担吊盆箩礼品以外,还要送一口猪。女方在水口迎接。爆竹三响,接至堂前,先献天地,后献祖先。然后,宴请媒人和亲属。是为“大定”。

迎亲时,支祠香案前置一竹编晒谷大圆筐。花轿进村,抬到支祠,落于圆筐之上。在乐队的伴奏下,司礼官唱“下轿诗”。由好命伴娘搀扶,新娘下轿。然后,由好命老孺的丈夫背到婆家。在正厅拜堂,行四跪四拜礼。

夜晚,闹洞房。闹洞房者各捧红烛台,向新郎、新娘一拜,新郎、新娘回拜。然后，闹房者唱诗词，新郎、新娘和唱。同时，堂屋乐队唱曲，开头麒麟送子，结束观音送子。

第二天，新郎担着吊盆箩礼品陪同新娘“回门”（即回娘家）。岳父宴请新郎。

第三天，新娘的父亲担着吊盆箩礼品看女儿，或兄弟担着吊盆箩礼品看姐妹。新郎宴请岳父或郎舅。

丧礼，父母亡故当天晚上，在乐队的伴奏下孝子孝妇拿着竹勺去河边“买水”。孝子将一枚硬币投入水中，用竹勺舀河水回家。由殡仪人给死者洗体、修容，然后，裹尸穿衣，抬至支祠入殓。

如果死者是妇女，不论晴雨，孝子孝孙都要胁下挟一把雨伞到死者娘家报丧。到达死者娘家门口，向对方叩拜，对方陪同致哀。

第二天开祭，棺材前置一把太师椅，椅上放死者衣冠。香案正中放神主，祭品有鸡、鱼、肉、鸡蛋、豆腐、米饭。司礼唱：“奏乐，开祭！”首先，孝子、孝孙依次行祭；祭毕，跪于棺材两旁回拜。接着，族人、亲友行祭。与祭者一律行“三上香”、“三奠酒”、“四叩拜”礼。祭毕，至灵堂向孝子、孝孙致哀慰问。

出殡仪式是：世仆提锣、举幡、拿路纸。锣响（前三、后四），撒路纸，起灵。长子手捧漆盒，内置神主和一碗豆腐。豆腐上插三支香。其他孝子和孝孙双手横拿“哭丧棒”。孝妇手执棺材护索，左媳右女。其他送殡族人和亲友，每人手执香三支。宗族规定，只有年满五十岁以上者的棺柩才准出上门亭，至坟地安葬。

附记：

调查时间：1996年11月，1997年10月。

调查地点：婺源县镇头乡游山村。

调查对象：

董淦泉	1917年生	31世	荣字辈
董床松	1913年生	32世	昌字辈
董水继	1927年生	32世	昌字辈
董法根	1927年生	32世	昌字辈

董贤文	1928 年生	32 世	昌字辈
董普光	1931 年生	32 世	昌字辈
董祖德	1932 年生	32 世	昌字辈
董维尹	1917 年生	34 世	家字辈

（原载《徽学》第二卷，安徽大学出版社 2002 年版，题为《婺源县游山董氏宗族调查研究报告》，现为补充修改稿）

附 录

按:要想了解宗族,必须首先从个案调查研究入手。但是,不能停留在这个基础之上,止步不前。因为,如果仅仅认识一些个案,必然陷入只见树木,不见森林,只了解个性,不认识共性的形而上学观点。这里必须指出,徽州宗族研究虽然必须从个案调查研究开始,但是,个案调查研究的目的,归根结底还是为了认识徽州宗族的总体发展变化。换句话说,就是对徽州宗族个案调查研究的成果进行归纳和抽象,并进一步探讨中国宗族制度的本质和基本特征。因此,笔者选择《论徽州宗族的繁荣》、《论徽州宗族繁荣的原因》和《从徽州宗族资料看宗族的基本特征》三篇论文作为附录——前两篇文章是对徽州宗族发展变化总体的阐述,后一篇文章是对徽州宗族的归纳与抽象,并通过徽州宗族的论述对中国宗族制度的本质和基本特征的探讨——供读者阅读参考。

论徽州宗族的繁荣

唐宋以来，特别是明清时期，徽州宗族异常繁荣，徽州成为中国宗族制度一个十分典型的地区。胡晓在《新安名族志序》中说：

> 新安……山峭水厉，燹火弗惊，巨室名族，或晋唐封勋，或官游宣化，览形胜而居者恒多也。其故家遗俗，流风善政，宛然具在。以言乎派，则如江淮河汉，汪汪千顷，会于海而不乱；以言乎宗，则如泰华之松，枝叶繁茂，归一本而无二；言乎世次，则尊卑有定，族居则闾阎辐辏，商贾则云合通津；言乎才德，则或信义征于乡间，或友爱达于中外，或恬退著述，或忠孝赫烈。至于州里之镇定，六州之保障，诸儒之大成，宗庙血食，千载不磨，又名族之杰出者。①

徽州宗族的繁荣表现在哪里呢？历史文献记载和社会调查资料证明，徽州宗族的繁荣重要表现在四个方面。

一、祠堂建设

在历史上，徽州人认为"举宗大事，莫最于祠，无祠则无宗，无宗则无祖，是尚得为大家乎哉？"②；"追远报本，莫重于祠"③；"崇本枝，萃涣散，莫大于建祠"④。

---

① 程尚宽：《新安名族志》，明嘉靖三十年刻本。

② 程一枝：《程典》十二《本宗列传》第二下，明万历二十六年家刻本。

③ 程昌：《窦山公家议》卷三《祠祀议》，明万历刻本。

④ 《歙西溪南吴氏世谱·续刻溪南吴氏世谱叙》，明末清初抄本。

他们说,“祠堂栖祖宗之神”①,或曰,“祠所以聚祖考之精神”②。“祠堂之建立,所以妥先灵而隆享祀”③。一个宗族如果没有祠堂,则“无以妥祖宗之灵而为飨祀之所”④。所以,徽州人“聚族而居,居必有祠,而大宗祠必建于始迁之族”⑤,换句话说,徽州人“聚族而居,必立之祠,使祖宗之灵有所冯依,志奉先也”⑥。《歙西溪南吴氏世谱·续刻溪南吴氏世谱叙》记载:

创建宗祠,上以奉祀祖宗,报本追远;下以联属亲疏,惇叙礼让,其晟典也。

创建宗祠,“奉祀祖宗,报本追远”。《潭渡黄氏享妣专祠记》说:

报本之礼,祠祀为大。为之寝庙以安之立之,祏主以依之陈之,笾豆以奉之佐之,钟鼓以飨之。登降拜跪,罔敢不虔;春雨秋霜,无有或怠。一世营之,百世守之,可云报矣。⑦

创建宗祠,“联属亲疏,惇叙礼让”。歙县《金山洪氏宗谱》卷二《世祠引》说:

祠之时义大矣哉!人本乎祖,昉于一人之身,而渐而为千百人之身,而渐而为亿万人之身,求其合族众而咸知尊祖,尊祖而敬宗,敬宗而睦族,非祠曷由臻此?

在历史上,徽州人把建造祠堂当成宗族头等大事。因此,徽州几乎没有一个宗族无祠堂,而且许多宗族还不只一个祠堂。徽州祠宇林立,数量之多甲天下。《绩溪金紫胡氏家谱·嘉庆重修家谱序》说:

新安居万山之中,民淳而俗厚,敦本务实,惟宗祠、家谱为兢兢。自五代以迄于今,民生不见兵革。聚族而居,或累数十世,祠宇之绵亘连云者,远近相望,不可枚举。先儒之遗教有自来矣。

据历史文献记载,歙县棠樾鲍氏宗族有敦本堂、清懿堂、世孝祠、文会

---

① 黟县《济阳江氏宗谱》卷首之二《艺文·江村元善堂图记》,清道光十九年木活字本。
② 《绩溪仁里程世禄堂世系谱》卷末上《墓图》,清宣统三年刻本。
③ 黟县《环山余氏宗谱》卷二十一《衡公祠记》,民国六年木活字本。
④ 《重修古歙东门许氏宗谱》卷八《宗祠规条议》,清乾隆二年刻本。
⑤ 歙县《方氏族谱》卷首《方氏族谱序》,清康熙四十年刻本。
⑥ 歙县《潭渡孝里黄氏族谱》卷首《修谱随记》,清雍正九年刻本。
⑦ 歙县《潭渡孝里黄氏族谱》卷六《祠祀》,清雍正九年刻本。

祠、宣忠堂等数座祠堂①。黟县西递明经胡氏宗族有祠堂26座，其中宗祠1座，大支祠2座，余则小支祠和专祠②。绩溪上庄明经胡氏宗族“向隆斯制”（按：指祠堂），宗祠而外，还有笃庆堂、其顺堂、敦复堂、余庆堂、敦和堂、继述堂、寿传堂、作求堂、凝和堂、思济堂、有裕堂、义和堂。这里“厅祠林立。盖古人合族返本之制……庶几近之矣”③。黟县南屏叶氏宗族有叙秩堂、敦本堂、奎光堂、永思堂、锺瑞堂、德辉堂、敦仁堂、尚素堂、继序堂、仪正堂、念祖堂等11座祠堂④。今天，黟县南屏村还保存下来叶氏、程氏、李氏等宗族祠堂8座，其中宗祠2座，支祠3座，家祠3座，形成著名的祠堂建筑群。

徽州祠堂建筑规模宏大，营造精细，装饰精美，已闻名中外，被誉为“徽州三绝”之一。

休宁《竹林汪氏宗祠记》说，新安“聚族而居，数千百年，春露秋霜，明禋不替。村落间，祠宇相望，规模宏敞”。据历史文献记载，建于明代嘉靖、万历年间（公元1522—1619年）的歙县呈坎贞靖罗东舒先生祠，是前罗氏宗族东舒公祠堂。这是一座四进三院祠堂，占地十余亩。第三进享堂，高大宏敞，可容千余人。未亲闻目睹者，简直不敢想象。。第四进宝纶阁，通面阔29公尺，进深10公尺，九楹，外加置阁梯二楹，共11个开间；台基高1.33公尺，寝殿高7.5公尺，阁高4.7公尺，总计高13.53公尺，高大雄伟，令人惊叹。贞靖罗东舒先生祠前后两幢祠宇之雄伟宏敞，国内祠宇罕见⑤。明代崇祯年间（公元1628—1644年）重建的休宁古林黄氏宗族祠堂，有正堂5间，两庑5间，回廊5间，仪门5间，前仪门5间，后寝楼5间，前门楼3间，公厨1所。这座规模宏大的祠堂，共占地四亩八分有零⑥。清代乾隆二年（公元1737年），歙县东门许氏宗族重建诰敕楼、拜堂各5大间，并建文会馆、经蒙义学，高大门楼，“四载告竣，计此拜堂可容千人跪拜”。从《城东许

① 歙县《棠樾鲍氏宣忠堂支谱》，清嘉庆十年家刻本。
② 胡星明：《西递村祠堂寺庙庵堂书院一览》，油印稿。
③ 绩溪《上川明经胡氏宗谱》下卷之下《拾遗》，清宣统三年木活字本。
④ 《黟县南屏叶氏族谱》卷一《祠堂》，清嘉庆十七年木活字本。
⑤ 歙县文化局编：《歙县文物志》。
⑥ 休宁《古林黄氏重修族谱》卷一《祠宇祀产》，明崇祯十六年刻本。

氏宗祠图》可以看到，这座祠堂简直就如同一座规模宏大的皇宫①。

徽州大多数祠堂，营造精细，装饰精美。如，歙县潜口汪氏宗祠、郑村郑氏宗祠、棠樾鲍氏敦本堂、北岸吴氏宗祠、大阜潘氏宗祠、叶村洪氏祠堂、石谭吴氏叙伦堂、绍村张氏宗祠、韶坑徐氏宗祠、呈坎贞靖罗东舒先生祠；休宁县溪头村王氏祠堂、东临溪乡程氏宗祠；绩溪县龙川胡氏宗祠，等等，不胜枚举。这些祠堂建筑上的砖雕、木雕、石雕，刀工细腻，剔透玲珑，古朴典雅，形象生动，令人叹为观止。著名的龙川胡氏宗祠，被中外建筑学家、艺术家誉为"木雕博物馆"。这是一座前后三进祠堂建筑群。祠宇不仅梁面、梁托、梁钩上有各种各样的精美雕刻，而且祠内隔扇上还有平板花雕和镂空花雕。木雕设计完美，雕刻精湛，内容丰富多彩，有"九狮滚球遍地锦"，"九龙戏珠满天星"。走进龙川胡氏宗祠，宛如进入艺术宫殿，琳琅满目，美不胜收。

由于祠堂大多规模宏伟，营造精细，装饰精美，所以，许多祠堂建造耗费的人力、物力和财力是非常惊人的。如，歙县昉溪许邦伯门修建祠堂，"是役也，阅时七载，用款逾万缗，工费浩大，卒底于成"②。新馆鲍氏宗族修建的大宗祠，"自大门至寝室，渐进而高，有楼岿然。前望马鞍诸山，皆罗列若拱状。门阀轩宏，土木完固。约其费以数万金计。奕奕岿岿，洵邑中钜观也。落成之日，颜其堂曰'著存'"③。桂溪项氏宗族修建宗祠，在宗族子弟中集资银 7,042.623 两。从康熙十八年（公元 1679 年）到乾隆十九年（公元 1754 年），75 年中维修 4 次，共用维修费银 9,800 余两，其中康熙四十二年（公元 1703 年）一次维修即用银 6,000 余两④。康熙年间（公元 1662—1722 年），潭渡黄氏宗族建享妣专祠，"庀材鸠工，为堂五楹，前有三门，后有寝室与祠门，而堂之崇三丈五尺。其深二十七丈，其广六丈四尺。前后称

① 《重修古歙东门许氏宗谱》卷八《规约 · 宗祠新置义田规约》，清乾隆二年刻本。

② 《古歙昉溪许邦伯门修建祠记汇存 · 重建邦伯门敦本堂祠记》，民国二十二年铅印本。

③ 《歙新馆鲍氏著存堂宗谱》卷二《家传 · 八公合传（并序）》，清光绪元年著存堂活字本。

④ 歙县《桂溪项氏族谱》卷二十二《祠祀 · 建祠原始》、《祠祀 · 修祠继述》，清嘉庆十六年木活字本。

是,坚致完好。凡祠之所应有者,亦无不备。阅载而后成,计白金之费三万两"①。休宁月潭朱氏宗族修建宗祠,经几代人集资,"量规画,庀材木,竭力经营,历十载而祠宇始成"②。从动工到竣工,历时10年,耗费人力、物力和财力之大,可想而知。竹林汪氏宗族修建宗祠,从乾隆二十六年(公元1761年)开工至三十二年(公元1767年)告竣,历时6年,共67项开支,其中大厅木料支银2,576.52两,木司工账支银3,805.705两,石司工账支银3,109.63两……石灰使用187,320斤,总共支银38,230.54两③。黟县江村江氏宗族修建祠堂,"阖族踊跃,共成先志。有地者输地,有银者输银。多者千数百金,少则数十数两。其代众生息,并自输之数,总记之有输至数千两零者。至于输献柱,输块石,亦各视其家之所有焉"④。绩溪县城西周氏宗族重建宗祠,"规画既定,于是诹日迁主,测影正位,前当孔道,后凿山丛,左购庐,右易地,以广厥基。伐石于浙,辇木于宣,任畚挶者呼邪,讦者运,甓者施,垩帚者日指以千计,凡岁八稔而祠成……是役也,经始于乾隆三十四年四月朔日,落成于四十一年十月,计银一万六千八百两有奇"⑤。

大建祠堂,是徽州宗族繁荣的第一个表现。

二、族谱修纂

歙县《桂溪项氏族谱》卷首《汪太傅公序》说:

> 余家新安,居万山中,风淳俗古,城郭村落率多聚族而居,故于族谊最笃,而世家巨阀尤兢兢以修谱为重务。

早在西晋咸宁年间(公元275—279年),"(程)延公尝为文以示子孙,有三世不修谱便为小人之戒"⑥。这个观点被儒家知识分子——特别是理

① 歙县《潭渡孝里黄氏族谱》卷六《祠祀·新建享妣专祠记略》,清雍正九年刻本。
② 《新安月潭朱氏族谱》卷二十二上《丙寅重修祠堂记》,民国二十年木活字本。
③ 休宁《竹林汪氏宗祠记》。
④ 黟县《济阳江氏族谱》卷首之二《艺文·江村敦本堂纪略》,清道光十九年木活字本。
⑤ 《绩溪城西周氏宗谱》卷之首《重建宗祠记》,清光绪三十一年木活字本。
⑥ 歙县《槐塘程氏重续宗谱·订正程氏屡代编续总谱得失序(出槐阴堂水木图)》,清康熙十二年刻本。

学大师朱熹——大力倡导,成了徽州人的金科玉律。

徽州人认为,“立族之本,端在修谱。族之有谱,犹国之有史。国无史不立,族无谱不传”①。具体一点说,就是:“家之有谱,犹国之有史也。国而非史,则君臣之贤否,礼乐之污隆,刑政之臧否,兵机之得失,运祚之兴衰,统绪之绝续,无由以纪;家而非谱,则得姓之源流,枝派之分别,昭穆之次序,生卒之岁月,嫁娶之姓氏,出处之显晦,无由以见,国何以治,而家何以齐哉?”②绩溪《洪川程氏宗谱·洪川程敦睦堂世系谱序》引吕本中的话说:“国无国之道,而后国乱;家无家之道,而后家乱。故礼乐纲纪者,国之道也;宗法谱系者,家之道也。”

徽州人认为,“谱者,家之大典,姓氏之统于是乎出,宗祖之绩于是乎章,子姓之绪于是乎传,宗法于是乎立,礼义于是乎兴,胡可缓也”③。“夫谱者,收族之道,尊祖敬宗之本也”④。《新安月潭朱氏族谱》卷首《成化壬辰重修朱氏会谱序》说:“夫谱牒之作,所以原本始,序昭穆,隆宗支、别亲疏,属涣散,而厚人伦,其于风化之系重矣。”

徽州宗族把修纂族谱视为“盛典”⑤。

在族谱修纂开始之前,有的宗族举行祭祖宣誓典礼。如,《祁门善和程氏仁山门支修宗谱·经修谱述》说:“沐浴斋戒,祭告于我门祖祠神前,祝之曰:‘凡首事者无保其力,与事者共诚其心,纂校参考,誓襄厥成。惟我祖神,正直聪明,锡福无疆,邦族之光。’”

在族谱修成以后,许多宗族都举行祭祖典礼。如,清雍正四年(公元1726年),婺源武口王氏宗族续修统宗世谱杀青。“族人传知,谱事告竣,各派诣祖墓、统祠祭奠”⑥。绩溪《明经胡氏龙井派宗谱》卷首《明经龙井派续修宗谱记》说:“谱既成,族人皆会,置酒相庆,更荐俎豆,以告于列祖列宗,

① 绩溪《盘川王氏宗谱》卷之首《凡例》,民国十年活字本。
② 《歙西溪南吴氏世谱·叙》,明末清初抄本。
③ 程一枝:《程典·自序》,明万历二十六年家刻本。
④ 歙县《托山程氏家谱·托山程氏重修本支谱后序》,明崇祯九年刻本。
⑤ 婺源《詹氏宗谱》卷首《会修宗谱公启》:“谱牒之修,今为盛典。”清光绪五年刻本。
⑥ 《新安武口王氏统宗世谱》卷首《续修统谱序》,清雍正四年刻本。

煌煌乎洵盛典也。”

清道光六年(公元1826年),黟县西递明经胡氏宗族为《西递明经胡氏壬派宗谱》修成,举行隆重的祭谱祭祖典礼。据《道光五年修族(?谱)账录丙辰(?乙酉)》记载,明经胡氏宗族本始堂、敬爱堂两祠,张灯结彩,以为祭祀之地。九月初三日祭义祖胡三及族祖七哲,初六日祭始祖胡昌翼,初九日祭始迁祖胡士良,“皆以谱祔”。从祭谱祭祖开始之日,请黄山和尚大启道场,在本始堂唪经三日,“诵经谢神,以迓神庥,以邀厚福”。同时,“合村禁屠,斋戒三日,以昭虔敬”。

为了表示祭谱祭祖典礼,“事至重也,礼至隆也”,西递明经胡氏宗族公议演戏致祭。据《道光五年修族(?谱)账录丙辰(?乙酉)》记载,戏有三班:曰庆升,曰有庆,曰小春。戏台设三处:一在本始堂前,一在双溪口,一在上厅坦。自九月初三日至十二日,共演戏10天,唱60余本。初六日大祭之日,“三处演戏,自辰至暮,自暮达旦,一日一夜,共演戏十本”。各方“来观者不下四万人”,乃黟县前所“未有之事”。

西递明经胡氏宗族《道光五年修族(?谱)账录丙辰(?乙酉)》记载:“凡大神会必有台阁,此我徽之风气使然也。”在举行祭谱祭祖之前和祭谱祭祖期间,西递明经胡氏宗族于敬爱堂门外“设台阁四座”。台阁有“扮戏之孩童”,有“上梯之勇士”。前者“以兆孩童之腾达”,后者“以表壮年之先登”。

为了荣宗耀祖,有的名门右族所修族谱,不仅刻印精美,纸张优良,装帧考究,而且卷帙浩大。清乾隆十八年(公元1753年)刻印的《休宁古林黄氏重修族谱》,8卷,版面长51公分,宽31.5公分。虽然用的是宣纸,但共计重量竟达15公斤①。绩溪庙子山王氏宗族藏乾隆四十二年(公元1777年)修《新安武口王氏世系谱》一部,计40大本,“装帙成箱”。太平天国与清兵大战时,庙子山王氏宗族为保护这部王氏大典,派精于少林武术、“数十人不能敌”的族人王兆盛“负之逃”。由此可以想见,这部族谱卷帙之大②。

---

① 参见叶显恩《明清徽州社会与佃仆制》,安徽人民出版社1983年版,第172页。

② 《绩溪庙子山王氏谱》卷二十,民国二十四年排印本。

明嘉靖三十七年自刻本《新安左田黄氏正宗谱》,派系 20 卷,文献 19 卷,12 册。万历十四年家刻本歙县《槐塘程氏宗谱》,20 卷,首 1 卷,12 册。万历四十二年家刻本徽州《三田李氏统宗谱》,13 卷,18 册。崇祯七年家刻本《重修古歙城东许氏世谱》,8 卷,16 册。天启四年家刻本《徽婺紫阳朱氏正宗重修统谱》,9 卷,22 册。明万历三年刻本《汪氏统宗谱》,多达 172 卷。国家图书馆有一部存 108 卷,竟有 24 册。清乾隆刻本《汪氏通宗世谱》,多达 140 卷,目录 2 卷。国家图书馆存 132 卷,竟有 35 册。乾隆二十五年刻本《重编歙邑棠樾鲍氏三族宗谱》,多达 200 卷,卷首 1 卷,20 册。乾隆三十年刻本《星源甲道张氏宗谱》,多达 42 卷,42 册。

徽州宗族,不论大小贫富,是望族,还是庶族,几乎都有族谱。根据"三世不修谱便为小人之戒",许多宗族大约每隔一个甲子即重修一次族谱。明万历十四年(公元 1586 年),歙县槐塘程氏宗族修谱以后,至清顺治九年(公元 1652 年)已过 67 年,"踰两世"未再修谱,江村程氏有的支丁"闻而惧焉"①。甚至有人"谆谆修族谱、修茔志,近则三年五年,远则三五十年,以其本固而末不摇"也②。

在"三世不修谱便为小人"的思想指导下,各个宗族都把修纂族谱当成宗族头等大事。所以,徽州族谱数量之多,恐怕其他地区能够与之相比的并不多。鸦片战争以来,虽然经过一次战火和多次浩劫,但现在保存和流传下来的徽州族谱总数,还是异常可观的。这些族谱分藏于:国家图书馆,中国历史博物馆,中国第一历史档案馆,中国社会科学院历史研究所图书馆,北京大学图书馆,河北大学图书馆,上海图书馆,南京图书馆,浙江省图书馆,安徽省图书馆,安徽省博物馆,黄山市博物馆,歙县博物馆……等几十个单位。此外,还流传到国外一大批。国家图书馆馆藏善本族谱共有 427 部,徽州宗族族谱占一半以上③。

徽州人大修族谱,耗费了大量人力和财力。明隆庆年间(公元 1567—

① 《绩溪仁里程世禄堂世系谱》卷首上《编修周渔先生〈槐塘显承堂重续宗谱序〉》,清宣统三年刻本。

② 《歙西溪南吴氏世谱·先茔志后序》,明末清初抄本。

③ 《北京图书馆古籍善本书目》,第 492—534 页。

1572 年)，婺源县武口王氏修统宗世谱，肩事者“济济多人，经营十载有余”①。天启年间，(公元 1621—1627 年)，武口王氏又修统宗世谱，“修者三十余人，历十二年而后成”，仅“各派往返食用工费重至数千金”②。清乾隆年间(公元 1736—1795 年)，歙县棠樾、蜀源、岩镇鲍氏三族修纂《重编歙邑棠樾鲍氏三族宗谱》，棠樾输银 2,320 两，蜀源输银 1,200 两，岩镇输银 44 两，总共耗银 3,564 两③。道光五年(公元 1825 年)，黟县西递明经胡氏宗族纂修《西递明经胡氏壬派宗谱》，共集资银 4,602.746 两，最后总支出银 5,344.77 两，透支银 742.024 两④。

魏晋南北朝时期，实行九品中正制。族志是朝廷选举官员的重要依据和参考。封建政府很重视族志的修纂，因此，出现了许多族志⑤。到唐初，皇帝还“命诸贤臣儒士而集族志”⑥。中唐以后，随着士族贵族的衰落和科举制度的发展，族志失去社会意义和政治意义。因此，族志已不多见。

但是，徽州地区例外，随着宗族的发展和族谱大量修纂，先后出现了三部族志。

1、《新安大族志》，陈栎纂，抄本、清康熙六年刻本；

2、《新安名族志》，程尚宽纂，明嘉靖三十年刻本；

3、《新安休宁名族志》，曹嗣轩纂，明天启六年刻本。

此外，还有清人龚自珍编的《徽州府氏族表》。

这些族志的编纂说明什么呢？一方面说明，唐宋以来，特别是明清时期，徽州宗族十分繁荣，徽州是中国封建宗族制度一个典型地区。另一方面说明，历史上徽州人的宗族观念特别浓厚和强烈。一些名门右族子弟都以自己宗族的社会地位而自豪，仅靠族谱还不能显示出这种优越的社会地位。于是名族志就应运而生。

---

① 《新安武口王氏统宗世谱》卷首《续修希翔公支下统宗谱序》，清雍正四年刻本。

② 《新安武口王氏统宗世谱·凡例》，清雍正四年刻本。

③ 《重编歙邑棠樾鲍氏三族宗谱》卷二〇〇《刊谱输金》，清乾隆二十五年一本堂刻本。

④ 黟县西递明经胡氏宗族《道光五年修族(？谱)账录丙辰(？乙酉)》，抄本。

⑤ 《隋书》卷三十三，中华书局标点本。

⑥ 陈栎：《新安大族志·序》，抄本。

大修族谱，是徽州宗族繁荣的第二个表现。

三、族田设置

徽州许多宗族都有族田。这种土地名目很多，有祭田（又曰祀田）、祠田、墓田、义田、学田、右文田、社田、公田……这些不同种类的土地，既相互区别，又相互包含，都归宗族所有，所以，我们总称之为族田。

徽州的族田虽然种类很多，但是，重要的只有两种：一、祭田（祠田、墓田、社田田租主要都是用于祭祀，所以，基本上属于祭田）；二、义田（学田、右文田、公田田租都是用于宗族的公益事业，所以，基本上属于义田）。

朱熹《家礼》规定："初立祠堂，则计见田，每龛取其二十之一，以为祭田。亲尽则以为墓田。后凡正位祔者，皆仿此。宗子主之，以给祭用。上世初未置田，则合墓下子孙之田，计数而割之。皆立约闻官，不得典卖。"在徽州，朱熹的话就是经典，人们大都奉行不悖。所以，徽州宗族非常重视祭田的设置。徽州人认为，"祠而弗祀，与无同；祀而无田，与无祀同"①。"凡祭田之置，所以敬洁备物，诚不可缺"②。《重修古歙城东许氏世谱》卷七《许氏家规》记载：

> 祭之有田，业可久也。传曰，"无田不祭"，盖谓此尔。吾宗祭社、祭墓、祭于春秋，俱有田矣。

休宁《江村洪氏家谱》卷十四《宗祠祀田记》说：

> 宗祀之所赖以久远者，惟田。礼曰：惟士无田，则亦不祭。田固蒸尝之所自出也。吾家宗祠既建，钟鼓既具，则春秋禋祀，所恃以备羊豕，洁粢盛，立百年不敝之贮者，非田不可……后世子孙，即有公用急需，勿得妄动祀田。如弃田，是绝祖宗血食也。

在历史上，徽州祭田（包括祠田、墓田、社田）没有统计数字。在徽州的地方志和族谱等历史文献中，祭田资料俯拾即是，不胜枚举。由此可见，在

---

① 《重修古歙城东许氏世谱》卷七《朴庵翁祭田记》，明崇祯七年家刻本。

② 黟县《环山余氏宗谱》卷一《余氏家规》，民国六年木活字本。

徽州土地总量当中，祭田所占比例，恐怕是相当大的。现据部分历史文献资料列表如下：

徽州宗族祭田举例表（含祠田、墓田、社田）

序列	年代	地区	宗族	捐输人	名称	面积	资料来源
1	宋	休宁	旌城汪氏	汪　泳	祭田（含义田）	100亩	弘治《徽州府志》卷七《人物志·勋贤》
2	宋	婺源	茶院朱氏	朱　熹	祭田	100亩	王懋竑《朱熹年谱》卷之一上
3	元	黟县	黄村黄氏	黄真元	祭田（含义田、学田）	630亩	嘉庆《黟县志》卷七《人物志·质行》
4	明	歙县	东门许氏		祀田	300余亩	《重修古歙城东许氏世谱》卷一《宗祠祀典条录·祠祀》
5	明	歙县	东门许氏	许朴庵	祀田	12亩	《重修古歙城东许氏世谱》卷七《朴庵翁祭田记》
6	明	歙县	东门许氏	许殷之	祭田		《重修古歙城东许氏世谱》卷七《许氏宗祠重置祭田记》
7	明	歙县	托山程氏	程世业等8人	祭田	30余亩	歙县《托山程氏家谱》卷二十一《祠田》
8	明	歙县		程懋绩	祠田	30亩	民国《歙县志》卷九《人物志·义行》
9	明	歙县	江村江氏	江若清	祀田		民国《歙县志》卷九《人物志·义行》
10	明	歙县	溪南吴氏	吴迪哲	祀田		民国《歙县志》卷九《人物志·义行》
11	明	祁门	胡村胡氏	胡天禄 胡徽献	祭田（含义田）	330亩	康熙《徽州府志》卷十五《人物志·尚义》
12	明	婺源	桃溪潘氏		墓田	25亩	《婺源桃溪潘氏族谱》卷十二《墓田记》

续表

序列	年代	地区	宗族	捐输人	名称	面积	资料来源
13	明	婺源	桃溪潘氏	潘　淇	祠田	10亩	《婺源桃溪潘氏族谱·桃溪潘氏世族名望》
14	明	歙县	托山程氏		祠田	30余亩	歙县《托山程氏家谱》卷二十一《祠田》
15	明		谢氏		祠田	44亩余	徽州《明嘉靖合同标书》
16	清	歙县	潭渡黄氏		祠田	163亩	歙县《潭渡黄氏族谱》卷六《祠祀》
17	清	歙县	潭渡黄氏	黄天寿	祭田	20亩	歙县《潭渡黄氏族谱》卷七《厚德》
18	清	歙县	江村江氏	江承炳	祭田（含义田）	1,000余亩	江登云《橙阳散志》卷三《人物志》一《义行》
19	清	歙县	江村江氏	江承珍	祀田	40亩	江登云《橙阳散志》卷三《人物志》一《义行》
20	清	歙县	江村江氏	江振鸿	祀田（含义田）	千数百亩	民国《歙县志》卷九《人物志·义行》
21	清	歙县	江村江氏	江承东	祭田		民国《歙县志》卷九《人物志·义行》
22	清	歙县	棠樾鲍氏	鲍志道	祭田	150亩	歙县《棠樾鲍氏宣忠堂支谱》卷十九《祀事》
23	清	歙县	新馆鲍氏	鲍亭表	祠田		《歙新馆鲍氏著存堂宗谱》卷二《鲍亭表公传》
24	清	歙县	富堨汪氏	汪士暹	墓田		民国《歙县志》卷九《人物志·义行》
25	清	歙县	江村江氏	江必达	祀田		民国《歙县志》卷九《人物志·义行》
26	清	歙县	江村江氏	江裕琨	祀田		民国《歙县志》卷九《人物志·义行》
27	清	歙县	蜀源鲍氏	鲍光甸	祠产、社田		民国《歙县志》卷九《人物志·义行》

续表

序列	年代	地区	宗族	捐输人	名称	面积	资料来源
28	清	歙县	新馆鲍氏	鲍立然	祠田		民国《歙县志》卷九《人物志·义行》
29	清	歙县	坤沙胡氏	胡良权	祀田		民国《歙县志》卷九《人物志·义行》
30	清	歙县	坑口项氏	项光祰	祀产		民国《歙县志》卷九《人物志·义行》
31	清	歙县	丰南吴氏	吴　寰	祀田		民国《歙县志》卷九《人物志·义行》
32	清	歙县	沙溪凌氏	凌彝珮	祀田		民国《歙县志》卷九《人物志·义行》
33	清	歙县	双溪凌氏	凌和贵	祀产		民国《歙县志》卷九《人物志·义行》
34	清	歙县	长林吴氏	吴自亮	祭田		民国《歙县志》卷九《人物志·义行》
35	清	歙县	邑城程氏	程光国	祀田		民国《歙县志》卷九《人物志·义行》
36	清	歙县	渔梁巴氏	巴源立	祀产		民国《歙县志》卷九《人物志·义行》
37	清	歙县	项村郑氏	郑廷佐	祀田	50余亩	民国《歙县志》卷九《人物志·义行》
38	清	歙县	呈狮范氏	范　信	祀田		民国《歙县志》卷九《人物志·义行》
39	清	歙县	郑村郑氏	郑秀圃	祠田	20余亩	民国《歙县志》卷九《人物志·义行》
40	清	歙县	洪源王氏	王恒镇	祭田		民国《歙县志》卷九《人物志·义行》
41	清	歙县	王宅王氏	王一标	祀田		民国《歙县志》卷九《人物志·义行》
42	清	歙县	江村程氏	程文蕚	祀产		民国《歙县志》卷九《人物志·义行》
43	清	休宁	竹林汪氏	汪　丕	祠田	300余亩	休宁《竹林汪氏宗祠记》
44	清	祁门	石坑张氏	张启勋	祭田（含义田）	数百十亩	同治《徽州府志》卷三十《人物志·义行》

续表

序列	年代	地区	宗族	捐输人	名称	面积	资料来源
45	清	婺源	庆源詹氏	詹德章	祀田	百数十亩	民国《重修婺源县志》卷三十七《人物志》十一《义行》
46	清	婺源	江湾江氏	江祚锡	祭田（含义田）	400亩	民国《重修婺源县志》卷三十七《人物志》十一《义行》
47	清	婺源	江湾江氏	江祚锡	祠田	数十亩 44亩	民国《重修婺源县志》卷三十七《人物志》十一《义行》
48		歙县	棠樾鲍氏		墓田	9亩余	《重编歙邑棠樾鲍氏三族宗谱》卷一八三《墓图》
49		黟县	城东隅王氏	王 錞 王 钦 王大儒	祭田		嘉庆《黟县志》卷七《人物志·尚义》

义田，是用于周济宗族贫困户、鳏寡孤独户和兴办公益事业的土地。据考，“义田之设，始于范文正公”①。《任衡朱公义田记》记载：

> 自宋范文正公创立义田，规模具备。明荆川唐氏以为得立宗之遗意。厥后，希风往哲，接踵代兴。至我朝，世家大族有能遵行者，经大府题达，例得旌奖。其为风化人心计，至深长也。②

徽州人认为，“睦族敦宗，乡闾是尚。恤茕赈乏，仁义其滋。里中义田之举，所以嘉惠通族之鳏寡孤独废疾者，至优至渥，诚善事也”③。歙县《棠樾鲍氏宣忠堂支谱》卷十九《鲍氏义田记》说：

> 周礼大司徒教民以六行，而任恤居其二。又于州党之中，示以相周相救之法，凡以矜贫乏通有无也。我朝（即清朝——引者）圣圣相承，勤求疾苦。今有司朔望宣讲《圣谕广训》，敦敦启牖，诚欲使各亲其亲，家给人足，而后民生以厚，风俗以淳。方今海内涵濡教泽，从风慕义之

① 歙县《棠樾鲍氏宣忠堂支谱》卷十九《鲍氏义田记》，清嘉庆十年家刻本。

② 《新安月潭朱氏族谱》卷二十二下，民国二十年木活字本。

③ 歙县《桂溪项氏族谱》卷首《凡例》，清嘉庆十六年木活字本。

士，指不胜屈。

同祭田一样，在徽州地方志和族谱当中，义田资料也是俯拾即是，举不胜举。现在，根据部分历史文献资料列表如下：

徽州宗族义田举例表（含学田、右文田、公田）

序列	年代	地区	宗族	捐输人	名称	面积	资料来源
1	宋	休宁	陪郭程氏	程　信	义田	500亩	弘治《徽州府志》卷七《人物志·勋贤》
2	宋	休宁	旌城汪氏	汪　泳	义田（含祭田）	100亩	弘治《徽州府志》卷七《人物志·勋贤》
3	元	黟县	黄村黄氏	黄真元	义田（含祭田）	630余亩	嘉庆《黟县志》卷七《人物志·义行》
4	元	婺源	盘山程氏	程本中	学田	500亩	民国《重修婺源县志》卷三十七《人物志·义行》
5	明	歙县	东关许氏	许　禾	义田	70亩	《重修古歙城东许氏世谱》卷七《许氏义田宅记》
6	明	歙县	呈坎罗氏	罗元孙	学田	100亩	民国《歙县志》卷九《人物志·义行》
7	明	歙县	岩镇佘氏	佘文义	义田	100亩	民国《歙县志》卷九《人物志·义行》
8	明	歙县	东关李氏	李天祥	义田		民国《歙县志》卷九《人物志·义行》
9	明	歙县	东关程氏	程　钧	义田		民国《歙县志》卷九《人物志·义行》
10	明	歙县		方尚本	义田	数十亩	民国《歙县志》卷九《人物志·义行》
11	明	休宁	商山吴氏	吴继良	义田、学田	178亩	康熙《徽州府志》卷十五《人物志·尚义》
12	明	祁门	胡村胡氏	胡天禄 胡徽献	义田（含祭田）	330亩	康熙《徽州府志》卷十五《人物志·尚义》
13	明	婺源	方村方氏	方仲诰	义田	100亩	民国《重修婺源县志》卷三十七《人物志·义行》

续表

序列	年代	地区	宗族	捐输人	名称	面积	资料来源
14	明	歙县	潭渡黄氏	黄立文	义田	100亩	歙县《潭渡黄氏族谱》卷七《孝友》
15	清	歙县	溪南吴氏	吴邦伟 吴邦佩	义田	1,000余亩	吴荫培《吴氏言行录》上
16	清	歙县	江村江氏	江承炳	义田（含祭田）	1,000余亩	江登云《橙阳散志》卷三《人物志》一《义行》
17	清	歙县	江村江氏	江裕瑸	义田	100亩	民国《歙县志》卷九《人物志·义行》
18	清	歙县	江村江氏	江承珍	义田 右文田 公田	120亩	江登云《橙阳散志》卷三《人物志》一《义行》
19	清	歙县	江村江氏	江振鸿	义田（含祀田）	千数百亩	民国《歙县志》卷九《人物志·义行》
20	清	歙县	潭渡黄氏	黄天寿	义田、学田	130余亩	歙县《潭渡黄氏族谱》卷七《厚德》
21	清	歙县	伏塘坑方氏	方德龙	义田	109亩	民国《歙县志》卷九《人物志·义行》
22	清	歙县	唐模许氏	许以晟等	义田	100余亩	民国《歙县志》卷九《人物志·义行》
23	清	歙县	唐模许氏	许荫本 许日辉	义田		民国《歙县志》卷九《人物志·义行》
24	清	歙县	松明山汪氏	汪人御	义田	500亩	民国《歙县志》卷九《人物志·义行》
25	清	歙县		鲍玉堂	义田	500亩	民国《歙县志》卷九《人物志·义行》
26	清	歙县	唐模许氏	许以景	义田	数顷	民国《歙县志》卷九《人物志·义行》
27	清	歙县	大阜潘氏	潘景文	义田	100亩	民国《歙县志》卷九《人物志·义行》
28	清	歙县	唐模许氏	许承基	义田	100亩	民国《歙县志》卷九《人物志·义行》
29	清	歙县	郡城胡氏	胡　璋	义田		民国《歙县志》卷九《人物志·义行》

续表

序列	年代	地区	宗族	捐输人	名称	面积	资料来源
30	清	歙县	小溪项氏	项　宪	义田		民国《歙县志》卷九《人物志·义行》
31	清	歙县	丛睦坊汪氏	汪文焕	义田		民国《歙县志》卷九《人物志·义行》
32	清	歙县	富堨汪氏	汪士暹	义田		民国《歙县志》卷九《人物志·义行》
33	清	歙县	雄村曹氏	曹景宸	义田 右文田	500 亩	民国《歙县志》卷九《人物志·义行》
34	清	歙县	蜀源鲍氏	鲍光甸	义田		民国《歙县志》卷九《人物志·义行》
35	清	歙县	古关李氏	李有亮	公田		民国《歙县志》卷九《人物志·义行》
36	清	歙县	狮岭下胡氏	胡纯瑳	公田	40 余亩	民国《歙县志》卷九《人物志·义行》
37	清	歙县	大阜潘氏	潘文崧	义田		民国《歙县志》卷九《人物志·义行》
38	清	歙县	潭渡黄氏	黄　晟	义田		民国《歙县志》卷九《人物志·义行》
39	清	歙县	小溪项氏	项　宪 项士溥	义田		民国《歙县志》卷九《人物志·义行》
40	清	歙县	上丰宋氏	宋元国	公田		民国《歙县志》卷九《人物志·义行》
41	清	歙县	桂林洪氏	洪清田	学田	数十亩	民国《歙县志》卷九《人物志·义行》
42	清	歙县	桂林洪氏	洪杜洲	义田		民国《歙县志》卷九《人物志·义行》
43	清	歙县	东门许氏	许登瀛	义田		《重修古歙东门许氏宗谱·新安许氏宗谱序》
44	清	歙县	棠樾鲍氏	鲍志道妻	义田	100 余亩	歙县《棠樾鲍氏宣忠堂支谱》卷十九《祀事》
45	清	歙县	棠樾鲍氏	鲍启运	义田	1,249 亩	歙县《棠樾鲍氏宣忠堂支谱》卷十九《祀事》

续表

序列	年代	地区	宗族	捐输人	名称	面积	资料来源
46	清	祁门	旸源谢氏	谢明哲	义田 学田	140亩	同治《祁门县志》卷三十《人物志·义行》
47	清	祁门	梓墅洪氏	洪世迎	义田	100余亩	同治《祁门县志》卷三十《人物志·义行》
48	清	祁门	石坑张氏	张启勋	义田 （含祭田）	数百十亩	同治《祁门县志》卷三十《人物志·义行》
49	清	黟县	鲍村王氏	王懋赏	义田		嘉庆《黟县志》卷六《人物志·质行》
50	清	婺源	江湾江氏	江源进	义田	100余亩	民国《重修婺源县志》卷三十七《人物志·义行》
51	清	婺源	江湾江氏	江祚锡	义田 （含祭田）	400亩	民国《重修婺源县志》卷三十七《人物志·义行》
52	清	婺源	盘山程氏	程世杰	义田	300余亩	民国《重修婺源县志》卷三十七《人物志·义行》
53	清	婺源	庆源詹氏	詹德章	义田	70亩	民国《重修婺源县志》卷三十七《人物志·义行》
54	清	歙县	艾坑余氏	余延椿	义田 （含祭田）	1,026砠	嘉庆《黟县志》卷七《人物志·尚义》
55	清	歙县	新馆鲍氏	鲍存晓 鲍鸣岐	义田	20亩	《歙新馆鲍氏著存堂宗谱·赴新馆省祠墓记》

徽州地理环境一个重要特点是："山多田少。"宋代以来，人口增长较快。这就产生了一个严重的社会问题，即"田地少，户口多"①。

据历史文献记载，宋元以来，徽州很少有"田连阡陌"，"岁收谷百万"的

① 弘治《徽州府志》卷二《食货志·田地》，《天一阁藏明代方志选刊》，上海古籍书店1982年影印本。

大地主。一般地主占有土地都在百亩左右。“田产千亩”即属于特大地主。歙县槐塘程相在歙县和绩溪共占有土地3,000亩,就我们所见到的资料,这样地主极为罕见①。

但是,徽州不少宗族却占有大量土地。绩溪《上川明经胡氏宗谱·拾遗》记载:“吾族祀产最多,自宗祠、支祠,下逮近代各家,无不毕有”。休宁《古林黄氏重修族谱》卷一《祠宇祀产》记载:“祀田、地、山、塘,亩步四至,各有保簿开载,税入三甲黄宗祠户,十甲黄承祀户,上纳粮编。”绩溪城西周氏宗族《旧置田产》、《旧置北乡田产》、《旧置十五都田产》、《旧置地业》、《旧置山业》、《新置田产》、《修祠户》、《老配享》、《文会》、《上京户》、《能干会》、《税户》、《新管庄田产》、《新置产业归修祠户》、《新特祭配享产业》、《新特祭配享户》共十六项,总计有田近300亩,地30多亩,山20余亩。此外,还有《十三都遥遥庄渊字等号田产》,总计租谷12,231斤,租芦8.5斗②。《金紫胡氏祠产册序》记载:“金紫家庙,产业颇丰,若无底籍流传,世远年湮,势难保无遗失侵占之弊……爰将祠基、屋业首列于前,各处坟茔继之,三则家边、东村、杨溪、丁家店、大石门、卓溪六柱田产,由近及远,雁编成本,颜曰《考据》,良有以也。”③上列《徽州宗族祭田(包括祠田、墓田、社田)举例表》和《徽州宗族义田(包括学田、右文田、公田)举例表》,仅宗族之人捐输这一项,歙县雄村曹氏宗族、歙县松明山汪氏宗族、休宁陪郭程氏宗族、婺源江湾江氏宗族都占有土地五百亩;黟县黄村黄氏宗族占有土地六百三十亩;婺源盘山程氏宗族占有土地八百亩;歙县溪南吴氏宗族占有土地一千余亩;歙县棠樾鲍氏宗族占有土地一千五百余亩;歙县江村江氏宗族占有土地二千数百亩。

大置族田,是徽州宗族繁荣的第三个表现。

---

① 歙县《槐塘程氏重续宗谱·会通综述》,清康熙十二年刻本。

② 《绩溪城西周氏宗谱》卷二十,清光绪三十一年木活字本。

③ 《绩溪金紫胡氏家谱》卷首下《艺文》,清嘉庆二十四年刻本。

四、宗族活动

徽州宗族的集体活动非常繁多。有"元旦团拜"、"春社"、"元宵"、"春祭"、"标祀"、"中元"、"秋祭"、"冬祭"、"烧年"、"祖先诞辰"、'祖先忌日"……宗族成员之间"喜庆相贺,忧戚相吊",是经常性的集体活动。此外,还有迎神赛会,等等。

据历史文献记载和社会调查资料,在众多的宗族集体活动中,重要的活动有元旦团拜、春祭、标祀、秋祭和冬祭。

在历史上,农历元旦这天,徽州宗族绝大多数都举行"元旦团拜"。徽州人把元旦团拜视为"叙昭穆,秩名分,重本慎始之道"的一项重大集体活动①。为了表明这个活动的重要性,许多宗族都在族规家法中作了明确的规定。《歙新馆鲍氏著存堂宗谱》卷三《祠规》关于元旦庆贺仪节的规定:

> 黎明,管年者令人满街鸣锣一次。凡老少冠者,俱着吉服诣祠。到齐,祠内鸣钟三次,礼生二人,一东一西,唱序立,行谒庙礼。四拜毕,行团拜礼,循世次名分列东西,排班序立,行二拜……至巳时,各家妇人止许髻簪尾冠青布衫,齐赴祠,行谒庙礼。四拜毕,行团拜礼,二拜……

徽州宗族农历元旦团拜活动的最大特点是:男女老少全部参加。在徽州宗族的族规家法中,关于农历元旦团拜的规定虽然不完全相同,但都是先行谒庙礼(即拜祖先),后行团拜礼(宗族族人互相拜)。团拜礼毕,依昭穆世次而坐,饮"利市酒"。然后,按人头发"和合饼"(或曰"元旦饼")。

春祭、秋祭和冬祭,是徽州宗族最隆重的祭祀祖先的集体活动。有的宗族只举行春祭和秋祭,有的宗族只举行春祭和冬祭,有的宗族既举行春秋二祭,又举行冬祭。祭祀全在祠堂举行。

《新安黄氏大宗谱》卷二《溪西叙伦堂记》说:"今夫家必有庙,庙必有主,禴祀蒸尝,时必有祭。"徽州人认为,"礼有五经,莫重乎祭。祭者本其孝

---

① 《重修古歙城东许氏世谱》卷七《许氏家规》,明崇祯七年家刻本。

敬,而时合天道,物从王制”[①]。休宁《茗洲吴氏家典》卷二《祭田议》说:

> 治人之道,莫急于礼;礼有五经,莫重于祭……是故先王萃合人心,总摄众志,既立之庙,又定之祭。

春祭、秋祭和冬祭,是徽州宗族祭祖大典。祭祀之日,一些名门右族大都鸣锣通知,齐集族众。祭时,钟鼓齐鸣,香烟缭绕,至诚至敬,庄严肃穆。一切礼节,“谨遵朱子《家礼》”[②]。

徽州宗族普遍规定,祭祖大典,凡是能够参加的成年子弟,必须一律参加。歙县新馆鲍氏宗族《祠规》规定:“祠祭日,凡派下子孙在家者,俱要齐集;如无故不到者,罚银三分。六十以上者,不论。管祭者稽查。”[③]绩溪上庄明经胡氏宗族《新定祠规二十四条》崇祭祀规定:“凡祭祀,春以春分日举行,冬以冬至日举行……有无故不到及怠慢失仪者,罚”;“凡派下子孙,有不祀其祖考者,革出,毋许入祠。”[④]

许多宗族还对老人和未冠者作了具体规定。歙县棠樾鲍氏宗族规定:“年七十老人不能行礼者,准祭后补拜”;“未冠八岁以上,即命与祭,俾自幼习知礼节。”[⑤]《潭渡孝里黄氏家训》规定:“子弟五岁以上,每谒祖、讲书及忌辰祭祀,务令在旁观看学习,使之见惯。”[⑥]

有的宗族规定,男女俱要参加祭祖大典。黟县《环山余氏宗谱》卷一《余氏家规》规定:“达旦黎明,鸣鼓一周,男女俱要鲜洁衣冠,照依排定班次,随班行礼。”

标祀,又曰“挂钱”、“挂纸”、“标挂”(即清明扫墓),是徽州宗族一项重大集体活动。徽州人认为,祖墓是“祖宗体魄所在”[⑦];或者说,“系祖宗藏魄之所”[⑧]。标祀是展亲大典。《休宁宣仁王氏族谱·宗规》说:

---

① 祁门《陈氏大成宗谱》卷五《祭祀志》第三,明嘉靖五年刻本。

② 绩溪《上川明经胡氏宗谱》下卷之中《新定祠规二十四条》,清宣统三年木活字本。

③ 《歙新馆鲍氏著存堂宗谱》卷三,清光绪元年著存堂活字本。

④ 绩溪《上川明经胡氏宗谱》下卷之中,清宣统三年木活字本。

⑤ 歙县《棠樾鲍氏宣忠党支谱》卷十七《祀事·值年规例》,清嘉庆十年家刻本。

⑥ 歙县《潭渡孝里黄氏族谱》卷四,清雍正九年刻本。

⑦ 《重修古歙东门许氏宗谱》卷八《许氏家规》,清乾隆二年刻本。

⑧ 黟县《环山余氏宗谱》卷一《余氏家规》,民国六年木活字本。

祠宇宗祖神灵所依，墓冢宗祖体魄所藏。子孙思宗祖不可见，见所依所藏之处，即如见宗祖也。祠祭、墓祭皆属展亲大礼，必加敬谨。

徽州人认为，宗族子弟诣祖墓参加标祀活动，是尊祖敬宗的重要表现；反之，就是最大“不孝”。歙县《潭渡孝里黄氏族谱》卷六《祠祀》记载：

子姓不肯遍诣各墓展拜，唯于给票（即颁发“胙筹”——引者）之处支领。是其胸中只重斤许猪肉，全无尊祖敬宗之心，不孝孰甚！

历史上，徽州人特别重视“风水”。到处寻觅“风水宝地”，造成许多宗族祖墓既分散，又遥远。宗族子弟不愿多跑路，费时间，“遍诣各墓展拜”。许多宗族族规都规定，对“不肯遍诣各墓展拜”的宗族子弟“罚胙”。在那个时代，“斤许猪肉”——大多数宗族胙肉为一斤——对贫穷的宗族子弟的诱惑力还是不少的。

一个人口众多的名门右族，标祀队伍往往浩浩荡荡，车水马龙。据历史文献记载，歙县黄墩是徽州黄氏始祖墓所在地。明万历二十年（公元1592年）三月初五日，徽州黄氏“各派至黄墩，肇兴祀典。于是缙绅文学五十余人，仆从车舆骈阗一市。祭奠礼仪森备，炫煌睹听，观者云集”①。这是一次大规模的黄氏标祀盛典。歙县棠樾鲍氏宗族去里田祖墓标祀，不仅有乘车的，骑马的，而且还有坐轿的②。许多宗族通过标祀活动，显示自己宗族的社会地位、政治势力和经济力量。

徽州人认为，祭祖贵在一个“诚”字，“以诚敬为先”。歙县东门许氏宗族《许氏家规》说：“人本乎祖而祭于春秋，所以报本返始以伸孝思焉尔。于此不用其诚，恶乎用其诚。”③遵循朱熹《家礼》精神，祭品“虽称家之有无，清素为上”④。

徽州人有一条重要生活准则：“凡事死之礼，当厚于奉生者。”所以许多名门右族用于祭祀祖先的费用是很大的。例如：清嘉庆十年（公元1805年），歙县棠樾鲍氏宗族规定祭祀费用：

---

① 歙县《潭渡孝里黄氏族谱》卷五《祖墓》，清雍正九年刻本。

② 参见赵华富《歙县棠樾鲍氏宗族个案报告》，《江淮论坛》1993年第2期。

③ 《重修古歙东门许氏宗谱》卷八《许氏家规》，清乾隆二年刻本。

④ 《新安武口王氏统宗世谱·宗规》，清雍正四年刻本。

春社祭品约用钱：	4,980 文
中元祭品约用钱：	2,884 文
秋社祭品约用钱：	4,098 文
冬至祭品约用钱：	18,877 文
烧年祭品约用钱：	4,098 文
七次忌辰约用钱：	4,008 文
古城关祭品约用钱：	5,815 文
里田祭品约用钱：	4,812 文
画山园、西沙溪祭品约用钱：	3,576 文

这个宗族每年用于祭祀祖先费用总计 53,148 文，支丁胙酒钱全部未算在内①。歙县东门许氏宗族春秋二祭，每祭"计用豚胙五十余口，约二千余斤，鸡百只，鱼百尾，枣栗时果各百斤，蜡烛百斤，焚帛百端，香楮、蔬肴、美醢之类不及悉纪"。许氏宗族规定："各分分受胙肉九斤，各收献卓仪品分献之胙。"他们认为，这是"上妥祖宗之灵，永享蒸尝之祀；下荫子姓之蕃，世守不易之规也"。东门许氏宗族巨额的祭祖费用，靠的是"先世置有祀田三百余亩，岁之谷利三千余斛，及外之山、塘、屋舍之子利若干"②。黄氏宗族黄墩墓祭祭品：

> 猪一口，羊一腔，糖献五色，饼锭五色，粘果五色，罩果五色（花套全），鲜献五色，煎炸五色，酒肴四桌，三馔四桌，随食四桌，饼锭四桌，果子四桌，面饼四桌，小糖狮四桌，插花三十支，衣冠六身（男四，女二），绢帛六副，香烛七对，金银纸钱，祀后土三牲一副，酒米三斗，饭米三斗，柴、油、盐、酱、醋、菜……③

大搞宗族活动，是徽州宗族繁荣的第四个表现。

（原载《东方论坛》2010 年第 2 期）

---

① 歙县《棠樾鲍氏宣忠堂支谱》卷十七《祀事·值年规例》，清嘉庆十年家刻本。

② 《重修古歙城东许氏世谱》卷一《宗祠祀典条录·祠祀》，明崇祯七年家刻本。

③ 歙县《潭渡孝里黄氏族谱》卷五《祖墓》，清雍正九年刻本。

论徽州宗族繁荣的原因

清代学者赵吉士在《寄园寄所寄》卷十一《故老杂记》中说：

> 新安各姓，聚族而居，绝无一杂姓搀入者。其风最为近古。出入齿让，姓各有宗祠统之。岁时伏腊，一姓村中，千丁皆集。祭用文公《家礼》，彬彬合度。父老尝谓，新安有数种风俗胜于他邑：千年之冢，不动一抔；千丁之族，未常散处；千载之谱系，丝毫不紊；主仆之严，数十世不改，而宵小不敢肆焉。

事实证明，赵吉士这些话是符合实际情况的。历史文献记载和社会调查资料告诉我们，唐宋以来，特别是明清时期，徽州宗族异常繁荣，徽州是中国封建宗族制度一个十分典型的地区。

徽州宗族繁荣的原因是什么呢？历史文献记载和社会调查资料证明，徽州宗族繁荣的重要原因有三个。

一、地理环境

徽州宗族的繁荣和徽州成为中国封建宗族制度一个典型地区，地理环境起了很大作用。

第一，徽州处万山之中，少兵燹之虞，是宗族发展和繁荣的一个有利条件。

明清时期，已经有许多人看到徽州“届万山中”、“兵燹鲜经”与宗族发展、繁荣的相互关系。《方氏族谱原序(后编)》的作者说：“歙以山谷为州也，其险阻四塞，几类蜀之剑阁矣，而僻在一隅，用武者莫之顾。中世以来，兵燹鲜经焉，以故故家旧牒多有存者。”①《序休宁戴氏族谱》的作者认为：“新安届万山中，无兵燹之虞。聚族以居，谨姻连，贱赘冒，家庙鲜饬，系牒明备，柱础碑碣往往有唐宋间物，以故大家巨姓所在有之，而休之戴氏尤著。”②

有不少人，不仅看到徽州“山川峻奥，战争罕及”与宗族发展、繁荣的相互关系，而且还与其他郡、城作了比较。《古林黄氏重修族谱序》的作者说：“海阳士往往述其桑梓，百代不背其先，不易其族。盖山川峻奥，战争罕及之地。子孙每克守先人之丘墓、室庐。非若他郡之一经蹂躏，便迁徙流离如浮梗比也。”③《新安昌溪吴氏太湖支谱序》的作者认为：“夫新安，在汉为丹杨（按；即丹阳——引者）山越地，万山攒峭，径路陡绝。自汉迄明，虽间遭兵革，而世家大族窜匿山谷者，犹能保其先世之所藏。非若金陵，南北土地平衍，一经离乱，公私扫地，其势然也。”④

明嘉靖年间，一位叫徐中行的政府官员，对徽州“万山回环，郡称四塞”与宗族发展、繁荣的相互关系作了精辟的阐述。他说：

> 余昔奉诏，恤刑南畿，入新都境内，见村落不二三里，鸡犬相闻，居民蜂房鳞次，若廛市然，一姓多至千余人，少亦不下数百。盖以地僻大江之南，万山回环，郡称四塞，即有兵火，不至延久。故其民多生全，而庶甲海内。隋唐世家，历历可考，且家各有谱。余每喜其乐土，而诵其善俗也。⑤

徽州“万山回环”，“兵燹鲜经”，为宗族的发展和繁荣提供了一个极为有利的环境。《环山余氏重修族谱序》的作者说得好：“虽当兵争时代，犹能于山中敦崇本务，自成为世外桃源。”⑥

第二，徽州大好山水，人们安土重迁，与宗族的发展和繁荣有内在联系。

---

① 歙县《方氏族谱》卷首，清康熙四十年刻本。
② 休宁《戴氏族谱》，明崇祯五年家刻本。
③ 休宁《古林黄氏重修族谱》，明崇祯十六年刻本。
④ 新安《吴氏族谱》，清抄本。
⑤ 歙县《桂溪项氏族谱》卷一《旧谱序跋》，清嘉庆十六年木活字本。
⑥ 黟县《环山余氏宗谱》卷首，民国六年木活字本。

黟县《明经胡氏存仁堂支谱》卷首《地理谱》记载：

自来民不土著则生息不长。吾徽古姓旧族，皆土著数千年者也。君子爱枌榆，小人敬桑梓，井里可不重乎？

徽州人“壮则服贾，老则归田”①，“人重去其乡”②，“其怀土重迁之风有自来矣”③。《新安黄氏大宗谱》卷首《黄墩始祖墓图说》曰：

安土重迁，吾徽之常；不忘其本，吾宗之奕。

徽州人安土重迁的风俗和思想，主要是自然经济和封建伦理思想造成的，但与自然环境不无关系。

历史文献记载和社会调查资料表明，徽州宗族大都处于优美的自然环境之中。如，歙县桂溪项氏宗族聚居地是：“西南诸山，林壑深茂；前后文笔峰，层峦拥翠，溪流环绕。”④金山洪氏宗族聚居环境是：“山磅礴而深秀，水澄澈而潆洄，土田沃衍，风俗敦朴。”洪氏始迁祖洪显恩，“避喧就肃，择胜寻幽，始居于此。既而子孙日盛，遂甲一乡”⑤。托山程氏宗族所居地是：“山谷环聚，田土膏腴。八垄森列如拱，源头活水如带。远眺则黄山，松萝、金竺、天马，近俯则南塘北野，驼石印墩，咸若有天造地设于其间。又其后有三台山之秀，巨石仙踪之奇，屏列拥护，若负扆然。”程氏始迁祖程时谦曰：“是可为子孙不拔之基矣。昔太王迁岐，姬周始王。今卜居此，吾后其昌乎？”⑥绩溪县盘川王氏宗族聚居之地是：“狮山拱峙，澄水潆洄，古树参天，良田盈野。”在这个自然环境中，王氏宗族“族众繁衍，合村而居，敬业乐群，雍雍睦睦”⑦。黟县西递明经胡氏宗族聚居的环境是：“岭霞东蔚，涧水西流；虎阜前蹲，罗峰遥峙；天马踊泉之胜，犀牛望月之奇；左环右挹，外密中宽。”在这里，明经胡氏宗族“孝悌力田、育子贻孙者，三十有余世；诗书学古、安居乐

---

① 《重编歙邑棠樾鲍氏三族宗谱》卷七十五《文庆公派》，清乾隆二十五年一本堂刻本。
② 歙县《潭渡黄氏族谱》卷五《祖墓》，清雍正九年刻本。
③ 程一枝：《程典》二十《风俗志》第四，明万历二十六年家刻本。
④ 歙县《桂溪项氏族谱》卷一《旧谱序跋》，清嘉庆十六年木活字本。
⑤ 歙县《金山洪氏宗谱》卷首《金山洪氏续修宗谱序》，清同治十二年刻本。
⑥ 歙县《托山程氏家谱》卷一《嘉厚公传》，明崇祯九年刻本。
⑦ 绩溪《盘川王氏宗谱》卷之前《盘川王氏族谱序》，民国十年活字本。

业者,七百五十年。序伏腊之豆觞,守高曾之规矩。流长源远,本大叶繁”①。

这样大好山水,人们必然安土重迁。

徽州人安土重迁的风俗和思想,造成宗族的发展和繁荣。江登云《橙阳散志》卷十二《艺文志·存志户墓祀序》记载:

> 水有源,木有根,人之于祖亦然。吾徽敦本追远,视他郡较盛。聚族而居,一姓相传,历数百载,衍千万丁。祠宇、坟茔世守勿替。间有贸迁远地者,一旦归来,邱垅无恙,庐舍依然。语云:歙俗千年归故土。谅哉言也。

第三,徽州“山多田少”,人多贫困,促进了宗族的发展与繁荣。

淳熙《新安志》卷二《叙贡赋》记载:

> 新安为郡在万山间,其地险陿而不夷,其土骍刚而不化。水湍悍,少潴蓄……大山之所落,深谷之所穷,民之田其间者,层累而上,指十数级不能为一亩,快牛剡耜不得旋其间,刀耕而火种之。十日不雨,则卬天而呼。一遇雨泽,山水暴出,则粪壤与禾荡然一空。盖地之勤民力者如此。

嘉靖《徽州府志》卷二《风俗》记载:

> 自休之西而上尤称斗。入岁收堇不给半饷。多仰取山谷,甚至采薇葛而食。

由于自然条件的制约和社会生产力水平极端低下,徽州“一亩所入,不及吴中饥年之半”②;“大都计一岁所入,不能支什之一”③。这种困苦的生活,迫使徽州人必须聚族而居,以便相互协作,相互帮助,相互周济,相互关照。反之,如果脱离宗族群体,贫苦的人们就很难活下去。

在徽州宗族的族规家法中,大都有“恤族”,“救灾”的规定。绩溪《华阳邵氏宗谱》卷十八《家规》恤灾条规定:

---

① 黟县西递明经胡氏宗族《道光五年修族(? 谱)账录》,抄本。

② 康熙《徽州府志》卷六《物产》,清康熙三十八年万青阁刊本。

③ 嘉靖《徽州府志》卷八《食货志》,明嘉靖四十五年刻本。

族由一本而分,彼贫即吾贫。苟托祖宗之荫而富贵,正宜推祖宗之心以覆庇之,使无失所,此仁人君子之用心也。若自矜富贵,坐视族人贫困,听其鬻妻质子而为人仆妾,以耻先人,是奚翅贫贱羞哉?即富贵亦与有责也。

《重修古歙东门许氏宗谱》卷八《许氏家规》救灾恤患条规定:

人固以安静为福,而灾危患难亦时有之,如水火、贼盗、疾病、死丧,凡意外不测之事,此人情所不忍,而推恩效力固有不容已者。其在乡党邻里有相周之义焉,有相助相扶持之义焉,况于族人本同一气者乎?今后凡遇灾患,或所遭不偶也,固宜不恤财、不恤力以图之;怜悯、救援、扶持、培植,以示敦睦之义。此非有所强而迫也,行之存乎人耳。

徽州宗族为巩固自身的发展和繁荣,普遍实行的一项重大措施是,大力表彰"义行"。凡是资助宗族和周济、帮助、扶持贫苦族人的宗族子弟,成绩特别卓著者府志立传,其次县志立传,再其次族谱立传。在徽州府府志、徽州所属六个县县志和各个宗族的族谱当中,这类人物的传记占了很大篇幅。

徽州宗族采取的周济、扶持、帮助贫苦族人的措施,对宗族的巩固、发展和繁荣起了重大作用。许多占有大量"义田"的宗族,贫困族人一般避免了乞讨为生,背井离乡之苦。歙县唐模村和棠樾村有句俗语,叫作"唐模、棠樾,饿死情愿"。因唐模许氏宗族和棠樾鲍氏宗族占有大量义田,贫苦的族人能得到宗族的周济和扶持,最低水平的生活有保障。所以,他们都安土重迁,至死也不肯脱离自己的宗族①。

地理环境的影响是徽州宗族繁荣的第一个原因。

二、朱熹思想

徽州宗族的繁荣和徽州成为中国封建宗族制度一个典型地区,朱熹思想的影响起了重大作用。

朱熹,字元晦,后改仲晦,号晦庵,后称晦翁,号遁翁,自称云谷老人,号

---

① 参见赵华富《歙县棠樾鲍氏宗族个案报告》,《江淮论坛》1993年第2期。

沧洲病叟。生于南宋建炎四年(公元 1130 年),卒于南宋庆元六年(公元 1200 年)。祖籍徽州婺源(今江西婺源县),侨寓福建建阳。

朱熹是理学集大成者。孔子之后,朱熹是中国封建社会地位最高、影响最大的思想家。宋宁宗在《除朱熹为焕章阁待制侍讲诰》中说:“朱熹发六经之蕴,穷百氏之源。”对朱熹作了很高的评价①。宋理宗进一步察觉到朱熹思想对巩固封建统治的重大作用和意义。因此,他特赠朱熹为太师,追封信国公,后改封徽国公,用祭祀孟子的礼仪祀朱熹②。宋度宗诏赐婺源为“文公阙里”,将朱熹的地位又升了一个台阶。宋以后,历代封建王朝都视朱熹为圣人,将朱熹的思想钦定为官方哲学,明经取士都以朱熹等“宋儒传注为宗”③。朱熹的地位一再拔高,一直拔高到与孔圣人差不多同等地位④。

徽州是“文公阙里”。朱熹一生曾两次回故里省墓,第二次逗留时间三个月。当地名流多与之游,许多学人慕朱熹之名,拜他为师,成为他的门生。其中学行卓著者即有祝穆、吴昶、程先、程永奇、汪莘、许文蔚、汪晫、谢琏等⑤。

徽州出了个大圣人朱夫子,徽州人感到无上光荣。他们从宗族观念出发,把朱熹说成扭转乾坤的伟大人物,对其顶礼谟拜。《新安黄氏会通谱·集成会通谱叙》记载:

> 盖人伦不明,宗法废弛,民俗颓弊甚矣。幸而皇宋诞膺景运,五星聚奎。于是吾郡朱夫子者出,阐六经之幽奥,开万古之群蒙,复祖三代之制,酌古准今,著为《家礼》,以扶植世教。其所以正名分,别尊卑,敬宗睦族之道,亲亲长长之义,灿然具载。而欧,苏二子亦尝作为家谱,以统族属。由是海内之士,闻其风而兴起焉者,莫不家有祠,以祀其先祖,族有谱,以别其尊卑。

---

① 《婺源茶院朱氏家谱·除朱熹为焕章阁待制侍讲诰》,明刻本。

② 《宋史纪事本末》卷八十《道学崇黜》,中华书局标点本。

③ 《松下杂抄》卷下。

④ 见民国《重修婺源县志》卷十八,卷六十四,卷六十六,民国十四年刊本。

⑤ 参见《徽州地区简志》,黄山书社 1989 年版,第 284 页。

读朱子之书，以朱熹思想作为指导思想，是徽州人坚定不移的信念。赵汸在《商山书院学田记》中讲到徽州的教育时说：

自井邑田野，以至于远山深谷，居民之处，莫不有学，有师，有书史之藏。其学所本，则一以郡先师子朱子为归。凡六经传注，诸子百氏之书，非经朱子论定者，父兄不以为教，子弟不以为学也。是以朱子之学虽行天下，而讲之熟，说之详，守之固，则惟新安之士为然。①

休宁《茗洲吴氏家典》记载：

我新安为朱子桑梓之邦，则宜读朱子之书，服朱子之教，秉朱子之礼，以邹鲁之风自待，而以邹鲁之风传之子若孙也。

朱熹的《家礼》一书，以三纲五常为指导思想和基本原则，对通礼、冠礼、婚礼、丧礼、祭礼作了详尽细致的说明和规定②。通过这些封建礼仪的说明和规定，全面地、系统地阐明了封建宗族制度和封建宗法伦理关系。

徽州人视朱熹《家礼》为一部划时代的伟大著作。他们认为，三代以后，“人伦不明，宗法废弛，民俗颓弊甚矣”。《家礼》一书，“正名分，别尊卑，敬宗睦族之道，亲亲长长之义，灿然具载”。于是，海内“莫不家有祠，以祀其先祖，族有谱，以别其尊卑”。

徽州人把朱熹《家礼》当作经典。徽州宗族修纂的族谱，都以三纲五常为指导思想和基本原则，没有一部例外．特别是族规家法和冠、婚、丧、祭等内容，不仅谨遵《家礼》的精神和原则编写，有的干脆改头换面照抄《家礼》。

徽州人认为，朱熹《家礼》“炳如日星”，是宗族行动的指南。休宁《茗洲吴氏家典》作者要求他们的宗族子弟，“遵行《家礼》，率以为常”，按《家礼》办事，不越雷池一步，即所谓“非敢于《家礼》有所损益也”③。歙县泽富王氏宗族《宗规》规定：冠、婚、丧、祭“并遵文公《家礼》”。并特别指出，祭品“虽称家之有无，清素为好，勿习世俗，浮华斗靡，有违《家礼》”。④ 绩溪上

① 转引道光《休宁县志》卷之一《风俗》，清道光三年刊本。

② 朱熹《家礼》，有人认为系托名之作。我们认为，不论撰者是谁，此书编撰是以朱熹思想作为指导原则，这是毫无疑义的。

③ 休宁《茗洲吴氏家典·家典凡例》，清雍正十三年刻本。

④ 歙县《泽富王氏宗谱》，明隆庆、万历间刻本。

庄明经胡氏宗族《新定祠规二十四条》崇祭祀规定:“凡祭祀,春以春分日举行,冬以冬至日举行。高、曾、祖、祢用牲,旁亲用庶馐。一切仪节,谨遵朱子《家礼》。”①歙县潭渡黄氏宗族《祠规》规定:“元旦谒祖、团拜及春秋二祭,悉遵朱子《家礼》。”②黟县城西余氏宗族族人余允恭,晚年与弟“遵朱子《家礼》,建立家规,以训子孙,俗多化之”③。

徽州人认为,朱熹《家礼》一书,“若衣服饮食,不可一日离焉耳”④。历史文献记载告诉我们,历史上徽州人都生活在宗族之中。朱熹《家礼》对宗族的通礼、冠礼、婚礼、丧礼、祭礼以及宗法伦理关系等许多方面都作了说明和规定。徽州人崇拜朱熹。他们“读朱子之书,服朱子之教,秉朱子之礼”。因此,《家礼》中种种规定,就成为徽州宗族子弟许多行为的准则和规范。对徽州人来讲,朱熹《家礼》一书,“若衣服饮食,不可一日离焉耳”,这是不言而喻的。

历史文献记载告诉我们,婺源是“文公阙里”,徽州人对朱熹的崇拜超过全国所有地区。因此,朱熹思想对徽州的影响,比任何地区都深远。徽州宗族十分繁荣,徽州成为中国封建宗族制度一个典型地区,这是一个重要原因。《新安月潭朱氏族谱》卷首《月潭朱氏族谱序》记载:

> 新安则里各姓别,姓各有祠,祠各有谱牒,阅岁千百,厘然不紊。用能慈孝敦睦,守庐墓,长子孙,昭穆相次,贫富相保,贤不肖相扶持,循循然,彬彬然,序别而情挚。试稽其朔,固由考亭先生定礼仪,详品节,渐渍而成俗。吾徽人食考亭之泽深且远,宜今之旅于外者,为馆舍必尊祀考亭也。

歙县《潭渡黄氏族谱》卷六《祠祀·潭渡孝行里黄氏大宗祠碑记》记载:

> 郡县内俗之近古者,惟新安最。其世家巨姓,多聚族而居,谨茔墓,修烝尝,考谱牒,得追远之意,笃本之思。盖新安乃子朱子故里,流风遗教渐渍使然也。

---

① 绩溪《上川明经胡氏宗谱》下卷之中,清宣统三年木活字本。

② 歙县《潭渡黄氏族谱》卷六,清雍正九年刻本。

③ 嘉庆《黟县志》卷七《人物志·尚义》,清嘉庆十七年刻本。

④ 休宁《茗洲吴氏家典·家典凡例》,清雍正十三年刻本。

一言以蔽之，"歙在万山间，乃程朱之阙里也。故多旧家，能保其族，以至数百年，盖他郡所少有"①。

朱熹思想的影响是徽州宗族繁荣的第二个原因。

三、仕宦和徽商

徽州宗族的繁荣和徽州成为中国封建宗族制度一个典型地区，宗族子弟中的仕宦和富商对宗族的捐输起了重要作用。

宋代，徽州人科举和入仕取得巨大成就。据弘治《徽州府志》卷六《选举志·科第》记载，宋代徽州科举中式进士多达619人。在同书卷七《人物志·勋贤》和卷八《人物志·宦业》中立传官员多达123人。其中宰相和副宰相三人，尚书三人，侍郎七人。罗愿在《新安志》卷一《风俗》中说："黄巢之乱，中原衣冠避地保于此，后或去或留，俗益向文雅。宋兴则名臣辈出。"

据《明清进士题名碑索引》记载，明朝徽州人科举中进士者有392人，清朝有226人。这只是指徽州本籍进士，如果加上寄籍外地进士，那大大超过这个数字。据北京歙县会馆观光堂题名榜记载，仅歙县一个县，有清一代本籍和寄籍进士即达296人。在歙县本籍和寄籍科举中式者中，有状元五人，榜眼二人，武榜眼一人，探花八人，传胪五人，会元三人，解元十三人②。据统计，清代徽州本籍和寄籍状元多达十八人③。

据明北京歙县会馆捐册名单统计，明嘉靖以后，仅歙县一个县即出大学士一人，尚书一人，侍郎九人，寺卿五人，给事中四人，检讨一人，编修一人，巡抚五人，巡按一人，御史四人，廉史三人，廉副一人，知府三人，督学一人，副使一人。这还不包括未列名的学士唐皋，都宪江东之，尚书殷正茂④。

---

① 歙县《方氏族谱》卷首《方氏族谱原序》，清康熙四十年刻本。

② 许承尧：《歙事闲谭》卷十一《清代歙京官及科第》，抄本。

③ 吴建华：《清代徽州状元》，《徽学通讯》1989年第1期增卷；赵华富：《论明清徽州社会的繁荣》，《东南文化》1991年第2期。

④ 许承尧：《歙事闲谭》卷十《北京歙县会馆建置原始》，抄本。

"其同时以进士官部曹及守令者约三十人，尚未及录"①。

据北京歙县会馆观光堂题名榜，清朝仅歙县一个县本籍和寄籍官京朝者，即有大学士四人，尚书七人，侍郎二十一人，都察院都御史七人，内阁学士十五人②。在京师各部曹和地方各级政府为官的歙县人，那就更多了。如，歙县溪南吴氏一个宗族，在地方当县太爷的就多达十二人③。

众所周知，唐宋之际中国社会经济重心从中原转移到南方。徽商作为一种社会经济现象和商业界一个帮派，就是在这个经济背景下产生、形成的。经过几个世纪的历史发展，到明代嘉靖、万历年间，随着商品经济的发展和资本主义生产关系萌芽的产生，徽商开始繁荣昌盛，进入黄金时代。明人谢肇淛说："富室之称雄者，江南则推新安，江北则推山右。新安大贾，鱼盐为业，藏镪有至百万者，其他二三十万，则中贾耳。"④万历《歙志》卷十记载："邑中之以盐策祭酒而甲天下者，初则有黄氏，后则有汪氏、吴氏，相递而起，皆由数十万，以汰百万者。"万历年间，歙县溪南巨商吴养春一次向明朝政府捐纳银三十万两，得到万历皇帝嘉奖，吴养春一家一日五人授"中书之爵"⑤。吴氏商业资本之雄厚，由此可想而知。到清代，徽商的商业资本有了更大的发展。民国《歙县志》卷一《风土》记载："两淮八总商，邑人恒占其四，各姓代兴。如，江村之江，丰溪、澄塘之吴，潭渡之黄，岑山之程，稠墅、潜口之汪，傅溪之徐，郑村之郑，唐模之许，雄村之曹，上丰之宋，棠樾之鲍，蓝田之叶，皆是也。"这些大盐商，"资本之充实者，以千万计。其次亦以数百万计"⑥。乾隆年间，江春曾任两淮总商，"每遇灾赈、河工、军需，百万之费，指顾立办"。因而得到乾隆皇帝的嘉奖⑦。

---

① 许承尧:《歙事闲谭》卷十一《科举故事一》，抄本。

② 许承尧:《歙事闲谭》卷十一《清代歙京官及科第》，抄本。

③ 歙县《丰南志》卷五《选举志·仕宦》，抄本。

④ 谢肇淛:《五杂俎》卷四，中华书局1986年标点本。

⑤ 许承尧:《歙事闲谭》卷四《吴士奇〈征信录〉中之〈货殖传〉》，抄本。按:《歙志》作六中书。

⑥ 李澄:《淮鹾备要》卷七，清光绪十八年金陵刻本。

⑦ 嘉庆《两淮盐法志》卷四十四《人物·才略》，清嘉庆刻本。

历史文献记载告诉我们，徽州籍仕宦和富商，从小都受朱熹思想的熏陶，他们“读朱子之书，服朱子之教，秉朱子之礼”，成长和生活在宗族之中，宗族观念极端浓厚，极端强烈。他们仕宦发财和经商致富，大都衣锦还乡，荣宗耀祖，为宗族做种种“义行”。

徽州城乡相望、高大宽敞、营造精细、装饰精美的祠堂，主要是宗族子弟中的仕宦和富商出资兴建的。例如，婺源江湾江氏宗族子弟、明右都御史兼户部侍郎江一麟，“输资独建宗祠，规模宏丽，为一邑之冠”①。清乾隆二年歙县城东门许氏宗族重建宗祠，大官僚许登瀛一人即“捐赀八千金”。这座祠堂，花了四年时间才落成②。棠樾鲍氏宗族大盐商鲍志道一人独资兴建“世孝祠”，其子鲍漱芳一人独资重建“敦本堂”，其弟鲍启运之子鲍有莱一人独资兴建“清懿堂”。从这三座祠堂规模之大、营造之精、装饰之美来看，每座耗银都以万两计③。据《歙新馆鲍氏著存堂宗谱》卷三《祠规序》记载，新馆鲍氏宗族自始迁祖传六世未建祠堂，“神无所依，族无所聚。时有若集公、概公、乐公、宋公、橐公、檀公、善烨公、善耀公八公，各以盐策致富，皆倜傥有志，相谋捐赀巨万，建立宗祠，并置祭田”。休宁竹林汪氏宗族所建宗祠，共耗银三万八千二百三十两零五钱四分，大商人汪丕一人捐银二万三千两，大商人汪缨一人捐银一万零九百二十两五钱四分④。仕宦和富商出资兴建祠堂事例和资料俯拾即是，举不胜举，数字大都以千、万两计。

徽州名宗右族大都占有大量土地，这是徽州封建土地所有制一个突出特点。历史文献记载告诉我们，徽州族田大多数是徽州本籍和寄籍仕宦和富商捐输的。现在，根据部分历史文献资料列表如下：

---

① 民国《重修婺源县志》卷三十七《人物・义行》，民国十四年刊本。

② 《重修古歙东门许氏宗谱》卷八，清乾隆二年刻本。

③ 歙县《棠樾鲍氏宣忠堂支谱》卷二十二《文翰・世孝祠记》，清嘉庆十年家刻本；鲍志道：《重建万四公支祠记》碑刻。

④ 休宁《竹林汪氏宗祠记》。

仕宦和富商捐输族田百亩以上举例表

序列	年代	地区	宗族	捐输人	种类	面积	资料来源
1	宋	休宁	陪郭程氏	程　信	义田	500 亩	弘治《徽州府志》卷七《人物志·勋贤》
2	宋	休宁	旌城汪氏	汪　泳	祭田 义田	100 亩	弘治《徽州府志》卷七《人物志·勋贤》
3	宋	婺源	茶院朱氏	朱　熹	祭田	100 亩	五懋竑《朱子年谱》卷之一上
4	宋	休宁	东阁许氏	许文蔚	义田	100 亩	程尚宽《新安名族志》后卷
5	元	黟县	黄村黄氏	黄真元	祭田 义田	630 余亩	嘉庆《黟县志》卷七《人物志·质行》
6	元	婺源	盘山程氏	程本中	学田	500 亩	民国《重修婺源县志》卷三十七《义行》
7	明	歙县	呈坎前罗氏	罗元孙	义田	100 亩	民国《歙县志》卷九《人物志·义行》
8	明	歙县	岩镇佘氏	佘文义	义田	100 亩	民国《歙县志》卷九《人物志·义行》
9	明	休宁	商山吴氏	吴继良	义田 学田	187 亩	康熙《徽州府志》卷十五《人物志·尚义》
10	明	祁门	胡村胡氏	胡天禄 胡徽献	义田	330 亩	康熙《徽州府志》卷十五《人物志·尚义》
11	明	婺源		汪焕祖		100 亩	康熙《徽州府志》卷十五《人物志·尚义》
12	明	祁门	善和程氏	程新春等	祭田 义田	320 亩	程昌《窦山公家议》卷四《田地议》
13	明	歙县	潭渡黄氏	黄立文	义田	100 亩	歙县《潭渡黄氏族谱》卷七《孝友》
14	明	婺源	方村方氏	方仲诰	义田	100 亩	民国《重修婺源县志》卷三十七《义行》
15	清	歙县	溪南吴氏	吴邦伟 吴邦佩	义田	1,000 余亩	吴荫培《吴氏言行录》上

续表

序列	年代	地区	宗族	捐输人	种类	面积	资料来源
16	清	歙县	江村江氏	江承炳	祭田 义田	1,000 余亩	江登云《橙阳散志》卷三《人物志》—《义行》
17	清	歙县	江村江氏	江承珍	祀田 义田 公田等	160亩	江登云《橙阳散志》卷三《人物志》—《义行》
18	清	歙县	江村江氏	江振鸿	祀田 义田	千数百亩	民国《歙县志》卷九《人物志·义行》
19	清	歙县	江村江氏	江裕瑸	义田	100亩	民国《歙县志》卷九《人物志·义行》
20	清	歙县	雄村曹氏	曹景宸	义田 右文田	500余亩	民国《歙县志》卷九《人物志·义行》
21	清	歙县	伏塘坑方氏	方德龙	义田	109亩	民国《歙县志》卷九《人物志·义行》
22	清	歙县	唐模许氏	许以晟等	义田	100余亩	民国《歙县志》卷九《人物志·义行》
23	清	歙县	松明山汪氏	汪人御	义田	500亩	民国《歙县志》卷九《人物志·义行》
24	清	歙县		鲍玉堂	义田	500亩	民国《歙县志》卷九《人物志·义行》
25	清	歙县	唐模许氏	许以景	义田	数顷	民国《歙县志》卷九《人物志·义行》
26	清	歙县	大阜潘氏	潘景文	义田	100亩	民国《歙县志》卷九《人物志·义行》
27	清	歙县	唐模许氏	许承基	义田	100亩	民国《歙县志》卷九《人物志·义行》
28	清	歙县	棠樾鲍氏	鲍志道	祭田	150亩	歙县《棠樾鲍氏宣忠堂支谱》卷十九《祀事》
29	清	歙县	棠樾鲍氏	鲍志道妻	义田	100余亩	歙县《棠樾鲍氏宣忠堂支谱》卷十九《祀事》
30	清	歙县	棠樾鲍氏	鲍启运	义田	1,249亩	歙县《棠樾鲍氏宣忠堂支谱》卷十九《祀事》

续表

序列	年代	地区	宗族	捐输人	种类	面积	资料来源
31	清	歙县	潭渡黄氏	黄天寿	义田 祭田 学田	150亩	歙县《潭渡黄氏族谱》卷七《厚德》
32	清	休宁	竹林汪氏	汪　丕	祠田	300余亩	休宁《竹林汪氏宗祠记》
33	清	祁门	旸源谢氏	谢明哲	义田 学田	140亩	同治《祁门县志》卷三十《人物志·义行》
34	清	祁门	梓墅洪氏	洪世迎	义田	100余亩	同治《祁门县志》卷三十《人物志·义行》
35	清	祁门	石坑张氏	张启勋	祭田 义田	数百十亩	同治《祁门县志》卷三十《人物志·义行》
36	清	婺源	江湾江氏	江源进	义田	100余亩	民国《重修婺源县志》卷三十七《义行》
37	清	婺源	江湾江氏	江祚锡	祭田 义田	400亩	民国《重修婺源县志》卷三十七《义行》
38	清	婺源	江湾江氏	江祚锡	祠田	数十亩 44亩	民国《重修婺源县志》卷三十七《义行》
39	清	婺源	盘山程氏	程世杰	义田	300余亩	民国《重修婺源县志》卷三十七《义行》
40	清	婺源	庆源詹氏	詹德章	祀田	百数十亩	民国《重修婺源县志》卷三十七《义行》
41	清	婺源	庆源詹氏	詹德章	义田	70亩	民国《重修婺源县志》卷三十七《义行》
42		歙县	潭渡黄氏	黄算之	义田	100余亩	歙县《潭渡黄氏族谱·彰义黄翁义田记》

上表所列四十二例捐输者是仕宦，还是富商，绝大多数身份是清楚的，

只有少数身份不明。但是，我们认为，他们不是仕宦，即是富商。因为，徽州地主一般占有土地在一百亩左右，一般地主无能力向宗族捐输一百亩土地，至于捐输一百亩以上，甚至数百亩，最多达一千多亩，那更是不可能的。

上表所列徽州籍仕宦和富商向宗族捐输土地四十二例中，一人捐输五百亩者有五例，二人捐输一千亩者一例，一人捐输六百三十亩者一例，一人捐输一千数百亩者一例，一人捐输一千数百亩以上者二例。据徽州土地买卖契约文书资料记载，清代乾隆年间徽州每亩土地价银约二十五两左右①。如果按这个地价计算，向宗族捐输一百亩土地，就等于白银二千五百两；捐输五百亩土地，就等于白银一万两千五百两；捐输一千亩土地，就等于白银二万五千两。歙县棠樾鲍氏宗族大盐商鲍启运向宗族捐输义田一千二百四十九亩五分，就等于白银三万一千二百三十七两五钱。

唐宋以来，特别是明清时期，徽州"名臣辈出"，富商济济。这里所以能大建祠堂，大置族田，就是因为有宗族子弟中的仕宦和富商——特别是富商——的资助。

仕宦和富商的捐输资助是徽州宗族繁荣的第三个原因。

（原载《民俗研究》1993 年第 1 期）

---

① 《明清徽州社会经济资料丛编》第一集，中国社会科学出版社 1988 年版；第二集，中国社会科学出版社 1990 年版。

从徽州宗族资料看宗族的基本特征

什么是宗族？宗族有哪些基本特征？这是从事宗族研究的人必须首先回答的问题。

《尔雅·释亲》曰:“父之党为宗族。”有些学者认为,宗族是“父系的亲属”,宗族是“同宗同族之人”。有的学者将《新安休宁名族志》中的二十个“名族”说成“二十个宗族”。从徽州宗族的具体资料来看,这些观点都是值得商榷的。

唐宋以来,特别是明清时期,徽州宗族非常繁荣,徽州是中国封建宗族制度一个典型地区。清朝徽州学者赵吉士在《寄园寄所寄》卷十一《故老杂纪》中说:

> 新安各姓,聚族而居,绝无一杂姓搀入者,其风最为近古。出入齿让,姓各有宗祠统之。岁时伏腊,一姓村中,千丁皆集。祭用文公《家礼》,彬彬合度。父老尝谓,新安有数种风俗胜于他邑:千年之家,不动一抔;千丁之族,未常散处;千载之谱系,丝毫不紊……

明清时期,徽州宗族资料异常丰富。鸦片战争以后,虽然经过一次战火和多次浩劫,但现在保存和流传下来的徽州族谱总数,还是很可观的。这些族谱分藏于:北京图书馆、中国历史博物馆、中国历史第一档案馆、中国社会科学院历史研究所图书馆、北京大学图书馆、上海图书馆、南京图书馆、安徽省图书馆、安徽省博物馆、黄山市博物馆、歙县博物馆等几十个单位。此外,还流传到国外一大批。北京图书馆馆藏善本族谱共有四百二十七部,徽州族谱占一半以上①。

---

① 《北京图书馆古籍善本书目》第492—534页。

普遍性寓于特殊性之中。通过对徽州这一中国封建宗族制度典型地区大量宗族资料的研究,我们可以对宗族进行全面的透析,揭示宗族的本质和宗族所具有的各种基本特征。

历史文献记载告诉我们,宗族是历史上形成的以父系血缘关系为纽带的社会人群共同体。在封建时代,宗族是中国社会的基层组织。它不仅是一种自然历史现象,更重要的还是一种社会历史现象。

通过对徽州宗族资料的研究分析,我们可以看到宗族的基本特征有八个。

一、有共同的始祖

每个宗族都有一个共同始祖。始祖是宗族的"木本水源",没有始祖即没有宗族。歙县《托山程氏家谱》说:"万物本乎天,人本乎祖。人之有祖,犹木之有根,水之有源也。"①程一枝《程典》记载:"人之生也,本之为祖,统之为宗,散之为族。祖也者,吾身之所自出,犹木之根也;宗族也者,吾身之所同出,犹木之支干也,是皆生理之自然,而不可忽者矣。"②歙县《潭渡黄氏族谱》说:"夫木本水源之义,为人生之最重;慎终追远之道,乃民德所攸存。至于子孙聚族,宗祖相承,百世之树碑载道,千年之坟墓昭然者,独吾徽为盛。"③

据《新安名族志》和一些族谱记载,徽州有五十七个名族的始祖是从中原地区迁到徽州的。现将部分名族的始迁祖列表如下:

由中原迁徽州的名族始迁祖举例表

年代	姓氏	姓名	祖籍或原籍	迁徙原因
西汉	方氏	方　纮	河南	避王莽篡乱

① 歙县《托山程氏家谱》卷二《程氏续谱序》,明崇祯九年刻本。

② 程一枝:《程典》十九《宗法志》第三,明万历二十六年家刻本。

③ 歙县《潭渡黄氏族谱》卷五《祖墓·附重订黄墩标挂簿序》,清雍正九年刻本。

续表

年代	姓氏	姓名	祖籍或原籍	迁徙原因
东汉	汪氏	汪文和	平阳	避中原之乱
晋朝	鲍氏	鲍　弘	青州	在新安为官
晋朝	胡氏	胡　育	青州	在新安为官
晋朝	俞氏	俞　纵	河涧	避永嘉之乱
晋朝	程氏	程元谭	广平	在新安为官
晋朝	詹氏	詹　敬	南阳	在新安为官
晋朝	胡氏	胡　焱	青州	在新安为官
晋朝	叶氏	叶　续	南阳	在新安为官
梁朝	闵氏	闵　纮	山东	在新安为官
梁朝	任氏	任　昉	博昌	在新安为官
隋朝	谢氏	谢　杰	陈留	在新安为官
唐朝	姚氏	姚　郁	陕西	避黄巢起义
唐朝	范氏	范传正	邓州	在歙州为官
唐朝	吕氏	吕　渭	河东	贬歙州司马
唐朝	查氏	查师诣	河内	避黄巢起义
唐朝	毕氏	毕师远	偃师	避黄巢起义
唐朝	刘氏	刘依林	彭城	在歙州为官
唐朝	曹氏	曹尚贤	青州	避黄巢起义
唐朝	康氏	康　先	京兆	避黄巢起义
唐朝	王氏	王　翔	太原	避黄巢起义
唐朝	王氏	王　璧	琅玡	避黄巢起义
唐朝	赵氏	赵　思	陇西	避黄巢起义
唐朝	冯氏	冯　繁	青州	在歙州为官
唐朝	孙氏	孙万登	青州	爱徽州山水
唐朝	江氏	江　祯	兰陵	避黄巢起义
唐朝	仰氏	仰　敬	洛阳	在歙州为官
唐朝	洪氏	洪经纶	敦煌	在歙州为官
唐朝	李氏	李　祥	陇西	避黄巢起义
唐朝	胡氏	胡昌翼	陇西	避朱温篡乱
唐朝	胡氏	胡　瞳	安定	在歙州为官

续表

年代	姓氏	姓名	祖籍或原籍	迁徙原因
唐朝	江氏	江　洪	济阳	避黄巢起义
唐朝	张氏	张　弘	陈留	在歙州隐居
五代	江氏	江仲容	济阳	先宦留宛陵
五代	何氏	何令通	颍阴	“谪官休宁”
宋朝	宋氏	宋　觃	开封	爱徽州山水
宋朝	孔氏	孔端朝	曲阜	在歙州为官

上表所列 37 个始迁祖迁到徽州定居以后，经过几代子孙繁衍，逐渐形成宗族。这些始迁祖就是这些宗族的始祖。

徽州宗族资料证明，宗族的繁衍裂变是一个普遍规律。《新安大族志》、《新安名族志》和《新安休宁名族志》中所列举的“大族”和“名族”，每一个之中都包含众多宗族，少则包含几个，多则几十个。鲍源深在《歙新馆鲍氏著存堂宗谱》序中说：“晋咸和间，元始公讳弘守新安，遂家焉。歙之有鲍氏自此始。厥后子姓蕃衍，散处于歙者，则有鲍屯、光山源、蜀源、丰口、后村、新馆、叶囿、宋祁、王千寨、唐美、棠樾、箬岭、堨田、西杨村、烟溪、霞丰、灵山、岩镇、叶村、溪子里、潭渡、大址、十里牌、环山、向杲、甸川、东村、南村、古溪凡二十九派，自各族迁外省及他郡邑，又不可盛纪。”据《新安休宁名族志》记载，程氏包括篁墩、汊口、会里、陪郭、富溪、率东、草市、榆村、阳村、鬲山、油潭、溪头、率口、阜上、山斗（二）、临溪、社坛、芳干、文昌坊、瑶关、仙林、黄茅、霞汊、蟾溪、合干、汪祁、萝山、中泽、泰塘、贺州竹厦、剑潭、珠光、琅琊、新塘、屯溪后田、厚河、龙湾、林塘、瑶溪、北村、闵口、五城（二）、荪田、浯田、富戴、塘尾、溪西、屯溪、古城、渠川，冲山，横干，梅林、商山、溪坦、浯田岑、古墩、西馆、遐富源等程氏宗族。《新安月潭朱氏族谱》卷二十二下《迁平湖支弁言》说：“先世皆居婺之阙里，至瓒公徙居休宁之南，是为临溪府君；兴公自临溪东徙十里，是为月潭府君；时公（按：有的记载是垍公——引者）自月潭徙居歙之环溪，是为杏城府君。徽郡朱姓最繁，而紫阳之族惟此四派最著。”同书卷二十二上《朱慕潭公传》记载：“吾郡朱姓，惟徽国为最著,其支派由星源分处四方,而称望族者不下十百数,月潭朱氏其一也。”据绩溪《盘川王氏宗谱》卷之前《重修新安王氏统宗世谱序》记载;“王氏出唐兵部尚书大献公,而居新安者六百余族,散处列邑,又蔓旁郡,其大且显者凡百十族。各以其地为望,而一望之聚居者,无虑数百人,数千人。诗礼簪缨,后先昭耀,盖江南首姓也。”《绩溪庙子山王氏谱》卷首《叙目》说:“今考延钊子十府君(长子不纪系),后分徙而立族者,凡四百七十有余派。呜乎,盖其盛哉!盖其盛哉!”

徽州宗族资料告诉我们,繁衍裂变出来的每一个宗族,各有自己的始祖,即“始迁祖”。如,黟县西递明经胡氏宗族始迁祖胡士良①,绩溪胡里明经胡氏宗族始迁祖胡延政②,绩溪上庄明经胡氏宗族始迁祖胡七二③,休宁临溪朱氏宗族始迁祖朱瓒④,休宁月潭朱氏宗族始迁祖朱兴⑤,歙县环溪朱氏宗族始迁祖朱时⑥,绩溪洪川程氏宗族始迁祖程应麟⑦,绩溪仁里程氏宗族始迁祖程宏祖⑧,绩溪盘川王氏宗族始迁祖王仪凤⑨,歙县棠樾鲍氏宗族始迁祖鲍荣⑩,歙县新馆鲍氏宗族始迁祖鲍受⑪,歙县西溪南吴氏宗族始迁祖吴光⑫,等等。

二、以血缘关系为纽带

每一个宗族的子弟全部是该宗族始祖——始迁祖——的后裔,并以血

① 黟县《西递明经胡氏壬派宗谱·序》,清道光六年刻本。
② 绩溪《上川明经胡氏宗谱》上卷之上《克修公传》,清宣统三年木活字本。
③ 绩溪《上川明经胡氏宗谱》卷首,清宣统三年木活字本。
④ 《新安月潭朱氏族谱》卷二十二下《迁平湖支弁言》,民国二十年木活字本。
⑤ 《新安月潭朱氏族谱》卷二十二下《迁平湖支弁言》,民国二十年木活字本。
⑥ 《新安月潭朱氏族谱》卷二十二下《迁平湖支弁言》,民国二十年木活字本。
⑦ 绩溪《洪川程氏宗谱》卷之首《自序》,民国十二年刊本。
⑧ 《绩溪仁里程世禄堂世系谱·绩溪仁里程世禄堂家谱叙》,清宣统三年刻本。
⑨ 绩溪《盘川王氏宗谱》卷之首《凡例》,民国十年活字本。
⑩ 歙县《棠樾鲍氏宣忠堂支谱》卷三《始祖代传》,清嘉庆十年家刻本。
⑪ 《歙新馆鲍氏著存堂宗谱》,清光绪元年著存堂活字本。
⑫ 《歙西溪南吴氏世谱·续刻溪南吴氏世谱叙》。明末清初抄本。

缘关系为纽带结合在一起，形成一个社会人群共同体。《托山程氏宗祠记》记载：

子孙千亿，其初兄弟也，又其初一人也。犹水之千溪万壑而源同，木之千枝万干而根同。观水不绎其源，观木不寻其根，非达本者也。①

徽州许多宗族都把分辨族类，防止异姓乱宗，保持宗族血缘关系的纯洁性，视为金科玉律，列入族规家法。休宁宣仁王氏宗族《宗规》第三条族类当辨记载：

审族辨类，圣贤不废。世以门第相高，间有非族识为族者，或各宗同姓而混处一里，或他郡异县而冒姓杂居本乡，或继同姓别宗子为嗣，其类匪一。然姓虽同，而祠不同入，墓不同祭，是非难淆，疑似当别。傥称谓亦从叔侄兄弟，后世将若之何？此谱中所以严为之防，非得已也。神不歆非类处己，处人之道，当如是也。②

首先，严防异姓"乱宗"。许多宗族都将此写进族规家法。绩溪《华阳邵氏宗谱》卷首《新增祠规》规定："无后为孝之大，立继以承嗣，礼也。照例，立继先择亲房昭穆相当者，谓之'应继'。亲房不得其人，则择远房贤能者，谓之'爱继'……断不许擅令异姓入绍，及螟蛉他人子，以乱宗祏，违者不得入祠。"绩溪上庄明经胡氏宗族《新定祠规二十四条》规定："凡派下子孙，有抱异姓子为后暨以女婿、外甥为后者，本人革出，毋许入祠，子孙永远毋许入祠。"③休宁《江村洪氏家谱》卷十四《祠规》规定："异姓螟蛉养子，不许混入祠堂祀先，如有强挨进者，族长同房长押令扶出。"

其次，"然姓虽同，而祠不同入，墓不同祭"，也不能结合成一个宗族人群共同体。在徽州，常听到当地人说，"这户人家虽然与我们同姓，但不同宗同族"。意思就是说，这户人家与他们不是同一个始祖的后代，他们不属于同一个宗族。例如，歙县虹梁村程氏大多数是程元谭和程灵洗的后代，他们有共同的程氏宗祠，组成一个程氏宗族。此外，还有几户程姓人家与程元谭和程灵洗后代同姓不同宗，他们有自己的程氏支祠。所以，这几户程姓人

① 歙县《托山程氏家谱》卷二十一，明崇祯九年刻本。
② 《休宁宣仁王氏族谱》，明万历三十八年家刻本。
③ 绩溪《上川明经胡氏宗谱》下卷之中，清宣统三年木活字本。

家与程元谭和程灵洗的后裔不能结合成一个宗族。在徽州地区,类似例子,举不胜举。

再次,在遥远历史时期,大家同姓同宗,是一个共同始祖的后代,是一个宗族,即所谓“五百年前是一家”。但是,经过漫长的历史发展,子孙散处,宗族裂变,有的甚至相隔遥远。这样,他们尽管存在血缘关系,但不能以血缘关系为纽带结合成一个社会人群共同体,换句话说,不能组成一个宗族。例如,散处歙县各地的数十个鲍氏宗族,散处徽州六县的数十个汪氏、程氏、吴氏宗族等等。他们虽然有一个共同的始祖,但后来他们大都“如同路人”,有的有微弱的、淡薄的联系,有的则毫无联系。他们谈不上也完全不可能以血缘关系为纽带结合为一个社会人群共同体,也就是说根本不可能结合为一个宗族。

歙县棠樾鲍氏宗族“敦本户”占有义田五百多亩,租谷于每年青黄不接时廉价粜给宗族子弟。在棠樾鲍氏宗族《公议敦本户规条》中规定:“自宋住居本村者,方准籴。”①棠樾鲍氏宗族为什么要制定这样一条规定呢?因为,棠樾鲍氏始迁祖鲍荣第四代孙鲍居美和鲍居安在宋代迁居棠樾,经过几代子孙繁衍,逐渐形成一个宗族,“自宋住居本村者,方准籴”,实际上就是只有鲍荣的后裔“方准籴”。有的棠樾鲍氏,不是鲍荣的后裔,不属于棠樾鲍氏宗族,所以,不准籴。

历史文献记载证明,一个始祖的后代子孙以血缘关系为纽带结合成一个社会人群共同体,必须具备一定的基本条件,否则即使同一个始祖的后代,相互存在着血缘关系,也不能形成一个社会人群共同体。

三、有明确的昭穆世次

一个宗族必须有明确的昭穆世次。如果没有明确的昭穆世次,即使是同一个始祖的后代,也不能形成一个宗族。《绩溪金紫胡氏家谱》卷首下《艺文·绩北胡氏世系录小引》记载:

---

① 歙县《棠樾鲍氏宣忠堂支谱》卷十九《义田》,清嘉庆十年家刻本。

原族之在绩溪者，分居散处，坊乡棋布，虽知其为共常侍公发派，然以世远人繁，音问罔通，致不能备叙昭穆矣。

绩溪城北金紫胡氏虽然有共同的始祖，相互间存在着血缘关系，但是他们“不能备叙昭穆”，所以不能形成一个宗族。

歙县《方氏族谱》卷七《家训》注对宗族之所以要有明确的昭穆世次的重要性和重大意义，阐述得非常清楚：

一家之人，高曾祖考，子孙玄庶，门分户别，众而为族。族至千百，称为故旧。然必喜庆相贺，忧戚相吊，疾病相问，患难相扶，乃为之族。苟昭穆紊而名分失序，亲疏隔而情爱不通，方圆相合而判然不相联属，秦越相视而邈然不相关系，则路人而已矣，何族之有？

徽州所有宗族都把明确昭穆世次当作宗族头等大事。《重修古歙东门许氏宗谱》卷八《规约·书宗祠条规后》记载：

祠中神主向论龛座，不序昭穆，殊为失次。考宗庙之礼，原所以序昭穆。是子孙入祠坐次，且悉照祖宗昭穆为序，而祖宗坐位昭穆先乱，何以示子孙乎？今议：龛座中列为始祖，并所奉不祧之主坐次。余悉以世次，分左昭右穆，相循而坐，此正名根本，千古不易之论也。

歙县《方氏族谱》卷七《家训》注记载：

一本之义不明，则世系不可考；世系之考不详，则昭穆不可叙；昭穆失叙，则尊卑之分不定；夫分不定，则称谓之名不正；名分既泯，则彼此相视皆为路人。无所见闻，而同本之恩不作；无所感触，而孝悌之良不生，人且不知其有族矣，而况望其或相亲睦耶？是以君子必明始祖以来之世系，详五服既穷之昭穆，使服虽穷，而尊卑之分在；世虽远，而称谓之名存，则触之而孝悌之心油然而生，玩侮之心暗然而沮矣。

怎样才能辨昭穆、明世次呢？徽州人认为，最重要的一个方法和手段是修族谱。黟县《明经胡氏存仁堂支谱》卷首《前朝谱序》记载：

族师法废，而五服以降，遂不相亲。一姓之中，至不相识，甚且高曾而上不能举其讳字，昭穆之间无以详其辈行，数典而忘，君子耻之。然则谱系之修，将以补族师之阙，而救末俗之偷，其所系顾不重哉！

现在，让我们看看黟县《西递明经胡氏壬派宗谱》中记载的从始迁祖胡士良下传十代的世系表：

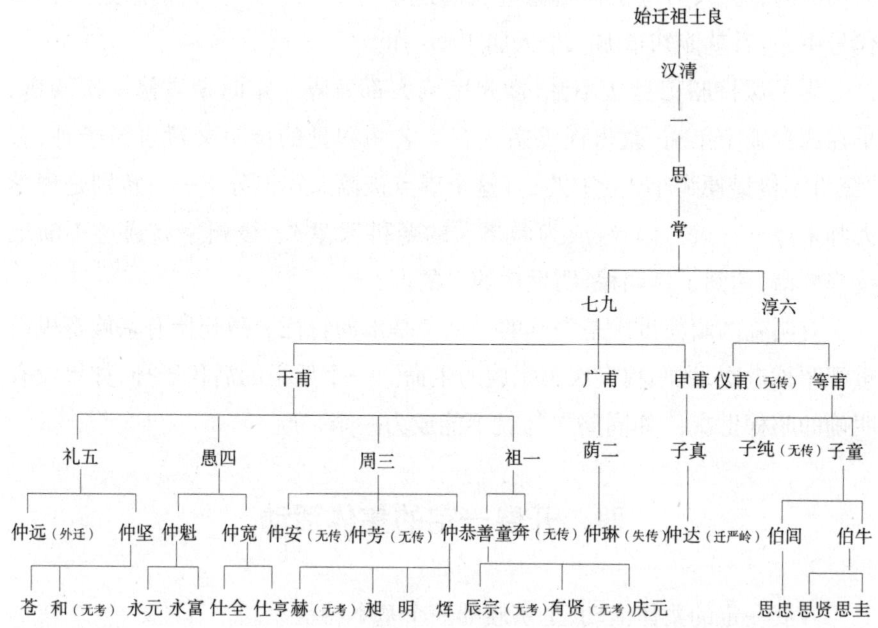

徽州每个宗族都有像黟县西递明经胡氏宗族这样明确的昭穆世次。笔者在安徽省图书馆、安徽省博物馆、北京图书馆、中国社会科学院历史研究所图书馆、歙县博物馆等单位，阅读过三百多部徽州宗族族谱。在这些族谱中，世系大都占有重要部分，或占有绝大部分，甚至全部内容都是世系。宗族就是通过族谱的编纂达到辨昭穆、明世次的目的。

为了保持宗族的昭穆世次明确无误，徽州宗族很重视“行辈联”（或曰“行辈歌”、“排行联”、“排行歌”）的撰写。《歙新馆鲍氏著存堂宗谱》卷二《新馆著存堂宗祠行辈联》曰：“基开忠厚贻谋远，运际隆平积庆长。”鲍曾福《附跋》说：“吾新馆族支自天字辈始，依字为行，盖天文一尚（改作木）善、元应锡光长（改作曾）、承（改作立）家（改作志）嗣（改作存）先（改作诚）德、永（改作奕）世其弘（改作荣）昌二十字也，历世遵循，昭穆易辨。今传世将逮荣昌，福忝长族齿，谨十四字成联，刊悬宗祠，以踵前武。”行辈联每一个字代表一世。全体支丁都必须以行辈联命名，每一个支丁都有一个行辈名讳。

在明清时代编纂的徽州族谱末尾,有不少载有这种“行辈联”。行辈联为当时的族人及后世子孙昭穆世次制定了行辈“代号”。人们从这些行辈代号中,一看就能知道哪一个人属于哪一世。

为了保持昭穆世次不乱,徽州宗族大都每隔一定时期重修一次族谱。早在西晋咸宁年间,徽州程氏宗族有个名叫程延的撰写文章告诫子孙,有“三世不修谱便为小人之戒”①。这个观点被儒家知识分子——特别是理学大师朱熹——大力倡导,成为徽州人的金科玉律②。徽州宗族通过不断地续修族谱,达到了辨昭穆、明世次的目的。

有明确的昭穆世次是宗族的一个最基本的特征。徽州所有宗族都极端重视昭穆世次,视昭穆世次为宗族的生命。一个始祖的后代子孙,如果没有明确的昭穆世次,“如同路人”,就不能成为一个宗族。

四、开展一定的集体活动

开展一定的集体活动,是宗族的一个基本特征。

徽州宗族的集体活动非常繁多,有“元旦团拜”、“元宵”、“春祭”、“标祀”、“中元”、“秋祭”、“冬祭”、“烧年”、“祖先诞辰”、“祖先忌日”、“迎神赛会”,等等。此外,宗族成员之间“喜庆相贺,忧戚相吊”是经常性的集体活动。

据历史文献记载和社会调查资料证明,在众多的宗族集体活动中,农历正月初一团拜、春祭、标祀、秋祭和冬祭是最重要的集体活动。绩溪《华阳邵氏宗谱》卷十八《先儒家训》记载:

> 家必有庙,庙必有主,月朔必荐新,时祭用仲月。冬至祭始祖,立春祀先祖,季秋祭祢,忌日迁主祭于正寝。凡事死之礼,当厚于奉生者。

有的宗族只举行春秋二祭,有的宗族只举行春祭和冬祭,有的宗族既举行春

① 歙县《槐塘程氏重续宗谱·订正程氏屡代编续总谱得失序(出槐阴堂水木图)》,清康熙十二年刻本。

② 歙县《托山程氏家谱·谱说》:“朱晦庵曰:‘人家三代不修谱,则为不孝矣。’”明崇祯九年刻本。

秋二祭，又举行冬祭。祭祀活动都在祠堂举行。

祭祖是徽州宗族最隆重的活动。祭祀之日，一些名门右族，大都鸣锣齐集支丁。参祭支丁俱着礼服，钟鼓齐鸣，香烟缭绕，庄严肃穆，至诚至敬。祭祀礼仪，谨遵朱熹《家礼》。

凡已冠宗族子弟必须参加祭祖。歙县新馆鲍氏宗族《祠规》规定："祠祭日，凡派下子孙在家者，俱要齐集；如无故不到者，罚银三分。六十以上者，不论。管祭者稽查。"①绩溪县上庄明经胡氏宗族《新定祠规二十四条·崇祭祀》规定："凡祭祀，春以春分日举行，冬以冬至日举行，高曾祖祢用牲，旁亲用庶馐。一切仪节，谨遵朱子《家礼》；有无故不到及怠慢失仪者，罚。""凡派下子孙，有不祀其祖考者，革出，毋许入祠。"②

许多宗族对老年人和儿童还作了特殊的规定。例如，歙县棠樾鲍氏宗族规定："年七十老人不能行礼者，准祭后补拜"；"未冠八岁以上，即命与祭，俾自幼习知礼节。"③

有的宗族规定，祭祖活动男女都要参加。如，黟县环山余氏宗族《余氏家规》规定："达旦黎明，鸣鼓一周，男女俱要鲜洁衣冠，照依排定班次，随班行礼。"④

农历正月元旦团拜是徽州宗族的重大集体活动，通过这个活动可以达到"叙昭穆，秩名分，重本慎始之道"的目的。歙县新馆鲍氏宗族《祠规》对团拜庆贺仪节有以下规定："黎明，管年者令人满街鸣锣一次。凡老少冠者，俱着吉服诣祠。到齐，祠内鸣钟三次。礼生二人，一东一西，唱序立，行谒庙礼。四拜毕，行团拜礼。循世次名分列东西，排班序立，行二拜……至巳时，各家妇人止许髻簪尾冠青布衫，齐赴祠行谒庙礼。四拜毕，行团拜礼，二拜……"⑤

农历正月元旦团拜规模最大，人员最多，男女老少全都参加。每个宗族

---

① 《歙新馆鲍氏著存堂宗谱》卷三，清光绪元年著存堂活字本。

② 绩溪《上川明经胡氏宗谱》下卷之中，清宣统三年木活字本。

③ 歙县《棠樾鲍氏宣忠堂支谱》卷十七《祀事·值年规例》，清嘉庆十年家刻本。

④ 黟县《环山余氏宗谱》卷一，民国六年木活字本。

⑤ 《歙新馆鲍氏著存堂宗谱》卷三，清光绪元年著存堂活字本。

团拜礼仪,都是先行谒庙礼,再行团拜礼,然后,依次列座饮"利市酒",按人头分"合和饼"(或曰"元旦饼")。

标祀(又曰挂钱,掛纸,标挂,即清明扫墓)是徽州宗族又一种重要的集体活动。祖墓"系祖宗藏魄之所"①,或者说,是"祖宗体魄所在"②。《休宁宣仁王氏族谱·宗规》说:"祠宇宗祖神灵所依,墓冢宗祖体魄所藏。子孙思宗祖不可见,见所依所藏之处,即如见宗祖也。祠祭、墓祭皆属展亲大礼,必加敬谨。"

农历清明,宗族子弟必须诣祖墓扫墓,这是尊祖敬宗的重要表现。如果不诣祖墓标祀,就是最大"不孝"。歙县《潭渡孝里黄氏族谱》卷六《祠祀》记载:"子姓不肯遍诣各墓展拜,惟于给票(按:即颁发"胙筹"——引者)之处支领,是其胸中只重斤许猪肉,全无尊祖敬宗之心,不孝孰甚!"

历史上,徽州人很重视"风水"。因到处寻觅"风水宝地",造成祖墓既分散,又遥远。许多宗族子弟不愿多跑路,花时间,"遍诣各墓展拜"。因此,大多数宗族在族规家法中都规定,对"不肯遍诣各墓展拜"的宗族子弟"罚胙",即不分给"胙肉"。

祭祖贵在一个"诚"字,"以诚敬为先"。歙县东门许氏宗族《许氏家规》记载:"人本乎祖而祭于春秋,所以报本返始以伸孝思焉尔。于此不用其诚,恶乎用其诚!"③遵循朱熹《家礼》精神,祭品"虽称家之有无,清素为上"。④

徽州人有"凡事死之礼,当厚于奉生者"的准则。许多宗族祭祀祖先的祭品是极为丰盛的。如,歙县东门许氏宗族春秋二祭,每祭"计用豚胙五十余口,约二千余斤,鸡百只,鱼百尾,枣栗时果各百斤,蜡烛百斤,焚帛百端,香楮、蔬肴、美醢之类不悉纪"。⑤ 据歙县《潭渡孝里黄氏族谱》卷五《祖墓》记载,黄氏始祖墓祭品:

---

① 黟县《环山余氏宗谱》卷一《余氏家规》,民国六年木活字本。
② 《重修古歙东门许氏宗谱》卷八《许氏家规》,清乾隆二年刻本。
③ 《重修古歙东门许氏宗谱》卷八《许氏家规》,清乾隆二年刻本。
④ 《新安武口王氏统宗世谱·宗规》,清雍正四年刻本。
⑤ 《重修古歙城东许氏世谱》卷一《宗祠祀典条录·祠祀》,明崇祯七年家刻本。

猪一口,羊一腔,糖献五色,饼锭五色,粘果五色,罩果五色(花套全),鲜献五色,煎炸五色,酒肴四桌,三馔四桌,随食四桌,饼锭四桌,果子四桌,面饼四桌,小糖狮四桌,插花三十支,衣冠六身(男四、女二),绢帛六副,香烛七对,金银纸钱,祀后土三牲一副,酒米三斗,饭米三斗,柴油盐酱醋菜……

据歙县《棠樾鲍氏宣忠堂支谱》卷十七《祀事·值年规例》记载,歙县棠樾鲍氏宗族规定祭祀费用:春社祭品约用钱4,980文,中元祭品约用钱2,884文,秋社祭品约用钱4,098文,冬至祭品约用钱18,877文,烧年祭品约用钱4,098文,七次忌辰约用钱4,008文,古城关祭品约用钱5,815文,里田祭品约用钱4,812文,画山园、西沙溪祭品约用钱3,576文。这个宗族每年用于祭祀祖先费用总计53,148文,支丁胙酒钱未算在内,

通过祭祖等集体活动,特别是宗族“合食”,促进宗族的发展和巩固。绩溪《华阳邵氏宗谱》卷十八《家规》引程子的话说:

族人须相与为礼,使骨肉之情常相通。骨肉自疏者,只为面不相见,情不相通耳。故古人有分岁除夕之会,有冠婚丧祭之会,有四时燕乐之会。凡以浃洽情好、联属疏远于饮食燕享之中,而寓敦睦之谊,非苟然也。

五、有共同的聚居地点

宗族是一种社会人群共同体。一个宗族必须有一定的活动、生存空间,这是不言而喻的。“聚族而居”是徽州宗族一个基本特征。

歙县《桂溪项氏族谱》卷首《汪太傅公序》记载:“余家新安,居万山中,风淳俗古,城郭村落率多聚族而居,故于族谊最笃,而世家巨阀尤兢兢以修谱为重务”。

《绩溪金紫胡氏家谱·嘉庆重修家谱序》记载:“新安居万山之中,民淳而俗厚,敦本务实,惟宗祠家谱为兢兢。自五代以迄于今,民生不见兵革。聚族而居,或累数十世。祠宇之绵亘连云者,远近相望,不可枚举。先儒之

遗教有自来矣。”

歙县《棠樾鲍氏宣忠堂支谱》卷二十二《文翰·同老会诗》：

吾邑万山中，风俗最近古。

村墟蔼相望，往往聚族处。

根据《新安大族志》记载，徽州以族姓命名的村庄：

歙县有：方村、谢村、汪村、吴村、叶村、郑村、许村、王村、朱吴村、蒋村、徐村、李村、江村、潘村、姚村、宋村。

休宁有：黄村、张村、陈村、叶村、胡村、朱村、曹村、江村、查村、毕村。

婺源有：方村、冯村、施村。

祁门有：程村、胡村、康村、曹村。

黟县有：李村、韩村、卢村、欧村。

绩溪有：冯村。

此外，歙县有黄家坞、余家山；休宁有许家墩、苏家巷、洪家山、韩家巷；婺源有黄村口、韩家巷、马家巷、叶家埠、陈家巷；祁门有王家山、廖家巷、宋家山、饶家坞。①

这些以族姓命名的村庄说明宗族是聚族而居的；聚族而居是宗族一个基本特征。

宗族子弟外迁还算不算本宗族的成员？这个问题比较复杂，因为宗族裂变是一个很长的历史过程。一个外迁他乡的宗族子弟及其几代后裔，由于感情的原因，往往与原宗族保持一定联系，参加原宗族一定的集体活动，并且在一定程度上遵守原宗族的族规家法，这时，他们仍属于这个宗族，是这个宗族的成员。随着时间的推移，由于地域间隔，久而久之，外迁者的后裔逐渐断绝了与原宗族的联系，不参加原宗族的集体活动，不受原宗族族规家法的约束，这时，外迁者的后裔已经形成一个新的宗族，他们就不属于原宗族，不是原宗族的成员了。

聚族而居出现的原因是什么？这是由封建的农业生产方式造成的。众

---

① 参考多贺秋五郎《关于〈新安名族志〉》，载《徽州社会经济史研究译文集》，黄山书社1988年版，第118页。

所周知，在封建时代，自给自足的自然经济占统治地位，那时不仅没有全国统一的市场，在徽州连地区性的市场也不存在。居住在乡村的人们，生活在一个封闭的极端狭小的天地里。许多人一生很少进城，甚至从未进过城市。《黟县南屏叶氏族谱》说："叶氏聚族居于乡，距城十里许，无公事罕入市者。"①除了自己居住的村庄和周围一些村庄，人们什么也不知道。日出而作，日入而息。人们世世代代生活在一种处于几乎僵化了的社会里。这种自给自足的自然经济，必然形成聚族而居。除了占统治地位的封建地主土地所有制以外，许多个体农民不仅是直接生产劳动者，而且还是生产资料——主要是土地——的占有者和所有者，虽然他们占有的土地很少。这种分散的个体农民土地私有制，是中国封建土地所有制一种形式和一个重要特点。农民占有了一点点土地，因此，他们也就世世代代被牢牢地束缚在土地上，成为这块土地的附属物。无论穷到何种程度，无论生活条件怎样恶劣，无论发生什么样灾难和不幸，他们也不轻易离开自己的家园。这是徽州人形成聚族而居的根本原因。

历史文献记载，徽州人"壮则服贾，老则归田"②，"人重去其乡"③，"其怀土重迁之风有自来矣"④。《新安黄氏大宗谱》卷首《黄墩始祖墓图说》载："安土重迁，吾徽之常；不忘其本，吾宗之奕。"

黟县《明经胡氏存仁堂支谱》卷首《地理谱》记载："自来民不土著则生息不长。吾徽古姓旧族，皆土著数千年者也。君子爱枌榆，小人敬桑梓，井里可不重乎？"

歙县江村江氏宗族支丁江登云说："水有源，木有根，人之于祖亦然。吾徽敦本追远，视他郡较盛。聚族而居，一姓相传，历数百载，衍千万丁。祠宇、坟茔世守勿替。间有贸迁远地者，一旦归来，邱垅无恙，庐舍依然。语

① 《黟县南屏叶氏族谱》卷一，清嘉庆十七年木活字本。

② 《重编歙邑棠樾鲍氏三族宗谱)》卷七十五《文庆公派》，清乾隆二十五年一本堂刻本。

③ 歙县《潭渡黄氏族谱》卷五《祖墓》，清雍正九年刻本。

④ 程一枝：《程典》二十《风俗志》第四，明万历二十六年家刻本。

云，歙俗千年归故土，谅哉言也。”①

六、有一定的组织管理形式

宗族都是以血缘关系为纽带，按昭穆世次组织起来的。宗族组织的细胞是家庭。宗族是由许多个体小家庭组成的。

宗族的中层组织是“房”，或曰“门”、“支”、“派”、“隅”。每个宗族中层组织数目不定。每个中层组织包括的个体家庭数目有多、有少。据历史文献记载，祁门县善和里程氏宗族有五大房，歙县棠樾鲍氏宗族有三大房。每个房有房长。

宗族最高领袖是宗子或族长。徽州有些名门右族采古代宗法制之遗意，“究始祖自来之嫡长，而立为大宗子，以统通族之众，而通族之纪纲法度皆其所总理焉。则各族各支得统于小宗，而通族各族得统于大宗，群情合而庶事理，若众指之会于一臂，四体之合于一身”②。宗子乃“谱系之骨干也”，“上奉祖考，下一宗族”③。绩溪《华阳邵氏宗谱》卷十八《家规》记载：

> 晚近，士大夫家皆以始迁及有功德者为始祖，以准古之别子。其嫡长世世继之为大宗，以准古继别之宗。凡族人五世外，皆合之祠堂，序以昭穆，则始祖常祀，同姓常亲。倘宗族有事，宜尊之宗长（按，即宗子——引者），会于宗祠，当兴者从众议行。设有忿争，听从处分，不可径自告官，以伤祖宗一体之义，所谓家之事宗为政是也。

宗子是宗族的领袖，主持宗族祭祀大典。《歙新馆鲍氏著存堂宗谱》卷三《祠规》主祭条规定：一、“冬祭宗子主之”；二、“春祭值年头目轮主之。”

宗子不仅主持宗族祭祀，而且集宗族立法、司法、行政、财务等一切权力于一身，即所谓“统通族之众，而通族之纪纲法度皆其所总理焉”。宗子有权制定和修改族规家法。宗族成员违犯族规家法，宗子有权处理和惩罚。

---

① 江登云：《橙阳散志》卷十二《艺文志》三《存志户墓祀序》，清嘉庆十四年刻本。
② 歙县《方氏族谱》卷七《家训》，清康熙四十年刻本。
③ 休宁《茗洲吴氏家典》，清雍正十三年刻本。

宗子有权处理宗族大小事务。宗族财务，最终归宗子掌管。但是，宗子制有种种弊病，如宗子年老多病，或年幼无知、智能低下、道德败坏等等。因此，徽州宗族绝大多数都设有族长。

《重修古歙东门许氏宗谱》卷八《许氏家规》尊崇族长条记载："古者宗法立而事统于宗。今宗法不行，而事不可无统也。一族之人有长者焉，分莫逾而年莫加，年弥高则德弥卲，合族尊敬而推崇之，有事必禀命焉。此宗法之遗意也。有司父母斯民，势分相临，而情或不通。族长总率一族，恩义相维，无不可通之情。凡我族人知所敬信，庶令推行而人莫之敢犯也。其有抗违故犯者，执而笞之。"

有的宗族还设"族副"（或曰"家佐"）、"监视"、"掌事"，等等。这些人大都是宗族中辈高年长、有一定文化水平者。以族长为核心的房长、乡绅是宗族的统治者。这些人依靠他们在宗法血缘关系中的地位和社会地位对宗族实行管理和统治。

黟县《环山余氏宗谱》卷一《余氏家规》记载："凡行家规事宜，家长（按：即族长——引者）主之，家佐辅之，监事裁决之，掌事奉行之。"

族长的权力和职责有：

1. 主持宗族祭祀大典。据历史文献记载，徽州宗族祭祖的主祭人不完全一样，大多数宗族祭祖的主祭人是族长。此外，有的宗子主祭，有的各房轮流举人主祭，有的宗子和各房分别主祭。如，歙县新馆鲍氏宗族集公、概公、乐公、宋公、橐公、檀公、善烨公、善耀公八人，"慨捐己资，共成巨万，建立宗祠，并输祭产"。所以，"以八公配飨始祖，并八公之子孙轮流主祭，且司祠事者，表立祠之功德，报输田之大义也"①。

2. 主管宗族事务。有些较大的宗族包括的个体小家庭数以百计，人口数以千计。宗族事务是繁多的。其中有建造祠堂，维修祠堂，纂修族谱，修筑祖墓，修桥铺路，兴修水利……都归族长主管。

3. 主管宗族财务。在徽州，许多宗族大都是宗族地主。有些宗族大地主占有土地达数百亩，甚至数千亩，有的还有林场，收入是很可观的。此外，

① 《歙新馆鲍氏著存堂宗谱》卷三《祠规》，清光绪元年著存堂活字本。

还有宗族子弟的捐输和各种各样的收入。一些名门右族每年财务收入往往以千、万计。许多族长假公济私,将宗族集体所有财富攫为己有。土地改革时,徽州绝大多数族长都定为地主,这不是偶然的。

4. 主管立法和司法。徽州宗族的族规家法大都是族长、房长同族内乡绅共同制定的。族规家法一般都载于族谱,有的单独刊印成册,有的还书写于木板,悬挂祠堂墙壁。族规家法是以族长为核心的宗族统治者统治族众的主要工具。如宗族子弟触犯了族规家法,要被执于祠堂,"听族长、房长率子弟以家法从事"①。例如,"不孝不弟者,众执于祠,切责之,痛惩之"②;怠慢尊长者,"执而笞之"等等。歙县东门许氏宗族《许氏家规》头条就是"尊崇族长"。其中规定,全族成员必须服从族长领导和管理,"其有抗违故犯者,执而笞之"③。

5. 处理宗族内部纠纷。宗族外表虽有一层温情脉脉的面纱,但"强欺弱,众暴寡,富吞贫,恃尊凌卑,以少犯长,藐视族人而仇雠之"的现象在所难免④。族长"凡遇族中有不平之事,悉为之处分排解,不致经官。如果秉公无偏,而顽梗者不遵,则鸣之于官处治之"⑤。

七、有宗族的族规家法

每个宗族都有成文的或不成文的族规家法。以宗子或族长为核心的宗族统治者,利用族规家法对宗族成员进行管理和统治。对此,徽州宗族有许多论述。新安《汪氏统宗正脉·汪氏族规》记载:

> 越国(按:指汪华——引者)之裔,椒实蕃衍允矣,新安之巨室也。然梧槚之林不能无樲棘矣。君子惧其族之将圮也,思有以维持安全之,于是作为家规,以垂范于厥宗。

---

① 《休宁范氏族谱》,明万历二十八年家刻本。

② 《新安程氏阖族条规》,清抄本。

③ 《重修古歙城东许氏世谱》卷七《许氏家规》,明崇祯七年家刻本。

④ 《重修古歙东门许氏宗谱》卷八《许氏家规》,清乾隆二年刻本。

⑤ 《重修古歙东门许氏宗谱》卷八《许氏家规》,清乾隆二年刻本。

歙县《方氏家谱》卷七《家训》注说：

百家之族，情以人殊，虽不能悉为淳良，然其自弃者可劝，自暴者可惩也。睦族君子于其善之所当勉，与不善之所当戒者，编为宗约。歆之以作德之休，使跃然而知趋；示之以作伪之拙，使竦然而知避。条分目析，衡平鉴明，而俾有聪听者，罔不信从。如此而尤有自外于条约者，则齐之以刑，纠之以法，虽欲不为善，不可得矣。

笔者在徽州族谱中，摘录了数十部族规家法。概括起来，这些族规家法的重要内容有：

第一，圣谕当遵。《休宁宣仁王氏族谱·宗规》，开篇就是明太祖朱元璋的《圣谕》。歙县《仙源吴氏宗谱》卷一，首先列举了清朝康熙皇帝的《圣谕广训》。徽州人认为，封建皇帝的《圣谕》中，“包尽作人道理。凡为忠臣，为孝子，为顺孙，为圣世良民，皆由此出”。所以，必须作为金科玉律，奉行不悖。有些宗族还定期在祠堂“特加宣诵，各宜体行，共成美俗”①。封建统治者对农民最大的要求有两条：一、安分守己，二、纳赋服役。所以，“守望当严”和“赋役当供”就成为徽州宗族族规家法重要内容②。

第二，和睦乡里。黟县环山余氏宗族《余氏家规》规定：“邻里乡党，贵尚和睦，不可恃挟尚气，以启衅端。”在历史上，徽州盛族大姓集众械斗成风；“兴讼求胜，风俗恶薄，莫此为甚，而殒命灭门，多由此也”③。环山余氏宗族《余氏家视》规定，对这种风俗，“族众务宜痛惩，毋相仿效，以保身家。其有子弟三五成群，讥此赛彼，甘靡荡造端生事者，族众不许干预外，仍各重罚，以警其余。其有轻听肤愬望风鼓众者，一例重罚”④。

第三，婚姻当谨。绩溪华阳邵氏宗族《新增祠规》规定：“婚姻嫁娶，须择阀阅相当者，不可下配匪伦，致辱祖先，违者即不得入祠。”⑤徽州人认为：

① 《休宁宣仁王氏族谱·宗规》，明万历三十八年家刻本。

② 《休宁宣仁王氏族谱·宗规》，明万历三十八年家刻本。

③ 黟县《环山余氏宗谱》卷一《余氏家规》，民国六年木活字本。

④ 黟县《环山余氏宗谱》卷一《余氏家规》，民国六年木活字本。

⑤ 绩溪《华阳邵氏宗谱》卷首《新增祠规》，清宣统二年木活字本。

“婚姻乃人道之本，必须良贱有辨，慎选礼仪不愆，温良醇厚有家法者”①。婚姻论门弟，这是魏晋南北朝时期门阀制度的遗风流俗。徽州人将其写入族规家法，作为婚姻关系一条准则，令宗族子弟依法择婿和选媳。徽州族谱中大量资料证明，这条婚姻关系准则贯彻得很成功，绝大多数婚姻都是“门第相当者”。

第四，孝顺父母。“孝为百行之原，人子所当自尽者，大而扬名显亲，小而承颜顺志，皆孝也”②。在历史上，中国人认为，孝是做人的根本。所以，许多宗族都把孝作为人生和宗族头等大事，写进族规家法。《新安武口王氏统宗世谱·庭训八则》第一则“孝”说：“生我者谁？育我者谁？择师而教我者谁？虽生事葬祭，殚力无遗，未克酬其万一。苟其或缺，滔天之罪，尚何可言”。

第五，尊敬长上。在宗族内部，兄长、长辈、房长、族长、宗子等，在宗族外部，地方缙绅，地方官吏，年长乡邻等，都属于“长上”。族规家法规定，对长上要“尊敬而推崇之”，要“恭顺退逊，不敢触犯”。凡是以少犯上者，以卑凌尊者，“执而笞之”③。“子孙受长上诃责，不论是非，但当俯首默受，无得分理”④。

第六，宗族当睦。歙县东门许氏宗族《许氏家规》规定：“族之人，其初一人也。一气流传至于云，仍而不可穷也，是可无敦睦之义乎？其必喜相庆，戚相吊，岁时问遗，伏腊宴会，排难解纷，周急爰拥，以分相临。”族人“凡遇灾患，或所遭不偶也，固宜不恤财、不恤力以图之，怜悯、救援，扶持、培植，以示敦睦之义”；“凡遇孤儿寡妇，恩以抚之，厚以恤之，扶持培植，保全爱护，期于树立，勿致失所；为之婚嫁，为之表彰，伯叔懿亲不得而辞其责也。”⑤

第七，名分当正。休宁宣仁王氏宗族《宗规》名分当正条规定：“同族者

① 歙县《潭渡黄氏族谱》卷四《潭渡孝里黄氏家训》，清雍正九年刻本。

② 绩溪《华阳邵氏宗谱》卷十八《家规》，清宣统二年木活字本。

③ 《重修古歙东门许氏宗谱》卷八《许氏家规》，清乾隆二年刻本。

④ 休宁《茗洲吴氏家典》卷之一，清雍正十三年刻本。

⑤ 《重修古歙东门许氏宗谱》卷八，清乾隆二年刻本。

实有名分，兄弟叔侄，彼此称呼，自有定序……我族于趋拜必祈于恭，言语必祈于逊，坐次必祈依于先后。不论近宗远宗，俱照名分序列，情实亲洽，心更相安。”①绩溪龙井明经胡氏宗族《明经胡氏龙井派祠规 · 正名分》规定：“下不干上，贱不替贵，古之例也。”②

第八，闺门当肃。《潭渡孝里黄氏家训》规定：“风化肇自闺门，各堂子姓当以四德三从（按：一般作“三从四德”——引者）之道训其妇，使之安详恭敬，俭约操持。奉舅姑以孝，事丈夫以礼，待娣姒以和，抚子女以慈，内职宜勤，女红勿怠，服饰勿事华靡，饮食莫思饕餮，毋搬斗是非（按：一般作“搬弄是非”——引者），勿凌厉婢妾，并不得出村游戏，如观剧、玩灯、朝山、看花之类，倘不率教，罚及其夫。”③

第九，制御仆从。黟县环山余氏宗族《余氏家规》规定：“家下奴仆，无所统率，致多恣肆。不论各房远近，分作十班，择伶俐十人长之。其长一年一易，俱要系腰，以别贵贱。有呼即至，有令即行。如有抗违主命，侵害各家山场，及在外饮酒生事，并自相詈殴者，其长禀于家主重治，以警其余。”④《新安程氏阖族条规》规定：奴仆“不特犯本主者罪不容于死，即见他房之主，坐则必起，呼则必诺。少有干犯，告之本主，痛加责治。仍遣本仆叩首谢罪于所犯之家，毋得宽纵，以失体统。本主姑息而曲护之，则鸣之于众，共斥其主，公责其仆。”歙县东门许氏宗族《许氏家规》认为：“此君子小人之大分，不可不正者也。慎毋忽。”⑤

徽州宗族的族规家法，对重大活动都作了详细规定。如“元旦团拜”，“庆赏元宵”，“春秋祭祀”，“春祈秋报”，“清明墓祭”，“娶妇庙见”，“举行冠礼”，“居丧吊祭”……

此外，提倡什么和禁止什么，也是族规家法中的重要内容。如，“职业当勤”，“养正于蒙”，“振作士类”，“表彰义节”，“节俭当崇”……，这都属于

① 《休宁宣仁王氏族谱》，明万历三十八年家刻本。
② 绩溪《明经胡氏龙井派宗谱》卷首，民国十年木活字本。
③ 歙县《潭渡黄氏族谱》卷四，清雍正九年刻本。
④ 黟县《环山余氏宗谱》卷一，民国六年木活字本。
⑤ 《重修古歙东门许氏宗谱》卷八，清乾隆二年刻本。

提倡者;如"擅兴词讼","斗殴相争","游戏赌博","邪巫当禁"……,这都属于禁止者。

徽州宗族族规家法的指导思想是封建思想和封建伦理道德。在这里,封建的三纲五常被具体化了.

八、有一定的公有财产

徽州宗族都有或多或少的公有财产。

早在先秦时期,即有"无田不祭"之说。徽州人认为,"祠而弗祀,与无同;祀而无田,与无祀同"①。

朱熹《家礼》规定:"初立祠堂,则计见田,每龛取其二十之一,以为祭田。亲尽则以为墓田。后凡正位祔者,皆仿此。宗子主之,以给祭用。上世初未置田,则合墓下子孙之田,计数而割之。皆立约闻官,不得典卖。"在徽州,朱熹的话就是经典,人们大都奉行不悖。所以,徽州宗族非常重视祭田的设置。人们认为,"凡祭田之置,所以敬洁备物,诚不可缺"②。《重修古歙城东许氏世谱》卷七《许氏家规》记载:"祭之有田,业可久也。传曰,'无田不祭',盖谓此尔。吾宗祭社、祭墓、祭于春秋,俱有田矣。"

休宁《江村洪氏家谱》卷十四《宗祠祀田记》说:

> 宗祀之所赖以久远者,惟田。礼曰:惟士无田,则亦不祭。田固蒸尝之所自出也。吾家宗祠既建,钟鼓既具,则春秋禋祀,所恃以备羊豕,洁粢盛,立百年不敝之贮者,非田不可……后世子孙,即有公用急需,勿得妄动祀田。如弃田,是绝祖宗血食也。

在历史上,徽州宗族祭田没有留下统计数字。在徽州的地方志和宗族族谱等历史文献中,关于祭田的记载,俯拾即是,举不胜举。由此可见,祭田在徽州土地总数当中所占的比例,恐怕是相当大的。这里,根据部分历史资料列表如下:

---

① 《重修古歙城东许氏世谱》卷七《朴庵翁祭田记》,明崇祯七年家刻本。

② 黟县《环山余氏宗谱》卷一《余氏家规》,民国六年木活字本。

徽州祭田举例表(包括祠田、墓田、社田)

序列	年代	地区	宗族	捐输人	名称	面积	资料来源
1	宋	休宁	旌城汪氏	汪　泳	祭田(含义田)	100亩	弘治《徽州府志》卷七《人物志·勋贤》
2	元	休宁	泰塘程氏		墓田、墓地	80余亩	程一枝《程典》卷二八《茔兆图》第三
3	元	黟县	黄村黄氏	黄真元	祭田(含义田、学田)	630余亩	嘉庆《黟县志》卷七《人物志·尚义》
4	明	歙县	东门许氏		祀田	300余亩	《重修古歙城东许氏世谱》卷一《宗祠祀典条录·祠祀》
5	明	歙县	东门许氏	许朴庵	祀田	12亩	《重修古歙城东许氏世谱》卷七《朴庵翁祭田记》
6	明	歙县	东门许氏	许殷之	祭田		《重修古歙城东许氏世谱》卷七《许氏宗祠重置祭田记》
7	明	歙县	托山程氏	程世业等8人	祠田	30余亩	歙县《托山程氏家谱》卷二十一《祠田》
8	明	祁门	胡村胡氏	胡天禄 胡徽献	祭田(含义田)	330亩	康熙《徽州府志》卷十五《人物志·尚义》
9	明	歙县		程懋绩	祠田	30亩	民国《歙县志》卷九《人物志·义行》
10	明	歙县	江村江氏	江若清	祀田		民国《歙县志》卷九《人物志·义行》
11	明	歙县	溪南吴氏	吴迪哲	祀田		民国《歙县志》卷九《人物志·义行》
12	明		谢氏		祠田	44亩	徽州《明嘉靖合同标书》
13	清	歙县	潭渡黄氏		祠田	163亩	歙县《潭渡黄氏族谱》卷六《祠祀》
14	清	歙县	潭渡黄氏	黄天寿	祭田	20亩	歙县《潭渡黄氏族谱》卷七《厚德》
15	清	歙县	江村江氏	江振鸿	祀田(含义田)	千数百亩	民国《歙县志》卷九《人物志·义行》

续表

序列	年代	地区	宗族	捐输人	名称	面积	资料来源
16	清	歙县	江村江氏	江承东	祭田		民国《歙县志》卷九《人物志·义行》
17	清	歙县	富堨汪氏	汪士暹	墓田		民国《歙县志》卷九《人物志·义行》
18	清	歙县	江村江氏	江必达	祀田		民国《歙县志》卷九《人物志·义行》
19	清	歙县	江村江氏	江裕瑸	祀田		民国《歙县志》卷九《人物志·义行》
20	清	歙县	蜀源鲍氏	鲍光甸	祠产 社田		民国《歙县志》卷九《人物志·义行》
21	清	歙县	新馆鲍氏	鲍立然	祠田		民国《歙县志》卷九《人物志·义行》
22	清	歙县	坤沙胡氏	胡良权	祀田		民国《歙县志》卷九《人物志·义行》
23	清	歙县	坑口项氏	项光祰	祀产		民国《歙县志》卷九《人物志·义行》
24	清	歙县	丰南吴氏	吴　寰	祀田		民国《歙县志》卷九《人物志·义行》
25	清	歙县	沙溪凌氏	凌彝珮	祀田		民国《歙县志》卷九《人物志·义行》
26	清	歙县	双溪凌氏	凌和贵	祀产		民国《歙县志》卷九《人物志·义行》
27	清	歙县	下长林 吴氏	吴自亮	祭田		民国《歙县志》卷九《人物志·义行》
28	清	歙县	邑城程氏	程光国	祀田		民国《歙县志》卷九《人物志·义行》
29	清	歙县	渔梁巴氏	巴源立	祀产		民国《歙县志》卷九《人物志·义行》
30	清	歙县	项村郑氏	郑廷佐	祀田	50余亩	民国《歙县志》卷九《人物志·义行》
31	清	歙县	呈狮范氏	范　信	祀田		民国《歙县志》卷九《人物志·义行》
32	清	歙县	郑村郑氏	郑秀圃	祠田	20余亩	民国《歙县志》卷九《人物志·义行》

续表

序列	年代	地区	宗族	捐输人	名称	面积	资料来源
33	清	歙县	洪源王氏	王恒镇	祭田		民国《歙县志》卷九《人物志·义行》
34	清	歙县	王宅村王氏	王一标	祀田		民国《歙县志》卷九《人物志·义行》
35	清	歙县	江村程氏	程文萼	祀产		民国《歙县志》卷九《人物志·义行》
36	清	休宁	竹林汪氏	汪　丕	祠田	300余亩	休宁《竹林汪氏宗祠记》
37	清	祁门	石坑张氏	张启勋	祭田（含义田）	数百十亩	同治《徽州府志》卷三十《人物志·义行》
38	清	歙县	棠樾鲍氏	鲍志道	祭田	150亩	歙县《棠樾鲍氏宣忠堂支谱》卷十九《祀事》
39	清	歙县	新馆鲍氏	鲍亭表	祠田		《歙新馆鲍氏著存堂宗谱》卷二《鲍亭表公传》
40	清	婺源	庆源詹氏	詹德章	祀田	百数十亩	民国《重修婺源县志》卷三十七《人物志·义行》
41	清	婺源	江湾江氏	江祚锡	祭田（含义田）	400亩	民国《重修婺源县志》卷三十七《人物志·义行》
42	清	婺源	江湾江氏	江祚锡	祠田	数十亩44亩	民国《重修婺源县志》卷三十七《人物志·义行》
43	清	歙县	江村江氏	江承炳	祭田（含义田）	1,000余亩	江登云《橙阳散志》卷三《人物志》一《义行》
44	清	歙县	江村江氏	江承珍	祀田	40亩	江登云《橙阳散志》卷三《人物志》一《义行》
45		婺源	桃溪潘氏		墓田	25亩	《婺源桃溪潘氏族谱》卷十二《墓田记》

续表

序列	年代	地区	宗族	捐输人	名称	面积	资料来源
46		婺源	桃溪潘氏	潘琪	祠田	10亩	《婺源桃溪潘氏族谱·桃溪潘氏世族名望》
47		歙县	棠樾鲍氏		墓田	9亩余	《重编歙邑棠樾鲍氏三族宗谱》卷一八三《墓图》
48		黟县	城东隅王氏	王錞 王钦 王大儒	祭田		嘉庆《黟县志》卷七《人物志·尚义》
49		歙县	桂溪项氏		祭田	17.8亩	歙县《桂溪项氏族谱》卷二十二《祠祀·祭田原始》

祭田都归宗族所有,是宗族集体占有的公有财产,所以称之为族田。徽州不少宗族占有这种公有土地的数量是很大的。绩溪《上川明经胡氏宗谱·拾遗》记载:"吾族祀产最多,自宗祠、支厅,下逮近代各家,无不毕有。"休宁《古林黄氏重修族谱》卷一《祠宇祀产》记载:"祀田、地、山、塘,亩步四至,各有保簿开载,税入三甲黄宗祠户,十甲黄承祀户,上纳粮编。"绩溪城西周氏宗族《旧置田产》、《旧置北乡田产》、《旧置十五都田产》、《旧置地业》、《旧置山业》、《新置田产》、《修祠户》、《老配享》、《文会》、《上京户》、《能干会》、《税户》、《新管庄田产》、《新置产业归修祠户》、《新特祭配享产业》、《新特祭配享户》共十六项,总计有田近三百亩,地三十多亩,山二十余亩。此外,还有《十三都遥遥庄渊字等号田产》,总计租谷12,231斤,租芦8.5斗①。《金紫胡氏祠产册序》记载:"金紫家庙,产业颇丰,若无底籍流传,世远年湮,势难保无遗失侵占之弊……爰将祠基、屋业首列于前,各处坟茔继之,三则家边、东村、杨溪、丁家店、大石门、卓溪六柱田产,由近及远,雁编成本,颜曰《考据》,良有以也。"②

"无田不祭"。不进行祭祖活动,就不能成为一个宗族。要进行祭祖活

① 《绩溪城西周氏宗谱》卷二十,清光绪三十一年木活字本。

② 《绩溪金紫胡氏家谱》卷首下《艺文》,清嘉庆二十四年刻本。

动，就必须有一定经费。在历史上，这种经费主要来源于族田的地租。没有一定的族田，就无法进行祭祖活动，也就谈不上宗族的存在了。故拥有一定数量的公有财产——族田——是宗族的一个基本特征。

结　束　语

宗族是历史上形成的以父系血缘关系为纽带的社会人群共同体。将宗族归结为"父之党"、"父系的亲属"和"同宗同族之人"是片面的。这种观点只揭示了宗族的自然特征，忽视了宗族的社会特征。通过本文的论述，我们可以看到，宗族不仅是一种自然历史现象，更重要的它还是一种社会历史现象。它不仅具有自然特征，而且还具有许多社会特征。

有的学者列举《新安休宁名族志》中的二十个"名族"，说成二十个宗族，是将复杂的社会历史现象简单化了。宗族的繁衍裂变是一种普遍的自然历史现象和社会历史现象。他们列举的《新安休宁名族志》中的二十个"名族"，每一个都包括少则几个，多则几十个宗族。

我们认为，凡是具备上述八个基本特征的社会人群共同体，都是地地道道的典型的宗族。如，休宁五城程氏宗族，泰塘程氏宗族，茗洲吴氏宗族，商山吴氏宗族，临溪朱氏宗族，月潭朱氏宗族，等等。反之，如果只具备上述八个基本特征中的某些部分，那就是一个不典型的宗族，或者是一个正在逐渐形成中的宗族，或者是一个正在逐渐解体中的宗族，也或许根本就不能称其为一个宗族。

（原载《谱牒学研究》第4辑，书目文献出版社1995年版）

后　记

笔者的徽州宗族调查研究工作能够顺利进行，并获得丰富的、珍贵的调查研究成果，有两个重要条件：一个是得到当地政府、有关文化部门的领导和有关人员的支持；一个是得到村委会、宗族子弟和有关人员的帮助。

给予笔者调查研究工作支持的领导有：原黄山市委书记胡云龙，市长吴存心，徽州区区委书记汪日东，祁门县副县长郑建新，文化局局长倪国华、陈琪，婺源县旅游局局长陈爱中、地方志办公室副主任王河瑞，绩溪县政协文史委主任洪树林、人大农工委办公室主任胡成业、文物管理所所长方玉良。给予笔者调查研究工作支持的文化部门有：歙县档案馆、歙县博物馆、休宁县档案馆、祁门县档案馆、黟县档案馆、绩溪县档案馆、婺源县档案馆、婺源县地方志办公室。

村委会、宗族子弟和有关人员的帮助主要有三个方面。

一、提供文献资料。在调查研究工作中，为笔者提供文献资料的有：歙县棠樾鲍氏宗族鲍树民、鲍月予、鲍萌儿；绩溪龙川胡氏宗族胡桃源、胡和平、胡寿根、胡美丽、胡美顺、胡少雄、胡仲俭、胡渡时；黟县南屏叶氏宗族叶绳武、叶树嵩；歙县呈坎前、后罗氏宗族罗根发、罗时锦、罗玉璋、罗炳基、罗承宗、罗时抗、罗震远、罗时朋、罗时恒、罗会霖、罗会铮、罗时祥、罗会庚；祁门渚口倪氏宗族倪伟亨；黟县西递明经胡氏宗族胡星明、胡福基、胡晖生；婺源游山董氏宗族董普光。

二、纂写书面资料。在调查研究过程中，为笔者纂写书面资料的有：歙县棠樾鲍氏宗族鲍树民；绩溪龙川胡氏宗族胡涛鸣；黟县南屏叶氏宗族叶祖惠、叶绳武、叶树松、叶秀凰、叶新溓、叶玉宽；歙县呈坎前、后罗氏宗族罗允刚、罗炳基、罗时锦、罗会坤、罗会璋、罗会定、罗会炯、罗会铮、罗承宗；休宁月潭朱氏宗族朱敏树；祁门渚口倪氏宗族倪世澍、倪世德；黟县西递明经胡氏宗族胡星明、胡稼苏、胡纪棣；婺源游山董氏宗族董普光。

三、组织调查会议。在调查研究过程中，为笔者组织调查会议的有：歙县棠樾鲍氏宗族鲍济舟；绩溪龙川胡氏宗族胡渡时；黟县南屏叶氏宗族叶荣苏；歙县呈坎前罗氏宗族罗炳基，后罗氏宗族罗承宗；休宁月潭朱氏宗族朱实；祁门渚口倪氏宗族倪世澍，伊坑倪氏宗族倪世敏，滩下倪氏宗族倪宪民；黟县西递明经胡氏宗族胡星明、胡稼苏；婺源游山董氏宗族董普光。为会议记录的有：祁门渚口倪氏宗族倪世澍，黟县西递明经胡氏宗族胡稼苏，婺源游山董氏宗族董普光，祁门县渚口乡文化站王升文。

安徽大学党委书记、著名古文字学家黄德宽教授在百忙中，为书名题签。

儿子赵青在青岛电视台任编辑和记者，千里迢迢从青岛专程赴歙县、休宁、祁门、黟县、绩溪、婺源农村，为书稿摄影。

傅丁群提供休宁月潭朱氏族谱照片 2 张。

老伴谢申生退休以后，成为我学术研究的得力助手。在徽州宗族调查过程中，历史文献资料是她誊抄；个别采访、开调查会是她记录。我在绩溪龙川胡氏宗祠、祁门滩下村口抄录、阅读碑刻照片，是她拍摄。现在，虽年过古稀，还是将书稿坚持校对了三遍。由于她曾长期做校对工作，经验丰富、认真细心，书稿避免了许多错误。

在书稿付梓之际，谨向所有支持和帮助笔者的领导、先生、朋友、同志、亲属表示衷心的感谢！

赵 华 富

于安徽大学梦徽斋

2013 年 11 月 16 日

责任编辑：王世勇

图书在版编目（CIP）数据

徽州宗族调查研究/赵华富 著. -北京：人民出版社，2014.9
ISBN 978-7-01-013579-3

Ⅰ.①徽… Ⅱ.①赵… Ⅲ.①宗族-调查研究-徽州地区 Ⅳ.①K820.9

中国版本图书馆 CIP 数据核字(2014)第 107857 号

徽州宗族调查研究

HUIZHOU ZONGZU DIAOCHA YANJIU

赵华富 著

人民出版社 出版发行
（100706 北京市东城区隆福寺街 99 号）

环球印刷（北京）有限公司印刷 新华书店经销

2014 年 9 月第 1 版 2014 年 9 月北京第 1 次印刷
开本：710 毫米×1000 毫米 1/16 印张：26.5
字数：391 千字 印数：0,001-1,500 册

ISBN 978-7-01-013579-3 定价：78.00 元

邮购地址 100706 北京市东城区隆福寺街 99 号
人民东方图书销售中心 电话（010）65250042 65289539